サン-ピエール
永久平和論 1

Projet pour rendre la paix perpétuelle en Europe

近代社会思想コレクション 10

本田裕志 訳
Hiroshi Honda

京都大学学術出版会

凡　例

○本書は、Abbé de Saint-Pierre の著作 *Projet pour rendre la paix perpétuelle en Europe* の全訳であり、そのうち一七一三年に公刊された第一部（第一巻および第二巻）の訳を上巻に、一七一七年に公刊された第二部（第三巻）の訳を下巻に収めた。なお、本訳書の二つの分冊の区別の表示は、表紙と内扉においては（「近代社会思想コレクション」所収の他の作品との統一のため）「1」「2」としたが、凡例・訳註・解説等の中では（部の番号や原書の巻数などとの重複による煩雑と混乱を避けるため）すべて「上巻」「下巻」とした。

○使用した底本は、パリの Librairie Arthème Fayard から Corpus des œuvres de philosophie en langue française のシリーズの一冊として一九八六年に刊行された、Simone Goyard-Fabre の校訂によるフランス語原典である。

○著者による原註は、該当箇所の出てくる段落の末尾に、本文よりも小さい文字で配置し、原註の付されている本文中の箇所は、各章ごとに（＊1）、（＊2）…の番号によって示した。また、訳者による訳註は、該当箇所の出てくる見開きの左ページの左端に、本文よりも小さい文字で二段組みにして配置し、訳註の付されている本文中の箇所は、各章ごとに（1）・（2）……の番号によって示した。

○本文中のカッコ書きのうち、（　）でくくられたものは、原語表示の場合を除いて著者自身によるものであり、〔　〕でくくられたものは、訳者がとくに補ったものである。

○底本の本文中において斜字体で強調されている箇所は、訳文中では傍点または「　」、場合によっては両者の併用によって示した。ただし、人名・地名等の固有名詞や、見出し部分のテーマ・命題等についてはこれを行なわなかった。なお、「　」は斜字体以外の箇所でも用いているケースがある。

○　底本における段落の区切り目以外のところで、訳者の判断によって訳文の段落を区切った場合には、訳文の段落のの区切り目に☆印を付してその箇所を示した。

○　下巻において、節や款などの見出しに〔1〕、〔2〕……や〔1〕—①、〔1〕—②……などの番号が付せられている場合があるが、これらは本文の分節構造をわかりやすくするために訳者が必要に応じて補ったものである。またこの番号表示の中でA・B・Cの記号が併用されている場合、Aは著者自身の考えに基づいた主張・注意・考察等を、Bは著者の見解への想定された反対論を、Cは反対論に対する著者の回答を表示しており、これらは必ずしもアルファベット順どおりにはなっていない。

目次

〔下巻の目次〕

第二部　永続的統治組織と常設仲裁裁判所の条約に調印することについての、各国の君主ないし首脳の個別的利益関係

⑤仲裁裁判所の設立に関するシチリア王の利益関係
⑥フィレンツェ・パルム・モデナ等々
⑦キリスト教諸国の仲裁裁判所の設立に関するローマ教皇の利益関係
⑧仲裁裁判所の条約を促進することを是とする、ロレー公の利益関係
⑨スイスとジュネーヴ
⑩仲裁裁判所の設立に対するバイエルン選帝侯の利益関係
⑪パラチナ選帝侯と盟邦
⑫聖職選帝侯と盟邦
⑬プロシア王
⑭デンマーク王
⑮クールランド・ハンブルク等々
⑯ポーランドとザクセン
⑰イギリスとハノーヴァー
⑱神聖ローマ皇帝
⑲諸国の国民同士間・首長同士間の一つの統治組織、一つの仲裁裁判所の設立を促進することに対する、ロシア皇帝の利益関係
⑳スペイン

永久平和論 1

序文　計画の全体的構想

私が目論んでいるのは、すべてのキリスト教国家同士の間に恒久平和をもたらす手段を提案することである。私に向かって「これほど高邁で、しかもこれほど重要な主題について論じるために、お前はどのような能力を身につけたのか」などと尋ねないでいただきたい。この質問に対しては、私は答えに窮してしまう。なぜかと言うに、私は二十三年あまり前から、政治的統治に関する諸問題について徹底的に勉強するために、自分にできるだけのことはしてきたけれども、これは善き市民なら最も注意を払ってしかるべき諸問題であると私は確信しているので、私が自分の研究によって、わが祖国にとって有用な者であるために必要なことを何かとりたてて身につけたということには、なりえないことは確かだからである。けれども、読者が著作物の値打ちについて正しく判断するために、著作物そのもの以外のものを必要とするであろうか。

フランス王国の国内交易にとって有益な法規の最初の素案を私が書き上げたのは、約四年前のことであるが、そのさい私は、諸民族が重い課税のせいで追い込まれている極度の惨状について自分の目で見て学び、キリスト教諸国家の国境地帯の不幸な住民たちを日々苦しめている過剰な租税、酒税、戦火、暴力、残虐行為および殺人について、さまざまな個別の関係筋をつうじて情報を得た。そしてその挙句、私は、戦争がヨーロッパ諸国の君主・首脳たちとその臣民たちに引き起こしているあらゆる害悪について感じるところがあって、この害悪の根本原因にまで洞察を深めようと、またこの害悪がどうしても防ぎようがないほど主権とそれを持つ君主・首脳の本性に結びついているものなのかどうかを、自分自身で考察することをつうじて探究しようと決意した。そして私は、君主・首脳たち同士の将来のあらゆる紛争を戦争なしに終わらせ、こうして彼らの間に恒久平和をもたらすための、実行可能な手段を見出すことができないかどうかを明らかにするために、この問題を掘り下げることに着手したのであった。

かつて私はさまざまな折にふれて、最も偉大な精神の持ち主が携わる可能性のある諸問題の中でも最も有益なものである右の問題について、考えをめぐらしてきた。しかしこの問題について考えるたびに、答えを出せずに終わってしまうのが私の常であった。一つの困難が他の困難を生み、しかもそれらは人間の本性の根底そのものから生じてくる困難なので、私はいつもそれらによってやる気を挫かれてしまった。実を言うと私は、毎日午前中いっぱいはこの種の主題に関する読書や省察にかかりきりでありながら、諸々の務めや娯楽にも少しばかり気をとられすぎてしまうような、そのような場所でしかこの問題について考えたことがなかった。けれども田舎にいて、孤独でいることの落ち着きと暇とが精神に与えてくれる力に助けられるならば、それまでのところ深められてしかるべき点まで深められることができずにいた主題を、一徹でしかも一貫した省察によって、深く究めることができると私は信じた。

その際私には、ヨーロッパ諸国の君主・首脳にとっての次のような必要性に関して、何らかの考察をすることから始める必要があるように思われた。それはすなわち、彼らも他の人々と同様に、もっと幸福に生きるために何らかの社会的結合によって結びつけられて平和裏に生活する必要があるという、この現実的必要性と、何らかの利益を保有したり取り合ったりするために互いに戦争をし合う必要があると彼らが自分では思っている、この見かけの必要性とである。そして結局、こういう戦争を始めないで済むようにするために、もしくは始まってしまった場合には負けないようにするために彼らが今まで用いてきた手段に関しても、初めに何らかの考察をしておく必要があると、私には思われた。

私の見てとったところでは、こういった従来の手段はみな、明文化された相互的な約束をし合うということに帰着するものであった。この約束は、通商条約・休戦条約・平和条約といった形をとることもあり、これらの条約では領土の境界や、その他の互いの主張が調整される。あるいはそれは、安全保障条約や攻守同盟条約の形をとることもあり、これらは各国を支配する王家の力の均衡を確立・維持もしくは回復することをめざしている。この体制は、これまでのところ最高度に周到なものであるように思われるし、ヨーロッパ諸国の君主・首脳や大臣たちは、この体制に行き着くように彼らの政治を運営してきた。

だが私は、次のことを知るのに長い時間はかからなかった。それはすなわち、このような手段に甘んじているかぎり、条約の履行の十分な保障も、将来の紛争を公正に、またとりわけ戦争なしに終わらせるための十分な手段も決して得られないであろうということ、そして右の手段よりもよい手段を見出すことができないとしたら、キリスト教国家の元首たちが予期しなければならないことは、ほとんど絶え間のない戦争以外になく、この戦争は、何らかの平和条約によらなければ、あるいはむしろ、交戦国の力がほとんど等しいことや、交戦国が疲弊し力尽きてしまうことによってもたらされる、文字どおりの休戦によらなければ中断されえないし、また敗戦国の完全な壊滅によらなければ、決して終結させられえないということ、これである。(＊1) 本書の第一論考の主題をなすのはこれらの反省的考察である。私はそのすべてを二つの項目ないし命題に帰着させた。そしてその両命題を、私は第一論考で証明することをめざしている。

（＊1） 第一論考の主題。

一、ヨーロッパの現在の制度組織は、ほとんど絶え間のない戦争を生じさせること以外は決してできないであろう。なぜならこの制度組織は、諸条約の履行の十分な保障を与えることが決してできないだろうからである。

二、フランスの王家とオーストリアの王家の力の均衡は、(1) 対外戦争に対しても内戦に対しても、防止の十分な保障をあたえることはできないであろうし、したがって諸国家の保全のためにも通商の保全のためにも、十分な保障を与えることはできないであろう。

これまで非常に無効力な救治策しか用いられたことのない、重大でしかも根深い害悪について、その矯正法を与えるために必要な第一歩は、一方ではこの害悪のさまざまな原因のすべてを、他方では従来の救治策と害悪そのものとの不釣合を、深く洞察するよう努めることである。

その次に私が探究したのは、諸国の君主・首脳たちはお互い同士の間で常置の仲裁裁判所を設立することによって、互いの約束の履行の十分な保障を何か見出すことができないであろうか、ということであった。

そして私は次のことを見出した。それはすなわち、ヨーロッパの十八の主要な主権国家が、それ自身を現在の政体のうちに保ち、お互い同士の戦争を避け、国と国との絶え間のない通商のあらゆる利益を手に入れるために、連合条約を結び、オランダの七つの、またスイスの十三の主権を持つ州や、ドイツの諸々の主権を持つ領邦国家と同じモデルに基づいて、ほとんど常置の議会を作り、これらの諸国の国内連合、とりわけ二〇〇余の領邦国家から成っている「ドイツ連合」に見られるよい点に倣って、ヨーロッパ連合を形成しようという意志を持つならば、私は主張するが、最も弱い国々も最も強い国々の巨大な力をもってしても害されることがありえないという十分な保障を持ち、各国は互いの約束をきっちりと守り、通商は決して中断されず、将来のあらゆる紛争は仲裁裁判という方途により戦争なしに終結することになるであろう、ということである。これは、この連合なしには決して見出すことのできない保障である。

---

(1) フランスの王家とはブルボン家のこと。同家はユグノー戦争（一五六二〜九八）のさなか、アンリ三世の暗殺によるヴァロワ家の断絶を受けてアンリ四世が即位したことによってフランスの王家となり、フランス革命とナポレオンの帝政による中断（一七九三〜一八一五）を経て王政復古期（一八一五〜三〇）まで、いわゆる絶対王政期のフランス王家として同国に君臨した。またオーストリア王家とはハプスブルク家のこと。十五世紀以来神聖ローマ皇帝（ドイツ皇帝）の帝位を世襲、十八世紀からはプロシアのホーエンツォレルン家に押され、一八〇六年の帝国消滅後はドイツ全体への支配権を失ったが、第一次世界大戦終結（一九一八）までオーストリアに君臨した。ブルボン朝の成立以来、七年戦争（一七五六〜六三）に際して両国が同盟するまで、この両家は一世紀半以上にわたってことごとに対立しつづけ、絶対王政期のヨーロッパの国際政治はこの二大王家の対立を軸として展開した。

ヨーロッパの全体議会に各々議席を持つことになる十八の主要なキリスト教主権国家は、次の諸国である。(1)フランス、(2)スペイン、(3)イギリス、(4)オランダ、(5)ポルトガル、(6)スイスとその盟邦、(7)フィレンツェとその盟邦、(8)ジェノヴァとその盟邦、(9)教皇領、(10)ヴェネチア、(11)サヴォワ、(12)ロレーヌ、(13)デンマーク、(14)ダンチヒその他を含むクールランド[2]、(15)神聖ローマ皇帝とその帝国、(16)ポーランド、(17)スウェーデン、(18)モスクワ大公国。私はこの中に神聖ローマ帝国を、一つの主権国家としてしか含めていないが、それはこの帝国が一個の領邦国家団以外のものではないからである。同様に、オランダも一つの主権国家としてしか含まれていないが、それはこの共和国が、主権を持つ七つの共和国〔州〕から成っているとはいえ、一つの国家団をなすものでしかないからである。スイスについても同じことが言える。

ドイツの領邦君主たちの統一政府を検討してみて、私は次のことを見てとった。それはすなわち、かつてのドイツ領邦国家団を形成するのに見られた困難に比べて、今日ヨーロッパの国家団を形成するのに、つまり前者の形成によってすでに比較的小さい規模で実現されていたことをもっと大きな規模で実現するのに、より以上の困難があるわけではないということである。あべこべに、ヨーロッパの国家団を形成することにとってのほうが、ありそうな障害はより少なく、便宜はより多いことを、私は見てとった。そして、この計画が妄想ではないことを自ら納得するのに、私にとって大いに助けになったのは、私が自分の地元で友人の一人に本書の最初の下書きを見せたさいに、彼がすぐ後で私に与えてくれた意見であった。彼が私に言うところによれば、この計画と根本的な点で全く類似したある計画を、アンリ四世[3]が抱いておられたというのである。私は実際に、この王の宰相であったシュリー公[4]の回想録と、ド・ペレフィクス氏[5]による同王の治世の歴史の中に、同王の計画のことが書いてあるのを見出したし、王のこの計画がすでに前世紀〔十七世紀〕の初めに、多数の君主・首脳の同意と賛同を得ていたことさえも見出した。これによって私は、ヨーロッパ国家団の形成ということが実現不可能なことでは全然ないということを示すために、いくつかの結論をそこから引き出す機会を与えられたのであった。(*2) そして、第二論考の主題はおおむねこの点にある。

(＊2) 第二論考の主題。

---

(2) 現在のラトヴィアの北部、バルト海とリガ湾に挟まれた半島部にあった小公国で、十六世紀以来ポーランドに従属し、十八世紀末に第三次ポーランド分割でロシアに併合された。

(3) フランス国王（一五五三～一六一〇、在位一五八九～一六一〇）。ユグノー戦争においてナヴァール王としてユグノー（カルヴァン派新教徒）の指導的立場にあり、カトリック勢力の首領ギーズ公アンリ、国王アンリ三世と三つ巴の争いを展開。アンリ三世の暗殺により一五八九年に即位、ブルボン王朝の祖となる。一五九三年に自らカトリックに改宗して国内の和協をはかり、九八年にナントの勅令を発してフランス国内におけるプロテスタント信仰の自由を認め、ユグノー戦争を収拾。シュリー公の補佐を得て、本書の構想の元となったヨーロッパ連合の「大計画」を構想したが、狂信的旧教徒によって暗殺された。

(4) フランスの貴族・政治家（一五六〇～一六四一）。熱心な新教徒で、アンリ四世の信頼深く、一五九九年財務総監となる。ヨーロッパ連合の「大計画」の実質的発案者と目され、同王を助けて平和外交の推進と国内の税制・財政の改革に尽力したが、アンリ四世暗殺後は政治から身を引いた。

(5) フランスのカトリック聖職者・歴史家（一六〇五～七〇）。一六四四年にルイ十四世の侍講となり、四八年ロ－デの司教、六二年パリの大司教となる。一六六一年にルイ十四世のために執筆した『アンリ大王史』によって知られる。

一、かつてドイツの全領邦国家の恒常的な社会的結合を形成するのに十分であったのと同じ動機と手段が、今日の諸国の君主・首脳の手の届くところにあって彼らの意のままにできるようになっており、そしてこの動機と手段は、ヨーロッパの全キリスト教主権国家の恒常的な社会的結合を形成するのに十分でありうる。

二、アンリ大王の提案されたヨーロッパの社会的結合の計画に対してヨーロッパ諸国の君主・首脳の大部分が与えた賛同は、そのような計画がこの君主・首脳たちの後継者の賛同を得ることができるという希望を、持ってよいことを証明するものである。

ドイツ・オランダ・スイスという、諸国家の恒常的な社会的結合のこのモデルと、アンリ大王の計画が百年前に博した賛同とは、王のこの計画の可能性に対して好意的な二つの重要な判断材料を形作るのに、全く十分であった。私は、この判断材料がどれほど重みのあるものか知っていたし、それがしばしば大多数の人々に対して、主題の根底そのものから取り出され、最初の根本諸原因からの必然的帰結をつうじて引き出された真なる諸理由よりも、多大な印象を与えることも知っていた。しかし私には次のようなこともよくわかった。すなわち、こういった判断材料は、第一級の頭脳の持ち主である人々を全面的に決意させるには決して十分ではないかもしれないこと、私の提案するヨーロッパ諸国の社会的結合と、数種類のモデルとして私が挙げている社会的結合との間には、常に相違と不等性が見出されるであろうということ、そして結局のところ、アンリ四世は実際には不可能なことを可能と信じたことによって誤りを犯した可能性があったということである。それゆえ私は、すべてを厳密に証明する必要があることを理解した。そして、ドイツの昔の領邦君主たちや前世紀の領邦君主たちに、不変の平和を希求する決意をさせた当の動機を、省察の助けを得て再発見すべく努めるとともに、さらにもっと重要な制度組織を形成するために、彼らの手段よりもさらにもっとよい手段を見出すべく努めるという、そういう決心を固めた。

十分な動機に関しては、私は次のように理解した。すなわち、連合を堅固で不変なものにすることができるような、それゆえ平和の恒久性の十分な保障を万人に与えるような条約を提案することができていれば、諸国の君主・首脳はこの条約に、現状の戦争の体制に見られるよりも少ない不都合、それも重大さのはるかに劣る不都合と、より多くの利点、それもはるかに大きな利点を見出すはずであるし、またこの条約には、君主・首脳の多くが、とりわけ最も弱い国々の君主・首脳がまず調印し、次いで他の国々の君主・首脳にも調印すべきものとしてそれを示すはずである。そして最も強力な国々の君主・首脳でさえ、この条約を徹底的にあらゆる側面から検討していれば、彼らにとって有利さにおいてこれにははるかに及ばないような条約に支持方針を決めて調印することなど、決してできないことを容易に見出すはずである、と。

実行可能な、かつ十分な手段に関しては、万人にとって平和の恒久性の十分な保障を含んでいるとみられるような諸国家連合条約の、その諸条項にそういう手段は存するが、それを発見するために私は何一つ怠りはしなかったし、また現に見出したと信じている。

ところで一方では、本書の第四論考の下書きを読んだ人々は一致して、右のような諸条項から成るような条約が、政治家たちの切に求めているこの十分な保障を形成しそうだとみている。また他方では、これらの条項への調印はもっぱら諸国の君主・首脳の意志にかかっており、しかもこの元首たちはみな、自分が見返りとして得るに違いない利益の大きさを、より明らかに見てとっていればいるほど、それだけいっそうこれらの条項に調印しよう、またその実行にこぎつけようと意志するように仕向けられるであろう。それゆえこの二つの理由から、次のような結論を下すことができる。すなわち、彼ら君主・首脳の側からすると、恒久平和の保障のための計画の実行にいかなる不可能な点も見出されないであろうということ、そして彼らがこの保障と右の利益とを実感すればするほど、この計画を実行するのは容易に思われてくるであろうということである。したがって、計画全体がある単純な議論へと帰着するのであって、それは次のようになる。

「提案されているヨーロッパ諸国の社会的結合が、全キリスト教国家の元首たちに、自国の内外における平和の恒久性の十分な保障を与えることができるならば、これらの元首のうちには、この社会的結合の確立のための条約に調印しないことによりもすることのほうに、自身にとってはるかに大きな利益があることにならないような者は、誰もいない。(＊3)

しかるに、提案されているヨーロッパ諸国の社会的結合は、全キリスト教国家の元首たちに、自国の内外における平和の恒久性の十分な保障を与えることができるであろう。(＊4)

それゆえ、これらの元首のうちには、この社会的結合の確立のための条約に調印しないことによりもすることのほうに、自身にとってははるかに大きな利益があることにならないような者は、誰もいない。(＊5)」

(＊3) 第三論考の主題。

（＊4）　第四論考の主題。

（＊5）　本書の目的。

右の議論の大前提ないし第一命題は動機を含んでおり、その立証は予備的論考〔第一・第二論考〕の後の第三論考の中に見出されるであろう。これらの予備的論考は、証明の力が感じられるように読者の精神を仕向けるのに必要であると、私には思われた。小前提ないし第二命題は手段を含んでおり、その立証は第四論考に見出されるであろう。最終命題ないし結論に関していえば、これは私が本書においてめざした目的である。

この計画は、戦争の最中か終戦時かにヨーロッパ諸国の宮廷で知られ始める可能性があり、また講和の締結後もしくは平和たけなわの最中にさえ、諸々の会議の場で知られ始める可能性がある。それゆえ第五論考では、次のことをかいつまんで示しておく必要があった。（＊6）それはすなわち、これらすべての機会において、この計画は講和の締結を非常に容易にするとともに、ひとたび講和が結ばれた場合には、平和を恒久的なものにする大きな望みをもたらすであろう、ということである。

（＊6）　第五論考の主題。

普通の考え方からこれほどかけ離れていて、しかもその斬新さのせいで、幻想や誤謬推理ではないかという疑念が常に少しばかりあるような主題の場合、それを扱った著作物を何度か読んだ後でさえ、精神はそれが出会う新しい考え方にそんなにすぐには慣れることができない、ということが知られている。また、そういう著作物のすべての原理と、著者がそこから引き出したすべての帰結とを、そんなに短時間のうちに記憶の中へ収めてしまうことは不可能であるが、しかしその程度の記憶力と注意力がないと、読者にはたくさんの疑問が解明されないまま、またたくさんの困難が除かれないまま残らないわけにはいかない、ということも知られている。本書に必要なすべての解明を与えるために、私に対してなされたあらゆる反対論を第六論考に集めようという決意をさせたのは、そのことである。（＊7）

（＊7） 第六論考の主題。

最後に私は、何人もの人々が次のように確信していることに気づいた。それは、ヨーロッパ諸国の君主・首脳が連合条約に相次いで調印した場合でも、議会の構成や、そのような制度組織を創設し維持する手段に関して、克服しがたい困難がなお残存することは明らかであろう、という確信である。それゆえ私は、この点に関して彼らの疑義を除くために、君主・首脳たちがそれについて意見の一致をみることができるようないくつかの条項を、第七論考において提案せざるをえなかったが、（＊8）それは私が、制度組織をそれ自体としていっそう堅固で、しかもすべての加盟国にとっていっそう好便なものとするうえで、さらにもっと有用な諸条項を提案することは、容易にできることではないと信じている、ということを意味するものではない。私が示したいと思っているのは、次のこと以外のことではないのである。それはすなわち、この制度組織の実現に関して人々が心に思い抱くかもしれないこれらのいわゆる困難が、克服しがたいものでは全然ないということ、そしてその理由は、私の提案する諸条項がこの実現のために十分であり、君主・首脳たちがこれらの条項について意見の一致をみるのに何の妨げもないからであるということ、これである。

（＊8）　第七論考の主題。

本書における分析と、私が本書において従った順序は右のようなものである。そこには、四年あまり前から私の続けてきた省察から私が摘み取った成果があるとともに、私の友人たちの分別ある批判を利用させていただいた点もある。ところで、最もすぐれた頭脳を持つ人々、とりわけ最も賢明な大臣たちや最良の元首たちの注意深い検討を受けるにふさわしい主題がかつて提示されたことがあるとすれば、それは右の主題である、と言ってよい。なぜなら、そこで問題になっているのは、ある新しい制度組織がヨーロッパのすべての国々の君主・首脳と国民にいつかもたらすことのできる最大の至福を、これらの君主・首脳と国民にもたらすこと以外の何事でもないからである。

この計画は、ヨーロッパにおいて平和を不変のものとする手段を多く含めば含むほど、現在ユトレヒトで交渉が進められている講和[6]の締結を容易にするのにいっそう多くの寄与をすることができる、ということを理解するのは容易である。なぜなら、オーストリアの王家の同盟者たちも私たちフランス人と同じくらい平和を望んでいるのだが、ただし彼らは、平和が長続きする十分な保障が与えられるならば、という条件付き

（6）　次註のスペイン継承戦争の収拾のために、ラスタットでの会議と平行して、本書刊行の前年（一七一二）から翌年（一七一四）にかけてオランダ中部の都市ユトレヒトで行なわれた講和会議。この結果締結されたユトレヒト条約で、フランスはブルボン家のフェリペ五世のスペイン王位承認とひきかえに、ジブラルタル等の要地や北アメリカ植民地の多くをイギリスに譲る実質的損失を被った。

でそれを欲しているからである。じっさい、現在の戦争(7)におけるこれらの同盟者たちの利害関心を検討してみると、すべては二つの主要な項目をめぐって展開していることがわかるであろう。その二つの項目の第一は、フランスの王家の強大な力に対抗して彼らの国家を保全することの十分な保障である。フランスの王家は後になって、格好の口実と好都合な情勢を見出して、彼らに対して征服を行ない、彼らが極度の反感を抱いているような宗教や政体を、彼らの国々に導入しようとする可能性があるからである。もう一つの項目は、アメリカとの通商にせよ地中海諸国との通商にせよ、通商の自由に対する十分な保障である。この二つの通商は、イギリスとオランダの国庫収入の半分以上をなしている。

けれども、最も弱い国にとって、最も強い国に対してどのような「十分な保障」が想像できるだろうか。このことに関しては、二とおりのやり方しか存在しない。第一のやり方は、できることなら最強国を十分に弱くすることである。しかしこれは不可能であるか、もしくは高くつきすぎるやり方である。にもかかわらず現在の戦争において、同盟諸国が勢力均衡状態と妄想しているものに到達するために従っているのは、このやり方なのである。第二のやり方は、最弱国を十分に強くして、最強国から何も奪い取ることなしに、後者を十分に凌ぐだけの力を前者に与えることである。私が諸国家の社会的結合の条約によって提案するのは、こちらのやり方である。この条約は、最弱国に非常に強力な同盟国を新たに増し加えてやることになり、しかもこれらの同盟国は、はるかにより緊密に結合することになる分だけ、ますますより強力になるであろう。ただしそれは、最強国からその所有するものを何一つもぎ取るためではなく、いつか他の国々を困らせるような力が、最強国の国内における所有物なり対外通商なりのうちにある場合に、そういう力をすべての国から奪い取るためである。

第二次草案では、この計画は地上のすべての国家を包含していたが、私は自分の友人たちから次の点を指摘された。すなわち、何世紀か後になってアジアやアフリカの国々の君主たちの大部分がこの連合に受け入れてもらうことを求めてくるかもしれないにしても、やはり地上の全国家の包含というこの展望はあまりにも遠大で、しかも非常に多くの困難に煩わされるように思われるので、諸国家連合の形成による恒久平和の実現というこの計画全体に不可能そうな雰囲気と外観を投げかけ、それが読者全員に不満を抱かせる。そのせいで、人によってはヨーロッパのキリスト教圏のみに限ってさえ、やはりこの計画の実現は不可能であると信じるように仕向けられてしまう、と。私は友人たちのこの意見に進んで従い、計画の範囲をヨーロッパのみに縮小することにしたが、それはさらに次のような事情も加わってのことであった。すなわち、ヨーロッパにとっては、これを恒常的に平和のうちに保つためにはヨーロッパ連合で十分であること、またヨーロッパ連合は、ヨーロッパ全体の国境を保つためにも、またヨーロッパ諸国の通商を中断しようと欲するような連中をものともせずにこの通商を保つためにも十分なほど、強力なものとなるであろうということであ

(7) スペイン継承戦争(一七〇一～一四)のこと。スペインは十六世紀に神聖ローマ皇帝カール五世がカルロス一世として同国の王位を兼ねて以来、オーストリア・ハプスブルク家の分家スペイン・ハプスブルク家が王位を世襲したが、カール五世の玄孫カルロス二世に男子なく、一七〇〇年の死に際して同家の女系でブルボン家(ルイ十四世の孫)のフェリペ五世に王位を遺贈したため、この継承に反対するオーストリア・イギリス・オランダの三国同盟と、フランス・スペインとの間にこの戦争が起った。

る。ヨーロッパ連合はインドにおいても全体評議会を設立することができるであろうし、この評議会は容易に、この地域の諸国の君主たちの仲裁機関となって、彼らが武器をとることを評議会の権威によって妨げるであろう。そして彼らが次のことを確信するなら、彼らの間でのヨーロッパ連合に対する信用はそれだけますます大きくなるであろう。それはすなわち、ヨーロッパ連合は通商のための保障しか欲していないこと、この通商はインドの君主たちにとっても非常に有利なものでしかありえないであろうということ、ヨーロッパ連合はいかなる征服を行なう考えも持っていないこと、そしてこの連合は平和の敵以外の者を敵とみなすことは決してないであろうということ、これらの点である。

読者が本書について健全な判断を下せるようになりたいとお思いならば、次のようにされる必要があると私には思われる。すなわち、各論考を読み終えたところでいったん先へ進むのをやめて、私が提案の真理性を示すために持ち出した諸々の証拠の効力について、御自分で糾明されることである。そして、これらの証拠が十分なものだと御覧になったら、その先の論考へと読み進まれてよい。けれども、証拠が不十分だと思われたら、そのことの原因として考えられるのは、読者がまだわかりにくい点にぶつかっておられるか、もしくはいくつかの箇所を十分注意して読まれなかったかのどちらかである。じっさい、最も注意深い読者にとってさえ、時々は注意を欠いてしまうということは、この上なくありふれたことである。第一の原因による場合には、読者は御自分のわかりにくい点をメモしておいて、本書の続きの部分の中に、わけても反対論への応答の中に、それに対する十分な解明が見つからないかどうか注意されるだけでよい。第二の原因による場合の唯一の対処法は、このよく理解されていない箇所を読み直すことである。そうしなければ読者は、訴訟書類の主要なものに十分な注意を払わないまま、上つらを一読しただけで報告と判決をしたがる受命判事のような態度をとられることになるであろう。私は、人が容易に感じとることのできるようなある種の連関で、思考と思考を結びつけようと努めた。ところが、この連関に気づくのに十分なだけの注意を払わない人々は、個々の推論の力を感じとることができないであろうし、ましてやこれらの推論の集積から結果として出てくる証明の力は、なおさら感じとれないであろう。

書名が本書に対するよくない印象を人に与えるということは、私も認めるが、しかし私は、キリスト教諸国家相互間に恒久平和をもたらす十分でしかも実行可能な手段を見出すことは不可能ではないと確信しており、また私の思いついた諸々の手段はそういう性質のものだとも信じているので、次のようなことは先刻承知していた。すなわち、もし私自身が最初に、これらの手段の堅固さを確信していないかのような、またその実行可能性について疑いを持っているかのような体裁を繕ってかかったりすれば、提案される体制に好意的な考えに最もなりやすい読者たちでさえ、それに本当に疑いを持ってしまうであろうし、彼らの本物の疑いは、おそらく私が疑ったふりをしているその疑いよりも、もっと先まで進んでしまうであろう、ということである。人々を行動へと決意させることが問題であるような事柄については、純然たる思弁の事柄の場合とは事情が異なるのである。自分の航海の成功を自分で確信していないように見える水先案内人は、旅客を船に乗り組むように決意させるには向いていないし、着手するよう提案されている大事業の堅実さについて自分が疑いを持っているように見える企業家は、事業へと決断させるにはまったく向いていない。そういうわけで私は、自分の提案する体制がいつの日か実現されるという見通しのもとにのみ、それを自ら提案しているにもかかわらず、偽って謙虚で自信のなさそうな様子を装うことによって、人々がちゃんとこの体制を真摯かつ実行可能な計画とみなしてくれることを妨げ、そうすることで公衆にほんの少しでも害をなす危険を冒すよりは、むしろ断定的な調子をとり、自分が本書の中で果したいと願っていることのすべてを書名の中で予告することによって、あえて自分が物笑いの種になるほうがましだと思ったのである。

第一論考　平和を維持するためにこれまで実際に用いられてきた諸々の手段は、まったく効果のないものである。

過去の諸世紀の歴史、すなわちこれまで私たちの目の前で起こったことについて私たちの持つ経験によって、私たちは、戦争というものがきわめて容易に勃発し、際限のない災厄を引き起こし、またそれを鎮めることが非常に困難であることを、知らされすぎるほど知らされるばかりであった。ところが、戦争を予防するためにこれまで用いられてきた諸々の手段は、それだけでは無効果きわまるものであり、それらは現状のままでは、人々がそれによって得ようと期待したがっている効果とは、まったく釣り合わないものであるということのほうは、万人に知られているわけではないのである。私がこの第一論考において感じとってもらおうとめざしているのは、この不釣り合いであり、言いかえれば、右の無効果の原因である。

ところで、右の諸々の手段は二つのことに帰着する。その一つは、諸国の君主・首脳たち同士の間の条約と、これらの条約から期待されるべき事柄とに関わっている。もう一つは、ヨーロッパで最強の二つの王家の間の勢力均衡に関わっている。私もまた自分の論考を二つの項目に帰着させることにするが、これらは二つの命題の下で理解されるであろう。

証明されるべき第一の命題

ヨーロッパの現在の組織体制は、諸条約の履行についてのいかなる十分な保障も決してもたらすことができないので、ほとんど絶え間のない戦争以外は決して生じさせることができないであろう。

人々が平和のうちに生活できるのは、彼らがいかなる種類のいかなる財物も争い合ったり取り合ったりする必要がなく、お互い同士の間で行なう通商によって、多くのさまざまな楽しみ事や利便を相互にもたらし合い調達し合って、この利得により互いに結合されているかぎりにおいてである。ところが、人々が何かある種の財物を争い合ったり取り合ったりしなければならなくなると、たちまちその財物全体の所有や取り分の多い少ないをめぐって、各人がほとんど常に公正からかけ離れたことをするのであるが、人々にとって物事を決めるための規準として、また喧嘩別れの予防策として役立つことができそうなのは、この公正だけなのである。そこでほとんど必ずと言ってよいほど、次のようなことになってしまう。すなわち、人々の欲望が激しい分だけ、それに応じて彼らはめいめい、自分の側からの一方的な主張を繰り広げ、その際彼らの精神は、もっぱら自分の主張を自分に正当に見えるようにすることにばかり用いられる、ということである。したがって、利害というものが時には人々を結びつけ、時には人々を分裂させるということは、必然的なことなのである。

人々が十分に賢明であったなら、彼らを結合したままでいるように仕向ける利害のほうが、分裂するように仕向ける利害よりもずっと大きいことに、しばしば気づくであろうに。実際に何人かの人々は、保ちたく思っている通商の利益を考慮して、自分の主張のうちのあるものを進んで互いに譲りあっている。けれども大部分の人々は、自分の欲望の激しさに押し流されて、通商の中止によって自分が失うことになるものの重さを十分に正しく考えない。そして、情念が人々の心の中に引き起こす混乱のさなかでは、自分にとって何が最も有利で、何がそれ自体として最も公正であるかを人から指摘されても、彼らにとっては、それでは利得が失われる、と思えてしまうし、また公正そのものが不正であると思えてしまうのである。

自分が受けたと思い込んでいる害を償ってもらいたい、報復手段によって仕返しをしたい、自分のものだとみなしているものを取りたい、あるいは取り返したい、といった願望、力や評判についての嫉妬、隣人が自分のことを軽蔑の対象にしていると思い込んで、その隣人に屈辱を与えておとしめてやりたいと思う切望、これらの気持ちは、人々の心の中に生まれずにいることのできない、それだけの数の争いの源である。それらは、正当な理由や口実のあるなしにかかわらず、絶えずもめごとを生み出さずにはいられない。そういうわけで、社会的結合のおかげで得られる財物のうま味を常時味わうために生れてきたとしか思えないのに、この当の財物を所有したり取り合ったりするために、しばしば分裂状態に陥らざるをえなくなっている人々がいるのである。もめごとを避けるためには、主張をし合う人々の一人が公正であっても不十分である。なぜなら、この人は自発的に道理に従ったとしても、相手がそうしなければ、両者は意見の一致をみることができないであろうし、その結果、両者はともに、自分の主張を通すために相互の自主的な合意以外の手段を求める必要があることになるからである。

しかしながら人々は、互いの紛争を終らせるどのような手段を有しているであろうか。また、どのようにして自分の主張に限度を定めるべきであろうか。私たちはこれらの手段が、主張をし合う人々の二種類の条件に応じて、全部で二種類しか存在しないことを知っている。それはすなわち、力か法かのどちらかである。二種類の条件に応じて、というのは、主張をし合う人々双方が何らかの恒常的な社会的結合に加わっていてその成員であるか、それともそういうものには加わっていないかのどちらかだからである。彼らが社会的結合に加わっていない場合は、彼らの紛争を終らせるのに、法によることは不可能であり、したがって裁き手や法の解釈者によることも不可能である。社会的結合に加わっていない人々には、絶えることのない通商や恒常的な社会的結合の諸々の利点が不幸にも欠けているのと同様に、正当に各人のものであるべきものを各人に配分する法の利点もまた、不幸にして欠けている。したがって彼らは、めいめいが自分のものとみなすものを所有するために、策略によって出し抜きあったり、力ずくで、ということはつまり戦争によって破壊しあったりすべく努めなければならないという、不幸な必然性のうちにあることになるのである。

法なしに生活している未開人の家長たちの状態は右のようなものであり、アフリカの小国の王たちや、アメリカの不幸な酋長ないし小君主たちの状況もそうであるが、われらがヨーロッパ諸国の君主・首脳の状況でさえ、現在までのところはそのようなものである。ヨーロッパ諸国の君主・首脳は、お互い同士の間にまだいかなる恒常的な社会的結合も持っておらず、したがって互いの紛争を戦争なしに決着させるのに適したいかなる法も持っていない。そう言える理由はこうである。彼らが自分の結んだ条約の取り決めによって、互いの紛争を生じさせる可能性のあるあらゆるケースを予見して決着させることができるような場合でさえ、主張をし合う者のどちらかが、取り決めに従いたくない者にとっては決して事欠かない諸々の口実のもとに、右の取り決めに違反する自由を持ち続けるかぎりは、いったいこういう取り決めが不可侵の法とみなされうるであろうか。そして彼ら君主・首脳は、こういう取り決めを遵守する必要が互いにないとしたら、そのかぎりめいめいが、自分の気紛れのままにそれに違反する自由を持つことにならないであろうか。また、取り決めの遵守の必要というこの幸いなる必要を彼らに生じさせるものとしては、恒常的であって、なおかつ彼らがそれに参加していれば十分に強力であろうはずの社会的結合の持つ上位の力以外に、何があるだろうか。何人かの君主・首脳は、実際に連盟やら同盟やらの条約によって社会的結合を形成したが、しかしこれらの条約には、同盟者たちの意志が持続している間以外は何も堅固なところがなかったから、この社会的結合は恒常的な社会的結合ではない。同様に、他のいくつかの国々は、たとえばスイスの十三の主権を持つ州やネーデルランドの七つの主権を持つ州のように、お互い同士の間で恒常的な社会的結合を形成することにとりかかりはしたが、これらの諸州は自分たちの社会的結合の中に十分な数の仲間を取り込まなかったので、この社会的結合は、十分に強力なものではない。

そういうわけで、諸国の君主・首脳たちは、自分の主張を通す唯一の手段として、戦争をせざるをえない状況に追いやられている。なぜなら、仲裁裁判という方途について言うと、仲裁裁判の判決というものは、判決を受けた者にそれを履行するよう強制することが不可能であったり、この強制をするためには相も変わらず力ずくないしは戦争という手段に立ち戻らなければならなかったりしたのでは、何の役にも立たないであろうから。そして、この戦争という手段にはいくつもの不都合な点があるので、より詳しい説明は後に譲るとして、ここではただこの第一論考に関連して出てくるいくつかの点を指摘するにとどめよう。

第一の不都合な点

戦争によって紛争を終らせるというこの手段は、主張をし合う双方の者、もしくはその後継者たちが存在し続けているかぎりは、真に紛争を終わらせることはない。なぜなら、一つの戦争の不首尾が、運悪く敗れた者に、戦争を企てたのは間違いであったと悟らせたためしは決してなく、したがって敗者は自分の主張を本当に放棄したりはせずに、反対に自分が耐え忍んだこの戦争の費用と、この戦争を中断した条約において割譲することを強いられた領土の一部とのせいで被った損害によって、自分の主張をつのらせるだけだったからである。自分の昔ながらの主張を蒸し返し、そのうえ新たな主張をもまかり通らせるためには、自分がもっと強くなっていて、しかも敵国が幼君の治世や国内の不一致や、何かある長引いた、もしくは敗北に終った対外戦争のせいでもっと弱くなっているであろうような、そのような時を待つしかないということは、容易に判断できることである。それゆえ、よき法に基づいて設立された、十分に強力でしかも恒常的な社会的結合の成員でない者同士の間での主張の仕合いは、主張し合う者のどちらかの壊滅によってでなければ決して本当に終らされることはありえない、ということは見やすいことである。

じっさい、諸国の君主たちというものが世界のうちに存在するようになって以来、王家の没落・瓦解とその王家を戴く国家の転覆とによる以外には、戦争が中断したことも、主張の仕合いが止んだことも、紛争が完全に終結させられたこともないのである。あらゆる国民の歴史を繙いてみさえすれば、それ自身の国家が何度も倒されたことのないようないかなる民族もなく、国の主権を持つ名高い王家で滅亡し去らなかった家はないことがわかるであろう。そしてそのわけは、これまで諸国民も諸王家も、互いの紛争を戦争なしに終らせる確かな手段を、これまでのところ持ったことがないからなのである。

主張をし合う人々は、恒常的でしかも十分に強力な社会的結合のうちにある場合には、自分の主張を通すためには互いに相手を完全に破滅させ合わなければならないという、右のような必要性のうちにはおかれていない。この人々が各々十万リーヴル(1)の金利収入を有していて、争われているものが千リーヴルの金利分の価値しかない場合に、彼らもその子孫たちも、絶え間のない、また果てしない戦争をせざるをえなくなるようなことはない。それゆえ、主張をし合う者の一方が自分の主張を通せなくても、彼は自分の財産の残りを失う危険を免れていることができるし、どちらも相手から自分や自分の味方が放火されたり、傷つけられたり、殺されたり、何らかの暴力を受けたりすることを恐れる必要がない。この領主たちは、これほど多大な利益をどこから引き出しているのかというと、それは彼らが双方とも、恒常的でしかも十分に強力な社会的

(1)「リーヴル」はフランスの昔の貨幣単位。

結合の成員であるからなのである。ところで、あらゆる社会的結合は、成員たちの分裂を防ぐことができ、分裂の原因となるようなことが一時的にはあっても成員たちを結合したまま保つことができるような法によってしか、存続できないことが知られている。こういう法は社会的結合の真の絆であるが、この絆の強さと持続性は、法が社会の仲間たちにとって好都合で、公正で、明確で、最大多数の紛争事例に適するように作られている度合いに比例するとともに、また法がよく遵守され、とりわけ次のような連中に対して社会全体の力によってよく権威づけられ維持されている度合いに比例する。その連中とは、自分の情念の激発に際して、自分が社会的結合のおかげで得させてもらっているあらゆる利益のことを考えずに、右の法の生きた解釈者である裁判官に抵抗して、社会的結合を破壊する力が自分たちにあるかぎりはそうしたいと思うほどに、正気を失っている者たちのことである。

　主張をし合う人々が社会的結合のうちにない場合には、彼らは各々自分の側からものを言って、「この海域、この河川の漁業権は全部そっくりおれのものだ。なぜなら、そうであってほしいと、このおれが思うからだ」と言ってもかまわない。こういう人々同士の間には法が存在しないので、彼らが規準として、法として持つものは、自分の意志と意向以上にはない。それゆえ彼らには、自分たちの紛争を決着させるために、争われているものの値打ちよりも百倍も高くつくにちがいないような手段しかないのである。

　主張をし合う者双方が社会的結合のうちにある場合には、彼らは右のような言い方はしない。彼らは各々、ある河川の漁業権を主張するであろうが、しかし彼らには自分の意志とは別の規準がある。それはすなわち法である。めいめいが法の何らかの条文を自分のために引き合いに出す。そして双方とも幸いにして、互いの紛争を終らせるために、社会が法の解釈者と定めた人々の裁判に頼る必要があるようになっている。ところで、裁判という方途は紛争を、絶対的に、かつ永遠に終結させるとともに、主張の仕合いを永久になくさせるので、社会的結合のうちにある人々は、自分自身の身を守るためには不幸にも自分の隣人を滅ぼす必要がある、という状況にはない。主張をし合う人々はみな、自分も家族も、その他の自分の財物も守られている。これに対して戦争という手段は、主張し合う人々の財産も家系も滅ぼし尽くしてしまうことによる以外には、法なしに生活している人々の、ということはつまり諸国の君主・首脳たちの、相互の主張の仕合いをなくさせることが決してできない。以上が、諸国の君主・首脳たち同士の間に、社会的結合が、それも恒常的でなおかつ十分に強力な社会的結合が欠如していることの、第一の不都合な点であり、そのことのもたらす結果である。

第二の不都合な点

諸国の君主・首脳たちがひとたび戦争を始めてしまうと、彼らの子供同士、子孫同士、およびさまざまな後継者同士の間では、主張の仕合いが完全になくなることは決してない。その結果、平和のさなかにあってさえ、これらの人々は常に、しかも当然のこととして不信を抱いており、互いに相手に対して警戒を怠らずにいるために非常に莫大な出費を余儀なくされ、また相互の間に通商のための堅固でしかも恒常的な絆が決して存在しない、ということになる。

反対に、恒常的な社会的結合の中にあっては、かつて互いに訴訟を争った人々の子供同士が友誼と利害の絆で結ばれているのを見ることは、最もありふれたことの一つである。これはつまり、これらの訴訟が真に終結しているということであり、また主張の仕合いがすべて完全になくなっているということである。したがって各人は、十分な信頼のうちで、商取引のあらゆる利益を享受している。

第三の不都合な点

ヨーロッパ諸国の君主・首脳たちには、彼らの主権の保全の十分な保障がない。なぜなら、彼らがどれほど強力であっても、彼らの王家や国家のうちには分裂が生じる可能性があるし、当主がたまたま幼少であったり愚昧であったりする可能性もあるからである。これに加えて、もし彼らが弱小であれば、より強力な近隣の国々の侵入を受けて敗北する可能性もある。それゆえ、彼らにとってもその子孫にとっても、自分の所有するものを平穏に、かつ長期にわたって所有する十分な保障は何もない。彼らにとってはまだ、自分が弱い時期に、強い時期にある野心的な者たちの努力に対抗して自分の所有するものを守るのに十分なだけ強力な、確立された恒常的な社会的結合が何も存在しないのである。反対に、社会的結合のうちにいるある領主が幼少の子供たちを残して死んだ場合、法がその子供たちの身柄の保障と彼らの財産の保全のために必要な配慮をし、社会の力がすべての暴力、すべての簒奪からこの子供たちを完全に守ってくれる。

さらに、自分たちの紛争が裁判によって終結した人は、自分に属するものを平穏に所有することの保障を受けている。それは、それぞれの側の者に何が属するか、何を双方が別々に所有すべきかを規制し決定するその同じ法が、その権威によってあらゆる侵略、あらゆる略奪から彼らを守り防いでくれるからであり、しかもこの権威が、社会の完全に強力な、もしくは十分に強力な力という、それに対して社会の成員が抵抗しようと欲してもむだであるような力に由来しているからである。そしてこの抵抗に対する罰が重く、かつ避けがたいものであればあるほど、それだけますます成員は抵抗するどころではなくなる。ところがしかし、自分の所有するものや、今後獲得するかもしれないものさえ、平穏に所有できるという、各人が自分自身と自分の子孫のために有するこの保障は、人間の持ちうる最大の利益の一つであり、しかも人がそれを持つことは、社会の中で、この社会が存続するかぎりにおいてしかできないのである。

第四の不都合な点

諸国の君主・首脳たちは、互いに言質を与え合い、相互の約束によって義務を負わせ合い、お互い同士の間で条約に調印するかもしれない。けれども、契約者のどちらかが意志を変えることはないという、もしくは彼らの後継者が、約束されたことを履行しないで済ませるために、何らかの古い、もしくは新しい主張をまかり通らせようと欲することはないという十分な保障は、何一つ存在しない。そして彼らの一方が意志を変えてしまう場合、この者が自分よりも優勢な力によって強制を受けることになるという、どんな十分な保障があるであろうか。こういうことがなぜ問題なのかというと、とどのつまり約束が自主的に履行されるための保障がない以上は、少なくとも、この契約をした者の意志が変化しても約束そのものは力に助けられて履行されることになる、という十分な保障が必要だからである。ところで、ある恒常的な、十分に優勢な力によるのでなければ、この十分な保障をどこに見出せというのか。なぜなら、約束の履行を拒否する者がこの力に打ち勝てると確信していれば、この者は平和を保つかわりに戦争を再開するであろうから。しかしながら、ヨーロッパの現在の組織体制のうちに、武器をとれば成功するという希望をすべての君主から奪うのに十分なほど優勢な、恒常的な力を見出すことができるであろうか。

条約中に曖昧な点がある場合、誰がそれを明らかにするのであろうか。どちらとも解せるような点がある場合、誰が十分な権威をもってそれを除去するのであろうか。それが問題なのは、当事者の一方が契約を履行しないで済まそうとするときには、公正そのものは条約の条項かもしくは仲裁裁判者の判決によって明白になっていても、仲裁裁判にとって本質的な二つの条件が欠けていると、それがみなむだになってしまうからである。その二つの条件の一つめは、条約の条項あるいは仲裁裁判者の判決を履行するのを拒絶する者よりも、仲裁裁判者のほうが強いということ、そして仲裁裁判者の力の優勢が、彼らに打ち勝つという希望と彼らに抵抗しようとする誘惑との一切を、右のような拒絶者から奪い去るのに十分なほど大きいということである。二つめの条件は、この仲裁裁判者が、条約または判決の履行をあくまで求めることに十分な関心を持っていなければならないということである。ところがこれは、ヨーロッパの現在の組織体制の下にある諸国の君主・首脳同士の間では完全に不可能なことである。この組織体制下には、諸国の代議員たちの常置の全体議会も、形を成した恒常的な社会的結合もまだ何一つ存在していないし、固有の法の制定のためのにせよ、諸国家に安定した不動の国境を設定するためのにせよ、諸国家同士の間に突発する可能性のある紛争の原因となる問題を決裁したり予防したりするためのにせよ、すべての国々において通商を全般的で、自由で、率直で、平等で、確実で、恒久的なものにするためのにせよ、そして最後に、この仲裁裁判者たちの社会的結合を十分に強力で完全に揺るぎないものとするためのにせよ、いかなる取り決めもまだ存在していないからである。

これとは反対に、同一の国家に属する領主たちには、この同一の国家の領域のひろがりの中で、自分と同程度の人々や、自分よりも豊かな、あるいは豊かでない人々と、自由で、平等で、確実で、恒久的で、かつ全般的な交易ができるという利点がある。そしてこの交易は、いつでも必ず実際の交換によって行なわれうるわけではないから、約束上の交換によって実際上の交換を補完することも、このような領主たちなら容易にできる。一言で言うなら、こういう場合の約束とは、とりわけそれが文書化されて約款の中に記されている場合には、実際の交換および支払いと等しい意味を持つことなのである。それは、この領主たちが成員となっている社会が、この約束に権威を与え、社会自らがこの約束の保証人となり、心変りして自分の約束したことを几帳面に履行しないで済ませたがるような者に対処するのに力を貸そうと常に気構えているからである。こういう者は、いやでも約束の履行を自分に強制し、自分がむだな抵抗をすれば罰さえ加えてくるような上位の力である法が存在するからには、自分に課せられたこの法に従わざるをえないのである。

不正な情念の動きによって押し流された人を押し止めて制止することのできるものは何か。それができるただ一つのものは、欲望であれ恐怖であれ、いずれにせよより強力な情念の引き起こした反対の動きである。けれども、人が自分を現に動かしている欲望よりももっと大きな欲望を突如として生れさせる、などということは滅多にできることではないから、法のすることは、人の望んでいる利益が望ましく思われうる以上に忌まわしく恐ろしい害悪の恐怖を、この人のうちに生れさせる、ということに尽きる。なぜなら、市民がある判決によって刑を科せられ、しかもそれを非常に不当な刑だと信じているのに、この判決のとおりに行なうことを彼に決意させるものは、とどのつまり、次のことの確実性でないとしたら何であろうか。それはすなわち、裁判官の権力に抵抗するための彼の努力はむだであり、もし彼が自力で社会の力に対抗しようとするならば、彼はさらに自分の財産の残りや、自分の家族の財産までも失うことになる、ということの確実性である。それゆえこの場合、大きな恐怖が最も活発で最も激しい情念をも沈黙させ、社会のこの成員を否応なく平和の方へと、すなわち彼自身の利益の方へと導くのである。

おそらく、刑を科せられたこの市民は、社会がこの判決のとおりに行なわせる意志も力も持たないことを願うほどに浅はかなこともあるだろう。この場合、彼は次のことを考えていない。すなわち、もしそうだとしたら、同じ理由で社会は、訴訟相手に対して自分自身や自分の先祖の主張が通った、もしくは自分の子孫の主張が通ることになるいくつもの、はるかに重要性の高い判決についても、そのとおりに行なわせる意志も力も欠いていることになるだろう、ということをである。この市民は、契約のある箇条を履行するのを強制されないことが可能であったら、と欲することもあるだろう。この場合彼が考えていないのは、同じ理由で社会は、彼に対して債務のある者たちに、この者たちが似たような契約によって彼に対してした約束を履行するよう強制する能力も意志も持たなくなるなるだろう、ということである。そうなると、彼の小作人たちは自分の小作料を彼に支払わずに済むであろうし、彼に地代を支払うべき人々も、自分の地代を支払わずに済むであろうから、彼はどんなに金持ちでも、いつかは乞食同然のみじめな状態になってしまうであろう。彼が自分の感情に流されていて気づかずにいるのは、自分がそれに違反してその効力をなくさせてしまう自由を持ちたく思っているその同じ法が、彼の富の、いやそれどころか彼の生命の保障の、唯一の根源でもある、ということである。このようにして社会は、その大きな力によって、ある大きな情念の激発を阻止するのに十分なほど大きな恐怖を、同じ社会の成員仲間に吹き込むことができるのであり、またこのようにして、ためになる恐怖は成員仲間を、彼にとって結局は限りなく有益なものである法の遵守へと強いるのである。

第五の不都合な点

ヨーロッパの組織体制は、諸国の君主・首脳たちが、陸海軍の巨額の費用を出すことに意を決することによる以外には、中くらいの重要度の事柄においても正義を期待することができそうにないような、そのような組織体制である。それは、彼らが恒常的で十分に強力な社会的結合を何一つ持っていないということを意味する。君主たちは、各国の領土の境界を確定するためにせよ、彼らの国民相互間の通商を容易で、確実で、平等で、全般的でなおかつ恒久的なものにするためにせよ、いずれのために十分ないかなる法についても合意していない。彼らは互いの社会的結合の法のいかなる仲裁裁判者ないし解釈者についても合意していないが、社会的結合のない状態に留まっているかぎり、彼らの害悪に是正をもたらすことはできそうにない。

二人の領主が訴訟を争う場合には、彼ら自身も、彼らの親族も友人も家来も臣下も、武器をとることはない。彼らは自分の生命も財産も戦いの偶然に委ねはしないし、正当に扱ってもらうために、訴訟の訴人になるよりも二十倍も高くつく武装の費用を支出せざるをえなくなることも、何年間もこの莫大な出費に耐え続けざるをえなくなることもない。しかし、これほど大きな利点はどこから彼らにやってくるのか。それは、彼らが恒常的な社会的結合の成員であるということからである。

第六の不都合な点

各々の社会において、訴訟を争っていない人々にとっては、隣人たちとの訴訟に巻き込まれざるをえなくなることくらい不幸なことはない。けれども、諸国の君主・首脳同士の間では事情が異なる。彼らはみな、近隣諸国の君主・首脳の各々が征服によって強力になりすぎることを恐れていなければならない。それゆえ、二人の君主の間で戦争が勃発する場合、他の多くの君主・首脳の間でも徐々に戦争が勃発してゆくことは必然的なことであり、そしてこの動乱の原因は、不正で敵対的な者となる可能性のある近隣国の拡大についての当を得た恐怖である。ところで、ヨーロッパの個々の社会が互いの間で全般的な社会的結合をなさないかぎり、個々の国家がヨーロッパの全国家の恒久的な集合体を組織しないかぎり、そしてヨーロッパの一員であるこれらの国々がばらばらのままで、ヨーロッパ国家団を形成しないかぎり、右のような災厄に対する十分な予防策は存在しない。重大な紛争はすべて予め防ぎ、小さな紛争はすべて戦争なしに終らせることのできる社会的結合は、絶対に必要である。それはすなわち、各国を現状の国境の内に保つことによって、あらゆる領土拡大を妨げることを主要な基盤とする連合体が必要だということである。なぜ領土拡大の防止かというと、すぐれた統治政策、法の完備、有益な制度組織、技術や学問の進歩、通商の増加などによって起りうる別の種類の拡大について言えば、それらは防がれるどころか、反対に、統治に最も巧みな元首たちに、彼らの巧みさの主要な報償の一つとして与えられることになろうからである。

諸国の君主・首脳が講和しようとする場合、比較的賢明な君主・首脳たちならば、平和を永続的なものにするために、可能なあらゆる保証手段、あらゆる保障を講ずるであろう。だが人は私たちにこう言うであろう。君主・首脳たちは平和の永続のために、どういう保証手段、どういう十分な保障を講じることができるのか。もしヨーロッパをいまあるとおりの形態と組織体制のうちに放置しておくなら、この講和に不満のある元首は、二年もたたないうちに戦争を再開するかもしれないではないか。そうなったら、彼の近隣諸国の元首たちは、自分の方では武力を行使せずに、またこの戦争において旗幟を鮮明にせずに済ませることができるだろうか。彼が武力を用いることを誰が妨げるだろうか。なぜかと言うに、この君主をして武器をとる気にさせうるものとは、つまるところ何なのか。それはただ、事態がいっそう良くなるという希望だけではないか。彼に武器をとることを思いとどまらせうるものは何か。それは事態が比較にならないほど悪化するという、たしかな根拠のある恐れではないのか。けれども、この恐れを引き起こすことができるものとは何か。彼の力よりも十分に優勢な力である。しかし、ヨーロッパのすべての力が同一の国家団へと統合されないかぎり、この十分に優勢な力をどこに見出せばよいのか。

第七の不都合な点

領主同士が訴訟を争っていても、その臣下の者たちは依然としていっしょに商取引を行なっている。しかし、諸国の君主・首脳同士の戦争は、それぞれの臣民と臣民の間のあらゆる通商を全面的に中断させてしまう。フランスにとって対外通商がどれだけの額に値しうるかを調べた人々は、それが少なくともこの王国の地租収入の総額の三分の一に上るとする点で見解の一致をみている。しかるに、この地租収入の総額は、聖職者の分を含めれば四億五千万リーヴル以上に上る。それゆえ、もしフランスがすべての対外通商を欠いたとすると、毎年一億五千万リーヴル以上を失うことになるであろう。

イギリス人の対外通商は、イギリスの地租収入の二倍以上に上る。したがって、イギリス人の地租収入額が一億一千万リーヴルならば、対外通商は彼らにとって二億二千万リーヴル以上の額になる。オランダ人に関しては、対外通商額の比率はこれよりもさらに大きく、彼らの地租収入の四倍以上に達する。というのは、同国の地租収入が五千万リーヴルに上るとしても、彼らにとって対外通商額は二億リーヴル以上あるからである。ところで、キリスト教国家同士の間にいかなる恒常的な社会的結合も存在しない場合、この国々の臣民たち同士の通商がしばしば中断されるであろうということは、見やすいことではないだろうか。しかしながら、このたびたびの中断は、君主・首脳にとっても彼らの臣民たちにとっても、非常な桁外れの損失を引き起こさずにはいないのである。

右の諸々の不都合な点に関する反省的考察

一方では、諸国の君主・首脳たちが互いに社会的結合のうちに身をおいていないことで被る害悪をすべて考慮に入れ、他方では、社会的結合の成員仲間が、自分を成員とする恒常的な社会的結合から引き出す利益をすべて考慮に入れているように思われるかもしれない。（私は言うが）富裕で強力な一臣民の状態は、万事を考慮すれば、この臣民の君主の状態よりも好ましいと、私が結論したがっているように思われるかもしれない。けれども、私が一方の災厄と他方の利益を説明したさいに感づいてもらいたかったのは、次のようなこと以外のことではないという点は理解するに難くない。すなわち、社会的結合の便益なしには、右に述べたような当の臣民自身が未開人として、自分の財産に対しても、自分の家族の保全に対しても、自分の生命そのものに対しても、いかなる安全保障もなしに生きることになるということ、彼は毎日、何かある物事を争ったり取り合ったりしている相手によって、突然襲撃されて喉笛をかき切られる危険のうちにあることになるということ、また彼は、もはやいかなる地所や動産や財産についてもその安全を保障してくれる法を持たないので、未開人の家長たちがしているように、自分と家族の生存についての絶え間のない不安の中で、くる日もくる日も必要と戦っていなければならなくなるということ、等である。私が示したかったのはただ一つのことであって、それは万人にとって自分の同類もしくはほとんど同類の人々と恒常的な社会的結合のうちにあることは、そうでないことに比べて限りなく有利であるという、このことである。そしてそこから私の引き出した結論は、キリスト教国家の君主・首脳が次のような目的のために全員でお互い同士の恒常的な社会的結合を作らないかぎり、常に彼らには測り知れない幸福が欠けていることになるだろう、ということである。その目的とは、最も弱い君主または首脳にも最強の君主または首脳に対抗する十分な安全保障を与えること、互いの分裂の主要な原因を予防すること、諸々の些細な紛争の残存問題に関して戦争なしに裁きをつける間違いのない手段を保有すること、そしてすべてのキリスト教国家の国民同士の通商の継続の十分な保障を持つこと、これらである。

恒常的な社会的結合が一般に生み出す諸利益と、社会的結合のないことが引き起こす諸々の害悪とについて、私の行なった比較のめざすところは、右のとおりである。したがって、この比較全体はもっぱら次のことをはっきりわかってもらうためにのみなされたのだ、ということは理解しやすいことである。それはすなわち、ヨーロッパ諸国の君主・首脳は、同類者同士の新たな社会的結合によって、彼らの状態を現状よりもはるかによくすることができるということ、そしてそれは、一方では君主・首脳のあらゆる利点を保持し増大させるとともに、他方では、ある恒常的な社会的結合の成員という新たな資格が彼らに生じさせることになる新たな利点のすべて、すなわち彼らがこの社会的結合の形成によって以外は決して享受することのできない莫大な利点の数々をも、さらに獲得することによってである、ということである。

十分に強力な恒常的社会的結合を持たない人々同士の同盟条約や安全保障条約は、堅固さに乏しいということについての反省的考察

ヨーロッパにおける平和条約や通商条約の履行にとって、それを拒む者が十分な力によってこれらの条約を履行するように強制されえないかぎり、いかなる十分な保障も決して存在しないであろうということ、そしてすべてのキリスト教国家同士の間に恒常的な社会的結合が確立されないかぎり、この十分な力は見出されないであろうということ、それを私は示した。

比較的力のない元首たちにとりわけ肩入れする政略家たちは、比較的強力な元首たちの努力から身を護る

ための攻守同盟条約を、さらに思い描いた。この同じ政略家たちはまた、平和条約を野心的な元首たちの常に止むことのない気紛れに対していっそう堅固なものにするために、平和的な元首たちに肩入れして、何人かの君主だけ、互いの約束の履行の保証人として当の平和条約に加入させることも思い描いた。もしもこういう同盟や安全保障の約束が、それを結ぶ人々の本性上、何の効果もないものに非常になりやすい、ということがなかったならば、右の政略家たちのめざしている目的にこれよりも適したことはなかったであろう、ということは確かである。けれども不幸にして、同盟の仲間や保証人のうちの誰かある者が、条約を履行することができるのに履行したくなくなったり、履行したくてもできなくなったりするのを目にすることよりもありふれたことはないのである。

人が意志を変えるのは、条約に調印させた真の、もしくは見かけの利害関心そのものが変わるからである。私が真の利害関心と呼ぶのは、最も賢明な元首たちが、自分の富や評判や権力を増大させ、自分の王家や国家を強固にし拡大するために、それに従うような利害関心のことである。私が見かけの利害関心と呼ぶのは、何かある一過性の情念や、何かある取るに足りない、根拠の怪しい希望などに由来する、一時的であまり堅固でない利害関心のことである。度外れな野心は、最も空しい希望や最も間違った見通しを想像力に受けいれさせるためにさえ十分である。その場合、最も些細な不平の種や、最も突飛な主張でも、約束をもはや守らないための十分な口実として役に立つ。さらに、契約をする人々は不死ではない。彼らのうちの一人が死んで、まったく異なった見解を持つ後継者が後をつぎ、しかもこの後継者は自分も依然として先代の契約を果す義務を負っているとは思わない、ということもある。このことは、同盟の仲間同士が分裂する原因となり、また元首が自分の約束したことを履行できるのに履行したくなくなるようにさせる原因となる。歴史はそのような例でいっぱいである。

自分の約束を履行しようと思えばできるのに、履行したくなくなってしまう君主たちがいるように、約束を履行できるならそうしたいと思っているのに、履行できなくなってしまうということも、君主たちにはしばしば起こる。彼らは、彼らを疲弊させる内戦に巻き込まれていたり、予見できない、莫大な費用のかかる対外戦争に参戦せざるをえなかったりする。これらは、約束を履行できなくなることのごくありふれた原因である。

以上のことから私には、今や読者が次のような判断を下せる状態にあるように思われる。それは、「ヨーロッパの組織体制が現状のままであり続けるかぎり、諸国の君主・首脳たち同士の紛争を予防することも、彼らが紛争を戦争なしに終らせることも不可能であり、また彼らの過去に結んだ条約によってなされた約束にせよ、将来彼らが結ぶ条約によってなされることになる約束にせよ、相互間の約束の履行にとっての十分な保障を見出すことも不可能であり、その結果、諸条約が平和の持続のための十分な保障をいつか生み出すということも絶対に不可能である」という判断である。そしてこれが、この第一論考で私が証明しようと努めた第一の命題である。

証明されるべき第二の命題

フランスの王家とオーストリアの王家との間の力の均衡は、諸国家の保全のためにも、通商の継続のためにも、十分な保障をもたらすことはできないであろう。

私は、右の命題が真であることを諸々の直接的証拠によって立証することで満足することもできたし、勢力均衡の体制をヨーロッパの恒常的な社会的結合の体制に比較するには、本書の終りまで待たなければならないという気さえする。また、比較される物事がよく認識されているとき以外は、比較の力がほとんど感じられないということもそのとおりである。しかし私は、読者がしばしの間私を信用して本書を終りまで読まれ、それから逆戻りして、そうすることが適切だと読者が判断されるならば、この比較を読み直されるということも、十分に可能であると思った。さらに、勢力均衡の体制の脆弱さと無益さをこの場で読者に感じとってもらう必要が私にはある、ということと同様に、私は右の二つの体制の対比が、不完全であるとはいえ、その効果を発揮して直接的証拠を有効ならしめずにはいないであろう、ということを理解した。

私は、ヨーロッパ諸国の社会的結合の体制には、五つの限りなく大きな利点があるとみている。

(1)この体制は、対外戦争の災厄に対する確実な予防策である。これに対して、勢力均衡は予防策では全然ない。

(2)この体制は、連合に加盟することになる諸国家の内戦の災厄に対する確実な予防策である。これに対して、勢力均衡はこの予防の保障には全然ならない。

(3)この連合には、各々の国家の保全のための完全な安全保障が見出される。これに対して、勢力均衡は非常に不完全な安全保障の働きしかしない。

（4）この連合には、通商の継続の完全な保障が見出される。これに対して、勢力均衡は通商の中断の原因にしかなりえない。

（5）勢力均衡を確立し何年か維持することは、恒常的な社会的結合を確立し恒久的に維持することよりも困難で、しかも費用がかかる。

第一の利点――対外戦争に関して[2]

均衡とは、その本性上、釣り合った状態にある全体が非常に動かされやすく、また動いたら動き続けたままの状態になりやすいような状況であって、この状況下では最小の内的もしくは外的原因でも、全体に新たな動きを与えたり、全体がすでに持っていた動きを継続させたりするのに十分である。したがって、二つの王家の勢力均衡は、たしかに何らかの「動きの休止」を、すなわち何らかの休戦を可能にすることはできるが、しかし堅固な静止、すなわち不変の平和を生み出すことは到底できず、それどころか、野心的でこらえ性がなく常に不満を抱いているようなすべての君主に、戦争を再開する便宜を、また再開されたあかつきにはいっそう長引かせる便宜さえも、与えてしまう。その理由は、一面ではこういう君主が、自分に都合のよい希望によって戦争再開の企てへと駆り立てられることはありうるのに、非常に大きな恐怖によってそれを思い止まることは決してありえないから、ということにある。なぜなら、力の均衡のさなかにあっては、恐怖を抱く原因とほぼ同じだけ、希望を抱く理由も存在するからである。また別の面では、こういう理由もあることがわからないであろうか。すなわち、戦いをいっそう長引かせるものは、戦う者同士の力と力の間でいっそう長きにわたって保たれる均衡であるから、という理由である。

右の理屈の明らかさが十分でないなら、経験を参考にして、勢力均衡の体制の下でここ二百年来どういうことが起こってきたかを見るとよい。つまり、ヨーロッパの歴史を読んでみるとよい。この災いなる体制は、ほとんど絶え間のない戦争に次ぐ戦争以外の何をもたらしたのか。ヴェルヴァンの休戦[3]はどんなに僅かな間しか続かなかったことか。私としては、長続きできない平和をこの休戦という名称以外の名称で呼ぶわけにはいかないような気がする。反対に、この休戦の終了から現在に至るまで、戦争がどれほどの期間続いてきたことか。いたく切望されているこの勢力均衡であるが、その結果とはこのようなものなのである。しかるに過去は、将来についても似たような原因からは似たような結果しか期待してはならないという教訓を、私たちに与えるのではないか。また、勢力均衡の体制下では、武器を手にしていないと安全保障は見出されず、したがって人は自分の平安を犠牲にすることによってしか、自分の自由を決して享受できないということを、誰がわからないであろうか。

(2) この箇所は、底本では「内戦に関して」(A l'égard des Guerres civiles) となっているが、これでは次節のテーマと同じになってしまい、また本節は明らかに対外戦争の問題を論じていることから、civiles は étrangères とあるべきところが誤植されたものであると判断して、訂正して訳した。

(3) フランス王アンリ四世とスペイン王フェリペ二世(本論考訳註(5)参照)が、一五九八年にフランス北部の小都市ヴェルヴァンで結んだ休戦協定で、これによりフランスはユグノー戦争へのスペインの介入を排除した。

反対に、ヨーロッパ諸国の連合体の内部には、力の均衡を保っている二つの党派というものはもはや存在しないであろう。また、連合した諸国の君主・首脳同士の間には、平和の宝を常に保つことという同一の目的以外はもはや存在しないであろうから、同じ一つの党派以外は存在しないであろうし、すべての力は統合されてこの目的の方へと向けられるであろう。その結果、この平安を乱したいといういかなる願望も、もはや一国の元首の心に生じることはありえないであろう。なぜなら、そんなことを願う元首はヨーロッパから追放されて、最初に事を起こすや否や、永久にその地位を失わずには済まないであろうから。

ドイツの諸領邦の連合体ができて以来、これらの領邦同士の間には戦争がなかったことに注意していただきたい。戦争がなかったとはつまり、この連合体の成員であるいくつかの領邦の君主が、諸外国の君主と個別の連合をなした場合でなければ、長く続いた戦争や、何かある続きの戦争を伴った戦争はなかった、ということである。このことは何に由来するのか。それは、ドイツ帝国からの追放の恐れによって、最も無謀で常に不満を抱えた領邦君主たちが抑止されたこと、またいかなる領邦君主も、帝国の全領邦君主を相手に自分ひとりだけでは、自らの地位を完全に失うことなしにはたった一つの事を起こすことにも耐える望みはありえないということ、これらの点によるのである。同様に、いかなる領邦君主も、外国の君主と同盟するのは、次のような希望を抱いているからでしかない。それはすなわち、この同盟が追放の苦痛から自分を守ってくれるだろうという希望と、両者の仲をとりもつ最初の平和条約によって、自分は自国の主権を全面的に保つのみならず、自分に武器をとらせた主張に関して自分の正当性を認めさせることにもなるであろう、という希望である。以上の考察から結果として出てくるものは何か。それは次のことの目に見えて明らかな証明である。すなわち、仮にドイツ領邦国家団のこれらの加盟邦が、この団体の一部をなさない強力な近隣諸国を持つということがなかったとしたら、加盟邦同士の戦争は決してなかったであろうということ、言いかえれば、もしもこの連合体がドイツに限られずに、ヨーロッパのあらゆる国々の君主・首脳を包括するものであったなら、ドイツ国内にもヨーロッパのそれ以外の地にも、決して戦争はなかったであろうということ、これである。

第二の利点――内戦に関して

ヨーロッパの比較的力の弱い元首たちが、勢力均衡の効果について抱いている希望のすべては、二大強国のいずれかの野心に対抗して自分の国を保全することにあるということ、また彼らは勢力均衡の体制が、暴動や反乱や内戦から自分たちを守ってくれるとは期待していないこと、これらのことは確実である。

私たちは反対に、ヨーロッパ連合の最も重要な効果の一つが、比較的力の弱い国々をも強い国々と同じように、あらゆる暴動、あらゆる反乱、そしてとりわけあらゆる内戦から、間違いなく守るという点にあるとみている。それはつまり、一国の君主または首脳の党派以外で将来武器をとる最初の党派は、ヨーロッパ連合の敵と宣言され、団結した君主・首脳の十分に強力な力によって間違いなく打ち負かされ厳しく罰せられることになる、ということを皆が知るや否や、暴動・反乱は信頼に値する首領を得ることができなくなるであろうし、したがって開始されないか、おのずから雲散霧消してしまうかのどちらかになるだろうからである。

それゆえ、勢力均衡は、内戦を防ぐことはできないであろうが、この内戦こそは、最も賢明な人々の判断によれば、国家のあらゆる害悪のうちで最も恐るべき、最も忌まわしい害悪である。また実際に、経験そのものを参照し、ここ二百年来ヨーロッパに起こったことを歴史のうちに読んでみるとよい。そうすれば、ドイツやフランスやフランドル地方やイギリスにおいて数多くの内戦があったことがわかるであろうが、これらの内戦はみな勢力均衡の体制のさなかで生じたものではないか。そして私の提唱するヨーロッパ連合が当時から形成されていたとすれば、決して生じなかったはずのものではないか。

第三の利点――連合の体制下では、各々の国家が自国の保全のためのいっそう大きな安全保障を持つ

勢力均衡は、確立された場合でも、非常に堅固なところは何もない。それゆえ、これは常に、諸国家の保全の非常に不確かな保証策である。

(1) 私たちは、勢力均衡が、内戦であれ対外戦争であれ、戦争を防止しないということを見たところである。したがって、ヨーロッパは常に、戦争という出来事に巻き込まれやすいことになるであろう。しかるに、武運に、つまり戦いの勝利に左右されることはすべて、非常に不確かなこと以外の何物でもないということ、したがって、諸国家は常に最も厄介な事変にさらされたままだということは、誰も知らぬ者がないのである。

(2) この勢力均衡の確立までには、無数の人々の生命が犠牲になり、しかもイギリス・オランダ・ポルトガルその他のオーストリア王家の同盟国は巨額の費用を費していることであろうが、この均衡の確立後

も、一方の王家は幼君の治世や摂政制や内戦や悪法のせいで、五十年もたたないうちに他方の王家の半分ほどにまで弱体化し、これに対して他方の王家はこれと反対の仕方で強くなるということが、不可能ないわれはどこにあろうか。既に起こったことはまた再び起こる可能性があるのではないか。カール五世治下[4]のオーストリア王家の、またとりわけ彼の子息フェリペ二世[5]の治世の最初の何年間かにおけるスペイン分家の[6]、恐るべき力を思い起こしてみるとよい。このたった一つの分家だけで、当時フランスの王家よりも強力であったことを知らぬ者はないが、またフェリペ二世の死後五、六十年で、悪しき統治のせいで弱くなったこの同じ分家が、これとは大いに異なった統治のおかげで強くなったフランス王家の、四分の一の力も持たなくなったということも、私たちの誰もがみな知っているのである。

---

(4) 十六世紀のハプスブルク家の神聖ローマ皇帝(一五〇〇～五八、在位一五一九～五六)。父方では皇帝マクシミリアン一世の、母方ではスペイン王フェルナンド二世・女王イサベル一世の孫に当たり、ともに祖父の後を継いで、まずスペイン王(カルロス一世、在位一五一六～五六)として即位後、さらにドイツの帝位について両国に君臨。フッガー家など新興ブルジョワジーの勢力と結んでドイツの絶対王政を確立したが、ルターによる宗教改革に対してはその弾圧を試みて失敗し、アウグスブルクの和議(一五五五)で譲歩を余儀なくされた。

(5) スペイン王(一五二七～九八、在位一五五六～九八)。カール五世の子。スペイン絶対王政の全盛期を現出し、ポルトガル王位を兼ねた(一五八〇～九八)が、エリザベス一世治下のイギリスと対立して無敵艦隊の敗北(一五八八)を喫し、またオランダ独立戦争を招くなど、治世末期にはその勢力が傾いた。

(6) スペイン・ハプスブルク家を指す。

仮に百年以内にフランス王家が、幼君の治世や国内分裂のせいで右と似たような弱体化に陥るとしたら、その場合にはイギリスとオランダが、フランス王家に肩入れしてオーストリア王家に対する征服を行なうために、武器をとらなければならなくなるのではなかろうか。それゆえ、この勢力均衡よりも移ろいやすく維持困難なものはないのである。

（3）[7] 今まさに、神聖ローマ皇帝は彼の王家のただ一人の生き残りで、[8] 彼と同じ年頃の皇后との間には子がない、という時に当たっており、この王家が二、三十年もたたないうちに断絶しないかどうかは定かでない。断絶した場合には、勢力均衡の構築物は崩壊するのではないだろうか。この構築物は非常に高くついたものであり、またそのために同盟諸国がさらに非常に高い代償を払うつもりでいるものなのであるが、これこそまさにさらなる不確実性の源なのではないか。

（4）二王家の勢力均衡は両家の同盟諸国の勢力均衡によってしか保つことができない。ところが、一方の王家が他方よりも強力な同盟諸国を持つ可能性は決してないであろうなどと、誰も確言することはできない。それゆえ、この勢力均衡の全体にとっては多くの不確実性しかなく、その結果、安全保障はきわめて小さなもので、十分とは到底言えない。

（5）一方の王家が強さを増して他方が弱くなり、しかもその際に両国の近隣諸国が戦争中である場合、強い方の家が弱い方を圧倒するのを誰が妨げるであろうか。

（6）勢力均衡体制の下では次のようなことが想定されている。すなわち、力の弱い方の元首が目の前の特殊利益に囚われることは決してありえないこと、彼が嫉妬心や復讐心のなすがままに、自分の真の利害に反して自分より強い元首と結びつくように仕向けられることもありえないこと、また、彼が情念のせいで行動に際して大きな過ちを犯させられる可能性もありえないということである。だが実のところ、そういうことは普通のことではなく、とどのつまり元首たちは、時としてそういう過ちをやらかすものである。ところが、こういう過ちは右の勢力均衡を中断させる上で決定的なものでありうる。それゆえこの点にも不確実さの原因がある。

（7）対等な主権国家同士の間の不均衡の恒久的原因が他にもう一つ存在する。それは、諸国の君主・首脳たちの天分が対等ではないことである。「土地の値打ちはそれを所有する人の値打ちに相応する」という諺の真理性が最も明らかにわかるのは、本来は最大の領域の場合である。私はこの大きな違いを感じとってもらうために、あるスペイン王を別のスペイン王に対比しさえすればよい。この二人のスペイン王とは、カルロス一世、すなわち神聖ローマ皇帝カール五世と、カルロス二世[9]とである。つまり玄祖父を玄孫[10]に対比す

（7）この（3）の番号は底本には欠けているが、当然なければならない箇所なので、訳者の判断により補った。

（8）カール六世（一六八五〜一七四〇）のこと。兄ヨゼフ一世の死により、本書刊行の二年前の一七一一年に即位、後に（一七一七）皇女マリア・テレジアを得たが、ついに男子は生まれず、一七一三年に発した国本勅諚（Pragmatische Sanktion）に基づき、帝位・オーストリア王位およびハプスブルク家の全領土を、マリア・テレジアとその夫（フランツ一世）に遺贈、ハプスブルク家男系としては最後の神聖ローマ皇帝となった。このマリア・テレジアによる継承をめぐって、それに異を唱えるプロシアやフランスとオーストリアとの間に、有名なオーストリア継承戦争（一七四〇〜四八）が起こり、この箇所での筆者の危惧は的中した形になった。

るわけである。なるほど、カルロス二世の領有地に比べて、カール五世がオランダを余分に領有していたことはそのとおりである。しかしながら、カルロス二世がカール五世よりも余分に領有していたポルトガル、インドにおけるポルトガル領、およびフィリピンに比べたら、カール五世時代のオランダなど何ほどのものであったろうか。アメリカのスペイン領もカルロス二世の時代のほうがはるかに広かったし、はるかに多くの金を産出していたのである。カルロス二世は、カール五世が帝冠を戴くのに見出した困難のすべてを克服することは決してできなかったので、帝位にはつけなかったが、領有していた国々という点では対等であった。にもかかわらず、両者それぞれの権力の間には何という驚くべき不等性があったことか。さてそこで、二つの主権国家の間に同盟諸国によってある対等性、ある勢力均衡が形成されるに至ったとして、その場合、この対等な両国をその後統治しなければならない君主たちの天分を対等にするために、いったいどんな手段を同盟諸国は持ちうるのか。けれども、この不可能な代物である手段がないことには、たった半世紀の間だけでもこの勢力均衡を保っておくいかなる保障をいつか持つことも、これまた不可能なのではないか。しかるにこれらの国々は、虚しい見かけに誘惑されて、かくも多くの人命と富とをすでにこの国々に費させているうえに、今後もさらに同じだけの人命と富を費させるにちがいないこの妄想を、いつまでももっともらしい現実とみなすのであろうか。

それゆえ、勢力均衡の体制の効果が依拠しているあらゆる不確実な物事を、この体制から期待することのできる安全保障に投影してみた場合には、次のようなことが見出されるであろう。すなわち、この体制は内戦にせよ対外戦争にせよ、戦争の防ぎには全然ならないばかりでなく、国家を全体として保つことに関してさえも、未来についての先見の明を少しも持つことができない人々に十分な保障を与えるのに足りるだけの堅固さなど、何一つ持っていない、ということである。

反対に、ヨーロッパ諸国の全般的連合の体制には、これらの欠陥がどれ一つとして存在しない。この体制の堅固さは戦争の偶然には左右されない。なぜなら、この体制の下では戦争は不可能になるからである。この体制の下では一王家の弱体化や、他のあらゆる勢力の弱体化を恐れる必要がない。なぜなら、この弱体化によって連合が弱くなることはなく、さらに通常は、加盟国のうちの一国の弱体化を招いた物事によって他の加盟国は強化されるからである。オーストリアの王家が終りになっても同家の支配する国々が終りになるわけではなく、その後この国々がどのような仕方で統治されようとも、この国々の力は残り、連合の保障のために存続するのである。

(9) スペイン王(一六六一～一七〇〇、在位一六六五～一七〇〇)。フェリペ二世の孫フェリペ四世の王子で、スペイン・ハプスブルク家最後の王。男子がなく、王位をフランス王ルイ十四世の孫に当たるブルボン家のフェリペ五世に遺贈したため、これに異を唱えるオーストリア、イギリス、オランダとスペイン、フランスとの間にスペイン継承戦争(一七〇一～一四)が起こり、これが本書執筆の背景となった。(序文訳註(7)参照)

(10) この箇所は、原文では「曽祖父を曽孫に」(le bisaïeul à l'arrière petit-fils)となっているが、本論考訳註(5)と前註から明らかなように、カール五世とカルロス二世は玄祖父と玄孫の関係なので、そのように訂正して訳した。

第四の利点――商取引の継続に関して

勢力均衡は戦争に対する予防策であるにはほど遠く、均衡が完全な場合でも戦争の数と継続時間を増加させることしかしないし、不完全な場合には、比較的力の弱い元首たちでこの体制に従う者は、自分の国を全体として保全するために持つ保障が少なくなり、そのうえこの体制からは、内戦と対外戦争の頻度も継続時間もそのおかげで少なくなることはできない、という結果が出てくることは、今しがた見たところである。それゆえこの体制は、国内交易にせよ対外通商にせよ、商取引の中断を防ぐものではない。

反対に、あらゆる種類の戦争が不可能になるか、もしくはごく短期間しか続かなくなる連合の体制の下では、商取引は国内交易にせよ対外通商にせよ、いつか中断するということはほとんどありえない。

第五の利点――勢力均衡の体制は、ヨーロッパ連合の体制よりも高くつき、設立するにも維持するにもいっそう困難でさえある。

諸国家の連合の体制は、次のような理由により、勢力均衡の体制よりも限りなくまさっていることを、私たちは見てきた。それは、連合の体制が対外戦争と内戦を防ぎ、諸国家を全体として保全するために比較にならないほど大きな保障を与え、また国内外の商取引の変ることのない継続をもたらすから、という理由である。もっとも、勢力均衡の体制も同じ利点をもたらすかもしれないが、その場合でもこちらの方の体制は、それを設立し、維持し、破壊された場合には再建するために、諸国家連合を設立・維持するために冒すよりも多くの危険を冒し、また比較にならないほど大きな出費をしなければならないとしたら、やはりはるかに願わしくないであろう。

ところで、諸国民は勢力均衡体制というこの虚しい偶像のために、かくも多くの人命と富とを、かくも盲目的かつ無益に、しかもかくも長きにわたって犠牲にしているのであるが、この虚しい偶像を維持したり再建したりするために、ヨーロッパがここ二百年来、さまざまな戦争において行なってきたあらゆる出費について、反省してみるだけでよい。そうすれば、こういうことがわかるであろう。すなわち、この費やされた富だけで全ヨーロッパのあらゆる種類の収入の資産としての価値よりも四倍も大きな価値を持つこと、その結果、勢力均衡の体制に満足せずに二百年前にヨーロッパ諸国の社会的結合を設立していたなら、ヨーロッパは現状よりも四倍富裕であったろうし、これほどさまざまな宗教へと分裂することもなかったであろうし、技術や学問も現状よりも比較にならないほど先まで進歩していたであろう、ということである。

けれどももし連合が設立されないならば、この勢力均衡を維持したり再建したりするために、これから先の二百年間さらにヨーロッパはどういう費用を支払うことになるのかということに注意してもらいたい。そうすれば、イギリス人やオランダ人やその他の同盟諸国民は、仮に現時点でオーストリアの王家の味方をしてスペインを征服することに成功したとして、相次いで生じてくる数々の分裂や幼君の治世のせいでフランス王家が弱体化しすぎることになれば、こんどはフランス王家に肩入れしてスペインを征服し直すために、おそらく百五十年以内に同じ出費をすることを余儀なくされるだろうということを、誰が疑うであろうか。

反対に、連合を設立し維持するにはどれだけの費用がかかるであろうか。連合の設立が、不正でしかも保障のされ方の悪い何らかの征服の焼き直しでないならば、この設立のためにはほとんど何の費用もかからないし、連合を維持するための費用など、戦争の出費に比べればほとんどただも同然であろう。

それゆえ、「フランスの王家とオーストリアの王家との間の勢力均衡は、内戦と対外戦争のいずれに対する防止のためにもいかなる十分な保障ももたらさず、したがってまた、諸国家の保全のためにも通商の継続のためにも、いかなる十分な保障も与えない」ということは、揺るがぬままであると私には思われる。そしてこれこそが、私の証明しようとめざしていた命題である。

この論考の結論

比較的力の弱い君主にとって、自分よりもはるかに強力な近隣の君主の努力の下に屈服しないために思いつかれる最初の考えは、自分の争いに他の強力な君主・首脳が利害関心を持つようにさせることである。そしてこの力の弱い君主は、他の君主・首脳が慎重な態度をとっているのを見出す場合、彼らを次のように説得するのは難しいことではない。すなわち、私がこの強い君主に打ち負かされると、彼は自分の行なった征服によってさらにもっと強力になり、あなたがたの各々にとってたちまち今よりもはるかに恐るべき存在になってしまうでしょうから、そうならないように阻止することはあなたがたにとって大きな利益になりますよ、と。力の最も弱い君主・首脳たちが、最も強い君主・首脳たちに対抗して自分自身を保つために作っている諸々の個別同盟条約の大部分は、そのような根拠に基づいたものである。

ドイツの領邦君主たちが彼らの新たな主権を享受し始めたときに、最も強い領邦君主たちが最も弱い領邦君主たちを打ち負かそうと何度も試みなかったということはありえないし、最も弱い領邦君主たちが打ち負かされないために、その都度近隣の領邦君主たちとの相互保全のための同盟条約という手段に訴えなかったなどということも、ありえないことである。

それゆえ、この同盟条約という考えは名案であるが、それを三、四人の君主の個別的な、期間の限られた社会的結合にとどめるのではなしに、同盟した仲間たちが同盟条約を恒常的でしかも十分に強力なものに、言いかえれば、キリスト教諸国家の元首たち全員から成るものにするようにめざしたとすれば、この考えは卓越した案でさえあることだろう。

二人の非常に強力な君主が、近隣のはるかに力の弱い君主たちの間にあって抜きん出ている場合には、この力の弱いほうの君主たちは、彼らの個別的な同盟に加えて、強力な二人の君主を離反したままにしておき、しかも両者の間に一種の均衡を保っておくことを、自然に願望し始める。力の弱い君主たちは、自分たちの自由がいかにこの強力なほうの二王家の各々の自由に由来しているかを容易に感知するし、一方ではこの二王家の各々がその強力さのままに保たれなければ、また他方で両家を互いに離反したままにしておくように気をつけなければ、もはや自分の身を保全するためのいかなる保障もないということも、容易に感知する。心に思い浮かんでくる第二の考えはそのようなものであり、この二人の強力な君主のうちの一人によって隷従させられるという第二の危険を避けるための、政略の第二の一歩はそのようなものである。ドイツの諸々の主権を持つ領邦国家の最初の誕生時に、最も弱い諸領邦が、同盟と勢力均衡というこの二つの考えに、自分たちの保全のあらゆる保障の根拠をおかなかった、などということはありえないが、しかしこれらの領邦国家がその後、次のことを思い知らされなかったということもまた同じくありえないことである。それはすなわち、右の二つの手段がこれらの国々のうちの比較的強いほうの国々の側からの侵略をしばしの間防ぐのにも十分ではないとすれば、この両手段はまたこれらの国々が、ときには自分たちの同盟国を防衛するために、またときには自分自身を防衛するために、互いに対する戦争にしばしば陥ることを防ぐことも決してないであろう、ということである。

それゆえ、最強国同士の勢力均衡を保つという考えは新しい考えではない。それは単純で自然な考えであり、心に思い浮かんでくる最初の考えの一つである。ドイツにおける政治の進行もまたそのようなものであった。領邦君主たちは、確立するのも保つのも困難なこの勢力均衡がもたらす効果は、実のところ、最も強力な君主たちの野心と不正に対する一時的な保障であろうということを、よくわかっていた。しかしながら、ドイツ連合の賢明なる創始者は、国民の諸々の災厄の根源に関して反省をめぐらすことにより、容易に次のことに気づいた。すなわち、勢力均衡というこの救治策は、最も弱い国々にとっても最も強い国々にとっても等しく破滅的なこの戦争というものの数を減らすどころか、戦争をいっそう長引かせる以外のことはせず、諸国家の存続の恒常的な保障など与えもしないであろう、と。この偉大な天才が、頻繁でしかもほとんど絶え間ない戦争の災厄を避けるための第三の考えにまで向上する機会を持ったのは、このときであった。また彼が、領邦君主たちに対して、将来の紛争を終結させるために戦争以外のいかなる方途も与えないこの勢力均衡策にはもはや甘んずることなく、次のようにすることで満足するなら、それによって彼らは万事を限りなく有利にすることになるだろう、ということを指摘したのは、このときであった。それはすなわち、ドイツというこの国の領邦君主たちの全般的かつ恒常的な連合をめざすとともに、彼らが議会において自分の代議士たちによって絶えず代表されているようにすることである。これは、将来の紛争を戦争なしに、調停もしくは仲裁裁判によって終結させる恒常的な保障を得るためであって、この保障は、ドイツ領邦国家団の判決を履行することを拒み、これからはこの領邦国家団全体に対抗して自分の権利を力ずくで主張しようと欲するような領邦君主には、総スカンを食ったり自分の国を失ったりする苦痛のような、きわめて大きな苦痛を課する、ということによって得られるのである。

したがって、ヨーロッパにおける比較的力の弱い元首たちの、わが身を守るためにまず第一に用いた手段が、ドイツにおける比較的力の弱い君侯たちがわが身を守るためにかつて利用した最初の二つの手段、すなわち諸条約と勢力均衡の維持とであったということは、驚くにはあたらない。けれども、とりわけここ二百年来、ドイツの領邦君主たちが味わった経験と似たような経験をつうじて、個別同盟と勢力均衡の維持とが諸国家の安全保障のためには非常に不十分な手段であるとともに、戦争を防止するためにはまったく役に立たない手段である、ということをよく知っているヨーロッパ諸国の君主・首脳が、その政治的見通しにおいてドイツの昔の君侯たちほど先まで到達していないとしたら、それは非常に驚くべきことであろう。また、ドイツの国内で非常に大きな害悪を避けるためには、ドイツの一自由都市にあって、各々の領邦君主の代議士たちが絶えず代表者として出ている全ドイツの常設の連合体以外の手段は、存在しないも同然であったことがはっきりとわかった後で、ヨーロッパ諸国の君主・首脳が次のことをわからずにいるとしたら、それは驚くべきことであろう。それはすなわち、ヨーロッパ内で非常に大きな害悪を避けるためには、ヨーロッパの一自由都市にあって、各国の元首の代議員たちが絶えず代表者として出ている全ヨーロッパの常設の連合体という唯一の手段しか存在しない、ということである。次の第二論考では、この考えをさらにもっとはっきりさせることにしよう。この第一論考では、私は「平和を保つために現在まで用いられてきた諸々の手段は、まったく効果がない」ということを示すにとどめた。私が自分のめざした目標に到達したかどうかは、読者に御判断いただくべきことである。

第二論考　本計画に有利な二つの判断材料

私がこの第二論考でめざしていることはただ、ヨーロッパ諸国の社会的結合の計画に有利な二つの強力な判断材料を明るみに出すことだけである。第一の判断材料は、ドイツ諸領邦の社会的結合が形成され長く続いていることから引き出される。第二のそれは、アンリ大王によって構想され、当時ヨーロッパの専権者たちの大部分の賛同を得た、ヨーロッパ諸国の社会的結合のプランそのものから引き出される。

証明されるべき第一の命題

ドイツの全領邦国家の恒常的な社会的結合をかつて形成するのに十分であった同じ動機と同じ手段が、等しく私たちの能力の範囲内にあり、なおかつ全キリスト教主権国家の恒常的な社会的結合を形成するのに十分でありうる。

私は前の第一論考において、次の二つのことを十分に証明したと信ずる。(1) ヨーロッパの現在の組織体制の下では、諸国の君主・首脳たち同士の条約には、その履行の十分な保障が何もないこと。(2) 勢力均衡の体制がヨーロッパにおいて平和を永続可能なものにすることは不可能であり、それゆえ、キリスト教主権国家同士の間に次のような恒常的な社会的結合が存在するようにならないかぎり、戦争の災厄が絶え間なく繰り返され長引くことになるだろうということ。そしてその社会的結合とは、これらのキリスト教主権国家に、諸条約の中でなされた約束の履行の十分な保障を与えるとともに、この同じ諸条約が予想していなかった、もしくは規定していなかった諸々の主張の仲裁者であるような、そのような社会的結合である。

読者がいま求めておられる第一のことは、これほど望ましい社会的結合を少しずつ形成することが、絶対に不可能なことなのか、それとも実際には困難なことでしかないのかを知ることである。このことを明らかにするためには、スイス連合、ベルギー〔オランダ〕連合、そしてとりわけドイツ連合を形成した諸々の動機と手段を洞察しさえすればよい。そうすれば、この同じ動機と同じ手段が、さらにもっと大きな、しかもキリスト教圏全体を包含するに至るまで絶えず大きさを増してゆくことが今後もできるような、そのような社会的結合を形成するためにも、十分であることがわかるであろう。私がこの後に続く諸論考においてめざすのは、これらの動機と手段を徹底的に検討することであるが、この第二論考では、私は次のことを示すことでよしとしたい。それはすなわち、現在ヨーロッパ連合を形成するのに、かつてドイツ連合を形成するのに見られたよりも多くの困難は見られないであろうということ、またヨーロッパ連合は、ドイツ連合がドイツの領邦君主たちとすべてのドイツ人とに対してかつて生み出し、また今後も生み出すことができそうな利益と、比率から言って同じくらい大きな利益を、ヨーロッパ諸国の君主・首脳とその臣民たちとに対して生み出すことになるであろうということである。

私は、比較から引き出される議論というものが必ずしも十分な説得力を持つわけではない、ということは承知しているが、しかしこの種の議論が少なくとも、直接的証拠に何とか触れることができるように精神を仕向ける役には立つということは、認めていただけるであろう。そして私はこの第二論考では、読者の精神を仕向けるということのことだけにとどめるが、それはこの後に続く諸論考の立証が、読者に対して、よい立証がよい精神に対して及ぼす自然な効果を及ぼしうるようにするためである。

私がとりわけドイツ連合を検討することにこだわる理由は、(1)それがかなり大きなモデルだからであり、(2)それを形成するのにかなりの困難があったからであり、(3)またかなりの便宜をもたらしているからである。

九世紀、カール大帝の[1]息子である温厚王ルイ[2]（ルードヴィヒ）の治世の終りごろから、彼の子孫でドイツ帝国を統治した諸王の[3]治世にかけて、彼らがその権威を失ってゆくにつれて、公爵領や伯爵領その他の直接統治領が、公爵や伯爵たちに終身与えられるのが見られた。何人かの者は、自分の子への所領遺贈権を獲得していた。そしてついには、皇帝の支配が非常に弱まったために、これらの統治領は徐々に世襲制になり、これらの地方領主は軍事と司法に関してあらゆる権利と権力を持っていたので、彼らの統治領は大小とり混ぜてそれだけの数の主権領邦国家となった。これらの領邦と皇帝とのつながりは、もはやごく軽微な貢納と、臣下の誓いの確認と、亡き封建領主の相続者が皇帝から叙任を受けるさいの儀式とによるものでしかなく、しかも皇帝は通常、相続者に対してこの叙任を拒絶することはできなかった。彼ら地方領主は、皇帝から受けるこの封土と引き換えに、封土の大きさに応じた軍隊を維持し、帝国が戦争に入っているときだけ、この軍隊を率いて皇帝のもとに馳せ参じる、という義務があるだけであった。数多くの大司教や司教その他の聖職者たちも大きな封土を領有していて、同じように司法権と軍事権を自分の後継者に保ち伝えた。最後に、さらにずっと時代が下ると、いくつかの大都市が個々の地方領主の支配を離れて、帝国と皇帝の庇護の下に共和制の自治を行なう許可を得た。

こうして、皇帝の権力とその主権国家との破片から、おびただしく多数の個別的小権力と下位の領邦国家とが形成された。ドイツには今なおそれが二百以上も残っているが、当時はもっとたくさん存在していた。それは、この帝国が当時は今日あるよりもはるかに広かったからであり、また何人もの領邦君主がさまざまな権利により、さまざまな口実の下にいくつもの領邦国家を自領に併合したからでもある。帝国がカール大帝の子孫である元首たちから、家柄の異なる他の元首たちの手に移り、世襲制ではなくなって選挙帝制になったころの帝国の状態は、ほぼこのようなものであった。

これほど近隣同士で、これほど野心的で、自分の権利にこれほど執着している、こんなに数多くの君主たちが、継承のためにせよ、何かある約束の履行のためにせよ、国境のためにせよ、あげくは自分の臣民たちの通商のためにせよ、しばしば皆でいざこざを起こすということをしないでいるなどということは、非常に困難なこと、あるいはむしろ絶対に不可能なことであった。彼らは自分の主張を通すために、まだ武力という方途しか持っていなかった。それゆえ当時のドイツにおいては、ときにはある領邦が、ときには別のある領邦が、またときにはすべての領邦が一斉に、国外からの戦争や、それよりもっと残虐な国内からの戦争によって荒廃してしまうのが見られた。またその当時は、一つの戦争から他の戦争が絶えず再発するのを阻

(1) フランク王カール一世（七四二～八一四、在位七六八～八一四）のこと。フランク王家メロヴィング家の宮宰から事実上同国の君主となったカロリング家のカール・マルテルの孫。カトリック（西方教会）を信奉する同国による西ヨーロッパの統一をなしとげ、八〇〇年のクリスマスの日にローマで教皇レオ三世より西ローマ皇帝の帝冠を冠せられた。彼のこの覇業により、教皇を頂点とするカトリック教会の宗教的・精神的権威を、西ローマ帝国（四七六年に滅亡）の後継者として資格づけられたゲルマン人の王国の世俗的・政治的権力が支える、という中世西欧社会の基本構図が確立された。

(2) ルイ一世（七七八～八四〇、在位八一四～八四〇）をさす。本書原文には Louis le Débonnaire とあるので「温厚王ルイ」と訳したが、一般には「敬虔王ルイ」（Louis le Pieux）と称せられる。父カール大帝からフランク王位と西ローマ帝位を受け継いだが、長子ロタール一世、三子ルードヴィヒ二世、末子シャルル（カール）二世の三人に王国を分配したため、フランク王国は中部フランク、東フランク、西フランクの三王国に分裂し、フランク王国の西欧統一は二代で終わった。この三王国はそれぞれ、後のイタリア、ドイツ、フランスの起源となった。

(3) カロリング家の四代の東フランク王、すなわちルードヴィヒ二世、カールマン、アルヌルフ、ルードヴィヒ四世（小児王）を指す。ルードヴィヒ小児王の死による東フランクのカロリング朝断絶は九一一年のことで、したがってここに言われている時代はおおむね八四〇～九一〇ごろに当たる。

止できないことも目に見えていた。皇帝は、力がないために戦争を防ぐことができない、もしくは嫉妬心のせいにせよ何らかの特殊利害を考慮したからにせよ、善意がないために戦争を防ぎたがらない、といったことは、ごく普通に起こったことでさえあった。またこの時代は、皇帝が最も弱かった時代であったが、それと同様に、封建領主たちの独立性が最大の時代でもあった。この独立性は、領主たち同士の分裂を維持していた当のものであり、また彼らが戦争の災厄から国民を守ることのできるただ一つの手段に気づかなかったかぎり、国民にとって常に非常に災いなる独立性であった。

こういう国家公共の災禍の中にあっては、各人がその精神のひろがりに応じて、この災禍を回避させるのに適した何らかの予防策か、あるいは少なくともこの災禍を終らせるのに適した何らかの救治策を求めたのは当然であった。ドイツ帝国に平和と通商と豊かさを保ち、各々の領邦君主にその領国の保全と条約の履行のための保障を与える目的で、帝国の成員たる領邦のすべてを同一の国家団とするためのドイツ連合のプランが生まれるのが見られたのは、この時のことであった。私は、この計画をまず第一に思いついたのが、一君侯であったのか一私人であったのかは知らないし、創案者がこの計画をまず第一にどこまで進めたのかも知らない。しかしそれでも依然として、この連合が形成されはじめたのはその時だったのである。それは計画なしに形成されたものではない。そして、善き君侯・善き市民にふさわしく、かつ祖国の安全にとって非常に必要な、この政治上の傑作が出現したのは、この時代においてのことだったのである。

さて、この賢明なる発案者がどのような人物であったにせよ、彼の計画を読んだ人々のうちの何人もが、そのような社会的結合の斬新さに対して先入観を持ち、そのような条約を結ばせることができる強力な動機によりも、実行の困難さのほうに注意を向けたということは、容易に想像されるであろう。彼らは、際限なく多くの直接に対立する主張や利害を持った数多くの君主たちを見て、それ以上深く考えることなく、この困難はいつまでも克服できないであろうと判断した。それゆえ彼らはこの目論見を、心の中で思いめぐらす分には本当に美しいが、実行する段になるとものの役に立たない、平和と静穏の幻影とみなし、こうして、自分自身や自分の血を受け継ぐ者たちがいつの日か非常に大きな利益をそこから引き出すにちがいない計画に、妄想的であるという不信任を、何のためらいもなく突きつけたのであった。この計画に何らかの実現の望みがあるためには、ドイツの領邦君主たちがみな賢明で理性的で公正で、情念がなく、自分にかかわる物事を自力で勉強し、自分自身の幸福よりも自分の臣民の幸福を気にかけるような人々でなければならないであろう（と先の人々は主張した）。一言で言えば、ドイツの領邦君主たちは、あるべきとおりの人々であって現にあるような人々ではないのでなければならないであろう。しかるに、仮にこの領邦君主たちがみなあるべきとおりの人々であったとすると、彼らは常に平和裏に生きるために、理性の法以外の法を必要とせず、その場合右の計画はまったく無用になるであろう、と。

ドイツ連合の発案者の計画の読み手のうちで、これほど先入観を持たなかった何人かの人々は、この計画が極度の重要性を持つことを見てとり、ドイツのこの全般的連合を各々の君主に願望させることのできる諸々の動機と、その実現の困難さとに、同等の注意を向けなければならないと判断した。彼らは、動機の重大さに注意が向けられるにつれて困難はおのずから消失するとみなしたが、その理由は、この動機とは恒常的な社会的結合から各君主が引き出すにちがいない諸々の大きな利益であり、また大きな困難が由来するのは、社会的結合がないことから各々の君主が期待できた希望ないし主張、ということはつまり諸々の利益からでしかないが、この二種類の利益を比較することによって、はじめのうちは全く克服しがたいように思われていた右の障害も、消え失せてしまうから、ということであった。この人々はまた、四、五人の君主をこの連合に同意させることは困難ではないし、条約がある時にはある君主に、またある時には別の君主に、というように次から次へと提案されてゆくことによって、連邦加盟邦の数は少しずつ増加しうるであろう、とも判断した。しかも彼らの判断によれば、このことは、いくつかの領邦が弱小なこと、強力な君主が少数なこと、これら強力な諸邦の内部分裂、対外戦争における不利益などが、その後の数世紀の間に、諸領邦の社会的結合の拡大にとって好都合なそれだけの数の情勢となりそうな分だけ、いっそう容易であろう。というのは、この社会的結合の中ではいかなる加盟邦も自邦のものを何一つとして決して失うことはありえず、君主たちの家系の永続や戦費の削減や、より確実・広汎かつ永続的なものとなる通商が生み出す富と豊かさなどによって、大いに得をすることができるからである。この考えの人々は、自分たちの意見を支えるために、こう主張した。すなわち、「領邦君主たちは、この社会的結合に同意を与えるのに、情念のない人々であったり、そんなに高度の賢明さや理性や公正さや自邦民に対する善意に到達していたりする必要はない。人並みの怜悧さがあり、大きな出費を嫌い現状よりもはるかに富裕になることを願うだけの利害関心があり、自分の家の破滅を恐れ永続を願うほどに自分の家を愛していれば、それで十分である。また、力の最も弱い君主たちは、最も強力な君主たちの侵入を受けるのを恐れるだけの良識があれば十分であり、最も強力な君主たちは、歴史上の数多くの出来事の教訓から学んで、自分の死後のことで、暴動や反乱や内戦や、王家の内部分裂や、幼君の治世の間の強力な臣民たちの陰謀などを恐れるだけの先見の明があれば十分である。しかるに、これらすべてのことのためには、君主たちは情念のない人々であることも、そんなに理性的であることも、あるべきとおりの者であることも必要でない。一言で言うなら、彼らは現にあるとおりの者であれば十分なのである。しかるに、（右の人々の主張したところによれば）君主たちが実際にあるとおりの者だと仮定した場合にこそ、彼らが自身の幸福をおおいに増すためにはドイツ諸領邦の社会的結合を形成する必要があるのである」と。

このドイツ連合の計画に関して、当時行なわれたさまざまな判断や、当時述べられたいろいろな言説のことを、私が右のように語る場合、それは同時代の人々の記録を信じて、それを基にして語っているのではない。こういう記録は人を欺くことがありうるし、それ自身が欺かれていることもありうるからである。私が信用して基にしているのは、これよりもはるかに確実な、自然そのものの記録である。それというのも、この種の計画は次のような二種類の気質の読者に出会わないわけにはいかないからである。すなわち、一方の読者は活発で弁が立ち、少しばかり浅薄で決めつけが強く、検討の骨折りを嫌い、書物を題名に基づいて、また言うところの「袋のラベルに基づいて」、自分の最初の先入見だけを拠り所として判断することを好む。他方の読者は、数の上では少数派で、あまり恵まれた記憶力も豊かな想像力も持ち合わせないが、検討が済むまでは自分の判断を保留しておく習慣づけができており、より多くの確実性をもって進むために、読み進むペースは人よりも遅い。第一のタイプの読者が考えを決めてしまう場合でも、第二のタイプの読者はまだ疑い迷っている。第二のタイプの読者は、斬新だからといって毛嫌いもせず魅きつけられもしない。彼らは賛否両論の各々について熟慮し、自分に可能な最大の正確さをもって賛否両論のすべてを集め、長い時間をかけて両論それぞれの全体の重みを量り較べ、その後で判断を下す。こういう態度は第一のタイプの読者には気に入らない。これではあまりにも遅すぎて、自分たちなら八日あればはっきり決まった判断を百も下すのに、この調子でやる連中は、辛うじて二つの判断をするかしないかであろう、と。しかしこれといい勝負で、この第一のタイプの読者の先入見には、したがってまた彼らの見解にも、偶然が大きな部分を占めていて、間違った判断を下して恥をかくのを恐れるとともに他人よりもよい判断を下したという名声を欲しがるせいで、彼らの全精神はその後、自分が軽率にとってしまった方針を維持するのに躍起になる。彼らはもはや、自分の誤りに気づくことも、自分の軽率さを後悔することも、次回以降は自分の判断が拙速にならないように用心することさえも、できる状態にはない。

ところで、この相異なる種類の気質を持つ人々は、ドイツ連合の計画に対して、大いに異なる予言以外の何をすることができたであろうか。一方の人々は、この計画は実行不可能であり、決して実現されることはないであろうと主張した。他方の人々は、この計画は実行可能であり、おそらくはいつの日か実現されることになるだろうと判断した。さて私は、当時の人の気性の結果を描き出してどうするのかというと、この計画に似たようなことを述べた著作に対して、人の同じ気性がもたらす似たような結果を、今の時代について描き出しているだけである。そして願わくは、今の時代のいろいろな判断やさまざまな予言にもかかわらず、ヨーロッパ連合の計画を述べたこの新しい著作は、ドイツ連合の計画という昔の作品がかつてドイツの幸福に対して持ったのと同じ帰趨を、今世紀においてヨーロッパの幸福に対して持ってほしいものである。

悪しき預言者は、自分の予言が外れても、たやすく自分で自分を慰めることであろうが、良き預言者には、計画の成功の喜びと自分の予言の実現の喜びという、二重の喜びがあることであろう。

ドイツの諸領邦の社会的結合の体制の創案者が、既述のような漠然とした一般論によっても、実現に際してぶつかる最初の反対によってもくじけなかったとすれば、それは彼が次の点をはっきりとわかっていたからである。それはすなわち、君侯たちを分裂状態へと仕向ける利害は、全部合わせても、彼ら全員を連合へと向かわせ、恒常的な社会的結合を形成するように仕向ける利害の、百分の一の重みも決して持ちえないということである。さて人は、たしかにまず最初は先入見のせいで有利な条約から遠ざかるかもしれないが、しかし次のような場合には、いつでもそこへ戻ってくる。それは一つには、折にふれていくつもの側面からいろいろな人々の手でこの条約が示される場合で、他の人々の例が目の前にあるときや、最も賢明かつ公平無私な大臣たちが求められて意見を述べるときなどに、そういうことが起こる。また一つの場合として、よい方針の諸々の利点が非常に大きく、しかもある点まで明らかになっているために、いわばチップを手にとってそれに賭けるしかないほどである場合が、とりわけそうである。

にもかかわらずたしかに、ドイツ連合の条約に最初に調印したドイツの領邦君主たちは、万事を考慮すれば自分自身にとっても、自分の家や代々の後継者や臣民たちにとってもこれ以上有利な条約になど、自分が調印できる可能性は決してないことを、このとき明らかに再認識したはずである。またたしかに、最初の調印者の例に倣った領邦君主たちも、この巨大な制度組織の根拠であった条約に結局は調印し始めたのであるから、同じ判断をしたはずである。そしてこれらの点から私は、これと似たもっと巨大な制度組織でも、この巨大さそのもののおかげでいっそう形成されやすくなるであろうということが示されるならば、形成されるのに何の妨げもない、という結論を下したのである。

先へ進む前に次のことを指摘しておくのが適切である。それは、ドイツ連合には、それを気がつかないうちに内から破壊してしまうとともに外へ拡大するのを妨げるような、二つの重大な欠陥があったこと、にもかかわらずこの連合は依然として現在まで存続しており、なるほど弱体化してはいるが、しかしそれでも、それがかつてどのようなものであり、またどのようなものでありえたかを示すのに、適した状態にはあるということである。しかし本書の主題に役立つのは、この二つの欠陥を免れているような類似の社会的結合から何を期待することができそうかを、この連合がさらに示していることである。

第一の欠陥は次のことである。加盟領邦は、票を投じたり連合の利益に役立つ提案をしたりする全面的な自由を保持するために、当初から複数の州を形成しなければならず、また各州の代議士が順番に交替で、帝国大審院や国会や国家代表者会議の議長につくことにすると取り決めなければならなかった。この国家代表者会議とは、マクシミリアン帝[4]とカール五世の治世のある期間、摂政時代という名の下に、国会の異なる会期と会期の合い間に出てくる空白期間に存続したものである。この取り決めにもかかわらず、右の議会・会議の議長はつねに皇帝の代議士がつとめている。しかるに、人も知るとおり、集会で討議されるのは議長の提案することに関してだけであり、また皇帝の利害は帝国の利害とは大いに異なっている場合が多く、ひどく対立することとさえあるから、皇帝の提案させることが領邦国家団の利害よりも皇帝の個人的利害のほうにずっと多く関わりを持つことは、あまりにもよく起こりすぎることでしかない。また、これも人の知るとおり、加盟領邦の自由と効益を増大させることによって首長の権威を少しでも減らす方向に行くような討議を、皇帝は遠ざけようと大いに意を用いるものである。

第二の欠陥は次の点にある。加盟領邦の君主たちは、皇帝を選出する際に、彼に次のような権能のいずれも、決して与えないことにしていたらしい。それはすなわち、皇帝が自ら、もしくは自分の代理指揮官によって、帝国の軍隊を指揮する権能、軍隊の下士官全員を任命する権能、領邦国家団の必要に応じて加盟領邦に対して割当兵員の徴集を行なう権能である。加盟領邦の君主たちは、勇敢で熟練した経験豊かな将軍を、君主の家系でない家柄から選ぶ権利を保持することにしていて、この将軍をいつでも、また何度でも罷免できた。また彼らは、割当兵員を徴集するための監視委員団を任命する権利や、主要将校たちの任命権をも、自分のものとして残しておくことにしていた。

右の二つの欠陥は、ドイツ連合に、またこの種の公共体に、二つの非常に重大な不都合を生み出したが、この不都合の重大さに人々がはっきりと気づくことができたのは、何世紀もたってからのことでしかなかった。第一の不都合は、皇帝の権威が増大したのに反比例して、加盟領邦の自由が減少したことである。そしてこの皇帝の権威は非常に大きくなり、そのせいで、カール五世の帝国の下では、死に瀕していた自由をフランソワ一世[5]が救いにやって来ていなかったなら、ドイツ領邦国家団はほとんど消滅していたであろうほどであった。またこの同じ自由が、ミュンスター条約[6]の結ばれる以前には非常に弱くなり、国王陛下[7]の助けに

（4）ハプスブルク家の神聖ローマ皇帝マクシミリアン一世（一四五九～一五一九、在位一四九三～一五一九）のこと。

よってこの条約の中で回復されたのが見られなかったか。そしてこの同じ条約もまた、陛下が保証人としてその履行を絶えず支えていなかったなら、いったいどうなっていたであろうか。加盟領邦同士の嫉妬と分裂のせいで、皇帝がそれらを全部つぎつぎに屈服させることが、たちまち容易になっていたであろう。

ドイツ領邦国家団の自由の弱まりは、帝国大審院の権威が現在陥っている状態によってもまた、非常に顕著になってきた。この帝国大審院は、非常に長い間シュパイアーにあったが、現在はヴェッラーにあって[8]、いわばドイツ連合の中心であった。各々の領邦君主は、同院に自分の代議士を有していた。領邦君主同士のもめごとや、異なる領邦君主の臣民と臣民の間の通商についてのもめごとは、同院において、調停役によって和解させられるか、もしくは見識があって公正な、しかも完全な権威のある仲裁裁判官であるこれらの代議士によって、多数決で判決が下されるかのいずれかであった。この大審院の権威は、毎年どこかの自由都市で開かれていた国会の権威と結びついて、ドイツ連合のすべての力を形成していた。帝国大審院と国会を弱体化させることにより、両者から奪ったものによって自らを強くすることは、歴代皇帝の関心事の一つであった。歴代皇帝は、両者を別々の二つの都市に置く[9]ことによって分離することから始めて、判事全員が皇帝によって任命される最高法院を設立し、これに帝国大審院と同じ権能を与えてしまうまでは、手を休めなかった。皇帝たちは、帝国大審院から重要事項の決定権を奪って、皇帝の同意がなければ決定が下せないようにさえした。国会が開かれることは、困難が多く費用もかかるせいで、ますます稀になった。こうして皇帝はいわば、他の領邦君主たちの紛争の唯一の裁き手になっている。それゆえ、この欠陥だけのせいで、ドイツ諸領邦の公共体は気づかぬ間に崩壊の急坂へと導かれたと言ってよい。

もう一つの不都合はこれよりはもっとはるかに重大である。なぜなら、一つの公共体に起こりうるあらゆる不都合のうちの最大のものは、つまるところ、いかなる有利な情勢によっても自らの領域を拡大すること

(5) ブルボン家の前の王朝であるヴァロワ家のフランス王(一四九四〜一五四七、在位一五一五〜四七)。ハプスブルク家の皇帝カール五世に対抗して拡張政策をとり、イタリアの支配権をめぐって四度にわたるイタリア戦争をカール五世との間に繰り広げた。ブルボン家時代へと受け継がれたフランス王家とオーストリア・ハプスブルク家の対立関係は、この時から決定的となった。

(6) ドイツにおける新旧両教勢力の内部対立に端を発してフランス・スウェーデン・デンマーク等を巻き込んだ三十年戦争(一六一八〜四八)の講和条約として、一六四八年十月にドイツ(神聖ローマ帝国)とフランスの間に結ばれた条約。ドイツとスウェーデンの間に同年に結ばれたオスナブリュック条約と合せて、(ミュンスター、オスナブリュックがともにヴェストファーレン州に属することから)ヴェストファーレン(ウェストファリア)条約と呼ばれる。この条約において、ドイツの領邦君主たちは外交権を含むほぼ完全な独立主権を認められた。

(7) 本書執筆当時のフランス国王ルイ十四世(一六三八〜一七一五、在位一六四三〜一七一五)を指す。ミュンスター(ウェストファリア)条約の調印はたしかにルイ十四世の在位中であったが、同王の親政は一六六一年からで、同条約の調印を実質的に主導したのは宰相マザラン(第六論考訳註(18)参照)であった。

(8) シュパイアーはライン川中流左岸、ラインラントファルツ州の小都市で、一五二六〜一六八九年の百六十三年間、帝国大審院の所在地であった。ヴェッツラーはヘッセン州の小都市で、一六九三年から神聖ローマ帝国の消滅(一八〇六年)まではここに帝国大審院が置かれた。本書執筆時はヴェッツラーに帝国大審院が移って約二十年後であった。

(9) 神聖ローマ帝国の国会(帝国議会)は一六六三年以後、レーゲンスブルクに置かれた。

ができないのに、さまざまな偶発事のせいで弱体化する可能性があるということだからである。しかるに、もしもドイツの領邦君主たちの公共体が各々の加盟領邦の代議士のうちから選出された交替制の議長しか持たず、司法と軍事のための常任の首長を持たなかったとすれば、近隣の主権国家の大部分がそれぞれの問題のさまざまな状況に応じて、ここ百五十年来相次いでこの公共体への加入を要求したことであろうということは、誰も疑うまい。スイスは新たな州としてこの公共体に入ることにならなかったであろうか。ジュネーブや、イタリアの諸国の元首たちの大部分は、これに加入することにならなかったであろうか。チャールズ一世治下の分裂さなかのイギリス[10]も同様に、これに加入することにならなかったであろうか。フランス自身も、十六世紀に恐るべき動揺を被らなかったか[11]。全面的転覆まであと一歩というところまで行かなかったか。しかるに、仮にもしアンリ三世[12]がすべての苦境から脱するためには、あらゆる恐怖から彼を守ってくれたであろうような、しかも彼に手を差しのべていたある社会的結合に加入しさえすればよかったのだとすれば、彼は躊躇したであろうか。ポーランドは、さまざまな機会に、とりわけカジミエシ[13]の治下では、加入をためらったであろうか。デンマークとスウェーデンは、いくつもの困難な状況において、ポルトガルは、とりわけ七十年前の大動乱の開始時に、加入をためらったであろうか。しかして、もしドイツ連合が、ここ五、六百年来ヨーロッパ諸国の重大事件のすべてに乗じることができるような仕方で構成されていたなら、この連合は気づかれない間に時とともに、私が今日提唱しているこのヨーロッパ連合そのものになっていたことであろう。しかしながら、これらヨーロッパ諸国やその君主たちが、皇帝を主君として、あるいは少なくとも恒久的上位者として戴くことなしには、ドイツ連合に加入することができないとわかったとき、このことを考えただけでも常に、彼らはこの公共体の成員でありたいと願うことを妨げられてしまった。ドイツ連合が決して拡大できなかったこと、そして私の論題ではないさまざまな偶発事のせいで、この連合がいくつもの加盟国と多くの領土を失ったことは、このことに由来している。

ドイツ連合の計画を提案した賢明なドイツ人が、見たところ、神聖ローマ帝国のプランの何物かに従って、一種の共和国を古い君主国のいくつかの土台の上に建てざるをえなかったということは、まことに無理からぬことだと私は認める。おそらく彼にとっては、すべてを新たに建てることは可能ではなかったであろうし、またおそらく人々は、この賢人が帝国を選挙帝政にし、歴代皇帝による権利簒奪に対するある防波堤

(10) 清教徒革命(一六四〇～六〇)における国王軍と議会軍の最初の衝突(一六四二年)からチャールズ一世の処刑(一六四九年)に至るまでのイギリスの内戦状態を指している。

(11) フランスにおける新旧両教勢力の対立による内戦であるユグノー戦争(一五六二～九八)を指している。

(12) ヴァロワ王朝最後のフランス王(一五五一～八九、在位一五七四～八九)。ユグノー戦争のさなかに即位し、カトリック側に立ちつつ新旧両教勢力の調停に努めたが、カトリック強硬派のギーズ公アンリと対立してパリを追われ、新教派の首領アンリ・ド・ナヴァール(後のアンリ四世)と共闘、八八年にギーズ公の謀殺に成功したが、翌年カトリックの狂信的修道士に襲われ、アンリ・ド・ナヴァールに王位を託して死去した。

(13) ポーランド史上ただ一人「大王」と称されるカジミエシ三世(一三一〇～七〇、在位一三三三～七〇)か、ヤゲヴォ王朝全盛期を現出したカジミエシ四世(一四二七～九二、在位一四四七～九二)かのいずれかを指していると思われるが、どちらなのかははっきりしない。

を築いた際に、多くのことをなしとげたと信じていた。また認めなければならないのは、何世紀もたつうちに、加盟領邦に対する首長の数多くの権利簒奪が、共和国の組織体制における非常に大きな変化となり、共和国の自由の土台がほとんど全面的に掘り崩されたままになろうなどとは、予見することが非常に困難であったこと、そして結局、古い君主制的機構の何かあるものを保持しながら、ドイツ領邦国家団の国家よりももっと共和的な一つの国家をこれらすべての領邦国家から作るなどということは、非常に困難であったということである。しかしながら、古い建築物の何かあるものを保存するために自分の新しい建築物をだめにする建築家に起こるようなことが、この賢人に起こったということもまた、認めなければならないことである。しかしてこの過失は、作り手に対してはまことに無理からぬこととはいうものの、それでも作品に対しては重大な過失なのである。

オランダの人々は、主権を持つ七つの州からなる彼らの共和国の組織体制において、これらの諸州全体の常任の首長を持ったことが決してない。しかし彼らはしばらくの間、一人の君侯を総督ないし常任の将軍としていた。[14] これらの主権州の中には、世襲の総督ないし将軍を持つ州さえ一つあり、この世襲将軍は君侯である。だがともかくオランダの人々は、ウィリアム王[15]の崩御以来、この本質的欠陥を回避してきた。スイスの十三の主権州に関して言えば、これらは各州の主権を持つ首脳たちの一つの共和国にとってこれほど本質的な過失に陥ったことが、決してないという利点を有している。

常任の首長なしに存続するベルギー連合〔オランダ〕とヘルヴェチア連合の[16]例は、常任の首長をなしで済ますことが可能であることを証明しているが、同様にドイツ連合は、歴代の非常に強力な世襲君主が、はるかに力の弱い君侯たちや、諸々の共和国や、選挙で選ばれる聖俗の領邦君主たちや、非常に対立した宗教を国教とする諸々の領邦国家とともに、恒常的な社会的結合を形成し維持することに、自らの利害関心を見出しうることを証拠立てている。そこで、私が設立を提唱しているヨーロッパ連合と、ずっと以前からすっかり確立されているドイツ連合との間にある、何らかの意味で重要性のあるかもしれないあらゆる一致点とあらゆる不一致点に立ち入って、もっと詳しく論じることにしよう。

両者の類似と相違の主要な源が三つある。第一の源は、ドイツ人たちを連合へと決意させた可能性のある

---

(14)　オランイェ（オレンジ）公を指す。オランダは一五七九年に七州の連邦共和国としてスペイン・ハプスブルク家から独立（正式承認は（6）に既出のウェストファリア条約による）したが、独立戦争に際して武功の著しかったオランイェ公ウィレム一世を総督とし、この地位はオランイェ公家が世襲した。一八一五年のウィーン会議によりオランダが王制に転じた際、同家が王家となり今日に至っている。

(15)　イギリス国王ウィリアム三世（一六五〇～一七〇二、在位一六八八～一七〇二）を指す。オランイェ公ウィレム二世の子（母はイギリス国王チャールズ一世の娘）で、オランダ総督となり、イギリス国王ジェームズ二世の娘メアリを妻とした。一六八八年の名誉革命により、ジェームズ二世に代ってイギリス王位に即いた。一七〇二年に落馬による骨折がもとで死去した際、子がなかったため、イギリス王位は妻メアリ（一六九四死去）の妹アンが継承したが、オランイェ公家はドイツから養子を迎えるまで一時当主が不在となった。

(16)　ヘルヴェチアは今日のスイス地方のローマ時代の古名。したがって「ヘルヴェチア連合」はスイス連邦を指しているが、正式にはこのような国名・呼称は存在しない。

動機から来ている。第二の源は、彼らがこの連合の形成に際して出会った可能性のある障害と困難から来ている。第三の源は、彼らが所有することのできた、自分たちの目論見に成功するための手段から来ている。したがって、検討しなければならないのは次の三点である。(1)ドイツ連合を始めた人々は、ヨーロッパ連合を始めるかもしれない人々に比べて、より多くの、より強力な動機を持っていたかどうか。(2)前者にあった障害は、後者のそれよりも小さく、数も少なかったかどうか。(3)ドイツ連合を始めた人々は、当時、私たちが現在持たないような手段を持っていたのかどうか。

動機の比較

(1) 領邦君主たちの、とりわけ彼らのうちでも比較的力の弱い者たちの、ドイツ連合形成を決意した動機の一つは、より強力な君主たちの努力に対抗して、自分の全領土とすべての権利とを保全することであった。そして彼らはこの利点をドイツ連合のうちに求めた。

しかるに、当時の最も弱小な領邦君主たちが抱いていた侵略に対する恐怖が、今の時代の最も弱小な国々の君主・首脳の抱いているそれよりも大きかったなどと、誰が言うはずがあろうか。

反対に、今日の諸国の君主・首脳の場合も、右のような願望は同じであること、そして彼らが自らの保全について抱いている期待は、昔の領邦君主たちの抱いていたそれよりもずっと根拠のしっかりしたものであること、これらのことがわからない者は誰もいまい。そしてこの後のほうのことの理由は次の点にある。すなわち、ヨーロッパ連合は今日の諸国の君主・首脳に、この保全に関して十分な保障を、ということはつまり完全な保障を与えるであろうが、このことはドイツ連合の加盟領邦の君主たちが決して当てにすることのできなかった利点だから、ということである。それゆえこの側面からすると、今日の諸国の君主・首脳のヨーロッパ連合形成への動機は、ドイツ連合形成当時の領邦君主たちの動機よりもはるかに強いはずである。また、今の時代の諸国の君主・首脳にとって、フランスとオーストリアの両王家が今日恐るべきものとなっている以上に、当時のドイツの領邦君主たちにとって恐るべきものであったような二つの強力な王家が、その時代に存在したなどとも言えない。それゆえ私は、君主たちの連合を求める動機がこの二つの時代において等しい比率で存在したと想定しても、理にかなったこと以外の何事も想定していないと信ずるものである。

（2）当時の領邦君主たちのドイツ連合形成への動機の一つは、陰謀や国内分裂や反乱に対する、一言で言えば内戦に対する確かな予防策を、ドイツ連合の力と庇護の下で有すること、こうして各領邦君主が自国の臣民同士の国内交易を常に保全すること、このことであった。

しかるに、この当時の領邦君主たちの抱いていた内戦に対する恐怖と、自国の国内交易を保全したいという願望とが、今の時代の諸国の君主・首脳の抱いているそういう恐怖と願望よりも多大であったなどと、誰が言うはずがあろうか。

反対に、今日の私たちにも当時の人々と同様に、この恐るべき害悪の悲しい経験があるし、また彼らには彼ら自身の災厄の歴史があった以上に、私たちにはその時以来ヨーロッパで、とりわけ宗教のトラブルによって起こった似たような災厄の歴史がある。また国内交易に関しても、その保全を願う理由が、私たちには彼らによりもさらに多くある。すなわち、⑴ここ五～六世紀このかた、技術の改良によって、また文書でのやり取りや荷車や担保に対して人々が考えついたあらゆる便宜によって、国内交易が時とともに大いに増大したから、⑵人々が万事に関していっそう賢明になり、その結果、自分の利害に関してもそうなったから、という二つの理由である。したがって、今日の諸国の君主・首脳が国内交易を失うことによって失うことになるものは、ドイツ連合形成当時の領邦君主たちの場合よりもはるかに多く、また今の君主・首脳は、自分が失うことになるものを、昔のドイツの領邦君主たちが知りえたよりも、さらにもっとはっきりと知っている。けれども、連合形成の動機に関してある度外れに大きな違いをもたらすのは、当時の領邦君主たちが内戦を防止する完全な保障をドイツ連合から期待できなかったということである。なぜなら、彼らの盟邦の君主の何人もが、近隣諸国の君主の助けによって、罰を受けずに連合から脱退でき、さらには自分の盟邦における反乱に乗じて利をはかることもできたからである。これに対して、キリスト教諸国家の連合の場合は、もはやいかなる君主も、罰を受けずには連合から脱退できないであろう。なぜなら彼らには、連合の加盟国でないようないかなる近隣国もないであろうから。さて、この保障の大きな増大が連合形成の動機の大きな増大であるということは、見やすいことである。

（3）ドイツ連合形成当時の領邦君主たちは、自家を君主の座に保つために、彼ら自身や何世紀か後の彼らの子孫がこの世に残してゆく可能性のある幼な子に大きな庇護を得させ、こうしてあらゆる種類の陰謀家や簒奪者を遠ざけることに、重大な関心を持っていた。そして彼らは、ドイツ諸領邦の社会的結合から、そのような庇護を期待することができた。

しかるに、今日の諸国の君主たちは、自家の永続に対してこれと同じ関心を持っていないとか、ドイツ連合形成当時の領邦君主ほどそのことに敏感でないなどと、誰が言うはずがあろうか。また、今日の君主たちがヨーロッパ諸国の社会的結合からそういう庇護を期待することはできないなどと、誰が言うはずがあろうか。

反対に、ヨーロッパ諸国の社会的結合による庇護は、ドイツの諸領邦の社会的結合による庇護よりも、はるかに強力で、しかもはるかに永続するであろうということを、今日の諸国の君主たちがわからないなどということはありえない。それゆえに、ヨーロッパ諸国の社会的結合を願う彼らの気持ちが、ドイツ諸領邦の社会的結合を願っていた昔の領邦君主たちの気持ちよりも強くない、などということもまたありえない。したがって、この側面からしても、ヨーロッパ連合の形成に着手しそれを達成するための動機は、ドイツ連合の場合よりももっと大きく、そのための原動力はもっと強いのである。

（4）ドイツ連合形成当時の領邦君主たちの、その形成へのもう一つ別の動機は、この社会的結合のうちに、彼らがお互い同士の間で結んでいた、もしくはその後結ぶことになるかもしれなかった条約の双務的な約束事の、完全な履行の担保つまり十分な保障を見出すことであった。この担保、この保障は、彼らが恒常的な社会的結合の成員になっていなければ、決して望むことのできないものであった。

しかるに、今日の諸国の君主・首脳が、諸条約の双務的な約束事の履行のためのそういう担保、そういう保障を願う度合いは、右の領邦君主たちの場合よりも小さいなどと、誰が言うはずがあろうか。

反対に、ドイツ連合のもたらしうる履行保障は完全に十分なものではなく、ヨーロッパ連合がもたらすであろう履行保障は完全に十分なものとなるであろう、ということは明らかである。それゆえに、後者のほうがずっと望ましいであろうということ、したがって、今日の諸国の君主・首脳がそれを願う度合いは、ドイツ連合による担保を当時の領邦君主たちが願っていた度合いよりもずっと大きいであろうということも、明らかである。

（5）来たるべき戦争を避ける目的で、しっかりした方策をとるよう君主・首脳に決意させるための、最も強い動機の一つは、現在の戦争が引き起こす諸々の重大な害悪である。それはすなわち、法外な出費、当面の敗北によるつらい悲しみ、将来の出来事に関する残酷な不安、収入の減少、国境を荒らされること、たくさんのよい臣民を失うこと、自分たちの災厄が終ることを求める人民の、刺すように鋭く、しかも絶え間ない叫び声などである。

しかるに、かつてのドイツの君侯たちが、ドイツ連合の条約に調印するよう彼らに決意させるためのこの動機に対して、その当時において敏感であった度合いは、ヨーロッパ諸国の君主・首脳が今日、ヨーロッパ連合の条約に調印するよう彼らに決意させるための動機に対して敏感である度合いよりも、大きいなどと誰が言うはずがあろうか。

反対に、当時のドイツの君侯たちが彼らの将来の紛争を戦争なしに終らせるためにとることのできた諸々の方策は、ヨーロッパ連合のために提案されている諸方策に比べれば、はるかにしっかりしていないから、次のことは明らかである。すなわち、ヨーロッパ連合のほうがドイツ連合よりも、このしっかりしている度合いがまさっているということによって、はるかに望ましいものとなっていること、そしてその結果、ヨーロッパ連合が今日の諸国の君主・首脳によって望まれている度合いは、ドイツ連合がその形成当時、時の領邦君主たちによって望まれていた度合いよりもはるかに大きいであろうということである。そのうえ私は、その当時この領邦君主たちが、今日のヨーロッパ諸国の君主・首脳ほど戦争に疲れてへとへとになっていたかどうか、疑わしく思う。

(6) 最後に、当時のドイツの領邦君主たちにあったドイツ連合形成のもう一つの動機は、諸外国との通商を維持することであった。この通商は、大きな富と利便の源泉であったからである。しかるに、今日の諸国の君主・首脳が、恒常的な社会的結合の設立によって対外通商の存続を確保することについて、当時のドイツの領邦君主たちほど大きな願望を抱いていないなどと、誰が言うはずがあろうか。

反対に、今日の諸国の君主・首脳は、当時のドイツ領邦君主たちよりもずっと大規模な対外通商を行なっており、また前者の大部分は海上貿易にとって後者よりもはるかに有利な位置を占めており、しかも航海は当時よりも三十倍も大規模かつ容易になっているから、次のことは見やすいことである。すなわち、今日の諸国の君主・首脳の利害関心は、ヨーロッパ諸国の社会的結合の設立によって対外通商を維持することに向けての動機として、ドイツ諸領邦の社会的結合の設立に向けてのドイツの領邦君主たちのかつての利害関心や動機よりも、三十倍も強いはずだということである。しかも、単に通商の増加が社会的結合設立の動機を増大させるにちがいないばかりでなく、通商を保全するはずの社会的結合の設立が、通商を中断せずに保全するためのいっそう大きな保障をもたらす分だけ、いっそうその望ましさを増しもするのである。しかるに、ヨーロッパ諸国の社会的結合が形成されたあかつきには、それはこの種の通商の維持のために、ドイツ諸領邦の社会的結合がその設立当時に与えることのできた保障よりも、百倍も多くの保障を現時点においてもたらすであろうことは、明白にわからない者がないようなことである。それゆえこの側面からして、今日の諸国の君主・首脳のヨーロッパ連合設立への動機は、当時の領邦君主たちのドイツ連合設立への動機よりも、比較にならないほど強いはずである。

ドイツ領邦国家団の形成に際して、加盟邦は、どの加盟邦も連合から脱退しないであろうという期待をすることはできなかった。なぜなら、離脱した場合、その領邦は域外の列強国の援助を受けることができたからである。また加盟邦は、自分たちの領邦団がこれらの列強国によって攻撃されることも、負かされることも、弱体化させられることも決してないだろう、などという見込みを持つこともできなかった。それゆえドイツ領邦国家団の加盟邦は、自邦の保全のためにも通商の保全のためにも、いかなる十分な保障も持っていなかった。これに対して、ヨーロッパ国家団は非常に巨大かつ強力なものとなるであろうから、近隣国が分裂を煽ったり、この国家団の加盟国のどれかの脱退を助けてやりやすくしたり、そのどれかに害をなすことをあえて企てるのに十分なほどいつか強力になったりすることを、どれも決して恐れる必要がないであろう。しかして、この巨大な力は、各国家が全体として保全され、いかなる種類の戦争も決して存在しないようになり、また国内交易も対外通商も決して中断されないようになることの、いっそう大きな保障をもたらすのみならず、十分でしかも完全な保障をもたらすであろう。したがって、今日ヨーロッパ国家団を形成するのに役立つはずの動機は、かつてドイツ領邦国家団を形成した動機よりも、比較にならないほど強力であることになろう。

昔のドイツの領邦君主たちが持つ可能性のあった、ドイツ諸領邦の社会的結合の設立の条約に調印するための動機は、以上の六つで全部である。他に動機があったというのなら、私に示してもらいたい。右の六つに関係づけられないような動機は、私には思い浮かばない。しかるに、これらのさまざまな動機と利害関心とは、今日の諸国の君主・首脳の側でも、同じくらい大きい、いや比較にならないほどいっそう大きいということ、しかも彼ら自身にもそう思われるにちがいないということは、いま見たばかりである。したがって、動機の面では、今日の諸国の君主・首脳とかつてのドイツの領邦君主たちの間には一致点があり、しかもこの論考の立証を弱めるようないかなる不一致点もない。反対に、すべてこの立証に非常に有利で、比較からとられた議論を極度に強めるような不一致点が、たくさん存在する。

ドイツ連合の設立のための計画に調印した二百人もの領邦君主の各々が持っていたかもしれない個別的な動機に関しては、それらを述べてみてもらえば、現在の十八か国の君主・首脳たちの間でもこの同じ動機が同じ効果を及ぼしうるであろうということが、おわかりいただけよう。

いや不一致点が一つある、かつては近隣の列強国に対する恐怖がドイツの領邦君主たちを一つの領邦団へと統合したが、これに対して現在のヨーロッパにおけるこの恐怖の度合いは、当時のドイツにおいてあったほどのものではない（、と私に言った人がいる）。しかしこの不一致点をうち消すことは容易である。

（1）この恐怖は、多くの国々をフランスの王家に対抗してオーストリアの王家に同盟させた恐怖ではないか。そして、この同盟の最も強力な絆となっているのも、この同じ恐怖ではないか。

（2）今日のヨーロッパにおけるこの恐怖の度合いは、間違いなく、かつてのドイツにおけるそれよりもさらにもっと大きいはずである。そう言える理由は次のとおりである。この恐怖は、当時ドイツ連合に、近隣のより強力な国々を攻撃しないではいられなくさせるようなものではなかった。ドイツ連合は平和を保っていたし、警戒は怠らなかったというだけで、武装はしておらず、高い費用をかけて攻撃するようなことはしなかった。ドイツ連合は戦争を始めたりはしなかったのである。しかるに、同盟諸国の現在の連合においては、この恐怖は非常に激しく、同盟諸国が平和のうちに留まることを許さないほどである。同盟諸国は戦争を始めているし、またこれまではまだ例のなかったことであるが、自領を拡大するためでもなくもっぱら身を守るために、おのれの野心を満足させるためではなく恐怖から解放されるために、征服を行なおうと欲している。したがって、ヨーロッパにおいてフランスの王家の力について人々が抱いている恐怖は、かつて近隣の列強国に対する恐怖がドイツ連合を形成するようにドイツの領邦君主たちを仕向けるための原動力となった以上に、ヨーロッパ連合を形成するように今日のヨーロッパ諸国の君主・首脳を仕向けるための、さらに強い原動力となるであろう、ということは確実である。

（3）ドイツの領邦君主たちが近隣の列強国に対して抱いていたこの恐怖は、その当時、今の人々が想像するほど大きなものではなかった。なぜなら、ドイツ連合成立の時代におけるドイツの近隣諸国は、今日のドイツ連合の持つ近隣諸国ほど強力ではなかったからである。ドイツ連合が成立したのは五百年あまり前のことである。さて、その当時のドイツの近隣諸国の力を調べてみるがよい。フランスそのものが十人ないし十二人の君主によって分け合われていたし、この君主たちは、彼らにとって皇帝のような存在であったフランス国王に臣属していたことは本当であるが、しかし彼らは王の同意なしに戦争を行なうことが多く、時には王その人に対して戦争を行なうこともあった。ノルマンディーとギュイエンヌは英国王の領有下にあり、ポワトゥーの一部もそうであった。他方、ブルターニュ、マンシュ、ラングドック、プロヴァンス、ドフィネ、ブルゴーニュ、シャンパーニュの各地方は、それだけの数の別々の主権国家であった。イタリアでも事情はほとんどこれと同様であった。ドイツの西側と南側は以上のとおりである。ドイツの北側の境は海であって、しかもスウェーデンはこの当時はまだ一つの国民へと統合されておらず、まだ恐れられるに足るほどの力を持ってもいなかった。東にはポーランドとハンガリーがあったが、ポーランドの最も人口の多い部分はドイツ領邦国家団の一部になっていたし、ハンガリーの君侯たちは、代々のオーストリア伯にとっても、また代々のボヘミア公ないしボヘミア王にとっても、あまり恐るべき存在ではありえなかった。東ローマ帝国は、すでにたび重なる分裂と小アジアでの戦争のせいで非常に弱体化していたため、ドイツ人にとっては、恐ろしい存在であるよりも、むしろサラセン人への対抗上それを維持しておく必要のほうが大きいほどであった。それゆえ、侵略の恐怖がドイツ連合の形成に寄与した度合いは、それがヨーロッパ連合の形成に寄与しうる度合いよりも大きくはなかったのである。

諸々の障害の比較

一方において、条約のみが問題となるような事柄の場合、障害はすべて見解と考え方に存するということ、一言で言えば、各当事者が持つかもしれない、そういう条約に加盟することを拒否する動機に存するということは、確かである。しかるに、ここで問題となるのは条約のみである。それゆえ、すべての障害は君主・首脳たちの同意を得ることの困難さに帰着する。

他方において、成功のためには当事者の同意のみが問題となるような事柄の場合、見解や考え方が、一言で言えば、この同意を与えるための動機が、いっそう数多くまた重大であるほど、それだけこの同意を得ることは困難でなくなるということも、右のことに劣らず確かである。しかるに、今しがた見たように、今日の諸国の元首たちの、ヨーロッパ連合を形成するための動機と関心は、ドイツ連合形成当時のドイツの君侯たちの、それを形成するための動機と関心よりも、それ自体において比較にならないほど大きい。それゆえ、今日の諸国の君主・首脳の意志から由来する可能性のある障害は、その当時のドイツの領邦君主たちの意志から由来する可能性のあった障害よりも、はるかに少ないにちがいない、という一般的な結論を下すことは容易である。しかし、これらの障害を詳しく検討してみよう。

(1) 最も目につく障害は、条約に調印しなければならない当事者の数の多いことである。けれども、二種類の協定に関連して本質的な区別をしなければならない。一方の種類の協定は、すべての当事者が、自分でするにせよ代理人をつうじてするにせよ、同時に調印しなければ成立することができない。この場合、たった一人の当事者が調印を拒否したり、出席しなかったり、代理人を送らなかったりしただけで、他の当事者たちが交渉するのを妨げるのに十分である。これに対して、最初は二人、三人、四人といった少人数から始まり、その後いろいろな時に相次いで加盟・調印したいと思うようになるすべての人々のために、余地が残されているような他の協定もある。調印する人が、協定のあらゆる利益を分かち合う権利に加入するために、社会のあらゆる法や義務に加入するような、そのような社会的結合の協定の多くは、この後のほうの協定のうちに数えられる。さて、ドイツ連合の条約はこちらの種類のものであったし、私の提案するヨーロッパ連合の条約も、この点については何も違うところはない。

さて、他の点では事情がすべて等しいとした場合、二百人もの領邦君主を、さまざまな時に相前後して何度もドイツ連合条約に調印させることについて存在した困難と障害が、ヨーロッパ諸国の十八〜二十四人の君主・首脳を、相前後して何度かヨーロッパ連合条約に調印させることについて存在するであろう困難と障害よりも少ないなどと、誰が言うはずがあろうか。しかるに、一方では、ヨーロッパ連合条約が十八人の君主・首脳にとって有利となる度合いは、ドイツ連合条約が二百人の領邦君主にとって有利であった度合いよりもはるかに大きいことは、すでに見たとおりであり、他方では、その他の事情は少なくとも等しいことを、これから見るであろう。それゆえこれまでのところ、それぞれの連合の形成を可能とする議論には、すべての事情が等しいという点で一致点があるだけでなく、二百人に調印をさせるためには十八〜二十四人の人に調印させるよりも多くの時間を必要とする、という点で不一致点が、それもヨーロッパ連合形成の可能性にとって有利な不一致点が存在する。しかし実を言えば、滅びることのない制度組織のためになら、何か月かもしくは何年かの遅れによって容易に、しかも間違いなく克服されうるような障害は、たいした注意に値するような障害ではないのである。

どうやら、ドイツ連合の条約は、幸いにもこの国の領邦君主たちの誰かある一人の気に入り始め、この領邦君主が計画を提案し、その大まかなプランに別のある領邦君主を同意させたらしい。この二人はすぐさま、最も怜悧でしかも最も賢明な領邦君主たちのうちの何人かにこの計画を提案し、労せずしてこれを彼らに是認させたらしい。この計画がついに公にされると、多数の領邦君主が各々これを自分の顧問会議において検討した後、それを修正したり主要な諸条項を取り決めたりするために、彼らの代議士を集会させることで合意したのであろう。計画は修正され、諸条項が起草・確定され、最後にすべての領邦君主がさまざまな時にそれに同意を与えていったものと見える。これとは別の仕方で事が生じたというなら、どんな仕方であれ、それを私に言っていただきたいが、ヨーロッパ連合の条約のためにヨーロッパ諸国の君主・首脳のそのような同意を少しずつ獲得してゆくために役立ちうるのは、まさしくこのやり方である。異なるのは、ドイツ連合条約の際には二百人以上の領邦君主にそれを行なわなければならなかったのに対して、ヨーロッパ連合条約の場合には十八〜二十四人の君主・首脳に行ないさえすればよい、という点である。

（2）当事者たちを条約に同意しにくくさせる可能性があるのは、彼らの主張が対立した場合の、これらの主張の重大性である。しかるに、ドイツの領邦君主たちがお互いに対して持っていた諸々の主張は、ドイツ連合成立当時、ヨーロッパ諸国の君主・首脳が現在お互いに対して持っている諸々の主張に比べて重大性が劣っていた、などと誰が言うはずがあろうか。利害関心のこの重大性は、交渉に当たらなければならない当事者の力と富の比率によって測られてはならない。また、四つの村や僅かな関銭でも、小国の元首や小さな共和国にとっては、大きな共和国や非常に強力な元首にとっての四つの大都市や巨額の関税と同じくらい重要である可能性があることを、知らない者はない。それゆえ、この側面からすると、ドイツ連合にとってもヨーロッパ連合にとっても、その設立の障害は互いに等しい。しかし、対立する諸々の利害関心の重大さにもかかわらず、ドイツ連合は設立された。当時のドイツの領邦君主たちに、これらの重大な障害を克服させたのはどのような動機だったのか、述べてみてもらいたい。なぜなら、これらの障害はついに克服されたのだし、また似たような困難を除くために似たような動機を私たちが役立てることを妨げるものは何もないことがわかるだろうからである。

（3）条約にとって障害を作り出すものは、主張し合う人々の人数だけでも、対立する複数の主張の重要性だけでもなく、これらの主張の数の多さもそうである。しかるに、お互い同士の間で要求し合い、論争し合い、取り合うべき物事を、もっと強力な君主たちが持つのと同じくらい持っていることが確かな、二百人の小領邦君主たちの場合、彼らが互いに対して持つ主張は、十八人あるいは二十四人しかいないとした場合よりも、人数の多い分だけその数が多いということはないなどと、誰が言うはずがあろうか。それゆえこの側面からすると、ドイツ連合の条約にとって存在していた障害は、ヨーロッパ連合にとって存在している障害よりも重大さが劣らないだけでなく、実のところその八倍も重大であったということは、明らかではないか。にもかかわらず、ドイツ連合は形成された。そしてその理由はおそらく、ドイツ連合に加入した加盟邦の君主たちが次の点に気づいたからなのである。それは、すべてを考え合わせれば、ドイツ連合の条約に調印することには、調印しないことにあるよりももっと重大な利益が、自分たちにとって存在する、ということである。

（4）ドイツの恒常的な社会的結合の設立にとって大きな障害をなしていたかもしれないのは、この国の国内に、自らの近隣にいる他の何人かの領邦君主よりも、十倍、十五倍、二十倍も強力な領邦君主たちが存在していたことである。このことが障害をなしたというのは、より強力なほうの領邦君主たちには、自分に対する征服が行なわれることを恐れる必要よりも、自分が征服を行なう望みを持つべきいわれのほうがはるかに多くあったのに、彼らはドイツ連合によって、武力で自領を拡大するあらゆる自由を禁じられていたからである。しかしこの障害にもかかわらず、ドイツ連合は形成された。それゆえたしかに、当時最も強力であった家々は、すべてを考え合わせれば、自分がドイツ連合の条約に同意することによって手に入る利益のほうが、この条約を拒絶することによって手に入る利益よりもはるかに大きい、と判断したにちがいない。しかるに、今日の諸国の君主・首脳の中で力の最も弱い人々に対する、最も強力な人々の力の格差は、当時のドイツの領邦君主たちの中で力の最も弱かった人々に対する、最も強力だった人々の力の格差よりも、大きいわけではない。したがってこの障害は、ドイツ連合とヨーロッパ連合という二つの社会的結合にとって同等であり、しかも克服しがたいものではない。なぜなら、ドイツ連合に関してはこの障害は克服されたのだからである。そしてそれは明らかに、各領邦君主がドイツ連合から期待していた利益の大きさによってであった。

この大きな利益が何だったのか示していただきたい。そうすれば、昔のドイツの領邦君主たちがドイツ連合からこの利益を期待できたのと同じだけの理由によって、今日のヨーロッパ諸国の君主・首脳もヨーロッパ連合からそれを期待できることが、おわかりいただけるであろう。そして、ドイツ連合形成当時のドイツの君侯たちがドイツ連合のうちに見てとっていた大きな利益とはいったいどのようなものであったのか、二度と知ることは不可能だ、などと言わないでいただきたい。なぜなら、結局のところ私たち人間の本性は昔と今とで違うわけではなく、それゆえこの同一の本性を研究し問い求めさえすれば、それによって、右の利益が当時の人々に教示されたのと同様に、今私たちにも教示されるであろうからである。そしてこの研究こそ、すぐれた精神を持つ人々が、善き市民であるならやらなければならないようなことなのであるが、そこまでできなくても少なくとも彼らは、この重要な探求に身を献げている人々を、自らの弁論によって励まさなくてはならないであろう。

(5)「ヨーロッパ連合のどの加盟国も今後は自領を拡大することはできないし、また各加盟国は自国のかかわるもめごとに際して、好むと好まざるとにかかわらず、他国の君主・首脳がその代議員をつうじて下す決定に身を委ねる義務を今後負うことになる」ということを定めることは、ヨーロッパ連合にとって猛烈な障害となるであろう(と言う人がいる)。私はこの後に続く諸論考において、この規定が全然障害とはみなされるべきでないこと、反対に、自領を拡大する自由や武力によって自己を正当化する権力を保持することは、非常に大きな不都合に身を委ねることなしには、また数々の最大級の災厄に明らかに身をさらすことなしには、ほとんど不可能も同然であることを示すであろう。仲裁裁判という方途は、恒常的な社会的結合の形成にとって障害ではまったくなく、これらの大きな災厄を避けたいという願望は、そういう社会的結合を形成するための強力な動機となる。けれども私はとどのつまり、右のことを障害、それも重大な障害だと仮定しよう。人がこの障害の重大さを誇大視するならするで、私はそれに同意する。少なくとも、この障害がかつてのドイツの領邦君主たちにとって重大であった度合いは、今日ヨーロッパ諸国の君主・首脳にとってそれが重大である度合いに劣らない、ということは確固不動である。にもかかわらず、ドイツの領邦君主たちはこの障害を乗り越えた。彼らをして、このような障害を克服するように仕向けたものは何なのか、私に言っていただきたい。そうすれば、それが今日の諸国の君主・首脳をも、こんな障害など少しも気にかけないように仕向けることのできるものだということが、おわかりいただけるであろう。

ドイツ連合を形成することが問題であったときに生じた最大の障害の数々は、右のとおりである。ところで、ヨーロッパ連合の計画を非難する人々のうちに、仮に右の時代に生きていたとしたら、ドイツ連合の計画をも等しく、妄想的だとか実行不可能だとか言って非難しなかったような人が、誰かいるだろうか。というのは、ヨーロッパ連合を不可能事だと呼ばわるための理由で、ドイツ連合にも共通に当てはまらないようなものがあるなら言ってみよ、と私が挑みかかったら、右のような人は答えられないだろうからである。にもかかわらず、ドイツ連合の計画に対するその当時の非難者たち――彼らには、ヨーロッパ連合の計画に対する今の時代の非難者たちと、少なくとも同じだけの理があったのだが――にとっては面目ないことに、彼らには純然たる幻影と思われていたこの計画は、純然たる現実となったのであり、この不可能とされた計画は実行に移されたのであり、これほど多くの加盟邦から成るこの領邦国家団は、その数々の欠陥にもかかわらず今日もなお存続しており、七、八百年このかた、それ自身を保つことによって二百近くの領邦国家を守ってきたのである。

私に対して唱えられた異議は二つあった。第一の異議は、ドイツで話されている言語は一つしかないのに、ヨーロッパでは複数の言語が話されている、というものである。これに対して私は次のように答える。諸国の君主・首脳もその臣民たちもみな同一の言語を話していないと君主・首脳たち同士の条約交渉ができないのだとしたら、条約交渉というものは決して行なわれることがないであろう。にもかかわらず、条約交渉は日常的に行なわれている。このことはどうして可能なのか。それは、条約交渉は必ず代理人を介して行なわれるので、君主・首脳の代理人が自分の交渉すべき相手の代理人と共通の言語を知っていれば、それで十分だからである。代理人同士は互いに相手の言語を解さないが、通訳の助けで交渉が進められる、ということさえよくある話であって、条約交渉もよくそうして行なわれるのである。

第二の異議は、「ドイツはヨーロッパよりもずっと狭いから、ドイツの領邦君主たちが議会に出ている自分の代議士たちと保つ必要のあった連絡は、ヨーロッパ諸国の君主・首脳と、欧州会議の開催都市で会合に出ているその代議員たちとの連絡に比べて、容易であった」というものである。けれども、(1)ここ六百年の間に、舗装や架橋や森林開拓のおかげで、道路がはるかによくなりまた短絡されたことや、連絡に大きな便宜を与える宿駅が設立されたことをよく考え合わせれば、こういう便宜を欠いていた昔のドイツの領邦君主たちとその代議員たちとの連絡には、今日の諸国の君主・首脳とその代議員たちとの連絡に比べて、距離は後者のほうが遠いとはいえ、同程度の困難が伴ったということは、わかりやすいことであろう。(2)道路はさらに改良し、宿駅は現状よりもさらによく役に立つようにすることもできるのではないか。(3)諸国の君主・首脳がひとたび国境と通商条項について合意し、異なる元首の臣民同士の紛争を終らせるための通商審判廷を設立したあかつきには、元首同士の間にはほんの少しの紛争しかなくなるであろうし、しかも、非常に重大であったり切迫していたりするせいで、元首たちの代議員が非常に厳密な指示や非常に迅速な応答を受けることを必要とするような紛争は、何ひとつ存在しなくなるであろう。それゆえ、この側面からすると、ヨーロッパ連合の制度組織の実現と維持にとっての困難は、六百年前にドイツ連合の制度組織の実現と維持にとって存在していた困難よりも、多くはないことがわかるであろう。

今から、ドイツの領邦君主たちはドイツ連合の制度組織を作るのに、私たちがヨーロッパ連合の制度組織を作るのに用いることのできないような手段を用いたかどうか、また私たちは彼らが見出さなかった何らかの手段を見出し、彼らが用いた手段よりももっと便利な手段を用いることさえできないかどうかを、見ることにしよう。

諸々の手段の比較

(1) ドイツの領邦君主たちがドイツ連合の設立のために利用することのできた第一の手段は、各々の領邦君主が直近の平和条約の諸条項に従って現に所有していたもので満足する、という取り決めをすることであった。この取り決めは本来、過去の諸条約によって規定されていたことを越えた主張はすべて、互いに放棄し合うということ以上のものではなかった。人々の抱いていた、平和を維持するという意図に関しては、ある固定点を確立し、不変で異論の余地のない国境を定立する必要がたしかにあった。しかるに、よく探し求めてみれば、領土については現状の領有分と直近の諸条約の条項以外の固定点を見出すことは不可能であることがわかるであろう。

さて、今日の諸国の君主・首脳が、各々戦争の災厄を避けて恒久平和の利益を手に入れたいと思うなら、自分が現に領有しているもので満足する必要がある、と知ることを、誰も妨げはしないであろう。それならば、今日の元首たちがかつてのドイツの領邦君主たちと同じ手段を用いることが、どうしてできないわけがあろうか。今日の元首たちはそうしたがらないであろうから、と言うつもりか。しかしそれなら、ドイツの領邦君主たちがかつてそれを用いたいと思ったのはなぜなのか、言ってもらいたい。そうすれば、当時領邦君主たちを説得することができたのと同じ理由が、いま諸国の君主・首脳をも等しく説得することができるであろう、ということがおわかりいただけるであろう。

（2）ドイツ連合の諸条約には不明瞭な点や曖昧な点があったかもしれないし、加盟国同士の論争の原因は日々常に生じる可能性があったし、通商の規則には常に何か補完すべきことがあったから、ドイツの昔の領邦君主たちは、連合設立のための第二の手段として、次のように取り決めることが適当だと判断した。それはすなわち、ある自由な中立都市に各々の領邦君主が自分の代議士を派遣して常駐させておく、ということである。この代議士たちは、各々が自分の主君の訓令に基づいて行動する仲裁裁判官として、多数決または四分の三の賛成票により、紛争に判決を下さないまでも、それを和解させる権能を持っていた。

さて、今日の諸国の君主・首脳が、彼らの将来の紛争を戦争なしに終らせる確かな手段として似たような取り決めを行なうことを、誰が妨げようか。また、後で指摘するような仕方で彼らがこの取り決めを補完することさえ、誰が妨げようか。今の諸国の君主・首脳はそうしたがらないであろう、と言うつもりか。しかしそれなら、かつてのドイツの領邦君主たちがそうしたいと思ったのはなぜなのか、言ってもらいたい。理にかなった不一致点を示してもらいたい。

（3）各々の君主が条約を遵守し、仲裁裁判所の判決を几帳面に履行する、という取り決めをしても、各君主が罰を受けずにその履行を免れることができるとしたら、この取り決めは役に立たないことになるであろう。かつて、アテナイで立派な社会秩序が遵守されているのを見てそれに魅かれたある他国人が、「あなたはよい法律を制定してあなたの国に非常に大きな利益をもたらされました」とソロン[17]を称賛したが、ソロンはこの他国人に、「法律がよい法律であるのは、公正と力とが決して離れ離れにならないようにすることに、立法者がどうにか成功した場合だけであることに御注意あれ」と言ったものである。それゆえ、ドイツ連合形成の三番めの手段として、条約と仲裁裁判所の判決を履行することを拒否して連合を破ろうと欲するような領邦君主に対して、非常に重く、しかもできることなら逃れられない罰則を、取り決めることが必要であった。それゆえドイツ連合は、ドイツのソロンとでも言うべき人物の助言に従って、右のような拒否をする領邦君主は帝国から追放され、全加盟国からその敵とみなされ、可能ならば自分の領邦を剥奪されるものとする、という取り決めをした。さて、この場合右の罰則、あるいはむしろ脅しは、重いということはそのとおりであるが、しかしドイツ諸領邦の社会的結合にとっては不幸なことに、逃れられないものではない。その原因は、条約の履行を拒否する領邦君主がドイツ国外の列強国から受けることのできる庇護と援助にある。

しかるに、ヨーロッパ諸国の社会的結合に加盟する国々が、条約や判決の履行を拒否する君主をヨーロッパから追放すること、しかもヨーロッパから追放されることになる君主は、ヨーロッパ全体と同等の力を持つようないかなる強国の庇護も援助も受けることができずに、間違いなく罰せられることになるという点で、ドイツ連合の場合とは限りなく大きな違いがあるようにすることを、妨げる者は誰もいないであろう。

したがって、非常に重い罰則が間違いなく下されることによって、加盟国の君主は確実に自分の義務と真の利害関心のうちに保たれるであろう。そしてヨーロッパ諸国の社会的結合の中では公正から力が離れ去ることは決してないであろうから、平和と豊かさがこの社会的結合に加盟する国々を見離すようなことも決して見られないであろう。

したがって、手段という面からしても今日の私たちはドイツ連合形成時と同等のままであるどころではなく、ヨーロッパ連合がこの面からしてもやはりドイツ連合に対して限りなく大きな利点を持つであろうことは明らかである。

(4) ある制度組織、ある社会的結合を形成し維持するためには、この制度組織ないし社会的結合の必要に応えるための方策を講じることが、必要な手段の一つである。ドイツ連合は、四番めの手段として、その加盟邦に対して富裕度に比例して割当兵員を定めることを忘れなかった。ところで、ヨーロッパ連合がこれと同様の手段を利用することを、誰が妨げようか。

ドイツ連合が自らを設立し維持するために利用した主要な手段の数々は、右に述べたようなものである。

(17) アテナイの政治家・立法者(前六四〇ごろ~前五六〇ごろ)。古代ギリシア七賢人の一人。前五九四年にアテナイの執政官(アルコン)となり、従来の苛酷な法(ドラコン法)を廃して法制度を改革し、負債の帳消しと抵当地の解放を断行して経済的に豊かでない自由民を没落から救うとともに、市民を財産評価に応じて四等級に分けて等級に応じて参政権を認める国制改革を行ない、アテナイの貴族制から後の民主制への転換の方向を決定づけた。

さて、今日の諸国の君主・首脳が同じ手段を用いることを妨げる乗り越えがたい障害が何か存在するであろうか。次に見るように、彼らはこのほかにももっとよい手段を用いることさえできるのではないか。

私たちは、昔のドイツの人々にはなかった利点が二つもある。第一の点は、常置の会議に代議員を代理者として常時出している君主たち同士の、恒常的な社会的結合のいかなるモデルも、昔のドイツの人々の目のとどくところには残存していなかったことである。なるほど彼らは、二千年前にギリシアの諸々のポリスの代議員たちが、ポリス同士の紛争を和解させる目的で構成していたアンフィクチオニア[18]の集会について、何らかの観念を持っていたかもしれないが、しかしこの社会的結合は当時もはや存続していなかった。これに対して私たちには、さまざまな主権国家同士の恒常的な社会的結合のモデルが、複数存続している。私たちにとっては、これらの社会的結合の欠陥についての経験さえも教訓になり、またこのことは確実に、さらなる大きな一手段なのである。それゆえ、この面からみて私たちは、昔のドイツの人々が持っていた以上の便宜を持っている。第二の利点は、その当時以来あらゆる技術や学問が改良されてきたおかげで、交渉の技術と政治についての学問が、これほど完全なものになることはありえないほど完全なものになっていることである。それゆえ私たちは、この面からみても、昔のドイツの人々の持っていなかった条約交渉の便宜を見出すはずである。にもかかわらず、昔のドイツの人々はドイツ連合形成のための条約交渉をいっしょにやりとげ、彼らのこの制度組織を作り上げた。そしてこの制度組織は、数々の大きな欠陥はあるけれども、今なお存続しているのである。

結論

私は、動機に関しては次のことを示した。すなわち、ドイツの領邦君主たちが持っていた、ドイツ連合の条約に調印するための動機は、今日の諸国の君主・首脳が持っている、ヨーロッパ連合の条約に調印するための動機よりも強いわけではなく、反対に今日の元首たちの動機のほうが、かつてのドイツの領邦君主たちのそれよりも比較にならないほど強い、ということである。障害に関しては、私たちの持っている障害はかつてのドイツの領邦君主たちのそれよりも多くはなく、かえって少ないということを私は示した。手段に関しては、今日の諸国の君主・首脳はかつてのドイツの君侯たちの持っていた手段をみな持っているうえに、もっと多くの、いっそう効果的な手段をも持っている、ということを示した。それゆえ、私に残されていることは、次のように結論を下すことだけである。「ドイツ諸領邦の社会的結合は、そんなものはできないと非難嘲笑した昔の人々の予言にもかかわらず、形成されたのであるから、ヨーロッパ諸国の社会的結合も、そんなものはできないと非難嘲笑する現代の人々の予言にもかかわらず、さらにいっそう容易に形成されうるであろう」と。そしてこれは、この第二論考で私が証明しようとめざしてきた命題である。私は第二の命

(18) 古代ギリシアにおいて、同一の神を信仰する多数のポリス（都市国家）が、安全保障と親善のために結合して作った組織。「隣保同盟」と訳す。いくつもの例が存在するが、最もよく知られているのは、テルモピレーの近くのアンテーレーにあったデメテール神殿とデルポイのアポローン神殿の信仰に基づく隣保同盟で、十二の加盟単位から各二人ずつ計二十四人の議員（ヒエロムネモン）による年二回の会議が、春はデルポイ、秋はアンテーレーで開かれた。ここに言う集会とはこれを指したものと思われる。

題に移る。

第二の命題

ヨーロッパ諸国の君主・首脳にアンリ大王が提案されたヨーロッパ諸国の社会的結合の計画に対して、彼らの大部分が与えた賛同は、そのような計画が彼らの後継者たちの賛同を将来得る可能性がある、という希望を持ってよいことを証拠立てている。

ヨーロッパ連合というこの計画の成功のためには幸いなことに、私はこの計画の創案者ではない。この計画の最初の発案者はアンリ大王である。同王はいわばヨーロッパのソロンであって、神はこの王に対して最初に、ヨーロッパ諸国の君主・首脳をしてお互い同士の間に公正な統治組織を設立したいと願望させる手段の着想をお与えになったのである。そして、戦争が私たちに引き起こす害悪に対する予防策を探し求めるうちに、私が大いに考えをめぐらした結果として思い至ったのが、このすぐれた元首のプランに根本的な点で全くよく似通ったプランであったとしても、この考えの一致は、アンリ大王に帰せられるべき発案の功績を少しも減少させはしない。かえって私は、王の素案を、一方では私が自分の素案において誤った思路に迷い込まなかったことを自分自身で確かめるための道しるべとして利用させていただくとともに、他方では、了見の狭さや不注意のせいで私を妄想家呼ばわりしたがるような連中の侮蔑から、わが身を守るための防御物として利用させていただく。その場合、私にはこういう利点がある。すなわち、私は自分のことを弁護する必要はなく、自国の統治において非常に分別があったと万人に認められている一人の元首のことを、政治に関して常軌を逸していなかったと弁護するだけでよい、という利点である。私は自分の構想を売り込む必要はなく、王の構想を正当化するだけでよい。だから私は、何か新しいものを創造したとは主張しない。私は、あらゆる元首のうちで最良の元首の精神にかつて到来しえた最もうるわしく輝かしい計画を蘇らせるとともに、今世紀〔十八世紀〕の諸国の君主・首脳に、「あなたがたの先祖が前世紀〔十七世紀〕に非常に高く評価されたのと同一の見解に、あなたがた自身が立ち帰られることを妨げるような、どんな理由がありうるのでしょうか」と問う、ということしかしていないのである。それゆえ、私のしなければならないことは二つある。その第一は、キリスト教諸国家同士の間に恒久平和をもたらすための、ヨーロッパ諸国の恒常的な社会的結合の体制に関して、アンリ大王自身は何を考えておられたか、またその当時のヨーロッパの他の国々の専権者たちは何を考えていたかを示すことである。第二は、当時のヨーロッパ諸国の専権者たちの賛同が、現在ヨーロッパ諸国を統治している君主・首脳のほうからも同様な賛同を期待するための、理にかなった判断材料として私たちに役立つにちがいないことを示すことである。

事実の歴史

一五九八年にフランス・スペイン両国間で結ばれたヴェルヴァンの和約のすぐ後で、アンリ王は自国と王家が内戦と対外戦争のせいで崖っぷちへと向っているのを見、またヨーロッパ全体がこの全般的動乱の影響を被っているのを見られて、長続きのする、またできることなら恒久的な平和を、キリスト教諸国家同士の間にもたらすための、最も適切な手段を構想することにもまして、自身の注意に値することは、何もないと判断された。同王はまた、戦争というものが否応なしに君主・首脳の全精神と、力と富のすべてとを費させるものであるからには、自国民を幸福にするために自身が作ろうと企てておられた最も有益な規則と制度組織は、ひとえに平和の長く続くことにかかっている、ということまでわかっておられた。

アンリ王は、ドイツの領邦国家団において宗教に関して起こっていることからみて、宗教の相違と対立にもかかわらず君主・首脳同士の社会的結合のうちで平和を保つことは、可能であると判断された。しかし同王は、ヨーロッパの列強国同士の間に存在していた大きな不均等を、あらゆる戦争の主要な源泉の一つであるとみなされた。最強国が最弱国を抑圧したり、戦利品で豊かになったりすることが、容易にできるような状態にあることは、平和の維持にとって常に大きな障害になりそうだと、同王は見ておられた。同王はこの不都合を是正するために、これら列強国の均等化に努めるよう提案されていた。しかるにこのことは、いくつかの弱すぎる国々を強くするために、オーストリアの王家からいくつかの地方を奪うことなしには、不可能であった。けれどもアンリ王は、この手段をすべての専権者に承認させることは非常におぼつかないと も、それを実行するためにはおびただしい血と富とを犠牲に払うことになるだろうとも、考えてはおられなかったのである。(*1) それゆえ私は、同王がもし次の点を熟慮反省されていたら、そのような是正策を選ばれることはなかったであろうと確信する。それはすなわち、ヨーロッパ諸国の社会的結合はこの勢力不均等を、誰からも何も奪うことなしに容易に是正するであろうということ、そしてこの是正は出費も流血もなしに行なわれるであろうし、そのためにはドイツ諸領邦の社会的結合が用いているのと同じ手段を利用して、最弱国に対する最強国のあらゆる種類の簒奪を妨げさえすればよいということである。なぜなら結局のところ、ドイツの領邦国家団の中には近隣の他の領邦国家よりも二〇～三〇倍も強力な加盟邦が存在しているのに、最も弱い加盟邦でさえ祖先の領邦国家を平和裏に保有することをここ六百年来やめていないことは、確かなのであるから。

（＊1） Mémoire de Sully, in fol.tom. 2. pag. 4.

諸々の戦争の主要な原因は、君主・首脳同士の紛争――それが国境、過去の条約の履行、不法行為と損害、通商、あるいは結局その他のあらゆる種類の相互主張のいずれに関する紛争にせよ――を戦争なしに終わらせるための常設の仲裁裁判所が、不足し欠如していることにある、とアンリ王は信じておられた。そして実を言えば、自らの決定を執行しようと欲するだけの十分な関心を持ち、かつそれを執行させるための十分な力を持った常設の仲裁裁判所が欠如しているということが、あらゆる戦争の唯一の本当の原因なのである。アンリ王はこの常設の仲裁裁判所の必要性を感じ(＊2)、また明らかに、自身がドイツの領邦国家の社会的結合に第一の範をとられたことと、常設の仲裁裁判所を置くというこの本質的な点で、ドイツの場合よりもさらなる改良を加えられたことを感じておられた。

（＊2） Ibid.

シュリー公の述べているところによると、同王にはヨーロッパ連合に関して、書き上げられた多くの手記があったという(＊3)。しかし残念ながら、これらの手記は今日まで伝わらなかった。その結果私たちは、同王が自身の計画を伝えられたキリスト教諸国の君主・首脳を、どんな動機によってこの計画に賛同せしめられたのか、またそれを実行に移すのに最も適した手段は何であると判断されたのか、知ることができずにいる。そして、私がこの動機と手段を改めて見出すための手掛りを得ようと努めたのは、いわばこの重大な喪失を埋め合わせるためなのである。

（＊3） Pag. 22.

私たちの問題にとって重要な点は、平和を維持するためには各国の君主・首脳がその全主張を、自分の現に領有しているものに限定しなければならないことを、アンリ王がすでに感づいておられたことである。同王は他の国々の君主・首脳の領有していた多くの領土に対して、正当な権利がなかったわけでも、十分に根拠のある主張がなかったわけでもない。また、自身の正当性を武力によって認めさせるための力がなかったわけでもない。にもかかわらず同王は、恒久平和をもたらすためのキリスト教諸国家の社会的結合から自身とその臣民が引き出すにちがいない多大な利益を考慮されて[＊4]、自身はその領土を現に領有しているものだけに永久に限定するつもりであること、また他の諸国の国境に対してと同じく自領に対しても変更不可能な限界づけが課せられるとしても、それに同意することを宣言されたのである。

（＊4） Pag. 4.

この計画は、全キリスト教国家をただ一つの共和国とし、この共和国をそれ自身においても、それを構成することになるすべての支配権同士の間でも、永遠に平和に存続させることにあった[＊5]。また、各々の支配権がどれだけの分担金――これをシュリー公は比例会費と呼んでいる[＊6]――を支払うかも取り決める必要があった。

（＊5）Pag. 141.

（＊6）Pag.4.

右の計画は一六〇一年以来、イギリス女王[19]の同意を得た。国王の侍講でパリの大司教であった故ド・ペレフィクス氏の書いた『アンリ大王史』の中では、この計画がもう少し詳細に、しかももっとよく整理された形で報告されている。氏はすべてのことをシュリー公から伝えられたことだと言っており、この史書の諸事実の配列と叙述のスタイルのためにド・ペレフィクス氏の手助けをしたのは、アカデミー・フランセーズの有名なメズレイだ[20]と言われている。一六六一年にアムステルダムでアントワーヌ・ミシェルから刊行されたこの史書の第十二版の五六一頁の終わりのところから以後に、この大計画のプランが見出される。ここには、この歴史家が大計画についてしている話の中で、私たちの主題に関連して最も重要と私に思われた事柄が出ている。アンリ王は、キリスト教国の恒久的平安のために自身が抱いた「大計画」の実現が、いくつかの特殊事情のせいで遅らされることを非常に腹立たしく思われた（とド・ペレフィクス氏は述べている）。

アンリ王は、このキリスト教共和国がトルコに対する征服を行なった場合には、トルコにも分担金を割り

(19) エリザベス一世（一五三三～一六〇三、在位一五五八～一六〇三）を指す。

(20) フランスの歴史家（一六一〇～八三）。ルイ十四世の即位とともに宮廷史料編修官となり、『フランス史』（三巻、一六四三～五一）を著した。

当てること、しかしこの征服で得た地はすべて、自身を除く他のキリスト教国の君主・首脳同士で分割領有するに任せる、ということを、キリスト教諸国の元首たちに約束された(*7)。王自身は自らの領有していたものでよしとされたのである。

(*7) Pag. 563.

王の計画はポーランド王と、ポーランド、ハンガリー、トランシルバニアの領主たちに伝えられた(*8)。

(*8) Pag. 564.

「この点に関しては、ローマ教皇との間で行なわれた条約交渉さえ存在した。教皇はアンリ王の企てを承認・称賛し、自分としてもできることはすべてこの計画のために役立てたい、と願っていた(*9)」。

(*9) Pag. 564.

「アンリ王は、キリスト教諸国全体が、キリスト教共和国でありまたそう呼ばれもする一つの国家団でしかなくなるほど、完全にこの全体を統合することを願っておられた(*10)」。

(*10) Pag. 565.

「連邦となった国々相互の間に生じるかもしれないあらゆる紛争を解決したり、乱暴な行為なしにそれらの決着をつけたりするための手続きの順序と形式は、二とおり定められた。その一つは、一個の全体評議会によるもので、これは十五の支配域の各々から四名ずつ、計六十名で構成され、たとえばメスやナンシーや(21)ケルンのような、ヨーロッパ中央部にあるどこかの都市に置かれることになる。もう一つは、さらに各々二十名から別の三つの評議会を異なる三つの場所に作るというもので、この三つの評議会はすべて、キリスト教共和国の元老院と呼ぶことのできる全体評議会と関係を保つことになる。アンリ王は、この国家団を三年以内に形成するという希望を持っておられた」(*11)。

(*11) Pag. 567.

「イタリアに関しては、教皇とヴェネチアの市民たちとサヴォワ公は、王のこの素案についてよく知っていたし、全力を挙げてそれに協力していたにちがいない……。ドイツに関しては、四人の選帝侯、すなわちパラチナ選帝侯、ブランデンブルク辺境伯、ケルン大司教、マインツ大司教はこの素案を知っていたし、それに好意を持っていたにちがいない」(*12)。

(*12) Pag. 569.

バイエルン公は当時はまだ選帝侯ではなかったが、これまたこの計画に荷担していた(*13)。

(*13) Pag. 570.

「アンリ王は、オーストリア王家に対する征服によって得るかもしれない一切の地について、あらゆる主張を放棄し、何一つ占有しないことを決断しておられた……が、これは王が万人によって諸国民の解放者として、また平和と自由をもたらす者として受けいれられるためであった」(*14)。

(*14) Pag. 575.

「王はこの目的を達成するために、八〜九年の間、ということはつまり、エリザベス女王が一六〇一年に

---

(21) メスもナンシーもフランス北東部、ドイツとの国境に近いロレーヌ地方にある都市。

王の計画に賛同を示して以来ずっと、思いつくあらゆる注意を払いつつ、王なりの策を講じ、準備を進めておられた。

アンリ王の目論見のプランは右のようなものであった。これは偽りなしに非常に偉大なプランであって、人間知性以上の知性によって構想されたと言ってもよいほどである。しかしこのプランがどれほど高邁なものであったにしても、それは王の力を越えてはいなかった。それが成功していたらどのようなものになっていたかを知る者は、神のほかにはいない。にもかかわらず、見かけの上から判断しても、その成功は幸いなものであったにちがいないと言うことができる。なぜなら、全キリスト教圏の中でオーストリアの王家以外には、これに協力するはずがなかったようないかなる元首も国家も見当らなかったからである[*15]」。

（*15） Pag. 576.

これらの事実が本当であることの証拠

主要な諸事実は右のとおりである。さて、これらのどこに疑わしい点があるだろうか。引用の仕方であろうか。これは読者がめいめい自分で確かめてごらんになればよいことである。シュリー公がその回想録のいくつかの箇所でこれらの事実についてしている話であろうか。この場合、公の証言が疑わしい可能性があるのはどういう点においてか。☆

（1） 公はこの問題に関して自分の回想録の読者を欺くことに利害関心を持つ可能性があるか。しかし、公が自分の名誉を傷つけたいとでも思っていたのでなければ、こんな考えが公の頭に浮かんだ可能性はない。なぜなら、公は自著を自分で印刷させ、しかもそれは公の生前に頒布されているからである。公はヨーロッパ連合の計画の証拠として、この計画が伝えられたヨーロッパのすべての国々を引き合いに出している。ところで、こういう性質の物事がもし作り話であったなら、公がそれを自ら全ヨーロッパの見ている前で印刷させるなどということがありえたであろうか。ぺてん師か、あるいは少なくとも妄想家とみなされたいとでも思ったのでもないかぎり、そういうことはありえないであろう。

(2) シュリー公自身が欺かれていて、こんなことを私たちに語ったのだ、と言えるであろうか。しかし、こういう考えが読者の頭に浮かぶことはありえない。なぜなら、とどのつまり公が他人の証言をつうじてしか知ることのできなかったような何事かが問題なのであったならば、なるほど公が欺かれるということもありえたであろうが、しかしこれは公が自分の手で取り扱い、自分の主君の宰相として九〜十年の間絶えず交渉し続け、それに関することで大使としてイギリスへ派遣されもしたような問題なのだからである。しかるに、ある人物がどんなに物忘れのひどい人である可能性があると仮定しようと、この交渉事がまるまるシュリー公の空想でしかないと読者が想像できるほどに、公の物忘れがひどいと仮定することは決してできない。あるいは、ある程度時が経ってからなら公がこれほど度外れな物忘れをすることもあると仮定した場合でも、少くとも公が著作物を印刷させた時点では、そんなことがあるはずはなかったであろう。この時点では、公は賢明で良識あることをたくさん言ったりしたりしているからである。

おそらく読者は、私が誰にも文句をつけられるはずのない事実の真実性を立証するのにことさら手間どったことを、まずいやり方だとお思いになるであろう。しかし私はこれと反対の経験をしたことがある。ある頭のよい人物が、事実から私の引き出した諸々の帰結によって最後の結論まで否応なく連れて行かれてしまうことに感づいて、事実の真実性そのものを否定するところまで行かざるをえないと信じ込んだのである。そのうえ私には、事実の真実性を全面的に明らかにするためには、何一つ手を抜いてはならないように思われる。ある一ページを余分に書くことは、読者の目から見ると何の意味もないことであっても、著作物をしっかりしたものにするためには大いに役立つことが、時としてあるものである。

事実から引き出すことのできる諸々の帰結

百年前に、ヨーロッパの十八〜十九か国の君主・首脳から非常に有利なものとして賛同を得た条約の計画は、同じ賛同理由が存在し続けていて、しかもこの計画から彼らの後継者たちの心を引き離すのに十分な理由が存在しないならば、今なお後継者たちの賛同を得ることができる、と信じることは、この上なく自然なことであるように思われる。しかるに私は、その当時以来、彼らの後継者たちのうちの誰かの心を今日この計画から引き離すのに十分な新たな動機が生じたことはない、と主張する。それゆえ、右のように信ずべき証拠はそっくりそのまま存在し続けている。私たちは百年前と今との一致点と不一致点を検討することにしよう。そうすれば、この検討からどういう結果が出てくるかがわかるであろう。

人間というものはそんなに合理的な方針をとるのに十分なほど賢明ではないとか、理性に聴き従うにはあまりにも自分の情念に身を委ねすぎているとか、人々の利害関心は互いにあまりにも対立しすぎているとか、人々は嫉妬や復讐心や野心や不正にあまりにも従属しすぎているとかいったことを、くどくどと繰り返して言ってはならない。こういうさんざん言い古された月並みな常套句はどうでもよい。これらはあまりにも度を越した結論に導くせいで、かえって何の結論にも導かないからである。この言い方でいくと、人間はお互い同士の間でいかなる種類の条約も、いかなる種類の社会的結合も作るのに成功することは決してできないであろう、という結論まで行くことになるが、こんなことは経験によって否認されている。けれども現実の問題として、アンリ四世の時代の諸国の君主・首脳は今日の君主・首脳のような人々ではなかったとか、今日の君主・首脳よりも情念を免れていたとか、今日の君主・首脳の持っているような嫉妬や野心や互いに対立し合う利害関心を持ってはいなかった、などといったことがあるのだろうか。普通の道理からいって、そんなはずはない。しかしこの普通の道理にもかかわらず、当時の君主・首脳はヨーロッパ連合の条約に賛同していたのである。それならばどうして、この同じ普通の道理のせいで、今日の君主・首脳がこの同じ条約に賛同できないわけがあろうか。この百年間で君主・首脳の本性がそんなに著しく変化するものであろうか。

検討中の条約に関しては、肝腎なのは人間一般ではなく、条約に賛同するはずの人々のみである。ところで、百年前に既にこの条約に賛同していた君主・首脳はどういう人々であったか。それは教皇、ヴェネチア、サヴォワ公、トスカナ大公、ジェノヴァ、およびその他のイタリアの君侯たち全員、スイス国民、複数のドイツ選帝侯、ポーランド、イギリス、オランダ、そしてとりわけフランス王であった。さてそこで、同じこれらの主権国家を今日統治している人々には、右の条約に賛同するための同じかもしくは等価な動機がある、ということを見ることにしよう。

しておくべき区別がある。アンリ四世の提案になるヨーロッパ連合が、オーストリアの王家を相手に行なおうとめざしていた征服によって、利益を得たにちがいない君主・首脳は、そのほかの君主・首脳よりも、条約に調印しようという利害関心においてまさっていたということは、そのとおりである。しかしこのことは、この条件がなかったら右の第一の部類の君主・首脳は条約に調印しなかったであろう、ということの証拠にはならない。彼らは、自分の領土を拡大する望みがなくてもこの条約に調印したであろう、という明らかな証拠さえある。なぜなら、領土拡大のいかなる望みもないのに、ただ永久に安全を保障されて内外双方における恒久平和のあらゆる利益を享受する、ということを考えただけで、この条約に調印していた他の君主・首脳と、同一の動機を第一の部類の君主・首脳も持っていたであろうからである。領土拡大の望みがなかったのにこの条約に賛同した君主・首脳とは、ジェノヴァ、フィレンツェの首脳やイタリアの小君主たち、イギリス、フランスの国王およびドイツの選帝侯たちである。

第一の部類の君主・首脳にも、自領拡大の願望をおおいに減少させるある事情があった。それは、この自領拡大を達成するために必要な巨額の出費と、戦争の勝利および彼らの獲得物と称されるところのものの不確実性とを、彼らが予見していたことであり、そのような領土拡大のために彼らがあまりにも高すぎる代償を払ってしまうということが、容易に起こりえたであろうことである。

自分の領土を拡大する望みはなく、ただ他国の君主・首脳の領土を拡大させる結果にしかならなくても、他国と共同で行なう戦争の費用を支出したにちがいないような君主・首脳に関して言うと、こういう性向は、ヨーロッパ連合の条約へと彼らを向かわせる動機が非常に強力であったにちがいないことを立証するものである。なぜなら彼らは、自分の同盟国を利するために条約によって負わされなければならなかった巨額の出費にもかかわらず、この条約に賛同していたからである。この点に、私の推論にとって非常に好都合な本質的不一致点がある。なぜなら、私の提案する条約中には、ある君主が他国の君主を富ませるために行なわなければならない征服などというものはないからである。このことに関してしなければならない出費も、冒さなければならない危険もなく、各国は現状のままに留まる。それゆえ、フランスもイギリスも、イタリアの小君侯たちも、ドイツの選帝侯たちの大部分も、当時にあって、将来の戦争の大きな危険と巨額の出費にもかかわらずこの条約に賛同していたのであれば、この同じ専権者たちは、この危険も出費もなしで済むならなおさらのこと、はるかにいっそう容易にこの条約に賛同するにちがいない。当時彼らには、今日の君主・首脳にはないようなさらなる大きな障害があった。にもかかわらず、彼らは既にそれを乗り越えていたのである。したがってたしかに、私がすべてのキリスト教国の君主・首脳に新たに提案するこの同じ恒常的な社会的結合が、当時提案されていたら生み出したはずの諸々の効果のうちには、当時の君主・首脳にとって大きな動機があったにちがいない、言いかえれば、彼らはそこに多大な利益を見出したにちがいないのである。

　したがって、諸国の君主・首脳は近隣諸国の君主・首脳に対する自分の主張を放棄することは決してないだろうなどと、もう言わないでいただきたい。アンリ王の計画に同意した十八ないし十九か国の君主・首脳は、すべての近隣国に対する自分の主張を放棄していたではないか。

　したがって、征服という方途による領土拡大を一切放棄するように君主・首脳を仕向けるのは不可能なことだ、などともう言わないでいただきたい。フランスとイギリスの君主も、また他の国々の君主・首脳も、そういう領土拡大を放棄していたではないか。そして彼らは、この放棄なしには恒久平和を保つことが決してできないとわかっていたのでなかったら、なぜそれを放棄したのであろうか。それゆえたしかに、彼らは平和の恒久性のうちに、現実的で確実で、しかも彼らの望みと主張の真の値打ちよりもはるかに大きな価値のある諸々の利益を見ていたにちがいないのである。

したがって、もっと一般的に、右のような計画を実現するには克服しがたい障害、また正真正銘の不可能性がある、などという言い方をするのも、もうなしにしていただきたい。この計画が実現されるために、君主・首脳の意志以外のものが必要であろうか。肝腎なのは一つの条約、一つの取り決めだけである。それなら、それが不可能かどうかを、君主・首脳たち自身よりもよく知りうる者があろうか。なぜなら、彼らがこの条約に賛同し同意したいのかどうかを、彼ら自身よりもよく知りうる者は誰もいないからである。しかも、右のいわゆる不可能性はすべて、アンリ四世の時以来消失し、右の克服しがたい障害なるものは克服された。なぜなら、つまるところこの計画は、その当時以来、その提案を受けた人々全員の賛同を得たのだからである。

したがって、君主・首脳同士の将来の紛争は、彼らの同類の他の君主・首脳がヨーロッパの全体議会内に常設された常任の仲裁裁判者として解決し終結させるものとする、ということに同意するように君主・首脳を仕向けることは、決して可能ではないであろう、などともう言わないでいただきたい。したがって、神とおのれの武器以外の裁き手を認めるように彼らを仕向けることは不可能だ、などともう言わないでいただきたい。したがって、こんなことをしたら君主・首脳は持ったことのない主君を自らに与えることになるだろうとか、後見を背負い込み、自分の手足を枷で縛り、独立であることをやめてしまうことになるだろうとか言うのも、もうなしにしていただきたい。なぜなら、現にかつて大小十八〜十九か国の君主・首脳が、強力な共和国が、またとりわけ二人の非常に賢明かつ強力で、自国の独立を切に望んでいた君主が、常設・常任の仲裁裁判所を設立してその仲裁裁判者たちの決定を几帳面に履行する、ということに同意していたのだからである。

諸国の君主・首脳から、わけても最も強力な君主・首脳から、右のような放棄と仲裁裁判所の設立とに対する同意をとりつけることが、完全なる不可能事であることは非常に明らかだ、と見る人々は、右の事実に答えていただきたい。そういうわけで、非常に強力な君主・首脳でさえ、そういう同意を与えることが完全に不可能だなどということは、もはやないのである。なぜなら、そういう同意を与えた非常に強力な君主・首脳が現にいたのだからである。事は既になされたのであり、したがってそういうことがそういう状況において完全に不可能だ、などということはないのである。とすると右のような見方をする方々は、事実を否定するという厄介な苦境に追い込まれなければならないか、さもなくば、右のことがどうして行なわれえたのかということと、この前世紀の君主・首脳から不可能な同意をもぎ取ることのできた動機とを、私たちに言っていただかなくてはならない。この同意は、それに倣うことが決して望めないような、賢知の奇跡あるいは常識外の奇跡なのか。この動機がどんなものであれ、右の方々はそれを私たちに言っていただきたい。そうすれば私たちは、今日の君主・首脳が同じような動機によって同じような同意をするよういつか決意させられうるということが、完全に不可能かどうかわかるであろう。

いずれにせよ、次の点はまったく間違いない。すなわち、前世紀の元首たちは、仲裁裁判所という方途を選ぶことによって、彼らの真の独立を何一つ失うことはなく、互いの紛争を力と武器によって終らせることを放棄することで、得るところが多い、と信じていたこと。彼らはそのことでどちらも、互いに枷をはめ合ったとも、後見を受けるようにし合ったとも感じなかったこと。あるいはもし彼らが何かあるものを失ったと信じたとしても、こういう喪失は、将来の彼らのあらゆる紛争をいかなる戦争もなしに終らせる手段を与えてくれる条約から、すべて引き出されるにちがいない多大な利益に比べれば、気にとめるに値しないと確信していたこと、これらの点である。

もし独立性の減少が実際にあるならば、独立にかかわる物事に関する計画に利害関係を持つのは十九人の君主・首脳だけなのに、どうして彼らには感知されないで、君主・首脳ならぬ読者諸士に感知されるのか。この事実を私たちに説明していただきたい。またこの君主・首脳たちがそれを感知したというのなら、なぜ彼らはそれを気にとめなかったのか、なぜそこで踏みとどまってはくれずに、先へ越え進んでしまったのか、私たちに言っていただきたい。きっと彼らにはそうする理由があったのだ。私はこの理由を探し求めた。そしておおいに考えた結果、それを見出したと私は信じる。そして次の第三論考の主題をなしているのは、この理由なのである。今のこの第二論考においては、私は前世紀の君主・首脳の行動から、次のことが非常に本当らしく見えるということを引き出すことでよしとする。それは、この同じ計画が完全に明らかにされたうえで今世紀の君主・首脳に提案されるならば、彼らが自分の先祖たちと同じ感情に立ち戻ることは不可能ではないであろう、ということである。

私に残っている仕事はもはや、アンリ大王の計画に関してオーストリア王家との関わりにおいて反省的考察を行なうこと以外にはない。この反省的考察とは、つまりこういうことである。すなわち、オーストリア王家からの剥奪を行なうための、そしてこの剥奪したものでオランダ、スイス、ヴェネチアの各国民やサヴォワ公やローマ教皇を豊かにするための戦争を始める前に、オーストリア王家に対して、連合に加入し、将来における戦争と領土拡大とをすべて阻むにちがいない諸条項の全部に荷担するよう提案がなされていたならば、この王家はキリスト教諸国連合に属する他の君主・首脳の力に対する恐怖から解放されるために、進んでそれに荷担したであろうということ。そしてオーストリア王家が荷担していたならば、他の国々の君主・首脳は全員、抗しがたい理由によって、大きな長引く戦争の目論見を放棄したであろうということ。また他国の君主・首脳の連合がしっかりと確立され強固にされていたと仮定すれば、オーストリア王家が全体の平安を乱そうと欲したとしても、彼らは常にそれに備えることのできる状態にあったであろうし、この王家をアンリ大王が提案したのと同じ規模――それは、同家の勢力を弱めて、フランドルはオランダ人の、ミラノはサヴォワ公の、ナポリは教皇の、シチリアはヴェネチアの、ボヘミアはボヘミア人の、ハンガリーはハンガリー人の、チロルとトレントはスイス人の勢力下におくことにあった――に縮小できる状態にあったであろう、ということ。ただし、この連合全体はオーストリア王家よりも比較にならないほど強力であっても、同家はこの連合について決して何も恐れる必要はなかったであろうし、ヨーロッパ連合はその時以来、見かけ上は今日私が提案しているのと同じプランに基づいて形成されたのだということ。そしてフランス王家は今日、当時のオーストリア王家よりも強力であるわけではないので、当時この連合に同意させたのと同じ動機が、今日でもそれに同意させることができるということである。

結　論

読者は今や次のような判断を下せる状態にあると、私には思われる。それは、「ヨーロッパ諸国の君主・首脳の大部分が、アンリ大王によるヨーロッパ諸国の社会的結合の計画に与えた賛同は、これと似たような計画が、同王の孫であられるルイ大王の治世の間に、右の君主・首脳の後継者たちの賛同を得る可能性があるだろう、という希望を持ってよいことを証拠立てている」という判断である。そして私が証明しようとめざしてきたのは、この命題である。

私たちは、次のことを立証することによって、右の計画が可能であることを示そうと努めてきた。それはすなわち、ヨーロッパ連合を今の時代に形成することに対して存在している動機と障害と手段は、六〜七〇〇年前にドイツ連合を形成することに対して存在していたそれらに比べて、動機はより小さくも数少なくもないし、障害はより大きくも数多くもないし、手段はより小さくも数少なくもない、ということである。私たちは反対に、ヨーロッパ連合のほうに有利な非常に大きな不一致点があることを示した。

私たちは、前世紀の初めに諸国の君主・首脳がアンリ大王の計画に対して、どのような見方をしたかを示した。私の見るところ、彼らのこの見方から、アンリ大王の計画と完全に似通ったある計画の可能性に関する、非常に合理的で非常に強力な二つの判断材料が出てくるように思われる。彼らは私たちに、次の二点をはっきりとわからせてくれるのである。すなわち、ヨーロッパの最重要問題に関して君主・首脳たちを動かすための十分に強力な動機を見出すことは、可能であるということ、また、人間の政治の大傑作であるこのヨーロッパ連合の設立に辿りつくための適切な手段を見出すことも、可能であるということ、これである。さて私は、これらの動機と手段はかつて見出されたことがあるのだから、見出すことの可能なものなのだ。ということをこの第二論考で証明したが、次の第三論考では、それらがすべて今また見出される、ということを示したいと思っている。

さらに、私はこういう希望を抱いている。すなわち、かりに諸国の君主・首脳たち同士の恒常的な連合のモデルなど、ギリシア人、ドイツ人、スイス人、オランダ人のいずれの許にも決して存在したことがなかったとした場合でさえ、またヨーロッパ連合の計画などはいまだかつて存在したことも、発案されたことも、提案されたことも、同意されたこともなかったとした場合でさえ、本書の残りの部分を読めば、この同じ連合を形成するための動機は非常に強力であり、またそのための手段は非常に容易なので、この連合を形成する決意と、万人にとってこれほど望ましい条約の諸条項を取り決めるための会議に自分の代議員を派遣する決意とを、今日の諸国の君主・首脳にさせるのに十分なほどであることが、明らかになるであろう、と。

第三論考

証明すべき命題

私の提案するヨーロッパ諸国の社会的結合が、すべてのキリスト教国の君主・首脳に、彼らの国の内外における平和の恒久性の十分な保障をもたらしうるならば、この社会的結合の設立のための条約に調印しないことよりもすることのほうに、自己にとってはるかに大きな利益があることにならないような君主・首脳は、一人もいない。

私は、本書の第一論考において私が証明したのは次のことだと自分では思っている。すなわち、諸々の条約も勢力均衡も、ヨーロッパを戦争の災厄から守るための十分な予防策ではなかったということ。またこういうやり方によっていたのでは、キリスト教諸国の君主・首脳は絶え間ない戦争によって常に不安なままでいることになり、この戦争に次ぐ戦争の中断がありうるのは、次の二種類の出来事による場合しかないということである。その一つは、平和条約、あるいはむしろごく短い休戦と言ったほうがよいだろうが、これらは、遵守されるといういかなる十分な保障も、決して得ることはないであろう。もう一つは、どこかの君主の家の何らかの転覆であって、このままでは、こういう王家の没落は時々起こるであろうし、今日君臨しているあらゆる王家も、そういう王家よりも瓦解するのが何世紀か後になるというだけのことであろう。

私は、第二論考においても同じく現存する諸々のモデルによって、戦争に対するある十分な予防策が使えることを示した。それは、全キリスト教国の君主・首脳によって構成され、彼ら相互の来たるべき紛争や通商の条件について投票総数の四分の三をもって戦争なしに決着をつけるために、君主・首脳が自分の代議員を代表者として常置の議会に送り出しているような、一つの恒常的な社会的結合を設立することである。私は、既に大規模に実行されたこと全体をつうじて、私たち自身がより大規模に実行に移せることは何かを示した。今から私は、昔の領邦君主たちに彼らの社会的結合を形成する決意をさせた動機であり、したがって今日の諸国の君主・首脳にヨーロッパ諸国の社会的結合を形成する決意をさせることもできるその動機とは、どのようなものであったかを、深く掘り下げることにしよう。

この動機とは、今日の諸国の君主・首脳がヨーロッパ諸国の社会的結合から引き出すはずの諸利益である。したがって、この第三論考の主題をなす命題を証明するためには、ほとんど絶え間のない戦争の体制の現状の下でのキリスト教諸国の君主・首脳の諸利益を、不変の平和の体制の構築の下で彼らが持つことになる諸利益と比較すれば十分であろう。なぜなら、私が双方の体制のあらゆる利益を概観し、それらを互いに突き合わせることによって、不変の平和の体制下のほうが、はるかにより大きな、より数多くの利益があり、しかもそれらの利益がはるかにより大きな、より数多くの成果を生み出す、ということを明瞭に示すならば、この比較だけでも右の命題の完全な証明の形をなすだろうからである。

私は君主・首脳の利益について語るさいに、さして長くは続かない彼ら一身にとっての利益のことだけを問題にしているのではない。私はとくに君主たちの王家の利益のことを考慮しているのであって、これらの王家は、君主たち自身の寿命の年数と同じくらいの数の世紀にわたって存続する可能性があるのである。私はまず第一に、戦争の体制にまさる平和の体制の諸々の利点を、君主・首脳たち全般との関連で、またとりわけ比較的強力な君主たちとの関連で示そう。次いで私は、比較的力の弱い君主たちと共和制の諸国家が、平和の体制のほうを選好することに対して持ちうる特殊な利害関心に関して反省的考察を行なおう。そうすれば私は、より強力な者の利益の考察から、ということはつまり困難の度が高いように思われるものから立証を始めることになるので、残るほうははるかにいっそう容易であるように、読者には思われることであろう。

第一の利点

転覆の恐れの根拠と比較した、領土拡大の望みの根拠

平和と戦争という二つの体制の間に生じる第一の相違は、次の二つのことに基づいている。その一つは、諸国家とその王家が永久に不変なものとなることであり、これは平和の体制の自然な結果として将来起こることである。もう一つは、この同じ諸国家と同じ諸王家の革命と転覆であり、こちらは戦争の体制の自然な結果として現に起こっていることである。

戦争の体制下にあって、ヨーロッパの最も強力な君主は、一方では、自国の領土が将来二倍に、ひいてはヨーロッパの残りの部分を併せるまでにさえ、拡大するという望みや、そうやって自家の収入を大いに増やすという望みを、抱くことができる。こういう領土拡大や収入増は、君主自身が行なう征服や、彼の子孫が行なう征服によって生じるであろう。なぜなら、戦争はあらゆるものを動揺させ、戦争に際しては安定したものは何もなく、最も堅固と思われることも、さまざまな情勢に応じてほんの何年かのうちに簡単に覆される可能性があるからである。けれども同じ理由によって、この最強力君主は、他方では自家にとって不幸な出来事を、また自分の収入を増やし領土を拡げるかわりに、いつの日かそのどちらも非常に小さくなってしまい、ひいては自家にとっての収入も領土も完全に失われてしまうことをすら、恐れるかもしれない。この縮小と喪失は、ある強力な同盟の誰かある首領による征服や、あるいはどこかの地方の反乱のせいで起こりうるのである。

反対に、平和の体制下にあっては、各国の君主・首脳は予め締結された諸条約によって、またとりわけ現に領有していることによって、自分の領土に境界を定めたものとみなされ、しかもこれらの条約は君主・首脳の連合体の十分な保証のおかげで、その履行に関して遺漏なきものとなるから、ひとたび確定された国境は不変なものとなるであろうし、懸念すべきいかなる地方反乱もないであろう。それゆえ、いかなる君主ももはや、自国の領土の境界がいつか狭められることを恐れる必要はないであろうから、この同じ国境がいつか向うへ退いてゆくことを望む必要もないであろう。

それゆえ、検討すべきこととして残っているのは次の点である。すなわち、戦争の体制下では、ヨーロッパの最強力君主にとって、自家の弱体化や全面的転覆を恐れる原因よりも、自家にとっての領土と収入の大幅な拡大を期待する原因のほうが多く存在するのかどうか。この場合、私が「自家の」という言い方をするのは、いくつもの世代や世紀を含めて考えたいからである。また実際問題として、ある元首が自分の治世の間に二、三の地方を征服したからといって、もし彼のとった方途そのもののせいで、すなわち戦争の体制のせいで、自分の孫が四つか五つの地方を失わなければならなくなるとしたら、彼は自家のために大いに尽したことになるであろうか。自国を二倍に拡大したからといって、自分の曽孫がまさにその手段のせいで国全体を失わなければならなくなるとしたら、大いに尽したことになるであろうか。

かりにヨーロッパの最強力君主にとって、自家の全面的転覆を恐れる根拠よりも、自家の領土・収入の倍増を期待する根拠のほうが多く存在するとしたならば、彼は連合の体制に加入することによって、期待の根拠のこの超過分を失うことになるだろう。なぜなら、連合は各国を全体として保つので、どの君主も領土に関して自己拡大の望みをもつことができないように妨げることになるからである。そしてその場合には、この期待の根拠の上回る分の喪失が別の性質を持つ何らかの等価物によって埋め合わされるのでなければ、彼はこの連合の条約に調印すべきではないということになるであろう。けれども実際には、この君主にとって、領土の倍増を期待する根拠よりも、自家の全面的喪失を恐れる根拠のほうが多く存在するのだが、それならば、彼は自分と自分の子孫から恐怖のあらゆる原因を永久に取り去る条約に調印することによって、得をするであろう。したがって、この君主を平和の体制に加入しようという気にさせるためには、恐怖を免れるということ以外の動機は必要ない。なるほど、かりに期待すべき利益が恐れるべき害悪と等価で、また期待と恐怖の根拠同士も等価であるとした場合には、釣り合った天秤を傾けるためには、たとえば戦争の出費といったような、何らかの外来的な動機がさらに必要となるであろう。しかしこれから見るように、最も強力な元首が慎慮ある思慮深い人で、しかも自家の利益に愛着のある人ならば、彼を平和の体制に加入するよう決意させるのに外来的動機は不必要であるし、またその後さらにわかるように、この外来的動機は非常に数が多く、しかも非常に強力なので、この元首が戦争の体制に留まるためには、常識の光が彼には欠けていると前提しなければならないほどである。

右の元首が、将来近隣の元首たちを犠牲にして自家の領土を倍増させよう、という望みを抱くならば、当の近隣の元首たちも連盟して、この元首を犠牲にして彼らの領土を同じく倍に増やそうという似たような望みを抱く。この最も強力な元首の望みが近隣の元首たちの恐怖の根拠とならざるをえないのであれば、彼らの望みはこの元首の恐怖の根拠とならざるをえない。彼が近隣の元首たちの国々に対して権利を持つと主張するならば、近隣の元首たちも彼の国に対して権利を持つと主張する。彼が自分の力や同盟関係に頼れば、近隣の元首たちも彼らの力や同盟関係に頼る。近隣の元首たちの国々が摂政期や幼君期であったり、内戦に陥ったり、それらの連盟が破綻したりしたら、それに乗じて利益を得てやろう、という望みを、この最も強力な元首が抱くならば、近隣の元首たちのほうにも、同じく何世紀かが続く間には、望みをかけるべき同様な情勢がめぐってくる。この元首が野心や嫉妬や復讐心によって駆り立てられるならば、この同じ諸情念が近隣の元首たちをそれほどには駆り立てようと待ち構えていない、などということがあろうか。この元首は、近隣の四人の元首の連盟したものよりは強いとしても、五人あるいは六人の元首による連盟よりは弱いかもしれない。それゆえ、これまで述べてきた点ではすべてが同等である。

私はこの第三論考のここから先の箇所では、「主張」という語を「望み」という語と区別なしに用いることにする。なぜなら、大多数の元首たちは、自分がそれに関して権利を持つと主張する領土を征服しようと望むものであるし、また自分が征服しようと望んでいる領土に関しては、権利を持つと主張せずにいることは決してないからである。

かりにヨーロッパには王家が二つしかなく、しかもこの両家が同じ程度に強力であったとすれば、両家は何世紀もの間にわたって、さまざまな幼君の治世やさまざまな戦時の出来事を、同程度に恐れたり望んだりしなければならなくなることは確かである。それゆえ、わかりやすい話であるが、両家が領土拡大の望みや諸々の主張や、相手の国の地方に関する自分の権利などを互いに譲歩し合うなら、両家の譲り合うものは完全に等しいことになり、また両家が、互いの取り決めは戦争なしに履行されるという十分な保障を、百五十年間だけでも相互に与え合うことができたとすれば、両家ともこのあらゆる領土拡大の相互的譲歩から出てくることになる結果を、純益として得ることになるであろう。しかるに、後で証明するように、通商の継続と軍事費の削減という二項目の結果だけでも、両家の領国の各々と二つの王家の各々とを、収入面で二倍豊かにすることがたやすくできるであろう。そしてこの両家のどちらにせよ、百五十年間の戦争に勝利することによって、自国の価値と自家の収入を二倍に増やすこと以上の、何を望むことができようか。しかも戦争の体制下では両家の各々が、相手の家の滅亡によって自分の所有物を二倍にするために、すべてを失う危険を冒すのに対して、平和の体制下ではどちらの家も、この同じ二倍の収入を得るのに何の危険も冒すことはないし、またこの収入倍増のために隣国の王家を滅ぼさざるをえないということもないのである。

　戦争の状況とは、多くの偶然が入りこんでくるような状況である。勝つに決まっていたどれほど多くの戦闘が、全くの偶然のせいで敗北に終わったことか。どれだけ大勢の人の死が、全くの偶然のせいで起こったことか。どれほど多くの暴動が、全くの偶然のせいで困った結果になったことか。ところで、等しい力を持った二人の元首のうちの一人が、ヨーロッパの半分を他の半分の対価として偶然の成り行きに委ねる意志を持つ場合、彼が偶然に委ねるもののほうが、獲得できるものよりも多いように、私には思われる。なぜなら、彼は自分が現に領有している必要不可欠なものを、これと等価で、自分の領有したがっているものではあるが、自分の必要不可欠なものに比べればずっと容易になしで済ませることができるような、余分なものの対価として偶然に委ねるからである。しかるに、一方でこの元首には、隣りの元首の国を征服する望みがあるのと同じくらい、自分の国を失うことを恐れるべき原因があって、なおかつ彼の失う危険のあるもののほうが彼自身にとって、危険を冒して獲得しようとするものよりも価値があるとすれば、彼には望みを抱く原因よりも恐れを抱く原因のほうが多くあることは見やすいことであり、しかもそれは、偶然性の面からでなく、偶然の成り行きに委ねられる諸事物の面から見てそうなのである。なぜなら、偶然性は右の望みと恐れの原因の両方に関して等しいと考えられるが、成り行きにまかされる諸事物のほうは、それら自体としては等価であっても、偶然の成り行きに賭ける者の幸不幸に対してそれらが及ぼしうる影響への関係からすれば、等価ではないからである。それゆえ、戦争の引き起こす出費や諸害悪を免れることまでは考慮に入れなくても、領土の拡大か喪失かという面からして既に、戦争の体制と平和の体制には同等性があるだけでなく、恒久平和の体制にとっての目に見える利点もあるのである。

二つではなく三つの、力の等しい王家がヨーロッパを分割領有していると仮定しても、右の証明に変りはないし、より強いものになりさえする。この三つの王家は、先程の二つの王家と同様な利害関心を、すなわち、自分の治世の間にも、もっと後世の子孫の治世の間にも、領土が失われることも減らされることも決してないという完全な保障を得るために、領土拡大に対する自分の望みを互いに放棄し合う、という利害関心を持つであろう。そしてこの三王家が、今後百五十年間だけでも平和のうちに留まり、この期間中は互いの紛争を戦争なしに終らせる、という十分な保障を相互に与え合うことができたなら、各王家は自家とその臣民たちとの収入を二倍に増やすであろうし、しかもこの収入増を相手の家の滅亡のおかげで得るということがなくて済むであろうということは、たやすく証明されるし、後で見ることになろう。

ところが戦争の体制の下では、この三王家は、各々が他の二家に属するものを何世紀かの間に根こそぎ奪い取るために、自分のものをまるごと偶然の成り行きに委ねるという、避けがたい必然性のうちにおかれている。この場合の成り行きまかせは、人が自ら進んでそうするのではなく、強いられるものである点で、普通の偶発事の場合とは異なっている。この体制下では、最も賢明な君主たちも、不本意ながら自分の全財産を偶然の成り行きに委ねざるをえないであろうし、他の君主たちを潰すか、それとも彼らに潰されるかしなければならないという必然性のうちに、常におかれることになるであろう。

反対に、恒久平和の体制下では、いかなる戦争も存在しないであろうから、右の三王家のどの当主も、他国を獲得するために自国を偶然の成り行きに委ねることを強いられはしないであろうし、領土拡大とは別種の拡大によって、自分の経済政策や巧みな統治の実りを収穫することができるという利点を、各々が持つであろう。

右の三王家が、平和の体制下に百五十年間留まった後に、戦争の体制下に立ち戻る準備をしており、また各元首は、偶然の機会に乗じてついには他の二家を屈服させ、おのれひとりがヨーロッパの主君となることを望んでいる、と仮定しよう。これはあたかも、各々が全財産として百万リーヴルを持っている三人の賭け手が賭博をするに当たって、三人のうちの一人が三百万リーヴルを一人占めして他の二人をドボンにさせてしまうまではゲームをやめない、と仮定するのと同様である。確かなことだが、百万リーヴルで生活している者は、自分の通常の支出をまかなう自分自身の百万リーヴルよりも、通常外の収入であるもう二百万リーヴルをなしで済ますほうが、はるかにたやすくできるものである。さてその間、等しい財産と等しい賭金で一対三の賭をして、その結果賭け手は負ければ賭金をすべて失うことになるが、勝っても全部を獲得することにはならないであろう。彼の獲得できるものは、それ自体としては失う可能性のあるものの三倍であるが、彼にとっては決して三倍の大きさではありえない。この議論は、獲得するものが二倍の偶然勝負に関して私がしたばかりの議論と同じものだと、人はおそらく思うであろう。しかしながら、賭け手の幸福にとって、勝てば賭け金の三倍をとれることは、二倍をとれることほどの必要性はないから、その分だけ、勝って得るものそれ自体としての価値と賭け手にとっての価値との間にある差異は、この二つめの議論の場合のほうが大きいのである。そして、右の必要性の違いの理由は、もうけを嬉しく思う感受性が賭け手の心の中で増加するのは、もうけ自体の増加と同じ比率によってではなく、知らぬ者が誰もいないように、自分の財産を百倍にしたからといって、それをまだ倍にしかしていなかった時のかつての自分自身よりも、百倍幸福[1]であるわけではないから、という点にある。そういうわけで、自分の必要物のすべてを賭ける賭け手にとっては、彼の恐れなければならない敵手が多くなるほど、ゲームは損得五分五分ではなくなってゆく。言いかえれば、彼が相手の全財産を得るために自分の全財産を偶然に委ねて争う、その相手の賭け手の数が多くなるほど、実際にはその分だけ彼の不利は増すことになるのである。

しかるに、ヨーロッパには同程度に強力な二つの王家しか存在しないと仮定した場合に、「両家が互いの間で不変の平和を保つという十分な保障を与え合うことができるとすれば、両家にとっては平和の体制へ入ることにほとんど限りない利益があることになる」ということが揺ぎなく証明されているのならば、次のことはなおさら揺ぎなく証明されている。すなわち、全ヨーロッパが同程度に強力な三つの王家へと分割されていると仮定した場合も、この三王家が互いの間で不変の平和を保つという十分な保障を与え合うことができるとすれば、三王家の各々にとっては、戦争の体制を離れて平和の体制に入ることに、さらにもっと大きな利益があることになる、ということである。

しかし、平和の体制に有利なほうへとさらにいっそう天秤を傾かせそうな考慮点がある。それはこういうことである。力の強さにおいて同等なこの三人の君主のうち、一人が戦争の体制下に留まりたいと願うことがありうるのは、彼の家がついには他の二王家を滅ぼして、いつの日かこの両家の滅亡を踏み台にしてのし

(1)「五十倍」とあるべきところであるが、原文に従う。

上がってやろうという望みを保つためでしかない。しかるに、間もなく見るように、この君主の王家が他の二王家を蚕食することは、自家そのものを破滅させることなしにはできないであろう。それゆえ、この偶然勝負はさらにいっそう不利なものとなる。なぜなら、第一の場合としては、一対三の賭けに負けてすべてを失うことになり、また第二の場合として、自家が賭に勝ってすべてを獲得するに至る場合でも、この家は少なくとも五十年以内に、自家が勝ち取ったものの全部だけでなく、戦争のあらゆる偶然に身をさらす以前に領有していたものの全部をも失うという、明らかでしかも絶え間のない危険性、というよりはむしろ確実性のうちに、必然的におかれることになるからである。この謎を詳しく説明しよう。

そこで私は、二百年後の一九一二年に、戦争の体制下における諸々の戦いの勝利により、たとえばフランスの王家がヨーロッパ全体の主家となり、スペイン・イタリア・ギリシア・ハンガリー・ポーランド・モスクワ大公国・ドイツ・スウェーデン・デンマーク・オランダ・イギリス等はもはやフランス帝国の一地方としかみなされなくなる、と仮定しよう。アウグストゥス[2]や彼の後代の皇帝たるコンスタンティヌス、テオドシウス、ユスティニアヌス[3]や、さらに彼らの後代の皇帝たちは、これよりさらに広大な帝国を領有していた。しかしながら、彼らの帝室がどれだけ長続きしたか、また皇帝たちがどんな忌まわしい災難に遇ったかに注意していただきたい。このことはたしかに骨折り甲斐のあることである。これほど多くの帝室が、皇帝自身やその一族の人々に対して犯されたこれほど多くの暗殺や毒殺によって転覆させられたという事実に留まらず、そのことの原因に注意していただきたい。そうすれば、一方ではこの相次いで興った帝室はみな、五十年とは帝位に居続けなかったことが、また他方では、この滅亡の原因は必然的であって、決していかなる救治策も講ずることができないようなものであることが、おわかりいただけよう。したがって、この賭は勝ってももうけはただであって、かりにフランス王家が一九一二年にヨーロッパ帝国に君臨するに至ったとしても、この家は五十年後には帝位を追われて完全に滅び去ってしまい、二倍の賭金がパーに、すなわち百年後には滅んでいるということになるであろう。

しかるに、さまざまな分家の援助のおかげで、三千年以上、六千年以上、いやこの世の終りまでもヨーロッパ随一の国の王位に居続けることのできる王家にとって、ヨーロッパ全体の王位に即いても五十年か百年しか続かないというのでは、失うものが多いのではないか。それで割に合っているであろうか。

(2) 帝政ローマ初代皇帝（前六三～後一四、在位前二七～後一四）。カエサルの養子で本名オクタウィアヌス。カエサルの暗殺後、その部下アントニウスおよびレピドゥスと第二次三頭政治を行なったが、その後アントニウスと対立、前三〇年にアントニウスおよび彼と結ぶエジプトのプトレマイオス朝を滅ぼして地中海沿岸全域を平定、前二七年に元首の大権とアウグストゥス（尊厳ある者）の称号を元老院から授与され、ローマは名実ともに帝国となった。

(3) いずれもローマ皇帝。コンスタンティヌス（一世、二七四～三三七、在位三〇六～三三七）はディオクレティアヌス帝に続いてローマ帝国中興を果し、キリスト教を公認宗教とした。テオドシウス（三四七～三九五、在位三七九～三九五）はキリスト教徒で、ミラノ司教アンブロシウスの主張をいれてキリスト教をローマ帝国唯一の公認宗教とし、その死に臨んで帝国を二子（アルカディウスとホノリウス）に分与してローマ帝国を東西に分裂させた。ユスティニアヌス（四八二～五六五、在位五二七～五六五）は東ローマ帝国の全盛期を現出した皇帝で、『ローマ法大全』編纂（五三四）やコンスタンティノープル（現イスタンブール）の聖ソフィア寺院の建立（五三七）などの事業によって知られる。

しかしながら、諸々の帝室の滅亡の原因はどのようなものか、またそのような災厄に対する十分な予防策は見出せないものか、見てみよう。この原因とは野心であり、自領を拡大したいという激しい願望である。しかして、あらゆる時代のあらゆる宮廷において、多数の宮廷人の心の中にこの願望が生まれ、しかも非常に激しいものになるということを、防止することは不可能である。この願望を抑制することさえ、自分自身や家族を間違いなく失うという恐怖のような、この願望よりも強い恐怖によらなければ、決してできないのである。

さて、自分の頭に王冠を戴きたいと思っている陰謀家が抱く可能性のある恐怖の原因のうちで、主要なのは次のものだと言ってよい。それはすなわち、親族や同盟者や友人としてであれ、あるいは端的に君主としてであれ、陰謀から逃げのびた逆境下の生き残りの王族を保護したり、陰謀家の処罰を強く求め続けたりすることに関心を持つ、近隣諸国の君主たちに対する恐怖である。しかしこの恐怖は、近隣諸国の君主たちがもはや存在しなければ、野心家どもの心の中にもはや生じることができなくなるであろう。しかるに、ヨーロッパがただ一人の君主に服従するという仮定の下では、この君主にとってヨーロッパ内にはもはや、彼の子孫や血縁の親王たちを庇護してくれたり、彼が殺されたらその仇を討ってくれたりする可能性のあるような近隣諸国の君主は、存在しないことになる。なぜなら、彼やその先祖たちは、ヨーロッパのあらゆる君主を滅ぼしていなくさせてしまうことに気を配ってきているわけだからである。

その一方で、対象が大きければ大きいほど、陰謀家たちがこの対象から受ける刺激は多く、彼らがこの対象によって自分の企てへとそそのかされる度合いも高くなる。皇帝たちは、自分の兄弟や親族を恐れずにはいられない。そしてこの恐怖に駆られて、非キリスト教諸国の皇帝たちはしばしば、こういう人々を追放し、そうやって自家の永続を自分で妨げる羽目になっている。他方、皇帝というものは大臣や将軍や寵臣を持たないわけにはいかないし、彼らに自らの信任を伝えたり、自分の軍隊を委ねたりしないわけにもいかない。しかるに、この大臣・将軍・寵臣連中は、非常な野心家であるのがほとんど常のことである。そして、野心を抑える恐怖という第一のブレーキがもはや利かない場合、この野心ほど激しい情念について予期できることとは何であろうか。そういうわけで、帝国が広大になればなるほど、皇帝と帝室に対する陰謀はますます容易になり、また頻度も高くなるであろう。したがって、帝室の滅亡の危険は領土拡大という興隆に比例して増大するものであって、他国の王家をすべて滅ぼしてしまった時こそは、必ずや自家の滅亡に最も瀕する時となるであろう。

他の王家をすべて滅ぼした皇帝の子孫の一人が、あまり統治に巧みでなく、またあまり勤勉でもなく、快楽に身を委ねて臣民に軽蔑されているとしよう。この場合、大胆で運もよく、宮廷に信用され、士官たちや兵士たちに好かれている将軍がいれば、彼はその武力を頼んで、われこそは皇帝なりと宣言し、帝都へ向かって進軍するであろう。皇帝は首をとられ、この将軍が帝国の主となる。しかも彼は、近隣諸国の君主たちの援軍によって帝位から追われることを、恐れる必要がないのである。

ある摂政皇后が、政治の上手い、大胆な、抜け目のない誰かある宮廷の要人に御執心になるとしよう。この男はすぐさま、自分の手下どもをこしらえるであろう。彼はこの皇后と結婚し、帝国の後継者を投獄させ、皇帝と血のつながった親王たちを獄死させ、政府を掌握するであろう。そしてここに新しい帝室が、他のすべての王家を滅ぼした帝室の滅亡を踏み台にして樹立されるのである。

ヨーロッパ皇帝が死に臨んで、自分がその忠誠に疑いを抱いている兄弟や親族に摂政の位を渡さないために、それを宰相に委ねるとしよう。この宰相は、軍の士官や枢密顧問官の主だった者たちを思うままに味方にし、彼らを自分と一連托生の関係にするであろう。彼は幼君を次々に殺害し、こうしてやすやすと帝冠を自分の頭上に戴くであろう。何者かがこういう企てを試みるのを誰が妨げ、その実行を誰が阻止するのであろうか。

右に挙げた話は幻想でもなければ取り越し苦労でもない。これらが現実にあったことだということを知るためには、あらゆる国民の歴史を播きさえすればよい。相次いで帝位から追われた帝室が六十年間に十四家もあったことを知るためには、ヘロディアノス(4)のローマ歴代皇帝史を播くだけでよい。コンスタンティヌス帝から、メフメット二世(5)によってビザンチン帝国を奪われたパレオロゴス朝(6)に至るまでの、他の諸々の帝室のさまざまな災難を調べてみるがよい。そうすれば、五十家に余るさまざまな帝室が、主君に対する大臣や将軍や寵臣の陰謀によって、相次いでみな転覆させられたことがわかるであろう。したがって、千二百年間に相次いで交替した王朝の各々は、平均二十四年間しか続かなかったということが言える。こんなことは信じがたいことのように思われるが、しかしこれは紛れもない現実なのである。一つの帝室にとって、千二百年の間に、生れの卑しい、ほとんどものの数に入らないような臣民たちの家である他の諸家と一緒くたになってしまうとは、何という栄耀栄華であろうか。けれどもお望みなら、転覆した五十家の代わりに、二十五家だけしかなかったと、そしてその各々は四十八年間君臨したと仮定してもよい。一つの帝室の続いた年数として、四十八年が何ほどのものであろうか。

右のようなヨーロッパ皇帝の帝室に将来どういうことが起こるかを確実に予言するためには、似たような君主たちの家に起こったことを本で読みさえすればよい。彼らの王家の転覆の唯一の原因は、彼らが死に臨んで、自国の近隣にわが子のための強力な庇護者を残してやらなかったことにある、ということがわかるであろう。だが、自国の近隣諸国の君主たちを滅ぼしつくすこと以外の目的を持たず、また近隣の君主たちを滅ぼすことで、自分の子孫の唯一の真の庇護者を考えもなく滅ぼしていった彼らには、そんな強力な庇護者がいったいどこにいたであろうか。なるほど彼らは、国外にはもはや恐れるべき敵がいないというところまで立ち至ったのであるが、しかしまさにその同じ道筋によって、国内では自分の敵を増やすに至ったのであり、国外の敵を滅ぼすにつれて、国内の敵をますます数多くし、しかもますます恐るべきものにしてしまったのである。

野心は、似たような結果を持つ似たような情勢から常に生じてくることになる情念である。もっとも、陰

(4) ローマ帝国時代のギリシア人の歴史家(一六五〜二三五)。コンモドゥス帝からゴルディアヌス二世まで(一八〇〜二三八)の歴代皇帝史を著した。

(5) オスマン・トルコ帝国の第七代スルタン(一四三〇〜八一、在位一四五一〜八一)。一四五三年にビザンティン(東ローマ)帝国を滅ぼし、その首都であったコンスタンティノープルに遷都した。

(6) ビザンティン(東ローマ)帝国最後の王朝(一二六一〜一四五三)。前註の帝国滅亡はその第十代のコンスタンティヌス十一世(在位一四四八〜五三)のときの出来事であった。

謀家は必ずしも野心だけを唯一の動機としているとは限らない。憎悪や復讐心や、反対党によってすぐにも先手を打たれて潰されてしまうのではないかという激しい恐怖などは、野心よりももっとしばしば、陰謀家を駆り立てて、陰謀の危険をあえて冒させるものである。数多くのさまざまな陰謀の必然性とはそういうものである。それは諸々の帝室にとっての死病であり、この死病の発作を確実に防ぐことができるようないかなる予防策も、決して存在しえない。それゆえこの点に、ヨーロッパ帝国の君主の帝室にとっての、ある確実な恐るべき難点があり、しかもこの難点には救治策がない。

しかしながらそれは、巨大すぎる力の行き着く奈落であり、ヨーロッパ帝国を願うような願望はそこに行き着くことになるであろう。しかるに、ある王家が既に他の諸王家に抜きん出て非常に高くのし上がっている時に、この王家自身の興隆のせいで二十五年、五十年、百年の後には同家の完全な滅亡が間違いなく引き越こされるほどにまで、同家をさらに高くのし上げようなどと、願うように誘惑されるものだろうか。

私人の家の勢力拡大については事情は同じでない。私人の家の興隆がその滅亡を引き起こすことはありえないが、その理由は、こういう家は常に法によって庇護され、この法自身は恒常的な社会的結合の権威と、社会全体のすべての力とによって支えられているからである。ところがヨーロッパ皇帝について言えば、陰謀家がヨーロッパの手綱をわが手に握って上位に立つときに、皇帝のほうは法のいかなる庇護も期待できないのである。

右の考察によって私が導かれていった推論は、反論の余地のないものであると私には思われる。その理由は次のとおりである。領土拡大の望みは非常に壮大なこともあれば、ほどほどのものにすぎないこともあるが、それが非常に壮大で、君主の願うものがヨーロッパ帝国であるならば、そういう望みは非常に根拠の危ういものである。けれども、この望みに確かな根拠があるとしよう。私が言いたいのは、この君主の願望に二百年間は成功という答えが出るとしてみよう、ということである。この同じ王家がその後たちまち同家自身の臣民たちによって転覆させられ完全に滅ぼし尽されるであろうということが、この君主にわからないはずはない。しかるに、彼が自分で自分の家を転覆させ滅亡させることを願うはずはなく、そのようにして他の百家もの出自卑しい帝室の樹立をもたらし、これらの帝室が後世において彼の家の記憶さえもすべて圧殺してしまうことを、願うはずもないのである。

領土拡大の望みがほどほどのものであって、君主の欲しがっているのがさらにもういくつかの地方にすぎない場合には、この君主は次の比較をしてみるとよい。すなわち、非常に不確実なうえに、彼にとってはその値打ち以上に高くつきそうな自分の願望の対象を、連合条約によって強固にされた恒久平和から自分が引き出すことになる、巨大で現実的で、しかも確実な諸利益と比べてみることである。そうすれば、彼に少しの慎慮でも残っているなら、彼はそのとき、もういくつかの地方を手に入れようという自分の最初の目論見が常軌を逸したものであることに感づくであろう。なぜなら、彼はこの目論見のせいで、非常に不快かつ困難で、自家の全面的転覆につながる危険に満ちた道を通らされることになるからである。

証明をよりわかりやすいものにするために、私はヨーロッパに、フランス王家と等しい力を持った王家が他に二家あると仮定した。しかし私は、今はこの仮定を必要としていない。推論の力全体をわかってもらうためには、フランス王家に等しい力を形成する、複数の君主同士のすっかり出来上がった、もしくは単にありうる連盟を、ヨーロッパに見出しさえすればよい。しかるにこの連盟は、単にありうるだけでなく、すっかり形成されている。その力は単にフランス王家に等しいだけでなく、フランス王家より優勢でさえある。すっかり形成された優勢な連盟が存在しているだけでなく、フランス王家とオーストリア王家の間の現在の戦争においてどちらにも与しなかった、またしっかりと連合すればフランス王家よりももっと優勢な力を形成することになりそうな他の君主たちから成る連盟を、さらにもう一つ形成することもできるくらいである。

けれども、フランス王家と力の等しい連盟が一つしかないとした場合でも、右の推論の力は全面的に存続するであろう。なぜなら、その場合この連盟の首領が複数いようと一人であろうと、この連盟と力の等しい王家の当主が及ぼすのと同じ影響を及ぼすだろうからである。しかも、連盟の力はフランス王家に等しいのではなく、より優勢なのであるから、推論はなおいっそう強力に、フランス王家をして平和の体制のほうを好んで選びとる決意をさせるものになる。

右の証明をさらに強めるような考慮点さえ存在する。それは、ヨーロッパの現行の組織体制の下では、女系君主を戴く君主国であるスペインが、百五十年もたたないうちに、一人の王女のせいで、フランス王家とは別の王家の手に渡る可能性があるということである。カール五世の死から百五十年後の今の時代に起きたことが、似たような件でフェリペ五世の子孫に関して起こる可能性はないだろうか。しかるに、もしそういうことが起こったら、現在せいぜいヨーロッパの三分の一をなすにすぎないフランス王家は、その際には六分の一しかなさなくなるであろう。それゆえ、戦争の体制下で同家がおかれている、王位から他家を追うか、もしくは自家が追われるかしなければならないという必然性の下では、当面はこの王位喪失の可能性を賭け代に、一対三の賭けをするだけでよいが、いつの日か王位を追われることになるという対等の偶然的危険を賭け代としては、一に対して六を賭けねばならないであろう。それゆえ、この場合もまたフランス王家にとって、領土拡大の望みを抱く以上にその縮小を恐れる原因がある。

私は、他のヨーロッパ諸国の王家がフランス王家より力が劣っていることをよく知っているし、今日の連盟は破棄される可能性があることもよく知っている。しかし、ここ三千年の間に既に十回以上も起こったことは、その先数世紀を経る間にまた起こる可能性があることを、知らない者があろうか。これはつまり、現在のサヴォワやかつてのマケドニアほどの小国の君主が、わずかな年月の間に地上最大・最強の国家を倒す機会を見出す可能性があるということである。セソーストリス[7]、キュロス[8]、アレクサンドロス、アッティラ[9]、

(7) 古代エジプトの王(ファラオ)。一世(在位前一九七〇〜三六)、二世(在位前一九〇六〜前一八八八)、三世(在位前一八八七〜五〇)の三人がいるが、ここではエジプト王国の支配をナイル川第二瀑布まで拡大した三世を指すか。

(8) アケメネス朝ペルシアの初代大王(?〜前五二九、在位前五五九〜前五二九)。前五五〇年にメディアを、前五四六年にはリディアを滅ぼして小アジア半島全域を支配下に収め、さらにバビロニア、シリア、パレスティナを征服して大帝国を形成した。

(9) フン族の大王(?〜四五三、在位四三四〜四五三)。今日のハンガリーを中心にヨーロッパ中〜東部にわたる大帝国を形成、四五一年にはガリア(フランス)へも侵入を試みて失敗、次いでイタリアに侵入しローマを脅かしたが、教皇レオ一世と会見後退却、その後まもなく没した。

アラリック[10]、マンスール[11]、チンギス・ハン、ティムール、トルコのスルタンたち、七十年前に中国を侵略したタタール人の先代の君侯[12]など、これらの君侯たちはみな、自分の征服した国々に比べて、ある者は十分の一、他のある者は二十分の一、何人かの者は三十分の一も力の弱い者であった。なるほど、情勢は彼らに有利であったが、しかしこういう情勢は、既に非常にしばしば見出されたものなのだが、それと同様に、ときどき再び見出される可能性があるのではないか。彼らには、今日のような諸々の連盟の援助などはなかったのだが、それにもかかわらず彼らが成功したことはわかっている。そのうえ、この君主たちは力の弱い者ほど多くの成功を博している。しかも、大胆で向こう見ずで、しかも運のよい君侯たちを見出すことは、君侯の数が多い場合のほうが少ない場合よりも容易ではないか。したがって、一方では王家を倒せる可能性が、その近隣諸国の王家の力の弱さによって減少しているとしても、他方では近隣諸国の王家の数が多くなっている分だけ、この可能性は増大している。したがって、証明の力は全体としてはそのまま残るのである。

非常に強力な君主たちに、彼らの子孫がいつの日か王位を追われて滅ぼされてしまうという、正当な理由のある心配を起こさせることは、たしかにほとんど不可能であるように思われる。こういう君主たちは全生涯を全き安全のうちに生きた人々であり、彼らが自分自身のためには心配しなかったことを、自分の曽孫たちのために心配することなど、ありえないように思われるし、彼らがそういうことのために曽孫たちについていっそう慎重になることはないと思われる。セソーストリスに打ち負かされた王たちや、キュロスによって王位から追われた王たちは、攻撃を受ける十年前には、自家のためにも自分自身のためにも、心配などしていなかった。ある王たちは征服者よりもはるかに強かったし、他の王たちは征服者から遠く離れすぎていた。彼らはたしかに心配していなかったが、心配の原因が彼らには何もなかったのか。ダリウス三世はマケドニアの少年王のことなど何も恐れてはいなかったが、[13] 恐れてしかるべきことが何も彼にはなかったのか。負けた君侯たちが安心しきっていたことは、彼らの不用心を正当化するか。自国内にいかなる不和も分裂も

---

(10) ゲルマン民族の一派西ゴート族の王（三七〇ごろ～四一〇、在位三九五～四一〇）。ドナウ川沿岸を本拠としつつトラキア、ギリシア、イタリア等に侵入し、死の直前にはローマを荒掠した。

(11) サラセン帝国、アッバース朝の第二代カリフ（七一二ごろ～七七五、在位七五四～七七五）。初代サッファーフ（アブル・アッバース）が若くして没した後その地位を継承し、西アジア全域から中央アジア一帯に勢力を拡げ、新都バグダッドを建設してここへ都を移した。

(12) 「タタール人」はヨーロッパでモンゴル人その他のアジアのウラル・アルタイ語族系遊牧民を漠然と指した語であるが、この箇所では十七世紀前半に清朝を樹立し二十世紀初頭まで中国を支配した女真族（満州人）を指している。ここに言う君侯とは、明の滅亡により清が中国を征服した時（一六四四）の皇帝である世祖順治帝（一六三八～六一、在位一六四三～六一）を指す。「先代の」とあるのは、本書執筆時には順治帝の次の皇帝である聖祖康熙帝（一六五四～一七二二、在位一六六一～一七二二）が在位中だったからである。

(13) ダリウス三世（前三八〇ごろ～前三三〇、在位前三三六～前三三〇）はアケメネス朝ペルシア最後の大王。アレクサンドロスの東征を受けてグラニコス川、イッソス、ガウガメラの各戦いに連敗、部下の裏切りに遭って殺され、アケメネス朝ペルシアは滅亡した。「マケドニアの少年王」はもちろんアレクサンドロスのこと。マケドニアは元々ギリシア北辺の小国で、前三三八年にギリシアの覇権を握り、アレクサンドロスはその二年後に若くして即位、即位後二年で東征を開始してその四年後にはペルシアを滅ぼした。

見たことがない君主は、百年後にさえそういうことが自国内に生じるなどとは想像もしない。フランソワ一世は、神学者たちの論争のせいで勃発して、彼の死後に四十年以上にわたって自国を荒廃させた内戦[14]のことなど、思いもしなかったし、王家が十五年後に王位から追われる寸前になり、完全に滅び去る寸前にさえなるなどとは、思いもしなかった。しかしながら、この恐るべき災厄は、予見も危惧もされなかったからといって、その分だけ遠ざけられたわけでも、心配する必要が減ったわけでもなかったのである。イギリスの最近の内戦[15]のことを思い起こしてみるとよい。チャールズ一世は、処刑されるほんの十年前には、自分が自国の国会と構えていた生れかけのもめごと[16]の成り行きを心配してなどいなかったが、しかしそれは心配する必要のあるものではなかったか。クロムウェルは護国卿の名の下に王冠を簒奪した。彼がこのように大胆になれたのは何のおかげか。たった一つの考えのおかげである。それはすなわち、国王の刑死の復讐を試みたがっているらしい諸外国の力に対して、自分の身を保つのに十分な力が自分にはある、と彼が信じたことである。かりにイギリスの国力が半分の小ささであったなら、フランスの摂政母后[17]は自分の義妹[18]のために復讐したであろう。したがって、簒奪の原因であったもの、また簒奪者をおのれの犯罪に対する処罰から守ったものは、イギリス王国の国力だったのである。

私はヨーロッパの主権国家が、票決権を持つ国としては結局のところ二十四か国という数になると想定しているが、この二十四という数の多さは、ヨーロッパには力の同等な三つの王家しか存在しないという仮定の下で私が行なった証明を、いかなる仕方でも弱めるものでないことは確かである。それどころか、主権国家の数のこの多さは、三つの王家が持たないような、また決して持ちえないような、限りない価値のある利点を私たちに与えてくれる。それはどうしてかというと、この三つの王家の三人の当主が今日、将来の互いの紛争を戦争なしに、利害関係のない第三者の仲裁裁判によって決着させると取り決めるとした場合でも、この取り決めには履行されるといういかなる十分な保障もないからである。なぜなら、この三人の当主のうちの二人が存命中に心変わりしてしまうかもしれないし、またこの二人の後継者たちが、悪い助言をされて反対の考えを持つようになり、平和の中断によって自分が失うことになるものに思いを致さずに、第三の君主の国を侵略するために狂気の結託をするかもしれないからである。こういうことをすれば、この二人はひどい狂気に陥っていることになるということは、私にはよくわかる。また、この二人が第三の国の君主を王

（14）第二論考訳註（11）に既述のユグノー戦争のこと。

（15）第二論考訳註（10）に既述の清教徒革命の内戦のこと。

（16）いわゆる長期議会の召集（一六四〇年）から大諌議書の可決（四一年）を経て内戦の勃発（四二年）に至るまでの、清教徒革命初期段階における国王チャールズ一世と議会との対立を指す。

（17）ルイ十三世の王妃でルイ十四世の生母であるアンヌ・ドートリシュ（一六〇一～六六）のこと。ハプスブルク家の出身（父はスペイン王フェリペ三世、母はオーストリア王女マルゲリーテ）であることからこの呼称（ドートリシュ d'Autriche は「オーストリアの」の意）がある。一六四三年にルイ十四世が五歳で即位してから八年間摂政の地位にあり、その下で宰相マザランが政治の実権を握った。

（18）イギリス国王チャールズ一世の王妃ヘンリエッタ・マリア（アンリエット・マリー、一六〇九～六九）のこと。ブルボン家出身のフランス人で、アンリ四世の王女、ルイ十三世の妹であり、したがってアンヌ・ドートリシュにとっては義妹にあたる。

位から追った場合には、ほどなく二人のうちの一人がもう一人を王位から追わずにはいられなくなるであろうし、こういうひどい狂気は稀なものではあるが、大きな恐怖によって抑えつけられないかぎりは起こりうるものだということも、私にはよくわかる。

ところが、二十四人の君主・首脳の間で行なわれる取り決めは、この恐るべき難点を持たないであろう。そのわけはこうである。この場合、万事は会議においてこの二十四か国の票の四分の三をもって決定されることになるであろう。しかるに、この二十四票のうちの四分の三とは、比較的力の弱い国々の元首たちの票であって、彼らはよその国を侵略する望みよりも自国が侵略される恐怖のほうを多く抱くから、ヨーロッパ連合を維持することに常に切実な関心を持つであろうし、条約の履行に強く執着するであろう。しかして、彼ら全員が力を合わせれば、狂った野心によって連合と平和を乱そうと企てる可能性のありそうな君主たちよりもはるかに強くなるであろうから、彼らは完全にこう確信することになるであろう。すなわち、平和は決して乱されないか、もしくは乱した者がたちまち王位を追われるかのどちらかであり、またこれほど大きく、かつこれほど大きな危険についての大きな恐怖なら、この野心的な君主たちがそのような計画に立ちもどることや、またそんなものを形成することさえ、妨げるのに十分であろう、と。したがって、一方では侵略を受けたり平和のこの上なく貴重な成果を失ったりすることの大きな恐怖が、比較的力の弱い君主・首脳全員の賢明さの十分な保障となるであろうし、他方では、しっかりと連合したこれら比較的力の弱い君主・首脳の賢明さが、諸国家の社会的結合を破壊しようと試みたがるような比較的強力な君主たちの狂気の、発生と進行を防止する十分な保障となるであろう、ということがわかるのである。

ある君主にとって、条約に調印することに利点があるのは、一方では彼の譲歩するものが、彼に対して譲歩のなされるものと同性質でしかも同等のものであることが明らかであり、他方では、彼が持っていた以上の何かあるものをさらに獲得することが明らかな場合であるということは、容易に判断がつく。しかるに、ヨーロッパの最強力君主は、連合条約に調印すると何を譲歩することになるのか。彼が譲歩するものは、彼とその子孫が持つ可能性のある、近隣諸国の君主たちを犠牲にして自分の領土を拡大するという望みであろう。これに対して、彼の近隣諸国の君主たちは、彼に対して何を譲歩するのか。それは、彼らとその子孫たちが持つ可能性のある、この最強力君主を犠牲にして自分たちの領土を拡大するという、同等に根拠のある似たような望みである。「同等に根拠がある」と私が言うのは、この同等性が、力の同等性と来たるべき諸情勢の同等性によって必然的に生み出されるからである。しかるに、諸々の連盟の援助によって、ヨーロッパにはこの最強力君主の力に等しい力が存在しうること、そういう力は既にすっかり形成されて存在してさえいること、この力は最強力君主の力を上回るものでさえあること、また各々が最も強力な王家と同じほどに強力な、似たような連盟が二つ存在することさえありうること、これらのことを私は今しがた示したばかりである。

私は、最強力君主が他の君主たちに有利なように放棄するこの領土拡大の望みの、本当の価値を検討することを、今はしない。私にとっては、この望みが、他の君主たちのほうでこの最強力君主に有利なように放棄する領土拡大の望みと同じ性質のものであり、この同じ望みに基づいている、ということに注意を促したことで十分である。

最も強力な王家にとって有利になるような考慮点も存在するが、それはこういうことである。すなわち、最強力王家は他のいかなる王家よりもヨーロッパ全体の帝位に近い立場にあり、その結果全面的な滅亡にも他家より近く、それゆえ、非常に忌まわしい結末に至りつくのを、ヨーロッパ諸国の社会的結合が防止してくれるであろうという点において、より力の弱い家よりも多くの利益を、この社会的結合から引き出すであろう、ということである。この最強力王家は、その栄華の頂点にあるわけではないが、永続可能な栄華の頂点にはある。というのは、これ以上先へ進むと、同家はいかなる社会的結合による支えももはや得られなくなるのに対して、ヨーロッパ諸国の社会的結合の設立と永続によって、同家はいつまでも永続するであろうからである。これに対して、ヨーロッパ諸国の社会的結合が設立されないと、この王家は、多くの戦争の末に他家によって転覆させられるか、平和のさなかに自家自身の臣民によって転覆させられるか、いずれにしても転覆させられるという不幸な必然性のうちにある。

それゆえ、次の三点は証明済みのまま不動である。☆

(1) 戦争の体制下では、何世紀か経る間に諸国の王家同士が互いに転覆させあったり滅ぼしあったりすることは必定であり、自家の臣民の陰謀によって転覆させられることとさえ必定である。

(2) フランス王家のようなヨーロッパの最強力王家にとって、戦争の体制下では、自家が何かある他の王家によって転覆させられることを心配する根拠のほうが、自家が他のすべての王家を転覆させる望みを持つ根拠よりも、二倍も多く存在している。

(3) この最強力王家は、他の王家をすべて転覆させるに至った場合でも、その臣民たちの絶えず相次ぐ陰謀によって間違いなく転覆させられるという、いっそう差し迫った、まったく避けがたい危険のうちにおかれることにしかならないであろう。

したがって、次のことは確実である。すなわち、恒久平和の体制下で、ヨーロッパ諸国の社会的結合の設立という手段によるならば、フランス王家にとって領土のあらゆる縮小、あらゆる喪失を不可能にし、他の王家によってか、もしくは自家の臣民によって滅ぼされるという心配のあらゆる根拠を同家から除き去ることが可能であるが、ただしそれには、領土の拡大をすべて放棄し、なおかつこの放棄の十分な保障を与えるという条件がつく、という場合、フランス王家は現状の戦争の体制よりも恒久平和の体制を選びとるほうがはるかに得である、ということ、そして同家にとって、この社会的結合の設立の条約に調印しないことよりもすることのほうに、多くの利点があるということである。そして、私が証明しなければならなかったのはこのことである。

第二の利点

スペイン王国をフランス王家の男子に相続させる見通し。この相続指定を戦争の体制下で十分堅固なものにすることは不可能であるが、それを平和の体制下で十分堅固なものにすることは容易であること。

フランス王国とスペイン王国をただ一人の当主が兼ね治めることが絶対にできないようにする見通し。このことに関する十分な保障を戦争の体制下で得ることは不可能であるが、この保障を平和の体制下で得ることは容易であること。

ヨーロッパにとって、フランス・スペイン両王国が同一の当主の下で統合されることは決してない、という十分な保障を得ることが、極度の重要性を持っていることは確かである。これは、フランスの王家にとって、同家に男子がいるかぎり、この両王国のどちらも決して他家に渡ることはない、という十分な保障を得ることが、極度の重要性を持っているのと同様である。しかるに、この点に関して二つの体制を比較してみるとよい。申し上げるが、ヨーロッパは、またフランス王家はいかにして、すべてが絶え間ない不確実さのうちにある戦争の体制下で、この十分な保障を見出すことができるであろうか。

反対に、平和の体制下では、何事も変化することはありえず、万事は定まっていて恒常的であり、あらゆる戦争は不可能であり、諸国家の社会的結合は完全に強力で不変であり、取り決めはこの完全な強力さによって常に支えられることになるであろうが、この体制の下に、フランス王家が末永くその名を高からしめるのに有利な保障にせよ、他国の君主・首脳が自身の静穏を保つのに有利な保障にせよ、こういった相互的保障が見出されないなどということが、どうしてあろうか。生じてくる可能性のある疑問はただ一つ、それは、諸国家のこの社会的結合を、それが不変のものとなるような仕方で形成することが、実際に可能かどうかを知ることである。しかし私は、この点に関しては次の論考を読んでいただく後まで貸しにしておいていただくようにお願いする。そうすれば、このことは完全に証明されるのがおわかりいただけるであろうという希望を、私は抱いている。

フランスの王家は、ヨーロッパ諸国の社会的結合の合意と設立とによらなければ、右の相続指定の確かな保証を得ることは決してできないし、またヨーロッパは、同家がこの社会的結合の設立に手を貸し、フランス・スペイン両王国の兼治禁止に同意する場合にしか、完全に静穏であることも、警戒を怠らずにいるために必要な出費を免れることも決してできない。こうすれば、フランス王家とヨーロッパの他のすべての国々との間には、諸々の権利と、主張と、望みとの交換が行なわれることになるであろうが、この交換は双方の側にとって限りなく有利なものとなるであろう。

それゆえ、ヨーロッパ諸国の社会的結合が最も強力な君主に、自国の内外の平和の恒久性についての十分な保障をもたらすことができるならば、この君主はこの社会的結合の設立のための条約に調印しないことよりも、することのほうにはるかに多くの利益を見出すであろう。

第三の利点

仲裁裁判という方途と比較した、紛争を終わらせるための武力という方途

私は第一論考において、次のことを示した。すなわち、ヨーロッパの現在の組織体制である分裂と戦争の体制の下では、諸国の君主や首脳たちは、武力による以外に、互いの主張に決着をつけ、紛争を終らせるための手段を持っていないこと、また彼らのこの主張は常に新たに繰り返され、主張し合う者のどちらか一方の根絶と絶滅による以外には、決して真に終結することはないであろう、ということである。これはつま

り、条約というものは将来のあらゆる主張を明確に予見して規定することはできないし、またそうすることが可能だとした場合でも、君主・首脳たちにはこれまでのところ、こういう条約の履行のいかなる保証、いかなる十分な保障もないからである。

反対に、連合と平和の体制下には、将来のあらゆる紛争を戦争なしに終結させる確実かつ効果的な手段が存在する。それは、ヨーロッパ諸国の君主・首脳の常置の仲裁裁判所であり、そこでは君主・首脳は、常置の会議に召集されたそれぞれの代議員によって継続的に代表される。これが紛争終結の確実かつ効果的な手段であるというのは、このようにして結集した仲裁裁判者は、自分たちの判決が執行されることを欲するだけの十分な関心を持ち、またその執行に抵抗したがるような者の意志と力がどうあろうと、その執行を実現するのに十分な力を持っているからである。

右の両者は二つの非常に異なった手段であるが、しかし手段はこの二つだけであって、他のいかなる十分な手段も想像することはできそうにない。そして、武力という方途が分裂と戦争の体制の主要な特徴であるように、常置の、万全な力を持つ仲裁裁判所は、諸国家の社会的結合と平和の体制の主要な特徴である。それゆえ問題は、フランス王のようなヨーロッパの最も強力な君主にとって、どちらの手段のほうが有利かを選択し知ることである。なぜなら、仲裁裁判という手段のほうが、最も強力な君主にとって、ということはつまり、武力に期待するところが最も多く、他の君主たちの武力を恐れることが最も少ない君主にとって、有利であるならば、もっと力の弱い君主にとっては、ということはつまり、自分の武力に期待するところはいっそう少なく、他の君主たちの武力を恐れることはいっそう多い君主にとっては、なおさらそのほうが有利だろうからである。

敵の策略、戦いの偶然性、自家に対抗して作られることになる連盟、自家の弱体化の時期、自国内や自分自身の家族内で起こることになる反逆、こういったことなど物ともせず、自分と自分の子孫は常に最も強力であろう、と最強の君主が十分に確信しているとしたならば、そのような保障がありながら、武力という方途によるのとは別の仕方で自分の主張の決着をつけさせるのは、この君主にとっても彼の家にとっても失われるものがあるだろうということは、確実である（と私は主張する）。なぜなら、彼は自分の主張が常に自分の意志に従って決着されるのが見られると確信しているであろうし、また戦争の出費も、敵国の敵意や通商の中断によって自国の臣民が被ることになる損害も、完全に取り返しがつくと確信しているであろうからである。

けれども、ヨーロッパの組織体制を見ると、この最も強力な君主にもそのような保障があるどころでは全然ない。私は読者の方に、眼前で起こっていることに注意されるようお願いする。フランス王家とその分家との二家が、十一年前すなわち今の戦争の開戦時からこのかた以上に結びつくなどということが、いつかありうるであろうか。両家が現にしてきた努力よりも大きな努力をするなどということが、いつかありうるであろうか。反対に、⑴オーストリアの同盟諸国が結びつきをさらに強める可能性があること、⑵この諸国がさらにもっと大きな努力をする可能性があること、⑶この諸国がその連盟をさらに増強する可能性があること、またそのうちの一国の武力が五十年以内に増大する可能性があるとしても、百年以内には他の国々の武力も同じ比率で増大する可能性があること、の三点は明らかである。しかるに、最強の君主がまさにその力の最大である時期にさえ、万事が自分の意志に従って決着されるとは期待できないとした場合、その結果として生じることは、次のことでないとしたら何であろうか。すなわち、彼の子孫たちが自分の主張に関する有利な決着を力ずくで得るために、将来することになるあらゆる出費は、今日の諸々の出費がそうであるのと同様、純然たる損失になるということである。

それゆえ、これまでのところ、ヨーロッパの最も強力な君主にとって、仲裁裁判者によらずにむしろ力ずくで自分の主張に決着をつけさせることには、仲裁裁判者の有利な判決が戦いの勝利と同じくらい偶然に左右されると仮定した場合でさえ、いかなる利点もない。ところが、次に述べる点で、仲裁裁判の体制の下には、最強力君主が武力の体制下では持たない利点が、彼にとって存在する。

（1）最も強力な君主が武器をとるたびに、常にこう十分に確信しているとする。すなわち、自分が武力から期待する最後の決着手段は、戦争中に自分がすることになるあらゆる出費と、自分の臣民たちが戦争から被ることになりそうなあらゆる損害とを、自分の損失として失わせる結果にしかなりそうもないし、またおそらく、これらの喪失分のすべてを正しく見積もって、戦争の原因をなすにちがいない主張の真の価値にこの喪失分を比較する、ということをしないと、自分はそういう喪失の危険を冒したくなって戦争を企てるほど、ひどく浅はかになりそうだ、と。しかしそうだとしても、だからといってこの君主の敵たちが彼を捨てておいてくれる、という確かな保障も、やはり彼にはあるわけではない。なぜなら、戦争中に敵側のほうが十分優勢になれば、敵たちがこの君主の国の三分の一なり半分なり、もしくはその全部をすら、彼らの過去の喪失分を埋め合わせるためにこの君主から奪いとることを妨げる者は、誰もいないであろうから。この恐るべき不都合は、仲裁裁判の体制下にはないものである。最も強力な君主は、仲裁裁判者の判決に委ねたもの以上のものを決して何一つ失うことはありえない。彼は大きな出費をしないし、彼の国の国境地帯は荒らされることがないし、彼の通商は中断することがなく、彼の敵たちに対して行なうべき損害賠償も全然ない。この利点の大きさをどう見積もるのか。

（2）仲裁裁判の体制の利点はまだある。それは次の点である。戦争の体制下では、最も強力で平和的で賢明な君主も、自分の近隣諸国の君主同士の紛争や戦争に際して、いやでも態度を決めることを強いられる。それゆえ彼は、力ずくで決着をつけるべき自分自身の紛争を抱えているばかりでなく、他の君主同士の紛争を彼自身の安全保障に適するように決着させるために、あらゆる努力をする必要にも迫られている。これに対して、仲裁裁判の体制下では各々の君主は、他の君主たちの悪意に対抗する互恵的でしかも十分な安全保障があるおかげで、自分自身の紛争にだけ決着をつけさえすればよく、他の君主同士のあらゆる紛争については裁判官がいてくれる。さてそこで私はお尋ねするが、この点にもまた一大利点があるのではないか。

（3）最も強力な王家も絶対的独立状態にあると主張してはならない。恐れを抱く原因をかかえている者は、誰でも従属の下にある。恐れを抱く大きな原因や、大きな害悪を恐れる原因をかかえている者は、誰でも大きな従属の下にある。それゆえ、君主たちはみな、どれほど独立的であると想像されようと、互いにきわめて現実的な従属関係にあると正しく言うことができる。なぜなら、現実に君主たちは互いに恐れ合わなければならないからである。また一つの王家は、他の王家の当主たちの力や彼らの連盟の力に応じて従属の度合いが大きかったり小さかったりし、しかも武力という方途をとっている最強力君主にとって、一人もしくは複数の敵が自家より強くなって、彼らにより一挙に根こそぎ覆される、という不断の危険のうちに自家がおかれている分だけ、この従属度はいっそう大きい、ということも正しく言うことができる。この君主の家は、武器をとるためには誰にも従属しないが、武器をとってしまった後は勝敗に左右され、そして同家の軍隊の勝利は、敵たちの武力次第なのである。

反対に、仲裁裁判の体制の下でこの最強力君主の家が何を恐れる可能性があるかを、よく考えてみるとよい。そうすれば、同家が仲裁裁判者を恐れる必要は、敵を恐れる必要よりもはるかに小さいので、仲裁裁判の体制下で同家がおかれることになる従属[19]の度合いは、武力の体制下にある場合よりもはるかに小さくなる、ということがわかるであろう。なぜなら、結局のところ同家が仲裁裁判者たちのほうを恐れる必要があるのは、仲裁裁判にかけられる可能性のある物事の価値に応じてでしかないからである。しかるにそれは、国境か、通商か、もしくは何らかの個人的侮辱か、そのいずれかのためでしか決してありえない。

国境に関して言えば、それを決定するのは条約であり、必要なあらゆる厳密さをもって条約が国境を決定しない場合には、現実的かつ平和的な領有がその欠を補う。しかるに、領有については、わざわざ争論に付するに値するものはすべて現実に領有されていて、裁判権や納税のような、現実的領有の明らかなしるしを伴っているか、それとも裁判権も定まった納税もないなら、そんなものはわざわざ領有するに値せず、その領有はわざわざ争論の因とするに値しないか、そのどちらかである。それゆえ、州についても、都市や町についてさえも、紛争は決して存在しないことになるであろう。

通商に関する紛争についていえば、こういう紛争は君主よりも臣民に多く関わっている。しかしそうは言っても、通商についての法は諸国間で対等かつ互恵的なものになることが確立されるであろうから、仲裁裁判者たち――これは自らの代議員を代弁者とする君主たち自身である――は、自分の臣民たちにも同じ害をなすことなしには、この非常に強力な君主の臣民たちに害をなすことはできないであろう。

今日の君主たちの後継者同士の間に生じるかもしれない個人的紛争に関しては、次のことが言える。一方で、非常に遠く離れて暮らしている君主同士の間では、こういう紛争はごく稀にしかない。そのうえ他方、侵害された君主には告訴と賠償という方途があり、各君主は賠償の不名誉を嫌って、告訴の原因を与えることを強く避けるであろう。とどのつまり、こういう紛争が利益になるとした場合でも、これは王家と王家の紛争というよりは、むしろ個人と個人の紛争である。しかるに、個人は死ぬが家は存続する。その場合、君主の一身はしばらくの間は仲裁裁判者への従属の下にあるかもしれないが、しかし彼の家は、仲裁裁判者に対して完全な独立状態にある。しかるに、個人的な損害の賠償のためには、彼は武力か仲裁裁判者かどちらかに必然的に従属しなければならないし、武力への従属のほうが限りなく大変でしかも難儀なので、彼は従属関係のこの取り換えによって大いに得をする。

（4）しかし、武力からの独立と仲裁裁判者からの独立という二種類の独立に関して同等性を仮定するこ

（19）底本の原文は「独立（indépendance）」となっているが、これでは前後の文意と矛盾するので、「従属（dépendance）」とあるべきところが誤記もしくは誤植されたものとみなして、改めて訳した。

とにした場合でも、この君主は平和の体制へと移行することによって、自分が譲ったのと同じだけのものを獲得する。なぜなら、とどのつまり彼が他の二十三か国の君主・首脳に譲歩して、復讐するために自分のよいと思った時に、彼らに対してその意に反してでも武器をとる、という権利と自由を捨てるならば、他の二十三か国の君主・首脳のほうも彼に譲歩して、彼らがこの君主に対して持っていた同じ権利と自由を捨てるのではないか。この君主がこの連合条約によって、他の二十三人に対していつか武力という方途を用いることを放棄し、自分かもしくは自分の子孫が彼らと構えるかもしれない紛争を終らせるために、彼らに敬意を払いつつ仲裁裁判という方途を選ぶならば、二十三人の君主・首脳のほうもいつかは、彼と彼の子孫に対して武力という方途を用いることを同じ条約によって放棄し、彼らがこの君主か、もしくはその王家の未来の当主と構えるかもしれないあらゆる紛争を終らせるために、彼に敬意を払いつつ仲裁裁判という方途を選ぶのではないか。この君主がこの条約によって他の二十三人に譲歩して、彼の常任仲裁裁判者になるという、彼らの持っていなかった権利を与えるならば、彼らのほうでもこの君主に譲歩して、彼らの常任仲裁裁判者になるという、彼の持っていなかった権利を与えるのではないか。したがって、この君主が他の君主・首脳たちを自分の常任仲裁裁判者として定めることによって、彼らに与えることになる優位がどれほどのものであっても、彼らはこの君主を自分たちの常任仲裁裁判者として定めることによって、同じだけの優位を彼に与えるし、この君主が他の君主・首脳たちに対しておかれる従属関係がどのようなものであっても、彼らがこの君主に対しておかれる従属関係もまた同様のものとなるのである。

（5）右の考慮点はこの種の従属を限りなく減少させるが、それに加えて次のことは確かである。それは、自分の要求ないし弁護において自分が正当だと信じている場合には、自分の裁き手が頭脳明晰で公正で、裁き手自身の利害関係によって公正へと促されていると自分が確信している分だけ、この裁き手たちを恐れる必要が小さくなるということである。しかるに、自分の行なう仲裁裁判の判決が、類似のあらゆる事例について、自分自身に対しても自分の子孫に対しても、法や規則として役立つことになると知っている君主たちは、判決を完全に公正なものとすることに対して、これ以上強く関心を持つことはありえないほどであろう。しかも、裁き手たちが件の最強力君主に対して恐れを抱くべき度合いが小さくなるほど、従属関係が彼に気づかれる度合いも小さくなるであろう。その結果、仲裁裁判に対してこの君主がおかれることになる従属関係は、彼とその子孫たちが永久にそれから解放されることになる武力に対する彼の現実の従属関係の、影のようなものにすぎないであろう。

（6）武力の体制の下で右の最も強力な君主の家のおかれている従属関係が、仲裁裁判の体制下で同家がおかれることになる従属関係よりも、大きくもなく厳しくもないとした場合でも、戦争という方途が費させる巨大な出費のことだけを考えても、紛争を終結させるこの二つの方途の間には、限りなく大きな差異が常にあるであろう。しかしこれは別の諸々の利点の一つであって、それらについてはこれから述べることにする。

それゆえ、ヨーロッパ諸国の社会的結合が最も強力な君主に、彼の国の内外における平和の恒久性についての十分な保障をもたらすことができるならば、この君主はこの社会的結合の設立のための条約に調印しないことよりもすることのほうに、はるかに多くの利点を見出すであろう。

第四の利点

平和の体制下での力と独立に比較した、戦争の体制下での力と独立

仮にヨーロッパに二人の元首しか存在せず、両者の力が互角だとしたならば、この二人は権利上、互いに相手から絶対的に独立していることになるであろう。けれども、彼らは互いに相手を恐れなければならないであろうから、事実上は互いに従属関係にあることになるであろう。なぜなら、人はみな自分が恐れなければならない者全員に事実上従属しており、しかも恐れなければならない度合いが大きいほど、それだけ従属度も大きいからである。右の仮定の下では、この二人の君主は互いに相手を同等に恐れなければならないので、事実上互いに相手に対して同等の従属関係にあることになるであろう。しかもこの従属関係は、自然的で非常に現実的なものである。

この両元首が決して互いに恐れ合わなくてよいための便法を見出すことができるとしたならば、そのようにして相互従属関係から脱することが両者にとって大きな利益となるであろうということは、目に見えている。しかも、ヨーロッパの最強力元首は、自分と同じくらい強力な連盟に出会う可能性があり、また常に出会うであろうから、こういう連盟もその加盟国のうちのどの国も決して何一つ恐れる必要がないような便法を見出すことができる場合には、この君主は常に非常に厳しくて非常に強制力の強い事実上の従属関係から脱するであろう、ということも目に見えている。しかるに、各国の君主が武力と既成事実という方途しか目ざさない戦争の体制下では、この便法を見出すことは決してできないであろう。反対に、諸国家の社会的結

合と平和の体制下では、この便法がそっくり見出される。この体制の下では、従われる方途は公正と権利の方途のみであろうし、全君主が諸国家の社会的結合の庇護下にあることになるので、互いに相手を恐れる必要は決して何もないであろうからである。

ある市民が、自分は近隣の他の市民に従属していないと正当に言えるのはなぜか。それは、彼が近隣の市民を恐れる必要が何もないからである。なぜ恐れる必要がないのか。それは、この隣人が武装してやって来て彼の財産を取り上げたり生命を奪ったりすることは、罰を受けずにはできないからである。では、この隣人はなぜ、罰を受けて自分自身の生命を失うことなしには、そうすることができないのか。それは、この両市民がともに一つの社会の中で生活していて、この社会がそれ自身の法を守らせることに注意と関心を向け、守らなければ死ななければならないようにしており、しかも反抗的な者たちの抵抗にもかかわらず法の遵守を確保するのに十分なだけ強力な社会だからである。それゆえ、この両市民は真に互いに独立であるが、社会がなければ彼らはこの独立性を持たないであろう。未開人の家長たちには、この幸いなる独立性がない。彼らからその財産を取り上げても罰を受けずに済むし、彼らを虐殺しても罰を受けずにいられる状態が毎日続いている。それゆえ、法も社会もないせいで、彼らはお互いに対して、あらゆる従属関係のうちで最も厳しい従属関係の下で生活している。

起こりすぎるほどよく起こることであるが、問題となっている君主の家に、幼児か暗愚な者しか当主たるべき者がいないと仮定しよう。戦争の体制下では、この王家は近隣諸国の王家に対して、最大級の従属状態に陥るであろう。したがって、もしこの王家にとって従属から脱することが、自家の力の最大である時期においてさえ大きな利益であるならば、自家が弱小な時期においてはなおさら、この従属から脱することがいっそう大きな利益であると、同家は思うであろう。したがって件の君主は連合条約のうちに、自家の弱小である期間をその力の最大である期間と同等のものにする秘訣という、賢明で先見性のある元首にとって非常に望ましい秘訣を見出すのである。この利益は、そのような条約のうちにしか決して見出すことのできない利益である。

近隣諸国の君主たちに対しての件の君主の状況に関しては、右のとおりである。しかし、この君主が自分の臣民たちに対して持つ力と、戦争の体制下で臣民たちがこの君主に対しておかれている従属関係とを考慮し、それを平和の体制下で彼が臣民たちに対して持つ力と臣民たちの従属関係とに比較するならば、ある目に見えて明らかな、非常に大きな利益が現れてくる。それはすなわちこういうことである。戦争の体制下であれば、臣民たちは反逆することができるであろうし、反逆することで自分たちの状況を改善して満足することもできるであろう。なぜなら、彼らは近隣諸国の君主たちの助力を、あるいは少なくとも自力で持ちこたえることを期待することができそうだからである。それゆえ、臣民たちの従属度ははるかに小さく、君主の権力は非常に制限されている。ところが平和の体制下では、この君主の臣民たちは、自分たちの反逆に際して期待すべきいかなる助力も持たないばかりでなく、反対に、ヨーロッパ諸国の社会的結合が彼らの君主を助けて彼らを処罰するために、常にすっかり準備の成った状態にしている助力までも、恐れなければならないであろう。

権利上の独立性は二つの体制のどちらの下でも同じままであるが、しかし事実上の従属状態こそは、私たちが常に近隣諸国や敵国の側の隠れた力や公表されている力を恐れる原因をなしているものであり、そしてこの従属状態は、私の主張するところでは、戦争の体制からは絶対に切り離せないものであるのに対して、平和の体制下では根絶されるであろうということ、このことは、揺ぎなく証明されていると私には思われる。しかして私は、この恐るべき従属状態を免れることが、人生の幸福と、限りなく価値ある諸王家の永続とのためにならないかどうかの判断を、完全に善い評価者に委ねる。

臣民たちに対する権力の増大は、これに劣らず感知しやすい。この利点は君主にとって非常に感知しやすいので、この権力増大は圧制を、言いかえれば巨大権力の濫用をやりやすくしそうだという反対論さえ、私に対してなされたほどである。私はこの反対論には他の箇所で答えることにしよう。ここでは、最も強力な君主の権力は平和の体制下においてさらに非常に著しく増大するであろう、ということを示すことで、私には十分である。

それゆえ、ヨーロッパ諸国の社会的結合が最も強力な君主に、彼の国の内外における平和の恒常性の十分な保障をもたらすことができるならば、彼はこの社会的結合の設立のための条約に調印しないことよりもすることのほうに、はるかに多くの利益を見出すであろう。

第五の利点

有益な法や規則や制度組織が平和の体制の下でするであろう進歩と比較した、戦争の体制の下でのそれらの進歩一国の法や規則が改良されればされるほど、その国は繁栄するようになり、君主・首脳はこの点から富やその他の大きな利益をますます多く引き出すということは、誰もが知っている。しかるに、戦争の間は法や規則が改良されるどころか、それこそまさしく法や規則が最も無視され最も遵守されない時であり、有益な制度組織が増加するどころか、日々衰退してゆく時である。

(1) たとえば、大多数の国々には、臣民同士の訴訟の原因を予防し、それらを少ない費用で終らせるためのよい法律が存在している。けれども、そういう法律を改良して、訴訟の数を半分以下に減らすとともに、もっと少ない費用でもっと迅速に、しかも同じくらい公正に訴訟を終らせることも、やればできるであろうということを示すのはたやすいことである。このことに役立つ仕事をしようとすればできる人々にその仕事をさせることを、何が妨げているのか。戦争である。このことに関して既に提出されているすぐれた意見書を利用することを、何が妨げているのか。戦争である。そのために必要なことをする暇と手段を君主に与えることのできるものは何か。平和である。恒久平和のみである。

(2) 君主・首脳と臣民に、その利害関心の上から、「自分たちの幸福を状況の許すかぎり向上させ、自国の長所をいっそうの細心さで日常的に用いる」ということだけを考えざるをえなくさせる秘訣を見出すことにもまして、彼らの幸福を増進するのに寄与しそうなことは何もない。このことのためには、公職に名乗りを上げる人々の取り柄のさまざまな程度を、君主・首脳に確実に認識させる秘訣を見出しさえすればよいであろう。しかも、これよりももっと見出すのが困難なことが見出されているのである。それなのに、このことに関して比較的すぐれた意見書を提出しそうな人々に報賞を出すことを、何が妨げているのか。戦争である。また、そういう人々がそういう意見書を提出した場合に、それを利用することを、何が妨げているのか。戦争である。反対に、平和の体制下には、右の秘訣の発見に成功するための、可能なあらゆる暇と便宜があるのではないだろうか。

（3）非常に重要な諸規則を生まれさせることをめざして、最も困難な諸問題を掘り下げてすぐれた意見書を提出するための、十分な暇と能力を持つすぐれた頭脳の持ち主は、大都市にも田舎にも数多く存在している。このすぐれた頭脳の持ち主たちに仕事を割り当て、彼らの作業を指揮し、彼らの業績のうちで栄えある報償に最も値する有益なものを判定するために、すぐれた識者たちの会合を各大臣の監督の下に形成することを、何が妨げているのか。それは戦争ではないか。また、これほど有益な制度組織を作るのに、恒久平和の体制よりも好便な体制がありうるであろうか。

（4）国家にとって、安全で便利な街道を有することがいかに重要かは、人の知るところである。このことのために、諸々の良い規則が存在している。しかし、これらの規則が十分に完全なものでないということは、それらの施行のされ方がきわめて不十分であるという理由によって、何よりもよく立証されている。諸規則というものは、それを厳格に施行させることに十分な関心を持った人々が十分に多く存在しないかぎり、決してその完全さに到達したためしがないのである。ところで、右のような諸規則を完全なものにすることを、何が妨げているのか。戦争である。意見書を提出した人々を私は知っているが、彼らの意見書を検討することは戦後まで延期とされてしまった。それは、現在のところ人々はみな戦争のことで頭がいっぱいであり、戦争以外のことは全部一緒くたに平和な時まで延期されているからである。

（5）ときおり飢饉にさらされることは国家にとって重大な災厄である、ということを知らぬ者は誰もいない。この恐るべき災厄を避けるために、穀物倉や備倉にかけなければならない出費は、国家が各世紀ごとにしている浪費の百分の一にも達しないであろう。この出費を君主・首脳が供給することを、何が妨げているのか。戦争の出費と備えである。反対に、恒久平和の体制下でなら、秩序正しく厳格に実行するのがこれよりも容易なことが何かあるだろうか。この主題に関しては、次のような重要な反省的考察さえ存在する。それは、戦時には通商の中断のせいで飢饉がはるかにいっそう恐るべきものとなるのに対して、平和な時には、ヨーロッパのすべての国が小麦の等しく欠乏した状態にあるなどということはありえない以上、通商によってこの災厄の恐ろしさは比較にならないほど小さくなるだろう、ということである。

（6）国家は、公職についている、すぐれた頭脳の持ち主と善良な市民との数に比例して繁栄する。しかるに、人の知るとおり、聡明さと徳は、頭脳と心が若いときにさまざまな仕方で訓練された度合いに応じてしか成長しない。さてそこで、子供の教育を改良して完全なものにすることはできないのか。都会でも村でも、小規模な学校をもっと多く、もっとよくすることができるということを、誰が疑おうか。若い娘たちの教育を専門に担当する修道院の寄宿女学校を有すること、そしてこの教育を少しずつではあっても現状よりはるかによいものにしてゆくことが、できるということを誰が疑おうか。しかるに、一家の中の女と女の差異、男同士の場合と同様に女同士の間でも教育の多寡がもたらす差異を、誰が知らないであろうか。どれほど多くの青年たちが、その頭脳を向上させるうえで重要な教育を受けなければならないときに、学校から離れて軍隊へ行ってしまっていることか。どの年齢の人々でも学問・技術について容易に理解できることを、各々の学問・技術について青年たちに教えるなら、そのための方法をどれほど短縮できることだろうか。しかしこのことに関しては、熟練した人々が従事する必要があろう。また一貫した職務専念と、そのことについて各国の大臣に報告する視学監が必要であろう。こういう諸規則の大部分が作られることを、またこういう制度組織のことを考えることを、何が妨げているのか。戦争の差し迫った備えである。最もよく開化された国々の中に野蛮を連れ戻すものは戦争である。戦争中は法は沈黙する、ということが言われて久しい。頭脳のための方法と習俗のための訓練があらゆる面で改良されるならば、今世紀の偉大な人々は未来の世紀の偉大な人々に比べると、いわば生徒にすぎなくなるだろう、と言うことができる。しかるに、ヨーロッパにこの大いなる改良による完成をもたらすことができるのは、不変の平和の確立でないとしたら何なのか。

（7）私たちのうちの誰一人として、次のことを信じない者はない。すなわち、臣民の収入を増やすことで君主・首脳の収入をはるかにもっと多くすることが可能であるし、また課税を各々の臣民の力にもっと比例したもの、商取引に対する偏見のもっと少ないもの、そしてとりわけもっとはるかに徴収しやすいものにすることも、不可能ではないということを。しかしそのためには、この問題に関する意見書を高度の厳密さをもって検討するための定められた一団の人々が必要であろうし、君主・首脳がこれほど大きな変革を行なうことができるためには、その前に内外の長期の平和の保障を彼が得ていなければならないであろう。しかるに、戦争の体制下では、この保障をどうやって見出すのか。

私が他の問題よりもむしろ右の諸問題を例として提示するとすれば、それはよい諸規則に値するような非常に重要な問題が他にはもうないからではなくて、私がこれらの問題を深く考究すればするほど、その重要性をそれだけ多く感じたからである。もう一点付け加えよう。それは、よい諸規則を施行させるためには、その施行を実現することへの活発な関心を臣民の一部に持たせる手段をどうしても見出さなければならない、ということである。このことは、新たな制度組織なしには行なうことができない。そして新たな制度組織のためには、近隣の国々から、そこで既に形成されている制度組織のモデルを引き出さなければならないであろうし、そのことについて考えるためのもっと多くの暇と、そのことに用いられるのに適した資金とが必要であろう。また多くの場合、こういう制度組織を作るためには、人民に対する権威が、君主・首脳の現に有する以上に必要でさえあるだろう。しかるに、戦争の体制下でそのような諸々の利点をいつか期待することができようか。また、平和の体制下でなら間違いなく得られそうな利益の十分の一ほどの大きさの利益も、いつか期待することができようか。

付け加えることがまだある。それは、歴代十人の君主または首脳が引き続いて、同じ国家を統治するのに大いに苦労してきたのに、未開諸国民のトップにいる征服者がこの国に侵入してきて、この国を千年にわたって、もっとひどい未開状態に再び沈み込ませることもあるだろう、ということである。このことの実例にはこと欠かない。戦争の体制と平和の体制のそれぞれの結果は以上のとおりである。さてそこで読者は、可能ならばヨーロッパの最も強力な君主の立場に身をおいてみてほしい。そしてこの君主のところへ来て、平和を不変のものにするために他のすべての君主・首脳同士の社会的統合の条約に、調印するよう提案する人がいるとしよう。この君主は、条約に調印するのを拒否するであろうか。彼は反対に、自分にとっても自家にとっても、また臣民たちにとってもこれほど有利な制度組織に自分なりの寄与をすることに、彼がかつて感じたことのある最大の喜びを感じるのではないだろうか。

第六の利点

平和の体制下での、公然と事が運ぶという利便と比較した、戦争の体制下での、自分の意図を隠すことの労苦

私は、平和の体制下では一国の君主は自分の目論見を決して何一つ隠す必要がない、などとは主張しないが、しかし近隣諸国の君主・首脳に対してであれ自国の臣民たちに対してであれ、隠す必要が三倍も少なくなるであろうことは確かである。その理由は、近隣諸国の君主・首脳について言えば、右の君主が彼らと結ぶことになる将来のあらゆる条約は、平和の都において、他のすべての君主・首脳が見て知って同意する中で結ばれることになるので、彼には近隣諸国の君主・首脳にだまされるといういかなる心配も、彼らをだますというかなる望みもないだろうからである。したがって誰も、自分は妥当かつ公正なこと以外に何も提案していない、という自信がないような何事かをあえて提案することは、決してしないであろう。

臣民に関して言えば、君主に自分の目論見を臣民たちに対して隠さざるをえなくさせる可能性のありそうなことは、この目論見が根本においては臣民たちに有利なものであるのに、彼らがこれを知ると何らかの反乱によってそれに反対するのではないかという心配を、君主がするということであろう。しかし平和の体制下では、君主は対外戦争の心配をしないであろうし、そのうえヨーロッパ連合の援助に支えられることにな

るから、ことさらに隠しごとをする必要は何もないであろう。反対に、よい元首であれば、時に応じてあれこれの賞賛すべき目論見を伝えて、その実行を容易にするためのよりよい意見書を彼に提出することになる人々に対して、報償を提示することができる。しかるに、自分の目論見の進展を目的として、自分自身と臣民との利益のために、自国の最もすぐれた頭脳の持ち主たちをいわば働かせることが、しかも少しの費用でできるということは、君主にとって何という利益ではないか。

戦争の体制下では反対に、最も強力な君主でも守秘によって非常な制約を受ける。彼は、少数の人物にしか自分の目論見を伝えなければ、少しの明知による助けしか受けないことになろうし、多数の人物に自分の目論見を伝えれば、守秘の利点を失ってしまう。それは、この体制下では最も強力な君主も、近隣諸国の君主・首脳や自分の臣民たちを恐れなければならないからである。彼はこれらの君主・首脳や臣民たちへの従属関係におかれている。彼はこれらの君主・首脳や臣民たちに責めさいなまれることを恐れて、自分の深い目論見を隠し、彼らを両方とも欺くことを、強いられたも同然であることさえ少なくない。人民は、万事を考慮すればある制度組織が、人民にとって不利であるよりも有利である度合いのほうがはるかに高い、ということを悟ることができないことが多い。それゆえよい元首でさえ、隠し事をして何事も感知できないほど少しずつしか変革しないようにする必要性のうちにあり、この制約と回りくどさが彼の偉大な目論見を限りなく遅らせる。反対に、平和の体制下では、この点においてどんな差異が見出されずにいるであろうか。

第七の利点

平和の体制下で技術と学問が成し遂げるであろう進歩に比較した、戦争の体制下でのそれらの進歩

技術と学問が国を豊かにし繁栄させるのにどれほど寄与しうるかは、みなの知るところである。技術の助けがあれば一人の人間でも、技術のない他の二十人と同じだけのことをすることができる。技術の助けのある人は、技術のない他の一人が一千フランをかけてするであろうところを、五十フランですることができる。印刷や製版や、さらに古い風車や水車などの技術や、他の何百もの技術を一瞥すれば、この真理について納得できるであろう。他方、学問は技術を改良するのに助けになるものであり、思弁的学問そのものも、その明知と方法とによって、医学・法学・道徳学を、そしてとりわけ政治学を改良するのに大いに役立つことができる。そして諸国の君主・首脳と臣民たちの幸福は、これらの学にかかっているのである。

しかるに、戦争の出費と備えのせいで技術と学問の進歩が遅らされることが決してないとしたら、技術と学問のうちにどんなに驚くべき違いが存在することになるか、わからない者が誰かいるであろうか。戦時中には、どれほど多くの家族が、きちんとした教育の費用を出せないでいることか。幸いにも戦争がなかったなら、戦争の仕事に忙殺されているどれほど多くの人々が、ある者は技術に、ある者は学問に専念することであろうか。最も熟練した人々のための年金や報賞が、頭のよい人々同士の競争をどれほど刺激したことであろうか。しかるに、学問に専念する頭のよい人々が多くいればいるほど、また彼らの努力が競争によって

刺激されればされるほど、彼らが毎日なしとげている目に見えない小さな進歩が、年ごとに目につくようになる度合いもそれだけ大きいということは、見やすいことではないか。通商の中断がなければ、諸外国から物事を取り入れてそれを改良することが、どれほどできることであろうか。この点にこそ、自国を大きく、かつ豊かにし、自国に栄光を与えるための、真の手段があるのである。しかるに、最も強力な君主も、平和の恒久性についての全面的な保障を彼に与える条約に調印することによってでなければ、諸々の技術と学問の大いなる進歩を容易にしたり、もたらしたりする手段を見出すことは、決してできないであろう。

第八の利点

平和の体制下における記念物の長持ちに比較した、戦争の体制下におけるそれらの持ち具合

君主たちの収入、とりわけ比較的強力な君主たちの収入に、大幅な増加が起こるようなことがあると、そのことが彼らにもたらすものは、壮麗な宮殿や立派な寺院を建てたり、便利な大街道・運河・水道・病院・港湾・橋梁などを作ったりするための驚くほどの便宜であり、また学院・学校・教会を増設したり、公共図書館の蔵書や博物館の所蔵品を豊富にしたり、その他多くの施設を作ったりするための、はるかにたくさんの手段であろう。これらは、君主たちの気前のよさ、善良さ、賢明さを記念する有益な記念物である。けれども、この君主たちや彼らの子孫にとっていっそう重要であろうことは、こういう記念物が長持ちすることである。しかるに、戦争の体制下――そこでは、永続する値打ちのあったものが、毎世紀何かしら破壊され

るのが見られる――では、どれだけの長持ちを見込むことができようか。どれほど多くの彫刻・版画・建築のすぐれた作品が、どれほど多くの興味深い歴史文書や公の帳簿が、惜しくも失われていることか。これらを失わせたものは何か。戦争である。[20] カエサルの内戦の際のアレクサンドリアの図書館だけでも、どれほど多くの昔の書物やその他の古代の記念物が焼失したことか。ゴート・ヴァンダル・トルコその他の蛮族が、どれほど多くのそういうものを滅失させたことか。現存する私たちの記念物を、昔の記念物が見舞われたのと同じ運命から守ってくれそうなものは何か。恒久的静穏だけしかない。これこそが、現存の記念物を保全して子孫へと伝えることのできるものである。しかるに、比較的強力な国々や君主たちに対しても、彼らに提案されている連合条約以外に、この静穏を確保してやれるものが何かあろうか。この条約が結ばれたあかつきには、永続する値打ちのあるものはすべて永続するであろうし、忘却されるにふさわしいもの以外は何一つ忘却の淵に沈むことはなくなるであろう。

第九の利点

君主たちが平和を不変のものにすることに寄与することによって獲得することになりそうな評判に比較した、戦争の体制下における彼らの評判

---

(20) 底本では La Guerre の次に ? があって「戦争か」となっているが、この ? は不要なものとして除いて訳した。

戦争の体制下で、君主たちは――比較的善良で人間味のある元首たちについて述べても――自分の評判のためにどういうことをするか。彼らはしばしば、自分の臣民に献納金を課して悩ませざるをえないし、敵国の諸州ばかりか自国の諸州さえも荒廃させ焼土と化せしめる必要に、しばしば迫られる。彼らがたくさんの罪のない人々に引き起こすこういった害悪から、何が結果として生じるか。多くの筆者の諸著作の中での、後世に対す非常な悪評判と、何人かのお抱え筆者の筆になる文書の中での名声とであるが、ただしこの名声のほうは、非常に疑わしく、かつ非常に不純で、そんな名声を得たいと思う人は誰もいそうにないような、そのような名声であることは確かである。こんな結果になるのは、征服者が敵たちと自分の臣民たちにこうむらせる害悪が、彼に対する極度の悪感情を抱かせるからである。彼にとっては、その美質も偉大な才能も、ほとんど何一つ考慮してもらえない。反対に、害をこうむっている人々やこうむった人々は、彼の欠陥を告発する。偉大な征服者は、あらゆる国の国民から憎まれ、自国民からさえ憎まれている元首であるのがほとんど普通のことである。彼は、私たちの祖先がアッティラ大王を見ていたような目で見られている。戦争の体制の下で君主が残す評判とはそのようなものである。

反対に、この君主が不変の平和の制度組織の下で、自分の評判のために何を期待することができるかを見てみるがよい。地上にかつて存在した制度組織やいつか将来存在することになる制度組織のうちで、最も偉大で最も望ましい制度組織に貢献したという栄誉は、高貴な感情と高邁な意図を持つ君主にふさわしい栄誉の一種であることは間違いない。諸国の君主たちのうちで、最も強力で、この連合条約の調印を最も強く要望するであろうような君主が、他のあらゆる君主にもましてこの栄誉に与るであろうことは、見やすいことである。なぜなら、一つには彼の譲歩することになる望みと主張は他の君主たちよりも多いからであり、他方では彼の信用と力と範例とによって、他のどの君主よりもずっと効果の大きい行動をすることになるからである。

右のような君主は自国の人民から永遠に、あらゆる元首の中で最も永続する恩恵を自国の人民に施した元首とみなされるであろう。同様に彼は、他のすべての国々の現在の国民からも、またこれらの国々の非常に遠い先の世代の国民からも、地上に平和をもたらした者の一人とみなされ、なおかつ諸国民に恩恵を施したあらゆる人々の中でも最も偉大な者とみなされるであろう。結局のところ、善行を、それも非常に偉大で非常に長続きする善行を、どういう種類のことであろうとそれに値する点のある非常に数多くの人々に対してだけでなく、また自国の臣民全員に対してだけでもなく、地上の人民すべてに対してもまた、未来のあらゆる世紀にわたって行なう、ということの栄誉に匹敵するような、何かある種の栄誉が存在するであろうか。このことにもまして、神のごとき人に近づくような何かが存在するであろうか。毎年何千人もの人命を呑みつくし、たくさんの壮麗な都市を廃墟と化し、豊かで富にあふれたたくさんの州を荒廃させ、これらのものの灰燼を絶えず新たに生み出す戦争、この戦争のような狂暴な怪物を永久に滅ぼすのに有効な働きをすることにもまして栄誉あることが、何か存在するであろうか。この栄誉に比べたら、三千年来語り草になっているヘラクレスやテセウスその他の英雄たちの栄誉など、何ほどのものであろうか。

自分の生きている世紀においても未来の諸世紀においても、右のような栄誉にふさわしい者となるとともにそれを獲得するために、与えたり試みたりしてはならないようなことが何かあるだろうか。そして一人の強力な君主にとって、他の君主たちより以上に、人々の至福のために犠牲を払うことへの大きな期待をこの機会に持つことは、幸いなことではないか。彼にとって、右のような制度組織の実現に、一見克服しがたいように見える諸々の困難が見出されることは、大きな幸福でさえあるのではないか。

しかし、諸国の君主たちのうちで、これらの障害を克服しようと企て、そして克服することになる最初の者が獲得する栄誉は、そのようなものとなるであろう。彼が障害を克服するのを援助するために彼に結びつくことになる他の君主たちも、なるほど同じ栄誉に与るではあろうが、しかしこの仕事に着手する最初の君主は、常に、また正当に、この仕事の主要な主唱者とみなされるであろう。そして、より多くの名誉を彼に引きつけ、楽しみや理にかなった喜びの原因で彼の余生を満たすことにさらにいっそう寄与するような、他のいったいどのような目論見がありうるだろうか。彼の思い出をより確実に不滅のものとし、彼の名があらゆる善き人々の間で常に祝福されているようにするような、他のどのような計画や業績や記念物がありうるだろうか。

すべてを合わせてもこの栄誉の百分の一の価値もないような諸々の部分的栄誉を獲得するためにも、人はそのあらゆる働き、あらゆる不眠不休の努力、あらゆる疲労、あらゆる危険を、すすんで犠牲に払うものである。なぜならここには、対象・犠牲・障害のすべてが最高度に存在しているからである。しかるに、立派な栄誉に感じる心を持った人にとって、これほど大きな利点が他にあるなら示してもらいたい。

しかし私は、人間並みの栄誉よりももっと先へと進み、もっと遠くへと私の目を向ける。自分の徳に対して人々が与えてくれるかもしれない正当な称賛のことは気にかけずに、善を行なって他の人々を幸福にすることを気にかけるような賢者、キリスト教的英雄に、これよりもふさわしいどのような計画があるだろうか。

第十の利点

平和の体制下での君主の精神状態に比較した、戦争の体制下での彼の精神状態

ヨーロッパで最も強力な君主にとってさえ、戦争の体制の下では、自領の拡大の望みを抱く原因よりも、自家の転覆を恐れる原因のほうがはるかに多いことは、先に示した。評判という点に関しても、この君主にとって得るべきものはないこと、無数の家族の不幸と没落や、無数の罪なき人々の虐殺や、人類の荒廃などにしか基づいていない評判など、非常に忌まわしい評判であるということは、今しがた示したところである。そこで、この最も強力な君主には、ヨーロッパ帝国に君臨する期待を抱く原因もなく、そのことを願う原因さえもなく、また望ましい評判の期待もないとしたら、何が彼に残っているのか。自分の名を長く残るようにする目的で、世界七不思議の一つであるエフェソスの神殿を焼き払った悪者のことが思い出されるような仕方でしか、自分のことを思い出してもらえないということを、この君主は欲するのか。流血と殺戮のさなかでしか、彼は楽しみを味わうことができないのか。そうだとしたら、そんな者はいつか人に愛されることができるような人間ではない。それは速やかに息の根を止めなければならない怪物だ。

しかし、この君主が戦争をするのは自分の正当性を認めさせるためだけであるとしても、平和の体制下で

彼の正当性は認められるはずであるし、彼の既に所有しているものは何一つ、彼自身からも彼の身内の人々からも決して奪われないということさえ保障されるはずである。そのうえ、ある君主が自分の軍隊の人数の多さと威力とにどれほど自信を持っていようと、戦争の最中には戦いの偶発事その他の戦時の出来事が、常に大きな不安を彼に引き起こすし、休戦中には戦争の準備をするために、たくさんの悩ましい心配をしなければならないということも、確かなことではないか。しかも、これまでのところこの君主は常に幸運な勝利を得てきたとした場合でも、この勝利と引きかえに人々が味わうあらゆる苦痛を、常にそこから割り引かなければならないのではないか。しかるに、最も幸運な君主たちにもその裏面があって、彼らは成功の喜びにいっそう慣れてしまっている分だけ、不幸な出来事に対して余計に敏感になっているのである。

大いなる天分と大いなる勇気と、活動的で勤勉な気質とを持つ人を幸福にするためには、彼を仕事に携わらせる必要があることは、私もよく知っている。しかしこういう人には、その性格に適した仕事に携わることで満足が得られる可能性と同じ分だけ、不安を引き起こす残酷な動揺のせいで不幸になる可能性もあるのである。魂は動きを必要とするが、それは度を越した動きではない。魂はその目的である幸福に到達するために、願望を持ったり活動したりしてよいが、できることなら、大きな恐怖による残酷な動揺には決して陥らないほうがよい。

戦争の体制下では、右のような最も強力な君主は、単に仕事に携わっているのみならず、動揺させられており、しかも残酷な仕方で動揺させられていることが多い。彼が戦争をするのはその意に反してであることが多い。反対に、平和の体制下では、君主は自分の選ぶ仕事以外のことに従事させられることはないし、近隣諸国の君主・首脳についても自国の臣民たちについても、何も恐れる必要はない。それゆえ彼は静穏のうちに、賢明な君主のあらゆる楽しみを味わうことができる。彼は自国の人民を他国の人民よりも日々幸福であるようにすることに専念することをつうじて、自国の人民に敬愛されるにふさわしくあることができる。こうして彼は、立派な栄誉を愛する者であるならば、自分の願望を十分に満足させることができる。

さて、今こそ人は、平和の体制のもたらしうる精神状態が、戦争の体制のもたらしうるそれよりもどれほど好ましいか、判断してみられるとよい。

第十一の利点

平和時の商取引の収益に比較した、戦時中の商取引の収益

聖職者の所有地を含む地所から上がるフランス王国の収入は、約四億五千万リーヴルに上る。陸上と海上をつうじての対外通商、および州と州、都市と都市の国内交易の総収入も、少なくともこれと同じくらいの額に上る。しかし対外通商だけでも、少なくとも商取引総額の三分の一、すなわち一億五千万リーヴルには達しうる。

フランスでは、少なくとも二十年間のうち十年間は戦争がある。言いかえれば、一世紀のうちの半分はさまざまな戦争のうちに過ごされ、他の半分はさまざまな休戦状態のうちに過ごされる、ということである。それゆえ、フランスは各世紀の半分の間、自国の対外通商を喪失しているので、一世紀につき一億五千万

リーヴルの五十倍、つまり七十五億リーヴルを失っている、つまり各世紀の間、年平均で七千五百万リーヴルを失っていると見積もることができる。

商取引を行なうのは私人であって王ではない、ということは私もよく知っている。しかし王は、輸出入税を徴集したり、塩の取引を中断させたり、州と州との海上交易を縮小させたりすることによって、右の損失の五分の一以上を自分でしている。それゆえこの側面からすると、七千五百万リーヴルのうち臣民の損失分が六千万リーヴルならば、王の方でも経常収入のうち年平均にして一千五百万リーヴルを失っているのである。

戦争に使役されている臣民の一部は、戦争がなければ対外通商に使役されるであろうということ、また、臣民を通商に用いることにもまして国を豊かにできることは何もないということは、全く確実である。それゆえ、ヨーロッパ諸国の社会的結合が、最も強力な君主に、その国の内外における平和の恒久性についての十分な保障をもたらすことができるならば、この君主は、この社会的結合の設立のための条約に調印しないことによりも、することのほうにはるかに多くの利益を見出すであろうということは、見やすいことである。

第十二の利点

臣民の増加

戦いの中で殺される人々は、その数に比例した弱体化を、国家に引き起こす。こういう会戦で死んでゆく多数の兵士や将校は、生きていれば臣民の増加に役立ったであろう。しかして、臣民が多く存在するほど、工場の生産高は多くなり、土地もよく耕されて多くの収穫をもたらす。そのうえ、商取引に従事する人々が多く存在するほど国は豊かになる。それゆえ、この側面からすると、私たちがその中で生きている戦争の体制と、その中で生きることのできる平和の体制との間では、比較しようにも比較にならないほどである。

第十三の利点

平和の体制下での辺境地方の納税と比較した、戦争の体制下での同じ地方の納税

読者はよくご存じのことだと私は思うが、毎日穴を掘られたり、しょっちゅう火を放たれたりしたせいで荒廃してしまった諸地方は、通常の納税の支払いをする能力がまったくない。しかるにフランスにおいては、この喪失が戦時中には毎年二百万リーヴル以上に上る。それゆえ、二十年のうち十年は戦争があるのだから、年平均で百万リーヴル以上を王は戦争のせいで損しており、臣民たちは五百万リーヴル以上を損していると見積もることができる。しかるに、恒久平和の体制下では、王もその臣民たちもそのような損失を被らないことは見やすいことである。

第十四の利点

平和の体制下での軍隊のための出費に比較した、戦争の体制下での軍隊のための出費

最も重要な項目の一つ、あるいは少なくともその重要性が最も目につく項目の一つを、次に述べよう。分裂と戦争の体制は各国の君主に、その近隣諸国の君主・首脳全員を敵として残しておく。それゆえ各国の君主は、戦時において法外な費用を、攻撃したり身を守ったりするために支出せざるをえないばかりでなく、休戦中にあってさえ、自国のあらゆる場所、とりわけ国境沿いの場所において、また城門において防備を怠らずにいるためにだけでも、やはり大きな出費をせざるをえないのである。

たとえば、ある国の君主に一億三千万リーヴルの経常収入があり、休戦時には駐屯部隊や海軍その他の軍隊のために四千万リーヴルを費すと仮定しよう。また戦時には、軍隊の増強のためにも、同じくまた軍隊が活動しているときに余分に費すもののためにも、八千万リーヴルの臨時費を必要とすると仮定しよう。この臨時費についていえば、それはなるほどこの君主にとって自分自身の収入を超えた物要りではないが、しかし五百万リーヴルにすぎないとした場合でも、彼の収入の一部がそれに取られることには変りないのである。仮にヨーロッパ諸国の社会的結合の条約のおかげで、彼の王国がもはや何も恐れる必要がなくなり、右の四千万リーヴルの経常支出のうち、支出せざるをえないのは一千万リーヴルだけになったとすると、彼は三千万リーヴルの純益を得ることになるし、戦時に、つまり二年のうち一年は彼の財産の費えとなる五百万リーヴルの臨時費も、かからなくなるであろうことは明らかである。それゆえ、この君主は平和の体制のおかげで三千二百五十万リーヴルの得をすることになるが、それでも彼が右の臨時費の最大部分の負担を免じることによって自分の臣民にさせてやる得のことは、まだ勘定に入っていないのである。なぜなら、この臨時費が年平均で四千万リーヴルに上るとし、また平和の体制下でこの君主は、ヨーロッパ全体の国境の維持に当たる軍隊のうちの自分の割当兵員のために一千五百万リーヴルだけ確保しておくとすると、彼は自国の人民に対してもまた毎年二千五百万リーヴルの出費を免れさせることになるからである。

さて、平和の体制の第十一の利点による王の利得が一千五百万リーヴル、彼の臣民たちのそれが六千万リーヴルであり、第十三の利点による王の利得が百万リーヴル、臣民たちのそれが五百万リーヴルであり、第十四の利点による王の利得が三千二百五十万リーヴル、臣民たちのそれが二千五百万リーヴルであるとすれば、これは王にとっての純益で四千八百五十万リーヴルの年収となるであろう。また、戦時中の州と州との国内交易の減少、とりわけ海に面した諸州のそれの減少を勘定に入れて、この減少のせいで年平均八百万リーヴルが減ると計算するならば、王の臣民たちに純益として還元されるのは一億リーヴル以上に[21]上るであろう。

しかるに、臣民たちが損をすれば、その損失は王にとっても別の損失を生じる。それは、かりに臣民たちが毎年もう一億リーヴルを余分に持つとしたら、大部分の臣民がこの一億リーヴルを収入の元手にするであろうと想定することができるからである。「大部分」と私が言うのは、この一億リーヴル分を損しているのは商人たちの四分の三だからであるが、彼らはすべての収入をできるだけ運用し、自分の所持金を遊ばせたままにはしておかない人々である。たしかに、残る四分の一のうちの半分は、その持ち主の手元で無駄使いされることになるかもしれないが、しかしそれは全体の八分の一にすぎないであろう。しかるに、一億リー

(21) 正しくは九千八百万リーヴルなので、「一億リーヴル以上」ではおかしいが、原文に従う。

ヴルのうちの他の八分の七が、通常の商人並みにすぐれたやり手の手中にある場合には、それは毎年五百万リーヴル以上を生み出すであろう。したがって王は、さまざまな権利によってその十分の一を取り立てることで、自分の収入を毎年五十万リーヴル増加させることになるであろう。それゆえ百年間ではこの君主の収入は、彼の臣民たちに対する通常の課税以外に何も取らなかったとしても、五千万リーヴル増加しているのが見られるであろう。

これは誰も知る人のいないことだが、戦時中には地所の耕作のされ方が悪くなり、その生産高は少なくとも一割は減少する。しかるに、四億五千万リーヴルの一割といえば、四千五百万リーヴルである。それゆえ、年平均にすると二千二百五十万リーヴルになる。最後に、平和時には通商が維持されるばかりでなく、新しい制度組織や技術力の増大や工場の増加により、毎年少なくとも一割は増加するであろう。しかるに、四億五千万リーヴルの一割といえば、四千五百万リーヴルである。さて、二千二百五十万リーヴルと四千五百万リーヴルというこの二項目を合計すると、六千七百五十万リーヴルになる。他方また、収益は三百万リーヴル以上あり、王はさまざまな権利によってその十分の一を取り立てるから、王の収入はこの面でさらに毎年三十五万リーヴル近く増加することになる。さて、この項目は一世紀間だけでも、王の収入を三千七百万リーヴル[22]増加させることになる。しかるに、五千万と三千七百万とで八千七百五十万になり[23]、これが三千二百五十万リーヴル以上ある現在の増加分に加わるのである。したがって、ヨーロッパ諸国の社会的結合が最も強力な君主に、自国の内外における平和の恒久性の十分な保障をもたらすことができるならば、この君主は、この社会的結合の設立のための条約に調印しないことよりも、調印することのほうにはるかに多くの利益を見出すであろうということを、一目ではっきりと見てとることができる。

第十五の利点

平和の体制下での諸国の王家の永続に比較した、戦争の体制下でこれらの王家が王位にあり続ける時間

戦争の体制下では、諸国の君主たちの家が王位にあり続ける時間を減らすように、多くの原因が協働しているが、これらの原因のどれ一つとして、平和の体制下に見出されるものはない。

(1)いくつもの王家が、対外戦争の最中に王位から追われてきた。古代の歴史には、こういうことがどれだけあることだろうか。また今世紀に近くなってからも、パレオロゴス朝の帝室がトルコ人たちによって廃位されたのではなかったか[24]。中国の帝室[25]はタタール人の征服者によって皇帝の座から追われたのではなかったか。メキシコやペルー等の王家[26]も同様であった。しかるに、二百五十年来起こってきたこれらの大き

(22) 三千五百万でなく三千七百万とする理由は不明。

(23) 八千七百五十万とする理由は不明。

(24) 本論考訳註(5)を参照。

(25) 明(一三六八~一六四四)を指す。本論考訳註(12)を参照。

(26) それぞれ、スペイン人の征服者であるコルテス(一四八五~一五四八)とピサロ(一四七八~一五四一)によって十六世紀前半に滅ぼされたアステカ(アズテック)帝国とインカ帝国を指す。

な革命のすべて、これらの不都合な転覆のすべては、平和が恒久的なものになれば、それによって今後は不可能になるのではないであろうか。

(2) 無数の王家が陰謀のせいで、また内戦の只中で滅亡してきた。私は帝室に関してその例を数多く報告した。百二十年後にフランス王家が内戦中に滅んだり、六十年後に英王室が内戦中にすっかり埋没してしまったりするのに、何が不足しているというのか。アンリ三世がサン・クルーで非業の死を遂げ、アンリ四世さえパリで同じ目にあったのは、反逆精神のなせる業ではなかったか。チャールズ一世がロンドンで非業の死を遂げたのも、この同じ精神のなせる業ではなかったか[27]。これらの忌まわしい出来事や恐るべき反乱の二、三十年前には、そんなことが起こりそうな様子がほんの少しでもあったであろうか。諸王家は、火山の傍に建てられた都市のようなもので、最大の静けさのさなかに地震が不意に起こり、すべてが倒壊する。野心は絶えることのない地下の火であり、この火はそれがついに障害を乗り越えるのに十分なほど強くなった時にだけ、姿を現わす。しかして、戦争の体制下にはそのような害悪に対する予防策は存在しないが、平和の体制下には、ある確実な予防策が存在する。それは、陰謀家連中や反乱の首領たちに対する、非常に重くてしかも絶対に逃れられない刑罰である。

(3) どれほど多くの君主や王家の親王が対外戦争で殺されていることか。ドン・セバスティアン[28]がムーア人相手のアルカセルの戦いで殺されてからまだ百二十年にならないが、このことがなかったとしたら、フランス王家の分家であった昔のポルトガル王家が今なお存続していなかったかどうか、誰がわかるであろうか。グスタフ・アドルフ[29]がリュッツェンの戦いで殺されてからまだ八十年にならないが、このことがなかったら、スウェーデンの昔の王家が今なお存続していなかったかどうか、誰がわかるであろうか。十字軍ではどれほど多くの王家の親王たちが戦死したことか。以来、これらの戦いがなければ今日もなお存続していたであろう王家が、どれほど多く消滅したことか。

（4）イギリスの内戦やドイツの内戦では、どれほど多くの王家の親王たちが非業の死を遂げたことか。そして、これらの人命喪失がなかったなら、複数の重要な王家が光輝のうちに存続しつつ今なお存在していなかったかどうか、誰がわかるであろうか。これらの王家が存続していたとしたら、これらの家の滅亡の上に樹立された他の諸王家は今日輝きを放っていないであろうということは、私もよくわかっている。私は、新しい王家の樹立と光輝を残念がっているのではない。反対に、ここで私はただ、これらの新しい王家の利害のためにのみ語っている。それは、今後これらの新しい王家の滅亡の上に別の新しい王家が樹立されるということが、ないようにするためなのである。私はこれらの家に、かつていかなる王家が続いたよりも十倍も永続させるための秘訣、それも唯一の秘訣を示しているのである。それは諸国家の恒常的な社会的結合の

(27) この三人の王の死については、それぞれ第二論考訳註(12)、序文訳註（3）、第二論考訳註（10）を参照。

(28) ポルトガル国王（一五五四〜七八、在位一五五七〜七八）。ジェズイット会士による狂信的カトリック教育を受けて育ち、イスラム討滅のための十字軍再興の英雄となることを夢みてモロッコに出兵したが、敗死した。

(29) スウェーデン国王（一五九四〜一六三二、在位一六一一〜三二）。デンマーク・ロシア・ポーランドとの戦いに勝ってスウェーデンの版図を拡大し、「北方の獅子」と呼ばれたが、敬虔なプロテスタント教徒として三十年戦争に介入、皇帝＝カトリック側の名将ヴァレンシュタインの軍とリッツェンで戦い、勝利したが自身は戦死を遂げた。

条約である。

(5) 何人もの君主が、腹違いの子供たち同士の間に分裂を生じさせるのを恐れて再婚せずにいる。そしてこの分裂は、戦争の体制下ではたしかに非常に恐るべきものであるが、それは後妻たちが君主に対して、また国の中でしばしば持つ影響力のせいである。しかし平和の体制下では、各国の王たちに肩入れするヨーロッパ諸国の社会的結合の恒久的な、しかも完全に強力な庇護のおかげで、こういう分裂は全然恐るべきものではなくなるであろうから、そのような恐れのせいで後妻を、子供を持つことのできる年齢で娶ることに二の足を踏むかもしれないような君主は、一人もいないであろう。

(6) カトリック教国の王家では、私人の家の場合と同様に、庶子を聖職者にすることがときどき起こる。しかして私たちの宗教では、庶子たちは修道会に入ると結婚することができない。フランスではブルボン家出身の枢機卿たちが、ポルトガルではセバスティアンの叔父[30]が、そういう例として知られている。しかるに、この叔父の枢機卿が適齢で結婚していたなら、男子の子孫を残さなかったかどうか、そしてこの子孫が今なおポルトガルに君臨していなかったかどうか、誰がわかるであろうか。メディチ家[31]からも大勢の枢機卿が出ているが、こんなことをしたせいで、同家はいまや滅びかかっている。

仮に西暦一四〇〇年以来ヨーロッパ諸国の社会的結合が設立されていたとしたら、暗殺や毒殺に対する処罰は、その時点から絶対に逃れられないものになっていたであろうし、戦争もそれ以来起こらなかったであろう。したがって、オーストリアでアルブレヒトの名を持った最初の君侯[32]はその甥に、二人めのアルブレヒト[33]はその弟ルドルフに暗殺されることはなかったであろうし、四人めのアルブレヒト[34]は戦争をしていた相手の人々に毒を盛られなかったであろうし、五人めのアルブレヒト(35)はハンガリーでの戦争中に自軍のはやり病に斃れることはなかったであろう。それゆえ、この君侯たちの子孫が何人か今なお生き残っていたであろうことは、明らかである。仮にスペイン王フェリペ三世の息子であるオーストリアのフェルディナント(36)が枢機

(30) セバスティアンの叔父にあたるエンリケ(一五一二〜八〇、在位一五七八〜八〇)を指す。聖職者となり枢機卿に進んだが、セバスティアンの幼時(一五五七〜六八)に摂政を務め、その敗死後ポルトガル王位を継いだ。

(31) フィレンツェの大商人で十五〜十六世紀に同市の政治的支配権を握っていた家。庶子の多くをカトリック教会の高位聖職者として教会に影響力を行使し、二人の教皇(クレメンス七世・レオ十世)を出したほか、一五六九年にはトスカナ大公となったが、一七三七年に断絶した。

(32) 神聖ローマ皇帝アルブレヒト一世(一二四八?〜一三〇八、在位一二九八〜一三〇八)のこと。父ルドルフ一世に続いてハプスブルク家の二人めの皇帝となり、同家による帝位世襲の基となったが、甥ヨハン・フォン・シュワーベンに暗殺された。

(33) 著者は(32)の子のオーストリア大公アルブレヒト二世(一二九八〜一三五八)のことを念頭において言っていると思われるが、弟ルドルフに殺害されたという話は、その曽祖父で同じく「賢公」の通称を持つハプスブルク伯アルブレヒト四世(?〜一二四〇)と混同したものか。

(34) オーストリア大公アルブレヒト四世(一三七七〜一四〇四)のこと。(33)の孫で(35)の父。

(35) 神聖ローマ皇帝アルブレヒト二世(一三九七〜一四三九、在位一四三八〜三九)のこと。一四〇四年にオーストリア大公(アルブレヒト五世)となり、一四三七年にはハンガリー王、翌年にはボヘミア王・神聖ローマ皇帝の位についたが、直後にハンガリーでオスマン・トルコの軍と戦い、まもなく赤痢にかかって病死した。

(36) フェリペ三世の末子(一六〇九〜四一)。一六一九年に僅か十歳で枢機卿となった。

卿になっておらず、神聖ローマ皇帝フェルディナント二世の弟であるオーストリアのカール[37]がブレスラウの司教になっておらず、一六四七年には存命していたオーストリアのレオポルド・ウィルヘルム[38]がシュトラスブールの司教になっていなかったとしたら、オーストリア王家は現時点で男系がたった一人に減ってしまうことはなかったであろうと思われる。しかも平和の体制下では、諸国の君主たちが耐えなければならない支出ははるかに小さなものになるであろうから、彼らは自分の子供たちのために聖職収入を必要としないであろうし、自国の人民に対して持つ権威ははるかに大きなものになるであろうから、新たに生まれてくる親王たちのための新たな献納金を自国の人民から得ることも容易にできるであろう。そして、人民は自国の王家のおかげで平和の恒久なることに浴し、それによって富裕になるのであるから、この獲得はまったく正当であろう。しかして、新たに生まれてくる親王それぞれのためのこの年金が確立されていたならば、大多数の親王は適齢で結婚することを恐れはしなかったであろう。それゆえ彼らの数はもっと増えていたであろうし、したがって王家ははるかにもっと長く続いていたことであろう。

しかるに、普通の考え方をすれば、自家を永久に王位に固定するということに匹敵するほど現実的かつ多大なある別の利益が、最も強力な君主にいつか提供されるなどということがありえようか。ダヴィデやソロモンやその他のイスラエルの王たちが正義を厳密に遵守し、かつ遵守させた場合の、いと高き所からの約束として預言者たちが述べたものは、これと似たような利益ではなかったか。というのは、家にとっては王位ほど重要なものは何もなく、また王家にとっては、王家であり続けることほど重要なことは何もないからである。

この利益は、いわば他のあらゆる利益の基盤のようなものであるだけに、それだけますます重要である。また実際、最も強力な君主にとって、自分の子孫のために巨万の富を蓄積して巨大な宮殿を建て、自らの偉大な行為と能力により、ヨーロッパにかつて存在した最も大きく、人口最大で、最も文明化され、最も富みかつ繁栄した国家を子孫に残すことは、次のような保障が何もないなら、何の役に立つであろうか。それはすなわち、この君主の家が野心という地下の火のせいで、たちまちにしてことごとく転覆させられるようなことは、ないであろうという保障である。この野心に対して、人間のあらゆる用心は今までのところ用をなさなかったし、ヨーロッパ諸国の社会的結合以外の効果的な予防策は存在しないのである。

君主国にせよ共和国にせよ、国家にとって存在する恐るべきことは、ヨーロッパの現在の状況下にあっては、国々が長期の休戦をあえて願うことはほとんどない、ということである。なぜ願わないのかというと、国内の不和が生じるのは、国家の恐れることが国外には何もないこの平静な時期においてであるのが通常のことだからである。しかるに、国家にとって内戦が対外戦争よりもさらにいっそう好ましくないことを、知らない者があろうか。諸国家の恒常的な社会的結合の制度組織の下では、人はこれらの恐るべき不都合のすべてから、永久に解放されるであろう。

(37) この人物の名は訳者の参照しえたかぎりでのハプスブルク家の系図には見えない。

(38) 神聖ローマ皇帝フェルディナント二世の末子(一六一四〜六二)。一六二六年に十二歳でシュトラスブールの司教となった。

それゆえ、ヨーロッパで最も賢明かつ強力な元首は、自分の全人生のことを考えた場合、人間的な事柄のあらゆる不安定性にかかわらず、自家を永続させ、しかも長く王位にあり続けさせるための手段として、右の社会的結合の組織体制よりもしっかりしたものをいつか想像可能かどうか、言っていただきたい。

天秤を傾かせて条約に調印するかしないかを決断させるためには、私はただ一つの利点だけを、それもせいぜい中程度の価値を持つ利点を挙げるだけでよかったのである。なぜなら結局のところ、調印すべく呈示されている条約に存する利点がどんなに小さくても、それが現実的で明らかな利点であるならば、賢明な人でありながらなおかつ、この利点だけではこの条約に調印するよう決意させるには不十分であるというような人は、誰もいないからである。それゆえ、もし私が最も強力な君主に、中程度の利点を一つ示すだけではなく、複数の利点を提示して、しかもそのどれ一つとして中程度には留まらないとしたら、どうであろうか。これらの利点のうちに、ほとんど限りない価値を持った利点が、いくつもあるとしたら、どうであろうか。この条約をどのような面から見ても、その全部が有利なものであるとしたら、また右の君主が既述の十五の莫大な利点を手に入れるために、現実的なものやいささかなりとも重要なものは何一つ犠牲にする必要がないとしたら、どうであろうか。私ははばかることなく申し上げるが、戦争の体制に関してたった一つの利点でも、示せるものなら示していただきたい。そして、私がこんな大胆なことを言うのはなぜかといえば、それは、ヨーロッパ連合の計画に反対している最も才能豊かな恵まれた天分の持ち主たちに、同じことをしてみよと私は言ったのに、彼らのうちの誰ひとりとして、ほんのちょっとした検討によって幽霊のように消え失せてしまうのでないようないかなる利点も、私に示した者はいなかったからである。もっとも、何かある利点が私に示されたとした場合でも、少なくともその利点の真の価値を検討し、その重さを量ることは許されよう。その場合、平和を支持する十五の利点のうちの一つと、戦争の体制のこの利点とを比較してみれば、このたった一つの比較だけで、「戦争の体制のこの一つの利点だけでは、恒久平和のすべての利点には決して匹敵できない」という判断を読者が下されるのに十分であろう、と私は期待するものである。それゆえ私は主張するが、ヨーロッパの最強力君主の諸々の利害関心や動機への関係においてこの二つの体制を見ることを可能にするさまざまな側面を、比較することの結果として出てくる証明は、政治に少しでも精通している人にとっては、幾何学の証明が幾何学者にとって持つのと同程度の明証性に到達したのである。ヨーロッパの比較的強力な君主たちを、条約に調印するように決意させるのに適した諸々の動機は、比較的強力でない君主たちや共和国にとっても、大部分は共通なものであること、またそれらは、この強力でない君主たちや共和国を右と同じ方針に決意させるのに十分であろうということ、このことは確かである。しかし、強力でない君主や共和国に特有の動機もまた存在するから、それらのことも二言三言記すという、このことだけがこの第三論考で私に残された仕事である。

比較的強力でない君主たちの特有の動機

（1）戦争の体制によって、最も弱い君主を屈服させるための門が最強の君主に開かれるや否や、最も力の弱い元首は、同盟関係によってしか、つまり彼を最強の君主に力において少なくとも同等にする連邦によってしか、この最強の君主に対抗して身を保つことはできなくなるであろう。しかし私は、自分ではこういうことを証明したと思っている。すなわち、ヨーロッパの全君主・首脳の恒常的な社会的結合を形成しなければ、この最も力の弱い君主には、決していかなる条約の、したがってまたいかなる連邦条約の履行の十分な保障もないであろう、ということである。それゆえ、この最も弱い君主の身が守られ、彼の家が王位を保持するためには、恒常的な社会的結合の体制を恒久的分裂の体制に比較したり、平和を戦争に比較したりするまでもなく、後者よりも前者を選びとらなければならない。

(2) たとえば、すでに証明されたように、将来の数世紀の経過の中でフランス王が、他のヨーロッパ諸国の王たち全員を王位から追うよりも、むしろ彼らのうちの誰かによって王位から追われるであろうと判断すべき蓋然性が、一対六の比率で存在し、そしてその理由が、フランスの国はヨーロッパの力の六分の一としかみなすことができないから、ということであるならば、サヴォワ公の場合には、次のことが明らかである。すなわち、右と同じ数の世紀の経過の中で同公が、他の君主たち全員を追い払うよりも、むしろ彼らのうちの誰かによって自分の国から追い払われるであろうと判断すべき蓋然性は、一対四十八の比率で存在するだろうということである。なぜなら同公の国は、力においてフランスの八分の一にしか匹敵しないので、ヨーロッパの力の四十八分の一としかみなせないからである。それゆえ、最も力の弱い元首は、他の元首たちを侵略する望みを持つ理由よりも、誰かある元首によって侵略されることを恐れる必要のほうが、比較にならないほど多くあるということは、見やすいことである。したがって平和の体制は、最も力の弱い君主から他国侵略の望みを奪うことによって、ごく僅かなものを奪うだけであり、しかも他国に侵略される恐れから彼を解放することによって、もっと強力な君主たちに与えるものよりもはるかに多くのものを、彼に与えるのである。

それゆえ、なにがしかの根拠をもって、次のように判断することができる。すなわち、本計画がデンマーク王、ポルトガル王、サヴォワ公、その他のイタリアの君侯たち、ロレーヌ公、選帝侯たち、およびドイツ領邦国家団のその他の諸君侯・諸領邦に知られるようになれば、彼らがもっと強力な君主たちとともに、この計画に似た連邦を作らないなどということは、また他のあらゆる専権者にそれを提案しないなどということは、ありえないも同然のことである、と。

共和国に特有の動機

(1)共和国は、戦争によって自国の領土を増やしたいと願うよりも、領土を失うことのほうを恐れる。それは、征服という方途によって獲得されるものが、非常に高くつくからである。戦争の大きな出費のせいで、征服というものはほとんど常に、妥当な値段の十倍以上の金で買われている。それゆえ共和国は、平和を維持することについて、君主たちが持つ動機と利害関心よりも、もっと大きな動機と利害関心を持っている。

(2)何かあるものを力ずくでさらに多く所有しようと試みることは、国全体を危うくする。なぜなら、戦火はひとたび点ぜられると、それを大火にならないように確実に抑えることなど、誰にもできないからである。しかるに、これほど賢明な諸国政府が、たいした必要性もなしにそのような危険のうちに進んで身をおくなどと、考えることができようか。

（3）共和国の意志決定に際しては、臣民の利害が大いに考慮される。それは、共和国においては、万事について決定を下すのは臣民だからである。しかるに、征服によって各臣民に還元される利得は、献納金が大きく確実で今すぐ取られるのに比べると、非常に小さく、話が遠く、しかも不確実である。国境地帯の住民の財産は非常に大きな被害にさらされるし、商人たちは通商の中断によって非常な大損をするので、共和国の意志決定が国家と通商を全面的に保全すること以上のことに向かうことは、普通にあることではない。しかるに、ヨーロッパ諸国の社会的結合の確実な効果とは、諸国家とその通商を全面的に保全することではないであろうか。

（4）共和国は君主国よりもさらにいっそう国内分裂と不和を恐れなければならない。共和国ではめいめいが国事に関して自由に自分の意見を述べるし、しかもそれを公然と、熱心に主張することができる。各人は自分の党派を拡大するために策動する自由さえあり、各党派のトップにいるのが、頭が良くて騒動好き、反乱好きな人々である場合、諸党派は日に日に大きくなり、最初はいわば軽微なかすり傷にすぎなかった見解の相違が、少しずつ毒に犯されていって、相次ぐさまざまな偶発事のせいで、非常に深刻な傷になる、ということが起こる。君主制国家においては事情は同じでない。刑罰の恐怖は私人が自分の意見を公然と述べたり、熱心に主張したりすることを妨げ、誰も秘密裏にさえ自分の党派を拡大するためにあえて策動することはない。したがって、君主制国家では、政府が非常に弱体で、しかも君主がしばしの間、自分の認めない意見を持つ人々を沈黙させたり処罰したりするのを怠る、ということでもないかぎりは、見解の相違が分裂を引き起こすことはありえないであろう。それは、君主のみが力を掌握しているからである。これに対して、共和国では分裂している当の人々の間で力は分有されている。それゆえ、共和国では常に諸党派が、それも大党派がすっかり形成されて存在している。とりわけ、共和国が非常に強力になったために、外国の力に対する恐れによってこれらの党派が統合を余儀なくされることがもはやない場合には、そうである。ローマ人がカルタゴ(39)やアンティオコスのピュロス(40)に対して抱いていた恐怖は、長い間にわたって、ローマを分裂という災厄から守った。この非常に有益な恐怖が勝利によって消滅するや否や、またこの恐怖のおかげで全員の心が公共の利益と共同の保全のために一つにまとまる、ということがなくなるや否や、諸々の党派が出現したり、国家にとって対外戦争よりも百倍も有害な内戦が生じたりするのが見られた。仮にローマ共和国がその当時、国内外の平和を保つために私たちが提案しているような近隣諸国との社会的結合を、そっくり形成された状態で持っていたとしたら、この恐るべき病弊に対して救治策があったであろうし、確実な予防策さえ存在したであろう。ところがローマは、自分で自分の近隣諸国をなくし、それらの国々の滅

(39) 前九世紀〜前二世紀に北アフリカ北岸(現チュニジア)にあったフェニキア人の植民都市。地中海の覇権をめぐってローマと争い、ポエニ戦争(第一次前二六四〜前二四一、第二次前二一八〜前二〇一、第三次前一四九〜前一四六)に敗れて滅ぼされたが、第二次ポエニ戦争に際して名将ハンニバルがイベリア半島〜アルプス経由でイタリアに侵入、カンネーでローマ軍を破って一時ローマを危機に瀕せしめた。

(40) ギリシア西北部にあったエペイロスの王(前三一九〜前二七二、在位前三〇七〜前三〇三、前二九七〜前二七二)。アレクサンドロスの大帝国を西方に再建することを夢みて、イタリア南端のタレントゥムを救援すべくイタリア半島に遠征、しばしばローマ軍を破ったが自軍も多大の犠牲を払った。

亡の上に屹立することによって、非常に大きな利益を自分で自分から奪ってしまっていた。こうして、この名高い共和国の過度の興隆はその没落の必然的原因となった。しかるに、ヨーロッパ諸国の社会的結合の体制下では、すべての共和国はこの種の病弊を防止する十分な保障を有するであろうから、共和国が君主国よりも、この社会的結合の設立を願う大きな動機を持つことは明らかである。

（5）この恒常的連合の体制下では、共和国は通商に関する諸条項の厳密な遵守についての十分な保障を有するであろうし、自国の商人たちが陸上で山賊を恐れたり、自国の商船が海上で海賊を恐れたりする必要ももはやなくなると期待することさえできるであろう。しかるに、この利点は共和国にとって、自分では通商を行なわない君主たちにとってよりも、もっと切実であろう。

（6）右のような利害は非常に現実的かつ重大なものであるだけではない。共和国の顧問会議は、一時的な情念を君主国よりも免れており、したがってほとんど常に、君主国がそうするより以上に自国の真の実質的利害を直視するから、その分だけ右のような利害には、共和国のほうがより容易に気づく、ということもありそうである。実際、共和国の顧問会議においては、人間の持つ反対することへの自然な傾向のせいにせよ、仲間同士のあらゆる集団から切っても切り離せない個人的な嫉妬や憎悪のせいにせよ、全員が自由と平等な権威とをもって意見を言う人々の、さまざまに異なった考え方のせいにせよ、意見は反対を非常に受けやすい。しかるに、意見のこのような対立は、次のような事態を引き起こす。すなわち、一方の人々が首尾よい成功の希望のほうに行きすぎるのに対して、他方の人々は厄介な出来事に対する恐れのほうに行きすぎたり、一方の人々が事を企てるための手段や便宜を提案するのに対して、他方の人々は企ての困難や障害を考えさせることしか頭になかったり、一方の人々が討議する人々の憤りと怒りを近隣諸国の君主たちに対してかき立てることのできるような事柄を強調するのに対して、他方の人々は近隣諸国の君主たちの落度を小さく見るように、また通商をつうじて自国が近隣諸国から引き出すことのできる利益を強調するように、意を用いるといったことである。その結果、物事がそのようにあらゆる異なった面から考察されるので、共和国の顧問会議の場合のほうが君主国の場合よりも、情念が影響力を持つことが少なく、したがって国家の真の利益が追求されることが普通は多いのである。君主国では、すべての意志決定が一人の人物の考え次第で決まり、彼から給与を受けている顧問会議には彼に反対する者はいないのが通例である。

共和制国家の内部にさえ、戦争の体制下に留まることに個人的利害関心を持ち、恒久平和の計画をひそかに排除しようとする閣僚連中が存在する可能性がある、ということはそのとおりである。この場合、彼らは自国内における本論文の公刊に反対するに違いない。なぜなら、本論文が彼らの国々で日常言語に翻訳され印刷されて広く知られるようになり、皆がそれについて語ることができるようになった場合に、皆に対抗して、諸国家の恒常的な社会的結合に反対することが共和国の利害にかなっていると主張するのに十分なほど大胆な者が、右の閣僚連中のうちに誰もいないであろうことは確実だからである。彼らは、この社会的結合の実現が不可能であると主張することとさえ、そのことの適切な証拠を持ち出すのでなければ、あえてしないであろう。だが彼らは、そのような証拠をどこに見出すことができるであろうか。

連合条約によって、フランス、スペイン、デンマーク、ポルトガルその他の国々において通商が増加すれば、この増加は必ずや、今日世界最大の通商を行なっている国々であるイギリスと、またとりわけオランダとの、この両国の利益に反して行なわれることになるであろう、と私に述べた人がいる。けれどもこの反対論に答えて、一方の国々の通商がこのように増加しても、それはいかなる点においても他方の国々の通商の増加に害を与えることにはならない、ということを示すのは容易である。それは、実のところ通商はすべての国々で増加するであろうからである。のみならずこの増加は、全体をつうじて比例して生じるであろう。ヨーロッパの通商の十二分の一を行なっていた国民は、もっと大きな通商を行なうことになるであろうが、他の諸国民もみなこれに比例して自国の通商を増加させるであろうから、この国民は通商の増加後も、同じくヨーロッパの通商の十二分の一を行なうことになるであろう。一国だけでヨーロッパの通商の三分の一を行なっていた国民は、自国の通商を増加させ、なおかつやはり全体の三分の一を行ない続けることになるであろう。それゆえ、通商を行なう手段を自国の許に最も多く持つ国民は、通商の最大部分を占め続けるであろう。しかるに、イギリス・オランダ両国民、なかんずくオランダ国民の国許には、彼らが欲するかぎり、他国民の国許にあるよりもはるかに多くの通商手段が、常に存在するであろうから、この両国民は、彼らが欲するかぎり、これまで通商に関して常に占めてきたのと同じ優位を、他国民に対して保つことができるであろう。また、彼らがそのことを欲するのをやめたとした場合は、彼らがもはや取り込むのに意を用いないものを他国民が集めても、他国民はこの両国民に何も悪いことはしていないであろう。

この機会に、オランダ人が他の諸国民にまさって有している、通商を繁栄させるための主要な固有の手段の数々を、ここでかいつまんで見ておくことができる。

（1）オランダの人々は、対外通商のための港をたくさん持っている。

（2）彼らの国には多くの運河が切り開かれており、そのおかげで、国内交易は限りなく容易になっている。

（3）彼らは共和国に住んでいる。それゆえ、通商の諸規則が作られ施行されるのは、次のような閣僚たちの権威によってである。すなわち、これらの規則を非常に有用なものにすることに利害関心を持つだけでなく、さらに重要なことであるが、これらの規則を常に最大の厳密さをもって遵守させることに非常な利害関心を持っている、そういう閣僚たちである。閣僚がこういう人々になるのは、とりわけ、国家がその主要閣僚を商人たちのうちから、もしくは自分の資本が商人たちの手に握られている人々のうちから選ぶ場合である。

（4）オランダには、スペインで貴族と呼ばれるような体《てい》のいい怠け者たちは少ししか存在しない。オランダの人々は、家柄にはほとんど敬意を払わない。大きな敬意の由来する元は、公職と大きな富とである。それゆえ、オランダでは他国の場合以上に、めいめいが貯蓄し商取引をしようという気持ちにさせられるが、これは最も確実で罪のない「豊かになる手段」である。

（5）オランダでは役職を金で買うことはできない。それゆえ商人は、敬意を獲得するのに、商売をそっちのけにして裁判をする権利を買い取る必要がない。商人は、有能かつ実直だという評判を獲得すれば、同胞市民を裁判する権利も同時に獲得する。それゆえ商人の息子は、自分の父親である商人の後を継ぐにあたって、よい評判を得るにふさわしい者になることと、自分の商売を父親から譲り受けたときよりもさらに順調でもうけの上がるものにすること以外の、いかなる意図も持つことはない。

（6）オランダの気候は寒冷で、したがって働くことに比較的適している。だから何の労働もしないでいることを自慢するどころではない。自慢するのは、最も勤勉な者であることを身をもって示すような人のすることである。

（7）君主国の場合と違ってオランダには、国民を誘惑して自分の商売や仕事をそっちのけにさせる可能性のあるような目覚ましい顕職は存在せず、身持ちの堅い、素朴で飾り気のない、本物の、共和国にとって有用な商人が、引き立てにあずかる望みのせいで、ペコペコと礼儀ぶった、お追従者の、君侯の気には入るが国家にとっては無益な廷臣へと変ずる、などということは皆無である。

（8）オランダの人々は、衣服や家具や器具類一式のための消費支出が少なめである。それゆえ、自分の商売に投ずべき資金は最大額を有している。

（9）オランダの人々が宗教に関して有する寛容さは、度を越している。しかしこの過度の寛大さこそが、他国で強制を受けて、より多くの自由のある国を求めてやってくる大勢の臣民たちを、オランダの人々のもとへと引き寄せ、かつ引き留めているのであり、そしてこのような臣民たちが、自分の商品と金銭と稼業とをこの国へともたらしているのである。オランダの人々は、社会の法に服従する人々なら誰ひとり追い払わないし、法に服従する意志を持つ人々なら全員を進んで受け入れる。

（10）次の諸点は最も重要な点である。オランダの人々は世界中のあらゆる国々のうちで、他のどの国の国民よりもはるかに多くの、しかもいっそう重要な、商取引の制度組織を持っている。それゆえ、これらの制度組織を保全し増やしていけば、彼らにとっては、安価な商品を見出すことが他の国々の国民よりも容易であろうし、したがって、常に他の国々の国民よりも安く売ることも、はるかに容易であろう。

（11）オランダの人々は、航海について他の国々の国民よりもずっとよく知っており、したがって自分の知らないことについて勉強することもまた、他の国々の国民より容易にできるので、この面で常に他の国々の国民に先んずることができる。

（12）オランダの人々は最大の船舶製造者であり、オランダは文字どおり、あらゆる種類の船舶を作り出す万能の工房である。それゆえ彼らは、用途ごとに、また通商の種類ごとに、そのための船舶を作ることが、他の国々の国民よりもよくできるし、しかも他の国々の国民よりも四分の一ほど安く船舶を供給することができる。

（13）オランダでは船員たちの生活費が他国より安上がりである。それゆえ、彼らの雇い主は得をしつつ、しかも安価に販売することができ、こうして自分の商品の最大の売れ行きを自身にもたらすことができるのである。

（14）オランダの人々は他国民よりも航海に巧みである。そのおかげで彼らは、自分の船に乗り組ませる人員が少なくて済む。この点に、彼らが他国の人々よりも得をしつつ安価に販売することのできるもう一つの理由がある。しかるに、最大の商取引を自身にもたらすための秘訣とは、誰よりも安価で供給できること、そして実際にそうすることであるということは、人の知るところである。

さらに、オランダの人々が他のいかなる国の国民よりも安価に供給するからといって、彼らに嫉妬心を抱いてはならない。彼らは自分の働きと勤勉と倹約と、自分が予め払った元手との、報酬を受け取っているのであって、これよりも公正なことが何かあるだろうか。この点までは、オランダの人々は他国の人々にいかなる不正もしていない。ところが、彼らが海上貿易の半分をわがものとしているからというので、そのことに乗じるために、他国の人々よりも安価に供給することをやめたいという気を起こすとしたら、彼らはたちまち海上貿易の優位を保つことをやめることになるだろう。そして、ヨーロッパ諸国の社会的結合があらゆる国の国民の利益のためにもたらすであろうものは、この安価さという大きな利点であって、それはこの社会的結合が、通商をあらゆる国の国民にとって、絶え間がなく、自由で、確実で、平等で、条件に応じた、しかも全世界的なものにするからなのである。オランダの人々は、他国民よりも安価に所有できるものは、すべてそうしているという確信があるであろう。そして、オランダの国民が最も働き者で最も勤勉で最も公正であるかぎり、またこの国民が自国の法と制度組織に関して他国より多くの利点を有するかぎり、かつ同国民が倹約のおかげで他国民よりも安価に輸送・供給を行なうかぎり、同国民は間違いなく、現在保っているのと同じ通商上の優位を常に保つであろうし、それでいて誰にも不正を働くことはなく、また誰もオランダ国民が不正を働いたと苦情を言うことはできないであろう。なぜならオランダ国民は、自分が他の国々の国民にとって有用かつ便利であるのに応じて利を得ることとしかしていないことになるからである。

一言で言えば、通商に関しては二つの方針しかない。一つは「たびたびの中断」であって、これはすなわち人々が現在従っている戦争の体制である。もう一つは「不変の継続」であって、これはすなわち、従うように私が提案している平和の体制である。しかして、共和制の諸国に、わけてもオランダの良識ある人々に、「不変の継続よりもたびたびの中断のほうを」好んで選びとるように説得しようと、煩瑣なだけの虚しいやり方で企てることをあえてするような者がいるだろうか。

それゆえ、ある根拠をもって次のように判断することができる。すなわち、もしヨーロッパ連合設立のこの計画がイギリス、オランダ、ヴェネチア、ジェノヴァ、ポーランド各国の人々や、その他のヨーロッパの共和制の国々の知るところとなれば、これらの国々がいつかはお互い同士で似たような連邦を作り、次いで比較的力の弱い元首たちとも同じことをし、そして少しずつヨーロッパのすべての専権者たちともそうしてゆく、ということをせずにいることは、ありえないも同然である、と。

右の諸々の利点は、非常に大きく、かつ非常に明らかであるから、どの面から見ても当事者全員にとってこれほど有利な条約に調印することを決断するのに、そんなに賢明・理性的である必要があろうか。そんなに崇高な精神や、情念を免れた理性を持つ必要があろうか。反対に、この体制は、最も普通にみられる諸情念に合致していないであろうか。大きな恐怖、大きな希望、それも最も根拠の確かな恐怖や希望が、すべての本書の考えを支持するのではないか。私は完璧な君主など想定してはいない。けれども君主が完璧なら、それは結構なことだ。公共の利益に対する愛や正義に対する熱意が、こういう君主を私たちの側につかせる。君主が完璧でなく、不正な者でさえあっても、自分の収入を増やしたいと望むなら、また自家を長きにわたって王位に居続けさせたいと願うなら、こういう君主もやはり私たちを支持する。君主が立派な栄誉を愛するとしよう。彼は自国の人民および万国の国民の恩人であるように、そして全人類の厄介者にならないように、気をつけるであろう。君主が家具や建物や器具一式の豪華さを愛するとしよう。彼も同じく私たちの考えを支持する。君主が徳に身を捧げる場合も、快楽に身を委ねる場合も、彼はやはり私たちの考えを支持する。平和の体制にはあらゆる性格の君主を満足させるのに必要なものがあり、平和なしには、こういう諸々の性格の君主たちの誰一人として、到底これほど満足であることはできないであろう。

それゆえ、ドイツ諸領邦の社会的結合を形成するようにドイツの人々を決意させた諸々の動機を再び見出すことは不可能だ、などとはもう言わないでもらいたいし、ヨーロッパ諸国の社会的結合を形成したいと願うようにアンリ大王と、エリザベス女王と、過ぎ去りし十七世紀のその他の十六ないし十七人の専権者たちを決意させた諸々の動機を再び見出すことは不可能だ、などとも、もう言わないでもらいたい。幸いにして、これらの動機すべてが右に見出された。それでも何か私たちに言いたいことがあるなら、これらの動機が、平和の体制を好んで選びとるように今世紀（十八世紀）の君主たちを決意させるのに、どの点で不十分なのかを、今言ってもらいたい。

それゆえ私は今、次のような結論を下すことのできる状態にあると、自分では思っている。すなわち、「提案されているヨーロッパ諸国の社会的結合が、全キリスト教国の君主・首脳に、自国の内外における平和の恒久性についての十分な保障をもたらすならば、彼らのうちの誰一人として、この社会的結合の設立のための条約に調印しないことよりも、調印することのほうに、自分にとってはるかに多くの利益があるのでないような者はいない」と。そしてこれこそは、この第三論考で私が証明しようとめざしてきた命題である。

しかるに、提案されているヨーロッパ諸国の社会的結合は、全キリスト教国の君主・首脳に、自国の内外における平和の恒久性についての十分な保障をもたらすことができるであろう。これは、私が次の第四論考で証明しようとめざす命題である。

第四論考

証明すべき命題

提案されようとしているようなヨーロッパ諸国の社会的結合は、全キリスト教国の君主・首脳に、自国の内外における平和の恒久性についての十分な保障をもたらすであろう。

一つの社会的結合を設立するためには、当事者たちが条約の諸条項に同意を与えれば十分である、ということは示された。したがって、ヨーロッパ諸国の社会的結合は、その条約に二人の君主が調印した瞬間から開始され、他のキリスト教国の君主・首脳が、互いにいくらか時間の間隔をおきながらも、全員それに調印したときに完全に形成されることになるであろう。彼らには、この条約に調印しないための動機よりも、調印するための動機のほうが、比較にならないほど多くある、ということもまた示された。私に残っている仕事はもはや、この条約の十二の基本条項を示して、それと同時に、読者に次のことに気づいてもらうようにすることしかない。それはすなわち、この十二か条がヨーロッパ諸国の社会的結合を不変のものとするのに十分であること、そして平和と、平和が君主・首脳たちに必然的にもたらすことになる無数の利益のすべてが、この社会的結合そのものの存続するかぎり存続するであろうということ、これである。
　私は、ヨーロッパ連合をより長続きするものにするための個別の取り決めの各々について、その必要性と重要性を読者に気づいてもらうようにした後で、引き続きこの取り決めを諸条項の形で起草するが、読者がこれをまずいやり方だとお思いになることはないだろうという希望を、私としては抱いている。いずれにせよ、条約の草案を作成する役目を負うことになる人々は、それを自分自身でさまざまな条項へと煮つめざるをえないであろう。それゆえ私は、そういう人々のために一つの作業を省いてあげているわけである。私は彼らに一つのすっかり出来上がった構想を示すが、彼らはそれに基づいて、ずっと容易に、彼ら自身の構想を作り上げることができるであろう。彼らは自分で判断して、付け加えるのが適当だと思う条項を付け加え、削除するのが適当だと思う条項を削除し、あるいは時として何も付け加えも削りもせずに、ただ条項の表現を変えたり、各条項を違う順序に並べかえたりすることによって、自分自身の構想を作り上げればよいのである。この種の仕事の何たるかを知る人々は、十分に形を成した一つの構想というものが常に多くの労苦を省いてくれること、またこの構想に欠落していることに気づくためにせよ、その中に存在するかもしれない余計なことを指摘するためにせよ、この構想を検討する人々の精神に多くの便宜を与えてくれることを、よく知っているものである。

　この社会的結合の全体と、その個々の加盟国の各々との静穏および安全保障のためには、ロシア皇帝にもこの連合に加盟する自由を残しておくことが適切であり、また必要でさえあると、私には思われる。それゆえ私は、ロシア皇帝の票を二十四票のうちの一票としてカウントする。彼の支配する領国のキリスト教が私たちのキリスト教と著しく異なっていることは、私もよく知っているが、しかしこの領国もイエス－キリストによる救済の希望を抱いており、したがってキリスト教国である。有り体に言えば、他のキリスト教諸国の君主・首脳はロシア皇帝の票決権をなしで済ますことも、しようと思えばできるであろうということも、私はよく知っているが、しかしヨーロッパ諸国の社会的結合が、ロシア皇帝に対する警戒を続けるために必要な出費を節約するためには、彼と通商ならびに恒久平和についての条約や攻守同盟を結ばずに済ましたり、この点に関して可能なすべての安全保障を講じないで済ましたりすることは、容易にできることではないであろう。しかるに、実を言えばこの条約は、ロシア皇帝が全体会議に自国の議席を有してヨーロッパ連合の成員とみなされるようになるその時にこそ、彼にとっても連合全体にとっても、いっそう確実なものとなるであろう。私はさらに突っ込んだ主張をする。それはすなわち、仮にロシア皇帝が、この社会的結合に加入することも、これと恒久平和の条約を結ぶことも、平和と通商審判廷の維持のために自国の分担金を支払うことも、他の成員たち同士が互いに与えあっているのと同一のあらゆる安全保障を与えることもしたがらないとしたら、彼が条約に調印してしまうまでは、彼をヨーロッパの平和の敵として、また公共の平安を攪乱する者として扱わなければならないだろう、ということである。けれどもロシア皇帝は、他の国々の君主・首脳が全員ヨーロッパ連合に加盟してしまったときになってはじめて、彼らの後から自分も加盟させてくれと願い出るようなことに、自分でわざわざしたりはしないであろう。

ヨーロッパ近隣のイスラム教徒たち、すなわちタタール人、トルコ人、チュニジア人、トリポリ人、アルジェリア人、およびモロッコ人に関しては、「彼らに全体会議での議席を与えるのはほとんど不似合なことであるし、おそらく彼らもそんなことは受けいれないのではないか」と私には言った人がいる。しかし、ヨーロッパ連合は、このイスラム教徒たちとの平和と通商を維持し、彼らに対して武装したままでいなくても済むようにするために、彼らと条約を結び、同じ安全保障をすべて講じ、各民族に一名ずつの弁理公使の「平和の都」への駐在を認める、ということもできるであろう。仮に彼らがそのような条約を拒否するとしたら、そのときこそ連合は彼らを自らの敵と宣言し、平和を保つ十分な保障を与えるよう力ずくで強制してもよいであろう。これらのイスラム教国の臣民であるキリスト教徒たちに有利ないくつかの条項を獲得することもまた、容易なことであろう。

ヨーロッパ諸国の社会的結合を形成するために君主・首脳たちが取り決めることのできる諸条項には、二種類あるように私には思われる。その一つは基本条項で、これについては各々の君主・首脳は、自身が変更に同意しなければ決していかなる変更もなされないであろうということを確信していてよい。もう一方は、平和を保つ十分な保障というこのことに到達するための重要事項で、こちらのほうについては、いつでも四分の三の賛成票で適当な変更を行うことができるものとする。

基本条項

第一条

自国の代議員を介して本条約に調印した諸国の現君主・首脳は、次の諸項を一致して取り決めた。☆

○　本日以後将来にわたって、本条約に調印した諸国の君主・首脳同士の間には、また可能ならば、全キリスト教国の君主・首脳同士の間には、ヨーロッパにおける平和を不変のものとするという目論見の下に、単一の恒常的かつ恒久的な社会的結合・連合が存在するものとし、右の意図の下にこの連合は、可能ならば、近隣のイスラム教諸国の君主たちとも攻守同盟条約を結ぶものとする。この攻守同盟条約は、可能なあらゆる相互安全保障をイスラム教諸国の君主たちから取りつけるとともに、彼らにもそれを与えることによって、ヨーロッパ各国をその領土の境界内に平和裏に維持するためのものである。

○　諸国の君主・首脳は、一つの自由都市に常置される一つの会議ないし元老院において、自国の代議員によって、常時代表されるものとする。

注　解

(1)　力の比較的弱い元首たちには、その安全保障を増強するために、平和を保つための攻守同盟を自分たちと組むべき元首たちの数を、増やそうと望むことが許されるし、最も強力な元首にとっては、安全保障のこの増強に協力を申し出ることは、非常に光栄なことであろう。

（2）トルコ人たちとモスクワ大公国の人々とがヨーロッパ諸国の社会的結合の加盟国のうちの一つと結託すれば、その他のヨーロッパ諸国を脅かし、その平安を乱すことができるであろう。これに対して、この三か国がすべてヨーロッパ連合の加盟国または同盟国であって、したがって恒久平和の巨大な利益を享受している場合、たった一つの妄想を抱くためにこれほど現実的な諸利益を離れ去るには、三か国すべてが同時に正気を失ったのでなければならないだろう。しかるに、三つの国の君主が同時に同じ狂気にとりつかれるなどということは、絶対にありえないとは言わないが、しかしほとんど心配しなくてよいことである。

（3）これらの列強国が武装したままでいるか、武装できる状態で居続けるかぎり、ヨーロッパ連合に、防備を保つための非常に大きな出費を余儀なくさせるであろう。

（4）池中海貿易はキリスト教諸国にとって非常に重要である。したがって、キリスト教諸国にとっては、組む相手がトルコのスルタンであろうと、また対抗する相手がアフリカの海賊であろうと、地中海貿易に関して十分な安全保障を講ずることが、非常に重要である。

これほど多くの専権者を同時に連合させようとめざすのは、風呂敷の広げすぎである（と私に言った人がいる）。なるほど私は、彼らを連合させようとめざしている。しかし、彼ら全員を同時に連合させようなどとめざしてはいない。まず最初に二人の専権者が連合に調印するということは、風呂敷の広げすぎか。そうではないというのなら、この二人が三人めの専権者に条約を提示し、次いでこの三人が全員そろって四人めの専権者に提示するということが、不可能なことなのか。このようにしてすべての専権者が相次いで少しずつ条約に調印してゆくことは、可能であろう。他方また、ヨーロッパ諸国の社会的結合が大きなものになることを私が要求するとすれば、それは私が他の箇所で立証したように、この社会的結合は、非常に大きくなければ不変であることができないだろうからである。

君主にとってさらに重要なことは、より多くの容易さをもって、ということはつまり、より多くの権威をもって自国を統治できること、そしてその結果、自分の臣民たちの幸福を増大させることによって自分自身の幸福をも増大させることができるということである。そのためには、君主は次のことを確信している必要がある。すなわち、ヨーロッパ連合は君主にとって、この点に関していかなる障害もなさないであろうということ。それだけではなくさらに、この連合はそれが行なう援助をつうじて、君主が反抗的な気質の人々を服従させたり、君主自身とその国の人民の効益にとって適切だと判断する制度組織を作ったりする手助けもしてくれるであろうということ。したがって同連合は、君主の行為について判断しようという気は決して起こさず、君主の意志を常に支えようという気だけを起こすということである。しかして君主たちは、臣民たちに対する自分の権威を増強することに多くの関心を持つほど、それだけいっそう進んで右の条項を相互に認め合うであろう。各君主は、君主制国家が同連合の三分の二の議席を構成することになれば、同連合の国家団がこの条項を常に厳密に遵守するであろうという保障を、それだけいっそう多く持つことになるであろうし、しかもそのうえ、共和制国家も、君主の権威のこういう増強に反対する関心を何一つ持たない。なぜなら、共和制国家は一方で、君主国に複数の非常に賢明な歴代元首が相次いで現れて自国の統治を非常に好ましいものにし、その結果共和国の臣民たちでさえこの君主国に行って居を定めるほどになることを心配しなければならないとしても、他方では、統治の下手な複数の歴代元首が、彼らのひどい統治のせいでこの同じ国をだめにして、同国の何人もの臣民が自分の富と才能ともども共和制国家に移住してくるほどになるかもしれないという期待を、さらにそれ以上に抱くべきだからである。

君主制国家には一つの利点がある。それは、共和国なら百五十年もかけなければ到達できないような、制度組織の高い完成度に、三十年で到達できることである。そしてこのことは、二つの原因に由来する。第一の原因は、偉業やすぐれた制度組織や立派な統治政策についての名誉を、ほとんどすべて君主が得るにちがいないということで、このことは、君主を力強くかつ辛抱強く行動させるための大きな原動力になる。第二の原因は、君主の意見が決断の際にも実行の際にも決して反対を受けないことである。これに対して共和国の場合は、一つの事業についての名誉が多くの成員によって分け合われてしまうので、右の原動力は各人ごとには非常に弱いものになってしまうし、そのうえ何かあるよい意見は、どんなに有益なものであっても、決断の際にも実行の際にも威力のある反対を受けやすく、この反対が意見の持つ良い効果のすべてをそれぞれ停止させてしまう。もっとも、共和制国家にもまた一つ利点はある。それは、共和国ではある良い制度組織がひとたびしっかりと形成されたあかつきには、君主国の場合よりもずっと長持ちするということである。

共和国に関して、次のことは既に指摘済みである。すなわち、共和国は君主国に比べて分裂と党派争いという病弊にはるかに陥りやすいので、この病弊が生じないような、もしくは少なくともそれが行きつくところまでは行かない、つまり武力という方途に訴えるところまでは行かないような保障を持つことに、非常に大きな関心があるということである。しかるに、これについては確実な予防策が存在する。それは、各共和国に次のような法律が存在するようにして、ヨーロッパ連合がそれの保証人となることである。それはすなわち、行政官が他の行政官に対して軍隊をさし向けること、そしてそういう場合に士官たちが軍を進めることを禁止して、違反すれば死刑に処せられるものとする法律であって、他方ヨーロッパ連合は、こういう混乱を防止するためにも、また混乱が既に起きてしまった場合にそれを建て直すためにも、連合の軍隊と監視委員団をさし向ける義務を負うことにするのである。

第二条

ヨーロッパ諸国の社会的結合は、各国の基本形態を保つという目的と、暴徒や反逆者たちに対抗して、君主国の場合は元首に、共和国の場合は行政官に、迅速かつ十分な援助を与えるという目的のためでなければ、各国の統治に容喙しないものとする。したがって、この社会的結合は、次のことを保証するものとする。☆

○　世襲制の主権国家は、各々の国の流儀により、かつその慣行に従い、世襲制のままであり続けるものとする。☆

○　選挙制が現に行なわれている国々においては、選挙の対象となっている公職は同様に選挙の対象のままであり続けるものとする。☆

○　「合意約定」(1)と呼ばれる協定条件書ないし取り決めが存在している国の国民の間では、この種の協定は厳密に遵守されるものとする。☆

○　君主国において元首に敵対して武器をとった者や、共和国において最高行政官のうちの誰かに敵対して武器をとった者は、財産を没収されるとともに、死刑に処せられるものとする。

注　解

連合の主要な効果は、万事をその現に見るとおりの状態で静止したまま保つことである。また、自分たちの代議員の機関をつうじてあらゆることについて決定を下すのは君主・首脳自身であるから、君主・首脳が代議員のこの集会を恐れることがありえないのは、各々の君主・首脳が自分自身を恐れることがありえないのと同様である。

宗教について論争が生じないというわけにはいかず、とりわけ共和国の場合はそうであるということ、また論争がなされるのは決まってわかりにくい問題に関してだけであるから、明白な証拠のおかげで両派が一致をみるというわけにはいかないこと、これらのことは私もよく知っている。けれども、宗教をめぐる論争が国家の平安を乱すところまでは至らないように防止することは、行政官にとって可能なことであり、容易なことでさえある。始めに全員に沈黙を課し、発言や説教や著述や出版をその禁止以後に行なった者は、追放もしくは監禁する、ということで十分である。真理は時がたてば見出される。それゆえ、真理がおのずから万人に明白に示されるまでの間、問題なのは、わかりにくさのせいで臣民たちに引き起こされる可能性のある分裂その他の害悪を、彼らに避けさせることだけである。そして、ヨーロッパのあらゆる国々において、ヨーロッパ連合の慎慮と権威とが果すことになる役割がそのことであるということは、間違いのないところであろう。

社会的結合を維持するためには、諸々のわかりにくい問題に関して市民たちが全員同じ意見を持っているということは必要でないし、またそれは到底彼らのよくなしうるところではない。そのような場合の意見の一律性は、不可能も同然である。社会の結合の唯一の基礎は、そのことではなくて、市民たち同士の間の平和である。したがって、社会的結合を保つためには、各市民が、自分では「あいつらの考え方は間違っている」と確信しているような、そういう相手に対してさえ慈愛と寛容を実践することが必要なことである。このことは市民のよくなしうることであるのみならず、彼らの義務のうちで第一の、最も欠くべからざる義務でもある。

諸国の王家がいまだかつて見出すことができたためしのない、ある大きな利益がある。それは、摂政期その他のあらゆる弱体化している期間中、活力があって完全に強力な、間断なき庇護を確保されることである。

第三条

ヨーロッパ連合は、各国において摂政期であったり、幼君期であったり、支配力の弱い君主の治世であったりしている期間中、その国の臣民や他国人が君主に対し、君主の身柄に関してであれ権利に関してであ

(1)「合意約定」(pacta conventa)については第六論考訳註(3)を参照。

れ、いかなる害もなすことがないよう防止するために、その全力と全注意力とを行使するものとする。また、元首または王家に対して何らかの暴動・反乱・陰謀・毒殺の嫌疑その他の暴行が生じた場合には、同連合は元首の保護者もしくは生来の庇護者として、この国に特別監視委員団を派遣し、また同時に軍隊を派遣するものとする。この派遣の目的は、特別監視委員団をつうじて事実の真相について情報を得るとともに、軍隊によって罪人たちを法の全き峻厳さに従って処罰するためである。

注　解

この条項がきちんと実施されるであろうということは、非常に確かである。なぜなら元首たちには、そうする力も意志も欠けることはないだろうからである。力に関しては、このことは明らかであるが、意志に関しても、それに劣らず明らかである。なぜなら、元首たちにとって次のことよりも大きな関心事はないからである。それはすなわち、元首を殺害し王家を滅ぼしたほどの犯罪、元首たちをすぐ近くからつけ狙う犯罪を、可能なあらゆる注意をもって明らかにすること、そして罪人どもを考えられるあらゆる厳しさをもって処罰させ、目に焼きつくようなこういう処罰によって、自家を似たような災厄から守ることである。

平和を保つためには、戦争の原因を可能な限り除去する必要がある。しかるに、領土の拡大は戦争の主要な原因の一つである。それは、領土を拡大することは近隣諸国を犠牲にしなければできないからである。したがって、〔平和保持の〕第一の基盤は、各国が自国の領土で足れりとすること、いかなる国も自国の現に領有していないものをわがものとみなさないことである。しかるに、諸国が現に領有していないものはすべて、希望・主張と呼ぶことができるから、諸国は領土については現に領有しているもので足れりとし、領土の全部または一部に関して互いに持つかもしれないようなあらゆる主張、あらゆる希望を、互いに譲歩・放棄し合うということが、絶対に必要である。

ヨーロッパの共同の安全保障にとって主要な点の一つは、いかなる王家も現に有している以上の主権国家を領有することができないということ、そして各王家が、他家に男子のないときに、継承という方途で、もしくは互いに継承をし合うために他の王家と結ぶ約定という方途で何かを獲得することを、断念するということである。

その理由は次のとおりである。一方で、継承・異なる王家同士の約定・選挙その他によって自国の領土を拡大するための門戸が君主たちに開かれたままになっているとしたら、たとえばオーストリアの王家が、あるときスペイン・イギリス・スウェーデンその他のヨーロッパの女系君主を戴く主権国家を、すべて自分の領有下におくことも、また同家の当主がさらにポーランドなどのような選挙された君主を戴く主権国家を領有することも、ありうるであろうということは明らかである。しかるに、その場合同家は、爾余のヨーロッパ連合諸国と比べて強力になりすぎるであろうということは、十分に感知されるところである。また他方で、強力さにおいて劣っている諸王家に、より強力な諸王家に対して拒むような継承権を与えることは、非常に不正なことであろう。

第四条

（1）各国の君主は、自分にとっても自分の代々の後継者にとっても、自分が現に領有している領土、もしくは付帯条約によって自分が領有すべき領土で、足れりとするものとする。☆

（2）ヨーロッパのすべての主権国家は、永久に現状のまま留まるものとし、また現に有しているのと同一の国境を永久に保つものとする。したがって、継承によっていかなる主権国家からいかなる領土を切り離すことも、また継承によって既存の領土に他のいかなる領土を付加することも、できないものとする。また、このような主権国家の領土の分離および付加は、異なる国家同士の約定・選挙・贈与・譲渡・売却・臣民の自発的な服従その他によっても、できないものとする。

いかなる君主も、また王家のいかなるメンバーも、現にその王家の支配下にある国または国々以外の、いかなる国の君主となることもできないものとする。

（3）自国の代議員をつうじて本条約に調印しようとしている君主たち、ならびに今後そうすることになる君主たちは、この調印により、次のことをしたとみなされるものとする。すなわち、彼らがそのすべてを本条約から引き出すにちがいない諸々の利益にかんがみて、彼ら自身としてもその代々の後継者としても、君主たち同士がお互いに対して持つ可能性のある権利と主張、とりわけ領土に関する互いの権利と主張は、いかなる名目の下に可能なものであれ、またいかなる性質のものであれ、そのすべてを互いに譲り合い放棄し合った、ということである。したがって、彼らはみなお互いに対して借りのない立場にあり続けるものとし、しかも本条約に調印しようとしている君主たちに対してだけでなく、今後これに調印することになる君主たちに対しても、この立場にあり続けるものとする。また、今後本条約に調印することになる君主たちは、この調印によって、彼ら以前に既に調印を済ませた君主たちに対しても、未調印のまま残っていてその後さらに調印することになる君主たちに対しても、互いに借りのない立場にあり続けるものとする。

（4）君主たちが他の国家に属する私人たちに対して負っている国債は、従来どおり支払われるものとする。

（5）いかなる君主も、自分が現に領有しているか、もしくは付帯条約によってその領有が彼に約束されているかのいずれでもないような、いかなる地方の領主の称号もつけないものとする。

君主たちは、二十四の加盟国の四分の三の票により、ヨーロッパ連合の同意を得てその保証の下に行なうのでなければ、互いにいかなる領土の交換も、いかなる条約への調印もしないものとし、また同連合は、君主相互間の約束の履行の保証人であり続けるものとする。

注解

（1）「わがもの」と「汝のもの」の境界を定めるには、定まった基準点が必要である。しかるに、領土に関しては、「現になされている領有」が非常にわかりやすい基準点である。なぜなら結局のところ、領有してみるだけの値打ちのあるものはすべて、「現になされている領有」の明らかなしるしを帯びているからである。町や村は誰かある裁判官を認めており、この裁判官は誰かある君主または首脳の権力によって支えられている。それゆえ、この町や村の主権と領有権は恒常不変である。したがって、領有に関しては恒常不変でないものはいかなる重要性も持たない、と言ってよい。どこかの未耕の山地や不毛の砂漠や無人島、僻遠の地にあるせいで役に立たないどこかの森林、湿地帯か森林か海岸のあちこちに分散して住んでいる哀れな未開人のいくつかのあばら家などを、現に領有しているのは誰なのかに関しては、たしかに何らかの不確実な点がありうる。けれども、そんなことが二人の君主同士の争いの原因になるであろうか。他方、まさしく重要性の乏しいものでありながら争いの対象となっているようなものは、それについて主張のある君主たちが、全体に関して決定を下し分配に関する線引きをするすべての権能を仲裁裁判者に与えるや否や、すべて決着がついたとみなされる。しかして、連合の国家団を常任の仲裁裁判者として確立する条項を、この後で見ることになるであろう。

私が「もしくは付帯条約によって自分が領有すべき領土で」という文言を本条に付け加えたのは、次のような理由による。戦争をしている君主たちが、恒久平和の十分な保障を将来得るために、ヨーロッパ諸国の社会的結合の設立をめざして講和を締結する可能性はおそらくあるだろうし、また何人かの専権者たちは、この制度組織が形成された後、いくつかの城塞都市やいくばくかの領土を返還する約束をするかもしれない、と私は考えた。しかるに、このような場合、「現になされている領有」を「約束された領有」から区別しつつ、この両方にともに等しい力と等しい権威を与える必要があった。これがその理由である。

ただし、ヨーロッパ諸国の社会的結合の条約が平和のさなかにおいて、約束された領有のすべてが現になされている領有となったときにのみ締結される場合には、「付帯条約」について述べる必要はなく、「現になされている領有」という文言を用いれば十分であろう。

（2）君主たち同士の間で法を作ることは、この法が各々の君主にとって平等なものでなければ実行不可能である。そしてその理由はまさに次の点にある。すなわち、君主たち全員が服従するような法を全員一致の同意によって作ることができるのは、当の君主たちだけであるにちがいないが、彼らは、実益と共同の安全保障のためにこそ自分たちに課そうと欲しているこの法において、ある君主たちが他の君主たちよりも悪い扱いを受けるとしたら、ということはつまり、この法が全君主にとって平等なものでないとしたら、その制定に同意しないであろうから、ということである。

ところで私たちは、ヨーロッパの安全保障のためには、既に非常に強力な王家がさらに自領を拡大したり、継承という方途によって領国を拡大したりすることができないように、防止することが絶対に必要である、ということを見た。それゆえ、次のことは見やすいことである。すなわち、比較的力の弱い君主たちは、自身の安全保障のためには比較的強力な君主たちの継承による領土拡大を防止する必要がある、ということを認めるならば、自分自身が手本となって真っ先にこの領土拡大という方途を放棄しなければならない、ということである。法が平等な場合には、誰もそれに不平を言う必要はないし、めいめいが法から大きな効益を引き出す場合には、めいめいがそれに十分満足するだけでよい。しかるに、諸々の主権国家に不動の国境を定めて領土面での自己拡大を防ぐようにすることが、ヨーロッパのあらゆる国々の国民の安全保障の基盤であり、またこれらの国々の王家自身の永続の基盤でもあるということを、わからない者があろうか。ヨーロッパ連合にとっての安全保障の確かさの理由はもう一つある。それは、元老院を構成することになる二十四という議席数が、討議の妨げになるほど大きすぎないということである。また、仮にこの数が二十四よりも少なかったなら、共同益に反する私党を元老院内に形成することが、より容易になるだろう。しかるに、何世紀か続くうちに複数の主権国家がただ一人の首長の下に統合されるとしたら、議席数は小さくなりすぎて、そのせいで私党や徒党に従属しすぎるようになってしまう可能性があるだろう。

さらに私は主張するが、最も強力な君主も最も力の弱い君主も、この放棄をすることで失うのはごく僅かなものでしかなく、平和と恒久的安全保障を確保することによって得るものは多い。フランス王のような最も強力な君主に関して言えば、その近隣諸国の君主・首脳は今日、現状のようなフランス王の強大な力を非常に警戒しているので、この力を弱めるためにわざわざ武器をとるほどであり、またこの力を恐れれば恐れるほど、その分だけますます結びつきを強めているが、そうだとすれば、次のことは明らかではないか。すなわち彼らは、いかなる継承や贈与によってもフランス王が領土に関して自己を拡大しないように防止するために、ますます結びつきを強めたそうであるし、しかもますます多数の君主・首脳が結びつきそうである、ということである。あるいは、言い方を変えてこう言ってもよい。近隣諸国の君主・首脳はこの領土拡大に反対する権利がない、などとは言うなかれ、と。国家に対する国家の権利は、同じ国家に属する私人に対する私人の権利とは同じでない。私人と私人は法に服しており、また自国の国家権力によって等しく庇護されているので、自分自身の安全保障のために、ある隣人が自己を拡大しないように防止する、という利害関心を全然持っていない。これに対して、一国家の主要な法と権利は、自分自身の保全のために必要なことはすべて行なうことができ、かつそれを実際に行なう、というものであって、それが隣国を滅ぼさずに可能な場合は、とりわけそうである。しかるに、既に強力な一君主の右のような領土拡大がありうること、そしてこの拡大が近隣の諸国家の自己保全にとって非常に危険なものになりそうなことは、目立ってわかりやすいことである。したがって、フランス王が将来、ある主権国家の全部または一部に対する継承権を永久に放棄することになる場合でも、同王は現実には何一つ放棄することにはならないであろう。なぜなら同王は、偶然わが手に入ったものの領有を始めることに対しても、それを保持することに対しても、近隣諸国の君主・首脳の側からの手に負えない反対を、いつの時代にも見出すだろうからである。異なる王家同士の約定による自領拡大の仕方についても同じことが言える。近隣諸国の君主・首脳は、フランス王がこのような約定を実行に移すことを決して許さないであろう。

力の最も弱い君主たちに関して言えば、彼らが連合の不変性から引き出すことになる諸々の大きな利益という考慮点に加えて、さらにもう一つ別の考慮すべき点があり、これを考慮することは、女系君主を載く主権国家やその他の主権国家に対する継承権を、異なる王家同士の約定によって保っておきたいという願望から、こういう君主たちを引き離す助けとなりうる。それは、君主というものは自分の娘を、力の最も弱い君主たちよりは最も強力な君主たちに嫁がせるほうに、はるかに気が進むものなので、力の最も弱い君主たちは他の君主たちに比べて、こういう継承権の放棄によって失うものが少ない、ということである。家から家への継承のための約定についても事情は同様で、そのような約定をしたがるような君主が、自分よりも力の弱い君主よりも強い君主と契約するほうを、はるかに好んで選ぶであろうことは確実である。

そのうえ、継承ほど多くの異論を引き起こすものは何もない。しかるに、領土拡大を勝ちとることが可能なのは結末を確実には見通せないような戦争を始めることによってでしかなく、しかもこの拡大のせいで、拡大した領土の領有権を確保するために巨額の資金を費すことが確実だとあっては、そんな拡大の望みは非常につまらない価値しか持たない望みになってしまう。そうなれば、結婚しようとする君主たちは、もはや他家を相続する望みを抱きつつそうするのではないので、自分の妻をその美点によって選ぶことになり、夫婦の結びつきははるかに強まるであろうし、子孫の数は多くなり、結婚生活はもっと幸福なものになるであろう。

一言で言うと、将来のヨーロッパ諸国の社会的結合ほど有利な社会的結合も、その基礎が永続的なものでなければ、形成することを考えても無益である。しかるに、最も強力な王家が自分の力をさらに倍増させることができるなら、この社会体の自由はどうなるであろうか。他方、君主たちが自分たちの幸福のために法を取り決める必要がある場合、この法は公正なものでなければならないが、その法が最も強力な君主にとっても最も力の弱い君主にとっても平等なものでないなら、それは公正な法でありうるだろうか。

連合の目的は各君主を現在ある状態に保つことであり、したがって、領土に関して彼らが現におかれているのと同じ相互間格差の度合いに保つことである。しかるに、最も力の弱い君主は継承によって自領を拡大することができるのに、最も強力な君主はそれができないとしたら、連合は諸々の君主同士および主権国家同士の間に、領土に関して現にあるのと同一の格差を保つことができるであろうか。

共和国に有利な考慮点も存在する。それはこういうことである。共和国は継承によっても、王家同士のいかなる約定によっても、自国の領土を拡大することはできない。しかも共和国は、平和の恒久性の諸々の利益を考慮して、その他のあらゆる領土拡大の方途を放棄するのであるから、君主制国家も同じ諸利益を考慮して、共和国と同じ諸関係・同じ条件下にあるようにするのが公正なことではないか。オランダは、イタリアやドイツの最も力の弱い君侯たちに対して、現に有している力の格差を保ちたがっているが、それでいて同国は、彼らに対して何の害になることもしているわけではない。これらの君侯は現状のままの状態に留まり、なおかつヨーロッパ諸国の社会的結合の設立によって、自家が末永く君位にあることの完全な保障を得るという利点や、本書で既に述べたその他のあらゆる大きな利点を、さらに有するのである。

おそらく、何人かの君主はスペイン王に対する嫉妬のせいで、この条項に真っ先に論争をしかけるであろう。スペイン王は世界最大の領土を領有している。しかして、連合が恒久的に永続することによって、歴代のスペイン王にとってこの種の優位は恒久的なものとなるであろう、と。しかしながら、あらゆる君主のうちで最大の領土の領有者であるような誰かある君主がこの地上に存在するということは、絶対的に必然的なことであるから、この優位を有するのが中国の王であろうとスペイン王であろうと、連合にとってはどうでもよいことであり、それにヨーロッパのためには、それがアジアの王家であるよりもヨーロッパの王家であること、しかも今日地上に君臨する諸王家の中で最古の王家であることは、いっそうましなことであるように思われる。

（3）他の国々に対する相互的主張を互いに譲りあい放棄することなしには、決していかなる安定的なことも存在しないであろうということは、明らかである。(1) ある君主が五十年来のある権利を行使したがるならば、これに対して他のある君主は、二百年来のある権利を行使したがるであろう。(2) ある君主は、ある要求に対する埋め合わせとして、それよりも重要な、ただしいっそう不確かな、五百年から七百年も前に中断していた権利を、蒸し返して主張するであろう。時効は、諸々の家族同士の間に静穏を保つための、非常に賢明でしかも非常に理に適った法である。私人は、彼ら自身にとって幸いなことに、この法に服しているが、君主たちはこれまでのところ、時効の法に服することに合意しておらず、しかもさらに重要なことには、彼らの合意の永続性についてのいかなる保障も、これまでのところ与えたことがない。それゆえこの法は、君主たち同士の間では効力を有していない。(3) 条約が引き合いに出されるならば、その文言に関して詭弁が弄されたり、対立する条項を持つ別の条約がでっち上げられたりするであろう。(4) 文言があまりにも明確で、詭弁を弄するいかなる口実の余地も残していない場合や、対立させるべき条約を持ち合わせない場合には、「引き合いに出されている条約は大きな恐怖によって無理強いされたものだ」とか、「最強の者が武器を手にして暴力ずくでそれに調印させた」とか言って、「だからこの条約は自由に結ばれたものではなく、したがって何事に対しても拘束力を持たない」と主張する者が出てくるであろう。(5) 暴力ずくだという申し立てができない場合には、詐欺だ、ペテンだ、肝腎な事実が知らされていなかった、などのあらゆるもっともらしい言い訳の手段が持ち出されるであろう。(6) 誓約をしたではないかという申し立てがなされたら、「その誓約は力ずくで無理強いされたものだ」とか、さらには「誓約の効力は、それを行なった当の本人が死ねば、それとともにほとんど完全に失われる」とか言われるであろう。(7) 歴史を辿って領有者から領有者へと遡り、最も新しい時代の領有者の権利の源を、それ以前の代々のさまざまな領有者が有していた権利に照らして検討してみるとよい。そうすれば、ヨーロッパとアジアの国々の大部分は、ローマ帝国の、ということはつまり、それよりも昔の簒奪者たちに対してなされた大昔の簒奪の、片割れにほかならないということは、確かなことではないか。なぜかといえば私は、共和制に対する簒奪を行なったり、この簒奪物を継承したりした歴代のローマ皇帝のみならず、アレクサンドロス大王その他のもっと昔の簒奪者たちからこれらの国々の一部を簒奪していたローマ共和国そのものも、そういう簒奪者とみなすからである。

ここで私は、あらゆる種類の征服を簒奪と一緒くたにするつもりはない。正しい人々による征服というものもありうるのであって、そういう征服は、正当に企てた戦争の出費の賠償を得るための征服以外にないとしても、そうである。もっとも、キュロスにせよアレクサンドロスにせよローマ人たちにせよその他の征服者たちにせよ、正義のことをいつもそんなに細心に考慮していたわけではなかったことは、人のよく知るところであるが。

いずれにせよ、頭のよい人にとっては、過去の世紀へと次々に遡っていけば、君主に対する君主の権利と国家に対する国家の権利に関して一種の懐疑論を確立して、そのような権利について疑いを抱かせることに利害関心がある場合にそれを疑わしいものにする、ということよりも容易なことはない。したがって、もし君主たちがお互いに対してほんのわずかな用心でも保っておくとしたら、新しい諸権利が互いに対立し合いながらそれらよりも古い諸権利に対立し、さらにこの古い諸権利がもっと古い諸権利に対立する、という混迷を予期するしかないであろう。そして、この混迷を解決してそれに決着をつける可能性は、いかなる確実な決定原理もほとんど存在しないことになる分だけ、いっそう低くなるであろう。

各君主が、連合条約に調印しながら自分の主張の全部または一部を保ったままにしておくとしたら、すべての君主が連合の仲裁裁判に、それが多数決によるものにせよ四分の三の賛成票によるものにせよ、信じ任せることで合意していなくてはならないであろう。しかるに、確実に起こりそうなことだが、ある君主が隣国の君主の領国全体に関して権利を持っていると主張するようなことがあった場合、この隣国の君主が自分の領国を丸ごと仲裁に委ねることを欲する、などということが信じられようか。しかしながらすべての君主は、そのようにして自国あるいはその最大部分を仲裁に、仲裁裁判に委ねるか、全員が自分の現に領有しているもので足れりとして、自分の一切の権利と主張を互いに一斉に放棄し合うか、それとも全員が妄想的な望みを抱いたまま、絶え間ない戦争という災いなる体制の下に永久に留まるか、そのいずれかにしなければならないのである。

結局のところ、ある君主が他の君主たちに対して借りがある場合、この君主たちの方でも借りがあるのではないか。ある近隣国の君主に対して何かある主張を持っている君主たちには、似たような、あるいはもっと重大な主張を彼らに対して持っている、ある別の近隣国の君主がいるのではないか。しかるに、借りと主張とのこのような混迷の中でなすべきこととして、次のことよりもましなことがあるだろうか。それは、各君主が自分のあらゆる望みと主張を自分自身の手できれいさっぱりと清算できるようにし、そのうえさらに、こういう望みを全部合わせたものよりも比較にならないほど重要かつ現実的な富を、不変の平和という宝庫から汲み上げることで際限なく手に入れることさえもできるようにする、という目的のために、全員が互いに、相手に負わせた借りを免除し合うことである。この宝庫は、全君主が絶えず両手いっぱいに汲むことのできる尽きせぬ宝庫であるが、互いの同意なしには、ということはつまり、永続的な社会的結合を相互間に形成しておくことなしには、そこから汲むことは決してできないであろう。

けれども、相互的安全保障なしには永続的な社会結合はなく、また各々の君主が、他の君主の領有している領土のなにがしかの部分をいつの日か自分が領有するという、抱く可能性のある望みと主張を、すべて永久に放棄し、現に領有していることという固定点に留まることは、本質的かつ根本的な相互的安全保障である。しかして、この相互的放棄、主張のこの相互的譲歩を前提することにより、君主たちは平和の体制下において、彼らの探し求めているもので、しかも戦争の体制下では探し求めても得られるはずのないものよりも、限りなく多くのものを見出すであろう。

（4）私がここで述べたいと思ったのは、君主の君主に対する主張と借りについてのみであって、他国の私人に対する君主の主張と借りや、たとえばミラノという国に対する誰かあるジェノヴァ人の主張と借りその他についてではない。

（5）一方では、近隣の君主同士で互いの利便のために、何ほどかの領土交換をすることができるということは、理にかなっていた。しかし他方では、ある君主がそのことを口実として、隣国を犠牲にして自領を増やすことはできないということが、連合の安全保障のためには理にかなっていた。このことは、ヨーロッパ諸国の社会的結合のための基本法でなければならない。しかるに、ある君主たちの自由と利便を他の君主たちの安全保障と一致させるためには、この種の領土交換の条約が、連合した君主・首脳のうちの当事者以外の全員の立ち会いと同意の下で結ばれる、ということで十分である。

連合に加盟している他の君主・首脳全員の意見と同意によらないかぎり、君主同士の条約はもはや結ばれないものとする、ということを私が基本法として提案するとすれば、それは次の諸理由によってである。(1)

社会的結合体の安全保障のためには、君主たちがもはや相互に秘密条約を結ぶことはできず、もし結んだらこの結合体の敵と宣言されずには済まない、ということが極度に重要であること。秘密が必要なのは、第三者の不興を買ったり、第三者に損害をもたらしたりするにちがいないような何かあることをしたがっている場合しかない。(2) ある条約に利害関心を持つ可能性のある君主・首脳は、自分がこの条約から受けるかもしれない損害の賠償を受けるために、言い分を聞いてもらえるというのが、正当なことではないか。しかしてこのようなやり方をすれば、不平不満の原因の多くを予防することになるであろう。(3) 右の提案には、契約者の誰もが、人を瞞すという望みも、人に瞞されるという恐れも、決して抱くことがありえないようにするため、という目的もある。しかるに、瞞すことは条約破棄の原因の一つ、あるいは少なくとも、条約不遵守の最もありふれた原因の一つであり、また、自分自身も自分の子孫も決して瞞されないことが確実であるならば、人を瞞すことを放棄することによって自分自身のためにも子孫のためにも得をしないような君主は誰もいない。しかも、二人の君主同士の間でのある条約の提案と交渉が他の君主・首脳全員の面前で全く公然と行なわれる場合、そういう条約は、非常に注意深いうえに条約をその全局面にわたって検討することに強い関心を持っている人々によって、全条項にわたって非常によく明らかにされるとともに非常によく起草され、そのおかげで、この条約のうちに自分の利益を現実に見出さないような当事者が誰かいるようなことはほとんどありえないほどになるであろうということは、明らかではないか。そしてこの相互的利益は、条約の遵守を保障することになるであろう。(4) 次のような理由もある。万一、不幸にして文言の中に何か不明瞭な点や曖昧な事柄が存在したり、予期されていなかった何かあるケースが起こったりして、その結果いくつかの条項の履行に関して何かあるいさかいが生じた場合、連合の下でこの条約のために努力してきた君主・首脳は係争問題のいっそう大いなる認識をもっていさかいに判定を下すということはできないとしても、当事者の気質と意図を思い起こすことによって、疑いを除いていさかいを和解させる手段を見出すことが、ずっと容易にできるであろう。(5)次のような理由もある。契約者の利益そのもののためにも、連合が将来のあらゆる条約の履行の保証人であるとともに、条約について生じる可能性のありそうなあらゆる紛争の仲裁裁判者でもあるということが、常に絶対に必要である。しかるに、当事者たちが自分自身に対して制定する法の証人とするのが、この同じ法の解釈者兼守護者でなければならない当の人々であるということにもまして、理にかなったことが何かあるであろうか。

問題は、これほど多くの利益を君主・首脳にもその臣民たちにももたらすにちがいない社会的結合の土台を、揺るぎないものにすることである。そういう事情であるからには、イギリス・オランダその他のオーストリア王家の同盟国の人々が、フランス王国とスペイン王国は決してただ一人の君主の下に統合されることはない、ということの十分な保障をこれほど執拗に要求していることは、驚くようなことではない。

フランス王家に関して結ばれることになる約定の履行は連合の方で保証する、ということであれば、同家は容易に次の条項に同意するであろう。すなわち、どのような分家の子であれ、同家に二人の男子が存在するかぎり、いかなる王女も、また王女の子孫も、スペイン王国を相続することはなく、男子同士の間では、嫡子は庶子よりも、嫡系は庶系よりも優先されるようにする、ということである。

他方、連合が堅固であるためには、神聖ローマ皇帝がポーランド王に選ばれることも、ポーランド王が神聖ローマ皇帝に選ばれることも決してできない、と取り決めることが必要であって、その必要度は、フランス王・スペイン王・イギリス王・ロシア皇帝等々もまた神聖ローマ皇帝もしくはポーランド王に選ばれることができない、ということの必要性に劣らない。しかしながら、内外いずれにおいても完全に不変なものとされている諸国家の社会的結合が保証してくれるのでなければ、右のような取り決めの履行のどんな十分な保障があるであろうか。

第五条

今後いかなる君主も、相続によってであれ選挙によってであれ、二つの主権国家を領有することはできないものとする。ただし、神聖ローマ帝国の選帝侯は、神聖ローマ皇帝が存在するかぎり、この皇帝に選出されることができるものとする。

ある君主が、現に領有している国よりも重要な国を、継承権によって得た場合、この君主は、彼のものとなった国において君主の位につくために、自分の現に領有している国を放棄することができるものとする。

第六条

スペイン王国は、嫡系であれ庶系であれブルボン家の男子が二名存在するかぎり、同家すなわち今日のフランス王家の手から離れないものとする。ただし条件として、常に嫡子は庶子よりも、嫡系は庶系よりも優先されるものとする。

注解

右のような条項、右のような保証が、ヨーロッパ諸国の社会的結合を設立することと、これを堅固で長続きするものにすることのために手を貸すよう、フランス王家を仕向けるための強力な動機となるであろうということは、既に示したところである。

平和を保つための最重要項目の一つは、ヨーロッパの諸国民同士の通商のためのすぐれた法を作ること、そしてそれをよく施行させるための手段を見出すことである。けれども、こういう法典であって、しかも加盟国が四分の三の多数票をもって合意できるようなものは、おそらく形成されるまでに何年もかかるであろうから、既成の諸々の通商条約の諸条項がそうであったような、何らかの暫定的な法について取り決めることが、絶対に必要である。この暫定法には、いくつかの暫定的な制限や例外が伴うが、この制限や例外についてもまた取り決めがなされうる。またとりわけ、異なる国々の商人同士の間でこれらの条項を仮執行させるようにとりはからうことが必要であるが、それは各国の国境付近に通商審判廷を設立することによって果される。

右のことなしには、諸国民はたちまち仲違いし、すぐさま報復に至り、次いで敵意に至りつくことは明らかである。必要なものは法であり、裁き手であって、しかもこの裁き手は、疑わしいところがなく、とりわけ強い権威が与えられていて、その下した判決が常に間違いなく執行されうるような、そのような裁き手でなければならない。

第七条

（1）代議員たちは、通商全般についての、ならびに個々の国々の国民同士のさまざまな通商についての、あらゆる条項を起草することに絶えず努めるものとする。ただしその場合、法があらゆる国の国民にとって平等かつ互恵的で、しかも公正に立脚したものとなるようにしなければならない。出席代議員の多数票をもって通過した諸条項は、その形式と文面に従って仮執行されるものとし、この仮執行は、もっと数多くの加盟国が連合に調印した際に、四分の三の票をもってこの諸条項が改正されるまで行なわれるものとする。

（2）ヨーロッパ連合は、通商の維持のために、さまざまな都市に審判廷を設立するものとする。この審判廷は派遣員たちによって構成され、彼らには、法の歪曲的解釈のせいで通商もしくはその他の問題に関して、異なる君主の臣民同士の間に生じる一万リーヴル以上の訴訟額の訴訟を、和解させたり、やむをえない場合には最終審廷として判決したりする権威が与えられる。訴訟額がこれよりも小さくて結果の重大性の低い他の訴訟は、通常は被告のいる現地の裁判官によって決定が下されるものとする。各国の君主・首脳は、通商審判廷の判決があたかも自分自身の下した判決であるかのように、その執行に協力するものとする。

各国の君主・首脳は自らの費用負担により、自国領土沿いの盗賊・山賊および自国沿岸の海賊を根絶するものとし、これを怠った君主・首脳は、賊による損害を賠償しなければならない。また、各国の君主・首脳が援助を必要とする場合には、ヨーロッパ連合は彼らに協力するものとする。

注解

（1）通商に関する第一の要点は、いかなる国の国民も他の国の国民に対して優先されることなく、あらゆる国の国民が商品の売買にやって来る平等な自由を持つ、ということである。第二の要点は、非常に重要な点であるが、それは出入国の権利についての論議を避け、商人に来訪の際の面倒と、税関の役人どもがさまざまな口実の下に彼らに被らせるあらゆる嫌がらせや公然の侮辱とを免れさせるために、四分の三の票をもって次のことを取り決めることであろう。すなわち、各国の君主・首脳は、おそらく消費される食糧の代金は仕方がないが、そうでなければ臣民であれ他国人であれ何人《なんぴと》に対しても、いかなる出入国税も要求しないものとし、自国の臣民に課する他の種類の献納金によってその埋め合わせをするものとする、ということである。このたった一つの条項のおかげで、通商がどれほど容易になり、かつ増加することになるか、また各君主・首脳の臣民たちは、そのおかげでどれほど豊かになるか、そしてその結果、臣民たちの収入増加によって君主・首脳の収入がどれほど増加することになるかは、想像もつかないほどである。しかし、この点に関しては論ずべき賛否双方の理由がたくさんあるので、この問題はそれを特に論じる論文を一本書くだけの値打ちがある。

しかし、極度に重要なことは、対外通商についての諸条項は暫定的なものとしては代議員たちにより多数決をもって取り決められるものとすることに、君主・首脳たち全員が合意したということである。なぜなら、これほど容易かつ確実な手段について合意がなされたからには、万事は決定済みとみなされ、万人が平和と通商のうちにあるからである。というのは、これらの条項によって自分が権利侵害を受けたと思う君主・首脳には、根本規則である平等に立脚して、四分の三の票をもってそれらを改正させるための道が、いつでも開かれているゆえに、これらの条項は全部が完成に至っているわけではない、ということは、重要ではないからである。

(2) 隣り合った国々の人民同士の戦争の最もありふれた原因の一つが、一方の国の私人たちが隣国の私人たちから被っている、もしくは被っていると信じている不正行為であるということは、人の知るところである。その場合、報復を許さざるをえないことが多く、そしてひとたびある点で報復が許されると、そのせいであらゆる点で戦争に火がつくということも、人の知るところである。

通商審判廷に関しては、第七論考でもっと詳しく見ることになろう。

将来の利益の望みか、もしくは将来の災厄の恐怖以外に、人々を他者に対する自分の義務のうちに引きとめ、行動させることのできるものは何もなく、そして元首たちも結局のところ人間でしかない。本書の第三論考では、ヨーロッパ諸国の社会的結合の形成と維持から元首たちが望むことのできる利益を、十分に示した。すべての君主・首脳が常に多少とも理性的であるということが確実ならば、それで十分であったろう。しかしながら、誰かある年若くて、軽率・無謀で、しかも悪知恵をつけられた元首がときどき出てくる、ということは起こりうることなので、ヨーロッパ連合はこういう元首を、もはや御褒美の望みによっては導くことのできない幼児を扱うように扱うことができる状態にあるということが、必要であるように思われる。そういう場合、幼児を導くには大きな災厄の恐怖によらなければならない。それゆえ、賢明な元首たちは、自分の賢明でない後継者たちを、彼らにとってもその王家にとってもこれほど有利な社会的結合のうちに引きとめるために、恐ろしくてしかも避けようのない刑罰を彼らに課すということが、絶対的に必要である。

第八条

（1）いかなる君主・首脳も、ヨーロッパ諸国の社会的結合の敵と宣言された者に対してしか武器をとらないものとし、またそういう者に対してしか、いかなる敵対行為も行なわないものとする。ただし、どれかある加盟国に対して、何らかの苦情の原因やなすべき何らかの要求が君主にある場合には、彼は自分の代議員をつうじて、「平和の都」にある元老院に意見書を提出させるものとし、また元老院は、その調停委員団によって紛争を和解させるよう配慮するものとするが、和解が不可能な場合には、元老院は仲裁裁定によって、この紛争に裁定を下すものとする。この裁定は、過半数の票をもって暫定裁定とし、四分の三の票をもって最終裁定とするが、各々の元老院議員がこの事件に関して自分の主君の訓令と命令を受け、かつそれを元老院に伝達した後でなければ下されないものとする。

ヨーロッパ連合の宣戦布告に先立って武器をとる君主や、この社会的結合の規則あるいは元老院の裁定を履行することを拒否する君主は、この社会的結合の敵と宣言されるものとし、同連合は、この君主が武装を解除されるか、もしくは裁定および規則を履行するまで、彼に対して戦争を行なうものとする。この君主は、当該戦争の費用をも支払うものとし、また停戦の際に彼に対する征服によって獲得されていた地方は、彼の国から永遠に分離されたままになるものとする。

（2）この社会的結合が十四の票数を得て形成された後で、ある君主がこれに加盟することを拒否した場合は、この結合体はこの君主をヨーロッパの平安の敵と宣言し、彼がこの結合体に加盟するか、自領をすべて奪い取られるかするまで、彼に対して戦争を行なうものとする。

注解

（1）本条は、各君主の安全保障のために非常に重要である。一方で各君主は、自分がうっかり怒らせてしまったり、人の中傷のせいで自分に対して腹を立てたりしている可能性のある近隣諸国の君主たちのうちの誰からも、不意に襲撃されることは決してないという安心を得るであろう。他方でまた各君主は、自分が武器をとる場合は必ず勝つという確信を持つであろう。なぜなら、これにはヨーロッパ連合の総力を挙げての支援が伴うだろうからである。最後に各君主は、自分が被る可能性のある迷惑や侵害や不法行為は、示談かもしくは仲裁裁判者の裁定により、同じ公正さをもって、しかも「自分が侵害される側でなくする側であっても、償いは万事このような仕方でなされるのであってほしい」と思うその仕方と同じ仕方で償われる、という確信を持つであろう。「汝が相手の立場にあり、かつ相手が汝の立場にあるとした場合に、こう扱ってほしいと汝が思うであろうような扱いよりも、悪い扱いを他人に対してするなかれ」。正しい意味での自己愛が、侵害を受けたすべての者に命じる規則とは、このようなものである。それは、侵害を受けた者やその子孫が、今度は侵害を加える側になるということが起こりうるからである。しかしてこのような場合には、罰はあまり厳しすぎず、償いはあまり厄介すぎないことが、侵害を受けた者の利益に適っていないか。

さらに、運のせいで非常に不当な仕方で戦争に決着がつくことが多いということも、人の知るところである。それゆえ、正当な償いを得ようと頑張っている君主は誰であれ、武運によってそれを得るという確信はないのである。これに対して、諸国家の社会的結合の公正さと力とによるなら、正当な償いを得るという確信が得られ、しかもその際に出費もないし、戦時の不幸な出来事のせいで、自分がそのことについて不平を抱いている当の迷惑や損害よりも大きな、新たな迷惑や損害をわが身に招くということもないのである。

さらに、ヨーロッパ連合の規則を履行したがらないような君主の、この履行拒否には、ある非常に大きな、絶対に避けられない刑罰が結びついて存在しているのでないとしたら、同連合を維持しようと頑張ってもむだであろう。このことのせいで、ドイツ領邦国家団の加盟諸邦は、言うことをきかない加盟邦はみな帝国から追放する、ということを取り決めざるをえなかったのである。しかるに、ヨーロッパ連合を乱したがるような君主はヨーロッパから追放する、ということを君主・首脳全員で取り決めたとしたならば、武器をとることが自分にとって好都合だなどという考えは、いかなる君主の脳裏にも、彼がどんなにのぼせ上がっていると考えても、思い浮かびさえしないであろう。したがって、君主が諸国家の社会的結合から引き出す大きな諸利益を考慮することが、武器をとらないように彼を引きとめないとした場合には、刑罰の恐れだけが彼を引きとめて、いわば不承不承に自分の真の利益に従うように強制するであろう。各々の加盟国が、賢明で良識ある君主たちにとっては十分な、楽しみと効益の考慮によってだけではなく、賢明でなく良識もない君主たちを引きとめるのに必要な、何かある大きな恐怖によってもまた引きとめられるのでなければ、人間同士の間の永続的な連合というものは望むべくもないのである。

（2）ヨーロッパのある君主が別に団体を作りたがるとしたならば、ヨーロッパ連合は、この君主を強制して他の君主・首脳全員と同じ約束をさせ、同じ安全保障を与えさせることに大きな関心を持つであろう。それは、そうしないとこの君主は武装したままでいることも、突然の武装によって近隣諸国の君主・首脳の一人の不意を襲うこともできるであろうからである。しかるに、こういう状況があるとそのせいで、近隣諸国の君主・首脳は不可避的に、自身の安全保障のために武装したままでいることを余儀なくされるであろう。それゆえ、この別の団体を作ろうとする君主は、自分の行動のせいでいかなる正当な理由もなしに、近隣諸国の君主・首脳に莫大な出費を強いることになるであろう。この君主にはいかなる正当な理由もない、と私が言うのは、次のような理由による。結局のところ、彼は自国の領土を拡大したがっているか、単に保全したいだけなのか、そのいずれかであるが、領土を保全したいだけであるなら、それこそはヨーロッパ諸国の社会的結合の主要目的であり、主要効果である。領土を拡大したがっているなら、それは自分の近隣諸国の君主・首脳を犠牲にすることによってでしかありえず、したがって近隣諸国の君主・首脳は、この君主を自分たちの敵とみなし、またそういう者として扱う正当な権利がある。

私の考えでは、これらの基本条項に調印することにより、他の全条項は元老院の四分の三の票によって定められるということが取り決められることになるであろうが、この取り決めは極度に重要なものではあるけれども、元老院が何議席から成るか、どの君主・首脳が元老院に議席を持つか、どんなに強力な君主でも元老院では一人一票しか持たないのか、といったことについて当事国が取り決めたとまで解することはたしかにできない。それゆえ、この点を徹底的に検討してみるのが適当であると、私には思われる。

小君侯はどのくらい存在しているか。ドイツには主権を持つ都市がどのくらいあるか。二百以上はある。イタリアにはどのくらいあるか。さて、これほど多数の議席で元老院を構成するのは、絶対に不可能であろう（と私には思われる）。それゆえ、議席数を絞り込む必要があるが、しかし何に基づいてそうするのか。私見では、ローマ教皇、サヴォワ、ロレーヌ、ポルトガル、デンマーク、ヴェネチア、スイス、プロヴァンス連合、スウェーデン、イギリス、ポーランド、スペイン、フランス、モスクワ大公国のような、約百二十万人以上の臣民を擁する国の君主・首脳には投票権を与え、パルム、モデナ、フィレンツェ、ブイヨン、モナコ、マルタ、ジェノヴァ、ルッカ、ラグーザ、バーデン、サルム、ナッソー等々のような小国に関しては、それらのさまざまな盟邦関係を作って、その各々が一票を持つようにするのがよい、と思う。

もう一つ別の問題がある。それは、本書の最初のところで私が述べたように、ドイツの諸君侯と諸領邦が全体で一つの票と、神聖ローマ皇帝の任命する一名の代議員しか持たないことにするのかどうか、それとも、ヨーロッパ連合の設立をみた後ではドイツはもはや、皇帝を選出する必要があまりないので、比較的弱い領邦君主たちは盟邦として結合させつつ、この国の領邦君主たちに複数の代議員と複数の票を与えることにするのかという、このことを知ることである。この後の方のやり方をするなら、オーストリア王家の当主には、神聖ローマ皇帝としてではなく、オーストリア・シレジア・ボヘミヤ・ハンガリー等々の君主として一票を、プロシア王に一票を、ザクセンのアウグスト王(2)に一票を、バイエルン公にはそのいくつかの盟邦の君侯ならびに盟邦諸都市とあわせて一票を、パラチナ伯とその盟邦に一票を、ハノーヴァー公とその盟邦に一票を、ケルン・マインツ・トリールの大司教とその盟邦に一票を与えるのがよいであろう。この場合には、二十四人の代議員ないし元老院議員がいることになるだろう。私はその国々の名を、連合条約に調印する可能性の高い順にほぼ従って挙げることにしよう。

(1) フランス
(2) スペイン
(3) イギリス
(4) オランダ
(5) サヴォワ
(6) ポルトガル
(7) バイエルンとその盟邦
(8) ヴェネチア
(9) ジェノヴァとその盟邦
(10) フィレンツェとその盟邦
(11) スイスとその盟邦
(12) ロレーヌとその盟邦
(13) スウェーデン
(14) デンマーク

(15) ポーランド
(16) ローマ教皇
(17) モスクワ大公国
(18) オーストリア
(19) クールランドとその盟邦、たとえばダンチヒ・ハンブルク・リューベック・ロシュトック
(20) プロシア
(21) ザクセン
(22) パラチナとその盟邦
(23) ハノーヴァーとその盟邦
(24) 選帝侯である大司教たちとその盟邦

さて、ヨーロッパ連合の安全保障のためには、ドイツ国民はヨーロッパ全体の議会に、神聖ローマ皇帝にいかなる従属関係もないなら七名の代議員を持つが、皇帝と結びついたままなら一名の代議員と一つの票し

---

(2) ザクセン選定侯フリードリヒ・アウグスト一世（一六七〇～一七三三、在位一六九四～一七三三）を指す。「王」と呼ばれているのは、アウグスト二世としてポーランド王位を兼ねた（在位一六九七～一七〇四、一七一〇～三三）からである。

か持たないことにするのが、おそらくいっそう好都合であろうと、私には思われる。これも私見であるが、この規定はドイツの諸君侯と諸都市の利害にも、はるかによりよく適うであろう。なるほどオーストリア王家の当主は、皇帝の特権を失うことになろう。しかし、この特権は元来同家にとっての世襲対象ではないということに加えて、右の喪失には次のような理由がある。それはすなわち、そういう場合の公共益は、とりわけそれが非常に重要かつ永続的なものであるときには、取るに足りない、しかも少しの間だけ続くにすぎない個人益に対して、優位に立たなければならないということである。しかも、オーストリア王家が（他のすべての強力な王家と同様に）、莫大な利得をもって同家に皇帝の称号の埋め合わせをしてくれるヨーロッパ連合の設立から、どれほどの大利を引き出すことになるかは、第三論考で示したところである。私は本条を未確定のままにしておくが、しかしそれがどのように決定されようと、本計画が実行可能なことに変りはなく、違いはせいぜい、ヨーロッパ連合が二十四人の代議員で構成される代りに、十八人の代議員だけでしか構成されないことになるということにすぎない。

君主・首脳たちによって決定されるべきもう一つの問題は、たとえばサヴォワ公よりも臣民の数という点で八倍強力なある元首の代議員は、サヴォワ公が一票しか持たないのに対して八票を持つものとし、イギリスは四票、オランダは三票を持つものとし、他の国々についても同様、というようにするのかどうかを知ることである。

私見によれば、この問題を解決するには二つのことを考慮に入れなければならない。それは、⑴ 諸国家の社会的結合の形成を容易にすること、⑵ この社会的結合の形成された後、それを永続的なものにすること、の二つである。最も強力な君主たちは、この社会的結合から自分たちに還流してくることになる諸利益のことをひとたび考えた後では、自分の力に比例した票数を執拗に要求すべきではない。力と票数の比例などということは、ごく些細な結果しか伴わないにもかかわらず、諸国家の社会的結合の形成を非常に遠い話にしてしまうか、不可能にしてしまうか、もしくは少しの間しか続かなくしてしまうようなことだからである。また、ごく小さな共和国も君主も、各々が一票を持つことを執拗に要求すべきではない。そんなことはごく些細な重要性しかないのに、諸国家の社会的結合の形成を実行不能にしてしまうようなことだからである。この社会的結合こそ、彼らがその一切の安全保障と、自国および自家のために理にかなった仕方で望むことのできるあらゆる最大利益とを、そこから引き出すはずのものだというのに。

たとえば、モナコの大公に一票を与え、フランス王にそれより多くの票を与えないなどということは、どんなふうに見えるであろうか。けれどもまた他方において、モナコの大公に与えるのは一票なのに、フランス王には、少くともモナコの三百倍の臣民を擁するからというので、三百票を与えるなどということも、どんなふうに見えるであろうか。元老院に三百人もの代議員がいたり、各代議員の持ち票が、ある者は一票、ある者は二票、ある者は三十票、ある者は五十票、ある者は八十票、ある者は百票、ある者は百五十票、ある者は三百票といった具合に、代議員の頭数《あたまかず》がある分だけ各々の持ち票数も異なっていたりしたら、討議にどんな混乱が生じることであろうか。こんなことは絶対に実行不可能であろうと気づかない者は、誰もいない。こういう会合は、好便・迅速に、かつ秩序正しく討議を行なうことなど到底不可能であり、いかなる利益も引き出すことのできない混沌状態にしかならないであろう。

少なくとも百二十万人の臣民を擁する一部の元首にしか、代議員を出すことを認めない、と定められていると仮定した場合、ヨーロッパ連合を形成するのに臣民数の確認検証が済むのを待っていたら、この連合は形成に時間が長くかかりすぎ、それを待つ間、多数決によっても四分の三の票によっても諸条項を規定することができないことになるであろう。それゆえ私見によれば、この問題にとってもヨーロッパにとってもよいようにするためには、主要列強国が代議員の数を固定するのが適当である。私はそれを二十四に固定することを提案するが、その理由は、最も強力な君主たちにも一名の代議員しか与えないとして、百二十万人以上の臣民を有するために結びつく必要のない国がほぼ十四か国、結びつく必要のあるその他の国々が十グループあるだろうからである。しかし、千二百万人とか千五百万人とかいった臣民を擁する君主たちを、その十分の一しか臣民のいない君主・首脳たちよりも上回らない一票しか持たないことに、同意するよう決意させることのできる理由とはどのようなものか、見ておくことが適当である。

(1) 各々の君主・首脳は自分の擁する住民の数が百二十万の何倍かに応じて、その倍数と同じだけの票数を持つものとする、ということを君主・首脳たちが取り決めたとした場合、監視委員団の立ち合いの下にこの人口調査を行なわなければならないであろうが、いつそれを行なうのであろうか。

(2) 非常に強力な君主は、自分が多数の票を持って、それで何をしたいのか。彼がしたいのは、ヨーロッパ連合を保全し、これをますますしっかりしたものにすること以外のことであろうか。なぜなら、彼が恒久平和を期待できるのは、ただ同連合の永続によってだけであり、また彼が本書の第三論考ですでに見た莫大な諸利益を期待するのも、それを間違いなく受け取ることになるのも、この恒久平和のおかげだからである。しかるにこの君主は、自分は一票でいいということにすれば、自分が最も願っているはずのもの、すなわちヨーロッパ連合がすみやかに形成され、かつこの同じ連合がしっかりしたものになるということを、手に入れるのである。

（3）ヨーロッパ連合の破棄につながることとして恐れなければならないことが万一あるとしても、それは力の比較的弱い君主・首脳たちの側からは生じないであろう。なぜなら、彼らは同連合を永続させることに、最も強力な君主たちよりもさらに多くの利害関心を持つからである。それゆえ、同連合の永続のためには、力の比較的弱い君主・首脳たちに、より多くの票を渡すほうがよいのである。しかるに、ヨーロッパ議会において各々の君主・首脳の持ち票を一票に、総票数を二十四票に限定すれば、力の比較的弱い君主・首脳たちのほうが多数の票を持つことになるのがわかるであろう。そしてこのことは、ヨーロッパ諸国の社会的結合を最大限にしっかりしたものとするであろう。すでに立証したように、ある非常に強力な君主がこの社会的結合に加入することを拒否したり、すでに加入している場合にそれを破棄することを望んだりするためには、この君主の気がほとんど完全に変になってしまっているのでなければならないであろう。けれども、比較的力の弱い元首の心にこの願望が入り込むとしたら、この元首はもっとひどく気が変になっているのでなければなるまい。しかして、こんな重度の狂気は一人の君主に生じることも稀であろうが、ヨーロッパ連合を破棄するために、必要なときに、十八人の君主・首脳が、すなわち投票権のある君主・首脳の四分の三が、全員そろってこんな狂気に冒されるなどということは、絶対にありえないことであろう。

（4）力の比較的弱い君主・首脳たちの票は、最も強力な君主から、その領土や所有している諸権利の何一つとして、決して奪うことはできないであろう。なぜなら、領土や権利は固定されていて、それらを奪うためには全員一致の同意が必要となり、したがってこの最強力君主自身の同意も必要となるが、彼は何か自分のものが自分から奪われるのだと思えば、同意を与えないであろうから。この君主の国の内部に関してはそういうことであるが、対外通商に関しても、力の比較的弱い君主・首脳たちの十八票は、彼らの決めることがすべての国の国民にとって平等かつ互恵的でないかぎり、これまた何一つ決定することはできないであろう。そうではなく、万国の国民にとって平等で互恵的なことを決めるのだというのなら、彼らには十八票すなわち四分の三の票のみならず、満票が必要であろう。しかして、取り決めることがすべての国の国民にとって平等な場合には、この非常に強力な君主の臣民たちの通商は、この取り決め事からどんな害を被ることがありえようか。そのうえ、仮にそういう害があるとしても、力の比較的弱い君主・首脳たちも同じだけの害をわが身に招くことにならないであろうか。それゆえ、最も強力な君主は、自分のためにもその臣民たちのためにも、力の比較的弱い君主・首脳たちを恐れる必要は決して何一つないのである。

（5）アンリ大王の提唱されたように、ヨーロッパ連合の二十四か国の君主・首脳が、権能に関してみな対等かもしくはほとんど対等であるようにしたら、諸国家のこの社会的結合はさらにいっそうしっかりしたものになるであろうということは、確実である。ところで、最も力の弱い君主と最も強力な君主を、票決権に関しても、両者が平時の間に保持しなければならない軍隊の兵員数に関しても等しくすることによって、どうしようというのか。私は言うが、害をなしたり迷惑をかけたりするための権能が同等であるということに両者を可能なかぎり近づける、ということはするものの、人のためになることをするための両者の権能が不等であることには何の変更もなく、最も強力な君主の主権領域のひろがりも、彼の富の大きさも、他の君主・首脳たちを凌ぐこれらの利点すべてがこの君主に与えている差異も、何一つ減少しないのである。一言で言えば、最強力君主は迷惑をかける権力を譲っても、偶像崇拝者たちが悪魔に関して崇めているもの以外に、現実的なもの・評価すべきものは何一つ譲ることにはならないであろうし、しかも彼はそれとひきかえに、彼とその親族に評価を絶した利益をもたらす諸国家の恒常的な社会的結合の設立を獲得するのである。これらの点を考慮すると私は、いかなる君主・首脳も次条に同意することに難色を示さないであろうと確信する。

第九条

ヨーロッパの元老院には元老院議員が、すなわち連合した諸国の君主・首脳の代議員が二十四名存在するものとし、それ以上でも以下でもないものとする。この二十四名とはすなわち、フランス、スペイン、イギリス、オランダ、サヴォワ、ポルトガル、バイエルンとその盟邦、ヴェネチア、ジェノヴァとその盟邦、フィレンツェとその盟邦、スイスとその盟邦、ロレーヌとその盟邦、スウェーデン、デンマーク、ポーランド、ローマ教皇、モスクワ大公国、オーストリア、クールランドとその盟邦、プロシア、ザクセン、パラチナとその盟邦、ハノーヴァーとその盟邦、選帝侯たる大司教たちとその盟邦の各代議員である。各代議員の持ち票は一票のみとする。

注解

私が思うに、ヨーロッパ諸国の社会的結合の設立に到達したければ、物事を可能なあらゆる仕方であれこれといじくり回しても、結局いつかは本条か、もしくは何かこれと等価なものに合意せずに済ますことはできないのではないか。本条によって、損をする者は誰もおらず、万人が得をする。あるいは、もし誰かが一方では何かを損するように見えても、この者は実際には他方でその百倍も千倍も多く得をする。

二十四票という票数は、ヨーロッパ連合の利益に反するあらゆる策動の実行を非常に困難にするのに十分大きな数であるとともに、他方では、元老院の討議と決議に面倒を生じるほどには大きすぎない数である。

私の見たところ、本書の第三草稿を読まれた際に、私がイスラム教諸国の君主たちにも元老院議員の議席を割り当てるという提案をしていることに、ショックを受けられた読者が何人もおられたようであった。それゆえ私は、イスラム教諸国の君主たちのためには、「平和の都」への弁理公使の駐在のみを提案する。このことの目的は、平和の維持のためにこの君主たちとの間で締結されることになる通商条約と連盟条約の諸条項を維持することにある。そしてこの諸条項は、キリスト教諸国の君主・首脳がお互い同士の間で取り決めている諸条項とほとんど同じものになるであろうから、右のことは名称の違いはあっても、それが持つことになる効果は、私がかつて提案していたものと同じになるであろう。イスラム教諸国の君主たちは、仲裁裁判者の特権を持ったヨーロッパ連合の成員ではなく、同連合のあらゆる庇護を受けるという利点を持った同連合の盟友にすぎないものとする。彼らも私たちも右のことから、十分な安全保障と完璧な安全という堅固なものをまるごと引き出すことになるであろうし、おそらくイスラム教諸国の君主たちのほうは、キリスト教諸国の代議員の会合には自分の弁理公使を参加させずに済ますことを何よりも求めるであろうから、本条にこだわる気には到底ならないだろうと思われる。

第十条

ヨーロッパ連合の加盟国と盟邦との君主・首脳は、諸国家のこの社会的結合の費用ならびに安全保障のための献納金に、それぞれ自分の収入とその国民の豊かさに応じて支出するものとし、各国の割当額は、まず多数決で仮の取り決めをし、次いで連合の監査委員団がこの点に関して各国内で指導と糾明を行なったうえで、四分の三の票をもって取り決めるものとする。そして、万一誰かある君主・首脳の仮の割当額の支払いは多すぎたことがわかったならば、この君主・首脳は事後に元金と、支払いの少なすぎた国々による利息とによって、その清算をしてもらうものとする。力が比較的弱く、一票を形成するために連盟している君主・首脳たちは、その割当額に応じて、彼らの代議員の任命を交替で行なうものとする。

注　解

各々の君主・首脳の支出がその力に、したがってその収入に比例していて、最も豊かな君主・首脳は最も多く支払う、ということよりも公正なことは何もない。なぜなら、最も豊かな君主・首脳は、戦争の出費の削減、通商の増加、平和の恒久性によるその他のあらゆる利益のいずれによるにせよ、この平和の恒久性から最も多く利益を得ているからである。

私は、加盟国と盟邦との間で、ということはつまりキリスト教諸国とイスラム教諸国との間で、支出額に関して差をつけなかった。それは、どちらの国々が平和の恒久性から引き出す利益も、比率から言えば同等だからである。

私は、ヨーロッパ連合が戦争を企てざるをえなくなった場合に、最も強力な君主が力の最も弱い君主よりも多くの金銭を支払うことは、適切なことであると主張する、しかし私はその一方で、兵員の数に関しては、ある国の兵員が他の国の兵員よりも多くいることは適切でない、と主張しよう。したがって、フランス王が二万四千人のフランス兵を提供する義務を負うのであれば、ポルトガル王も二万四千人のポルトガル兵を、またロレーヌ公も二万四千人のロレーヌ兵を提供する義務を負うものとするが、このロレーヌ兵はロレーヌからの俸給のみで、ポルトガル兵はポルトガルからの俸給のみで生活を支えるわけではない。彼らが生活を支えるのは、ヨーロッパ連合からの俸給、ということはつまり、最も強力な君主たちが連合の会計官に提供することになる金銭から出る俸給によってであるものとする。したがっておそらく、ポルトガルあるいはロレーヌからの俸給には、最も強力な君主たちからの分の八分の一の割り当てもないであろう。

ヨーロッパ連合の監査委員団が各々の君主・首脳とその国の収入および負担金を正確に知ることができるまでには、なお五、六年はかかるであろうが、それにもかかわらず、右の資金割り当てに関して絶えず何事かを規定しておくことは必要であるから、各々の君主・首脳には自身と国家の収入と負担金についての報告書を会合に提出してもらい、その上で当面この規定事項を多数決で定めておくことが不可欠であるように思われる。ただし、この暫定的な規定事項はどの君主・首脳の害にもなる可能性がないようにし、収入と負担金の検証後に、支払いすぎていた君主または首脳には、支払いの不足していた君主・首脳たちに対して彼が行なった可能性のある前貸しの分を返還し、また彼がこの支払い不足の君主・首脳たちの利息の分をも取り損わないようにすることが、正当である。

第十一条

諸国家の社会的結合の安全保障のために、あるいは何らかの反乱を予防もしくは鎮圧するために、元老院が何かある差し迫った一時的なことに関して討議する場合には、そういう問題は暫定的に多数決で決定を下されてよいものとし、討議する前に、当該事項を暫定事項とするかどうかの決定を、はじめに多数決で下しておくものとする。

注解

私が暫定事項と呼ぶものは、諸国家の社会的結合全体の安全と大利に関わっていて、それ以上遅延すればそのせいで起こりそうな損失を避けるために、遅滞なく命令を下す必要のある物事のことである。反乱や暴動を予防または鎮圧したり、通商や租税について何かある条項を定めたり、幼君に摂政がつく期間にその助言に立ち合うための監視委員を任命したり、秩序を維持して加盟国の連合を保全したりするために、またその他のさらにいっそう重要なケースのために、とる必要のある諸方策もまた、そのような事項である。

第十二条

右に表明された十一か条の基本条項には、全加盟国の全会一致の同意がなければ、決していかなる変更もなされないものとする。ただし、その他の諸条項に関しては、諸国家の社会的結合体はいつでも、各国の共通益のためにそれが適切と判断することを、四分の三の賛成票をもって追加もしくは削除することができるものとする。

注　解

この第十二条は、他の十一か条に怠らず基本的な条項である。なぜなら本条のみが、他の十一か条にその安定性のすべてを与えているからである。それゆえ、右の十二か条が君主・首脳全員の間でひとたび認められ了承されれば、他のすべての条項にも彼らは同意したのだと言ってよい。なぜなら彼らは、暫定的に多数決によってにせよ、最終的に投票総数の四分の三によってにせよ、残りの全条項を定める容易でしかも間違いのない手段に同意したことになっているからである。

私は、右の十二か条が、諸国家の社会的結合を形成するための、またそれを十分に強力で、しかも次のことに十分に関心を持つようなものにするための、十分な手段となるであろうということを示したと信ずる。それはすなわち、君主・首脳たちが今後結ぶことになる諸条約と、代議員をつうじて行なうことになる取り決め事とを、平和を乱すためにこの社会的結合の絆を断ち切りたがるような一人もしくは複数の元首の抵抗・策略・武力および狂った野心にもかかわらず、実行させることである。

（1）諸国家の社会的結合が、それに抵抗しようというあらゆる望みを君主・首脳全員から遠ざけるのに十分なほど強力なものにならない恐れはありえない。なぜなら、第一条により、この社会的結合はヨーロッパのすべての国々を包括するはずだからである。

（2）共和制国家も君主国も、分裂や内戦のせいで弱体化する恐れはありえない。なぜなら、第二条と第三条により、ヨーロッパ連合は、暴動を平定し暴徒たちを処罰するための、すっかり準備の整った十分な援助を確保しているからである。

（3）自領を拡大したいという欲望が今後戦争を引き起こす恐れも、新たな君主国をたまたま相続して、ヨーロッパの他のすべての国々を鉄鎖で縛る可能性のあるような、いかなる君主が現れる恐れもありえない。なぜなら、第四条と第五条により、すべての君主が、征服・売却・贈与・選挙・継承・自発的服従その他どのような資格によるにせよ、あらゆる種類の領土拡大を放棄しているからである。

（4）いかなる君主も、どのような性質のいかなる主張であれ、いつか蒸し返すかもしれぬという恐れはありえない。なぜなら、第四条により、全君主がそのことを放棄し、互いに主張を断念し合い、相互に借りのない状態にあるからである。

（5）通商問題が戦争の原因になる心配もありえない。なぜなら、第七条により、君主・首脳たちは次の二つのことを取り決めているからである。すなわち、通商についてのあらゆる条項を、暫定的には多数決で、最終的には四分の三の票をもって規定するものとすること、また異なる国の商人同士、あるいは商人以外の異なる国の私人同士の訴訟に関しては、通商審判廷の判事により、この規定に従って決定されるものとすることである。

（6）将来の諸条約の諸条項が履行されない恐れもありえない。なぜなら、一つには第四条により、ヨーロッパ連合がこれらの条約全部の保証人となることになっているからである。また、これらの条約の文言の解し方に対して何らかの異論が生じた場合には、第八条により、諸国家のこの社会的結合が、あらゆるさまざまな個人同士の場合と同じように、その仲裁裁判者として存続しており、それゆえこの社会的結合は、諸々の異論を調停者によって和解させきれない場合でも、それ自身の判決によって戦争なしに、確実にそれらを終らせるだろうからでもある。

（7）たった一人の君主が頑固に抵抗するだけで、諸国家の社会的結合を妨げるのに十分になってしまう恐れもありえない。なぜなら、同じ第八条により、そういう君主は他の君主・首脳全員の敵と宣言され、彼の国はヨーロッパから追放されてしまうだろうからである。

（8）これらの基本条項が常に几帳面に履行されるとは限らない、という恐れもありえない。なぜなら、第三論考で説明済みの、これらの条項に合意するように君主・首脳たちを決意させるのに十分であった利益・動機と、同じ利益・同じ動機が将来も依然として存続していて、右の基本条項を履行するように将来の君主・首脳たちを決意させるのにも、依然として十分であろうから。しかし、いつかある日、われを失って狂気じみた野心を抱いた若い元首が、諸国家のこの社会的結合の絆を断ち切りたがるようなことが起こったとしても、そういう場合でさえ、彼の抱くであろう「たちまち間違いなく王位を追われてしまう」という恐怖は、右の全条項の履行をこの元首に決意させるのに十分であろう。しかも君主・首脳たちは、第八条において、王位追放の刑について合意しているのである。

(9) 最も強力な五人の君主たちが、諸国家の社会的結合をいつかは断ち切って他の十九人の君主・首脳の国々を侵略してやろうと、そのための同盟を組む恐れもありえない。そういうことが起こるためには、この五君主全員が同時に、次のようなことをするのに十分なほど気が変になる必要があるであろう。それはすなわち、恒久平和の莫大な利益を永久に放棄すること、互いに相手の言葉を信用すること、そして彼らにとって一切にかかわるような事柄に関して、しかも彼らのうちの誰一人として自分の言葉や宣誓ばかりか、最も厳かな約束にも背くことにいかなる心のとがめも感じないという、まさにそういう時にあって、この言葉以外の保障を要求しないことである。しかるに、これほど気が変になることは、そういう乱心が何の役にも立たないか、もしくは、習俗もひどく異なり利害もひどく対立していて、互いに相手を信用せず妬み合うのが自然の成り行きであるような五人の君主を、同時に捉えるかしなければならない場合には、恐れるにあたらない、ということのわかない者は誰もいはしない。

(10) 諸国家の社会的結合の安全保障のためのその他の重要条項を定めることに、君主・首脳たちが困難を感じる恐れもありえない。なぜなら、一方では第九条により総票数が定められ、他方では第十一条により、これらの重要条項はすべて暫定的には多数決で、最終的には四分の三の票で定めるということが取り決められることになるからである。

(11) 不測の出来事を処理するのに、乗り越えがたい困難に出くわす恐れもありえない。なぜなら、第十条について合意がなされれば、そういう困難はすべて一挙に除かれることがわかるからである。(12)最後に、いかなる君主も自分の領有するものを決して何一つ奪われる心配をする必要がない。なぜなら、第十二条により、当の君主自身がそのことに同意しないかぎり、他の君主・首脳はみな、彼の領有するものを奪うことができないように禁止されているからである。それゆえ、平和の継続によって豊かになるという希望と保障が、いかなる恐れも混じえることなく、どの君主にも全面的に残るのである。

そういうわけだから、右のような条約の調印後に、今後どのような手段によれば戦争がヨーロッパに舞い戻ってくるようなことがありうるのか、言えるものなら言っていただきたい。したがって、私にはもはやこう結論することしか残されていない。すなわち、「私がその基本条項を提案したようなヨーロッパ諸国の社会的結合は、すべてのキリスト教国の君主・首脳に、彼らの国の内外において平和を恒久的なものとする十分な保障をもたらすであろう」と。そしてこれこそ、本論考で私が証明しようとめざしていた命題である。

こういう重要性を持った事柄に関しては、基本条項を示しただけでは十分でない。この制度組織をますます堅固で実現しやすいものにすることのためになることも、私は何一つ怠ってはならないように思われる。このことが、この第四論考の後半にいくつかの重要な見解を、これまた条文の形に配列したうえで集めることを、私に余儀なくさせた理由であって、この条文化の目的は、今後本書を検討したいとお思いになる人々の利便と、またとりわけ、本書を次のようなことのための足場として役立てたいとお思いになるような大臣方の御苦労の軽減にある。それはすなわち、大臣方が自ら恒久平和の機構を構築されること、言いかえれば、これほど有益でしかも栄誉ある目的を達成するために、君主・首脳たちが合意できそうな本物の諸条項を、形成されることである。

重要条項

基本条項と重要条項との主要な相違は、次の点にある。すなわち、基本条項は全加盟国の全会一致の同意によらなければ決して何一つ変更されないのに対して、重要条項に対してはいつでも四分の三の票をもって何事かを変更できるものとしていることである。私は、基本条項の数を徐々に増やすことさえ、そのことについて全会一致の合意が得られる場合には、できるものとしてよいと納得しているが、しかしヨーロッパ諸国の社会的結合の設立のためには、当面は先に述べた十二か条で十分であるように思われた。あとは、最も差し迫った事柄について、少なくとも仮の取り決めを、過半数の票をもって行なえばよいだけである。以下の諸箇条が問題にしているのはそういう事柄である。

第一条

元老院は、右に掲げた十二か条の条約に調印した投票権のある君主・首脳各々の代議員のうちの一名ずつによって構成される、ということは常にそのままとする。ただしその後元老院議員の定数は、他の国々の君主・首脳がこの条約に調印するごとに、新加盟国の各々につき一名の代議員が加わって増加するものとし、また元老院の会合は、当面暫定的にユトレヒトで開催されるものとする。

注解

私は会合の都市としてユトレヒトを提案するが、しかしこの提案は仮のものにすぎない。なぜなら、万事を考慮すればヨーロッパ連合にとっていっそう好適であるような別の開催地など、見出すことはできないであろうという確信が私にあるわけではなくて、実を言えば、ユトレヒトよりもそこを好んで選ぶに足るほどの利点を集め持っている代替地を、私は今のところ知らない、ということだからである。

(1) オランダの都市が好ましいと私が思うのは、オランダ人が地上のあらゆる国の人民のうちで、最も高い頻度で、また最も手広く通商を行なっている人々である、という点においてである。それに結局「平和の都」は、あらゆる国の人民のうちで最も平和的で、平和を保つことに最も関心のある人民の只中に置くよりもよい置き方ができるであろうか。

(2) 「平和の都」が君主国の只中に、もしくは二つの君主国の国境地帯にあるとしたら、「平和の都」の自由度は低下し、騒乱好きな乱心した一君主の恐怖心のせいで、会議が一瞬にして解散させられることを心配しなければならない度合いが高まるであろう。

(3) 元老院議員には、大いに働くことを可能にするような、勤労に適した気候が必要であると私は言いたい。なぜなら、ヨーロッパと地上のそれ以外の地域の静穏は、結局のところ彼らの仕事への専念と精励に依拠しているが、しかるに暑い国々では、心身とも同様に一年の大半は衰弱し疲れ果てており、とりわけ日中の間はそうだからである。

(4) 寒冷な気候の下では、人々がペストにやられることは稀であるが、このペストこそは、都市の主要な住民を脱出のやむなきに至らせるものである。そして、できることなら元老院議員たちにとっては、彼らを介して世界の他のあらゆる都市の幸福がそこからやって来る都市を捨てる理由など、稀にしかありえないのでなければならない。

（5）オランダのあらゆる都市のうちでは、ユトレヒトが他よりも好ましいように思われる。ユトレヒトは水が比較的良く、空気も最も健康に適しているような、そういう都市の一つである。

（6）ユトレヒトは好便に防備を強化することができる。元老院議員の邸宅や倉庫や城砦を取り囲むような新たな城壁を築くことさえ、ユトレヒトでなら容易にできる。

（7）ユトレヒトを取り巻くオランダのその他の城塞都市は、ユトレヒトにとって、暴力や急襲に対する同市の安全を全面的に保障する第一次防壁として役立つ。たくさんの善を生み出す賢知は、たくさんの悪を引き起こす狂気による凌辱から守られているようにしなければならない。

（8）ユトレヒトはアムステルダムから十里《リュー》しか離れておらず、しかも人々はこの距離を、さまざまな運河を通って便利よく行き来することができる。しかもアムステムダムは世界最大の市場であり、そこにはあらゆる生活の便や、世界のあらゆる部分からの不断の新情報など、元老院議員にとっても、通商を非常に手広く行なっている元首たちにとっても非常に望ましいものが、すべて豊富に見出される。

（9）「平和の都」の領土は、元老院議員たちの別荘のためにも、「平和の共和国」の公職に適する優秀な臣民を選び出すことができるために十分なだけの数の人民を擁するためにも、ある程度の広さを有することが適切である。しかるに、ユトレヒトの共和国の直轄領は小さいが、このことのためには十分であろうし、それゆえこの国の首都を兼ねたままの状態でヨーロッパ共和国の直轄領を形成することができる。

(10) 諸国の君主・首脳たちが講和会議のために同市を既に選んだ[3]ことは、私の言い分を支持する一つの判断材料である。しかるに、ヨーロッパのほとんどすべての国の君主・首脳が同市に既に実際に彼らの代議員を集結させたことは、新たな重要な理由である。

(11) 学者たちの間であれ民衆の間であれ、見出される気質が、他宗教に対して寛容であることに大きく向いている点で、オランダ国民にまさるようなキリスト教国の国民は存在しない。寛容精神は誤った宗教のうちにあっても評価すべき性質であるということは、認めないわけにはいかない。なぜなら、真の信仰者であるという幸福を有する人々を市民として寛容に受けいれることは、立派なやり方であるし、また民衆と行政官の大多数が、自分たちのことを異端者とみなしている当の相手を、善意と人間味をもって寛容に受けいれる気持ちを持っているということは、「平和の都」にとって並み大抵の利点ではない。

さて、ヨーロッパの全体の国々が会合する小国家に適した利点に、これほど多く出会うこと、あらゆる都市の中心にしてあらゆる国々とあらゆる君主・首脳たちの都であるべき都市に必要な物事を、これほど多く見出すことは、困難なことであり、おそらく不可能なことでさえあるだろう。

オランダの他の六つの州は、ユトレヒトの小州によって被る離脱のせいで弱体化することはないであろう。なぜなら、この離脱は六州に、比較にならないほどいっそう強力かつ堅固な連合をもたらすからである。また、ユトレヒトの州の臣民について言えば、公職につく人々もそうでない人々も、ヨーロッパ元老院のメンバーたちを彼らの領土の主権を持つ首脳として受けいれることで、(次に見るように)あらゆる点で二重に利益を受けるであろう。それゆえ、ユトレヒトというこの主権国家の住民たちがいずれ受け取ることのできるものは、地上の他のあらゆる主権国家にとって必要であるとともに、いわば世界平和の常任閣僚であることという、最大の利益であろう。

第二条

元老院は、諸国家の社会的結合の全加盟国と絶え間ない連絡を維持するために、また全加盟国を相互恐怖と相互不信とのあらゆる原因から解放するために、各加盟国に一名ずつの大使を常時駐在させ、のみならず二百万人以上の臣民を擁する大州には、各々一名ずつの弁理公使をも常時駐在させるものとする。

弁理公使はこれらの州の首都に駐在するものとする。弁理公使の駐在は、他の諸州の君主・首脳に関する常任の、難癖のつけようがない証人となり、その駐在する国の元首が平和と静穏を維持することだけを考えるようにすることを目的とするものである。

右の大使ならびに弁理公使は、「平和の都」の領土の生れつきの住民の中から選ばれるか、もしくはこの同じ領土内に帰化させられるものとする。

各国の君主・首脳は、弁理公使の指示に含まれている物事について、可能なかぎり、あらゆる情報の提供

---

(3) 序文訳註 (6) 参照。

(4) オランダは新教国であるから、カトリックの神父である筆者の立場からすれば、オランダ国民の信奉しているのは「誤った宗教」だと言われるわけである。

の便宜をはかるものとし、自国の閣僚その他の吏員に対しては、弁理公使のあらゆる質問に関し、公共の安全保障と静穏のために弁理公使が望む説明をすべて与え、弁理公使から元老院へ、もしくは元老院の大使へ毎月報告できるようにするよう、命じるものとする。

弁理公理は、元老院が派遣する監査委員の数のうちに含まれるものとする。この監査委員の派遣は、各国の分担金を最終的に定めるために、君主・首脳とその国家の収入および支出の報告書を調査することを目的とするものである。

注　解

（1）前の〔第三〕論考の目的は、戦争を不可能にするのに十分な安全保障を見出すことができたらよいのに、と願うようになってもらうことにあった。本論考〔第四論考〕の目的は、この安全保障に到達するための適切な手段を示すことである。さてそこで私見によれば、この諸々の手段のうちで最も重要なものの一つは、ある一君主が隣国を大軍で突然襲うことができないようにすることであるが、この結果を得るのに次のことよりも適切なことは何も想像できないであろう。それはすなわち、国境沿いの地域と、最も強力な君主たちの国々の只中とに弁理公使を住まわせて、徴兵や武器・弾薬の集積らしく思われる一切のことについて監視・報告させることである。そして、この報告をいっそう信頼できるものとするためには、次のような人物を右の役務に任ずること以上に適切なことは何もない。それは、駐在国の君主から独立で、「平和の都」の領土内にその親族がいて本人の住所もあり、しかも本人自身の名誉と利害関心の力で自分の義務を最大の厳密さで行なうようにさせられているので、その分だけ堕落しにくいような、そのような人物である。こういう人物が適任である理由は、とどのつまり、仮にヨーロッパ連合が崩壊したら「平和の都」の領土の臣民全員がどうなるか、彼らの運命にどのような違いが生じるか、と問うてみればわかる。

（2）私人と同様に諸国の元首たちも、自分に対して要求される安全保障や、自分のした約束を守らせるために自分に対してなされる用心を、無礼とみなさないことが、ずっと以前から習慣になっている。実際に、元首たちは自分の兵隊を解雇し、いくつかの城塞都市からは退去し、その他は取り壊すという約束を互いに交わす場合、双方の側から監視委員団を派遣して、約束されたとおりの仕方で諸事とり行なわれているかどうかを調べる、という気遣いをするのではないか。元首たちが、自己の安全保障をめいめいで講じることを、気に入らないとは思わないことも、ずっと以前から習慣になっている。なぜなら彼らには、身内の者や人質や約束の一筆を取ることが同じように許されているからであり、またそのような君主たちは、自分たちの結んだ条約の中で互いに講じ合うのを習わしとしてきた、相互の約束その他いくつもの似たような予防策の実行の、保証人ということになるだろうからである。この二つのことの習慣化は、次のことを真に証拠立てるもの以外の何であろうか。すなわち、単なる口約束や単に紙に書いただけの約束など、それよりも大きな安全保障を追加することが可能な場合には信用しない権利が、双方の側の元首にあること、そしてそれは元首自身の個人的利害のための権利であるとともに、その人民の利害のための権利でもあるということである。そのうえ、元首は常にこう言わなければならない。すなわち、「私はあなたの正直さ、あなたの誠意、自身の言葉を守って約束を履行するあなたの几帳面さを、信用しないわけではない。けれどもあなたは不死なる者ではなく、今日は生きていても明日死ぬかもしれない者、あるいは少なくとも、あなたが自ら約束したことを履行できる以前に死ぬかもしれない者である。その場合、あなたの後継者がどのような性格の人で、また彼の助言者がどのような人であることになるのかを、私は知っているであろうか」と。

（3）ある君主の国内の諸州にいる弁理公使たちは、何をするのか。この君主にとって非常に有利な三つのことをする。第一に、彼らは連合諸国の元首たちに対して、平和を保つことに対するこの君主の誠意と善意と善行について証言する、常任の、非のうちどころのない証人である。第二に、弁理公使たちは、近隣諸国においてこの君主に敵対的なことが何も実行されていないことを、彼に保証する。第三に彼らは、この君主に反抗して蜂起したがるような連中をみな叩き潰す準備のできているヨーロッパ連合の大いなる力を、この君主の臣民たちに絶えず思い起こさせることによって、臣民たちに対するこの君主の権威を増大させる。こうしてこの吏員たちは、君主たち同士の戦争に対するあらゆる予防策を講じることによって、国外からの侵略に対する主権国家の安全を、この国家の君主に保障すると同時に、この君主の人民たちの心から、服従しなくても罰を受けずに済むという望みをすべて遠ざけることによって、自国の人民たちに対するこの君主の権威を増大させるのである。

（4）ヨーロッパ連合は、不変にして永遠なる制度組織とみなされないなら、またそれに調印する君主・首脳の各々がこの連合を完璧な安全保障と見ないなら、無用の長物である。しかるに、ある元首が秘かに徴兵を行なわせたり、その他諸々の口実の下に士官を設けたりすることができるとしたら、どんな安全保障があるであろうか。また、ヨーロッパ連合がこの君主の国許に弁理公使を置いていないなら、この君主がそういうことをするのを誰が阻止するであろうか。他方、この君主がそのようなことを何も目論んでいない場合、彼がおとなしくしているということを誰が証言するであろうか。また彼の近隣諸国の君主たちの誰一人として、彼を困らせたり、彼の国を侵略したりする考えはないということを、誰が彼自身に保障するであろうか。

（5）他国の君主たちがあなたの国許に弁理公使を置くのであれば、あなたも他の国々に弁理公使を置く。他国で起こっていることについてあなたに知らせるために、この平和の証人を他の国々に置くことは必要だ、とあなたがみなすなら、あなたの安全保障のために他国の君主たちを、彼らの国許にこの同じ平和の証人を受け入れるよう仕向けるために、あなた自身が真っ先にこの平和の証人を国許に受け入れて、あなたの近隣諸国の君主たちにそのような静穏を実現してやるようにしなければならないのではないか。あなたは他国の君主たちから、あなたを瞞したり不意討ちしたりする能力が奪われることを望むのか。同時にあなたからも、彼らを瞞したり不意討ちしたり害したりする能力が奪われるのであれば、彼らもそのことに同意する。ヨーロッパ連合は万人を平和のうちに保つこと以外の目的や関心を持たないから、同連合をどんなに永続させてもさせすぎることはありえないであろうし、同連合が公共の平安を乱す者どもに対してどんなに用心しても、しすぎることはありえないであろう。

（6）弁理公使が全員その機能をよく果し、また各君主も自由にかつ自主的に、弁理公使がその機能をよく果すための便宜をはかるならば、弁理公使の配置というこの用心がさらに各国の周辺に、あらゆる種類の侵略を防止するための、いわば一種の新たな、非常に大きな要塞のようなものを設けるということは、明らかである。また、他の君主たちを恐れる必要がないようにするために、彼らにあらゆる種類の説明を願ったり求めたりするとともに、相手の側にもこちらを恐れるいかなる原因もないようにするために、ヨーロッパ連合の吏員たちを介して他の君主たちにも同様の満足を与えるような、そのような君主にもまして、公正な者がいるだろうか。自分の安全保障のためには他人にこちらに対して拒否してほしくないようなことを、他人の安全保障のために自分も他人に対して拒否しないということは、公正の法則の最たるものではないか。

（7）ヨーロッパ連合の弁理公使の駐在に同意することを拒否する元首は、同連合を転覆させたり近隣諸国を侵略したりする能力を放棄したいか、それともこの能力を奪われたくないか、二つに一つである。彼がこの能力を奪われたくないとすると、他のあらゆる人々を侵略したがるこういう隣人よりも忌まわしいものが何かあるだろうか。これに対して、彼がこんな能力は棄ててしまいたいと本気で思っているなら、自分の誠意と本気度の異論の余地のない証拠を示したがらないなどということが、どうしてあろうか。

（8）相互に何年間かの講和を結ぶ元首たちが、同時に武装を解除することによってやっていることは何なのか。彼らは互いに武装を解除するというこのことによって、戦争をやり合う能力を何年間かにわたって放棄しているのである。しかるに、ここで問題にしているのは、不変の平和を作り上げることである。それゆえ元首たちは、平和が不変であることを望むからには、全員が各々、そのうちの誰か一人がヨーロッパ連合の敵と宣言されることになる場合でなければ、互いに戦争をし合うことが決してないように、そうする能力をすべて自分のほうから放棄する、ということが絶対に必要である。

第三条

ヨーロッパ連合がその敵に対して軍隊を使用する場合は、ある国の兵員数を他の国よりも多くすることはないものとする。ただし、力の比較的弱い君主・首脳に多数の軍隊の動員と維持を容易ならしめるため、必要な資金を連合は彼らに提供するものとする。また、比較的強力な君主・首脳は、自国の臨時割当兵員が各国均一の出動兵員数を超過する分を金銭で提供するものとし、右の資金には、彼らが連合の会計官に提供するこの金銭を当てるものとする。

連合のどこかある加盟国が、臨時割当兵員を軍隊または金銭の形で期限までに提供しなかった場合は、連合が借入金をして前貸しするものとし、この違反した国の君主ないし首脳には利息付きで貸借金の返済をさせるものとする。

すべての国の君主・首脳が連合条約に調印した後の平和時においては、最も強力な君主の保持する自国民の軍隊の兵員数が、最も力の弱い君主・首脳のそれを越えないようにするものとする。票決権を有する最も力の弱い君主・首脳に定められるこの兵員数は、総勢六千人とする。ただし、非常に強力な君主は、連合の同意を得て、この六千人とは別の軍隊を、自分の守備隊として、また暴動を防止するために、自費で自国内に保持することができるものとする。その場合、この軍隊の兵士と士官は全員外国人であること、またこれらの士官・兵士はいずれも、自分の出身国以外の所ではいかなる地代、いかなる地所を得ることも、結婚することもできないものとし、これに違反した場合には解雇されるものとすることが、条件とされる。

注解

比較的力の弱い君主・首脳たちからはあらゆる恐怖を取り除き、比較的強力な君主たちからはあらゆる誘惑を取り除くためには、「ヨーロッパ連合の行なう戦争に際しては、ある君主または首脳の軍隊の兵員数が他のどの君主または首脳の軍隊の兵員数にも等しいようにするものとする」という取り決めをするのが、最も簡単である。たとえば、フランスが二万四千人を提供する場合には、サヴォワ公もフランスの提供した連合の資金によって同数の兵員を提供するものとするのである。このやり方をすれば、力の最も弱い国の軍隊と最も強力な国の軍隊との間にみられる同等性が安全保障をなし、連合した国々の国民の相互信頼を生み出すであろう。

ロレーヌ公が平和のまっ盛りに六千人の兵員を保持するなら、フランス王は三万人を保持してもよいが、ただしこの三万人のうちフランス兵は六千人しかいないものとし、ロレーヌ兵・ピエモンテ兵・スイス兵等々が六千人ずついるのは構わないものとする。

第四条

連合した諸国の元首たちがある一国の君主に対して宣戦布告した後、この国の諸州のうちの一州が連合に味方して反乱した場合には、この州は国から分離したままの状態におかれ、共和国の形で統治されるか、もしくは、同国の親王のうちこの州が自らの首長として選んだ人物に、またはヨーロッパ連合の将軍に、主権国家として与えられるものとする。

敵国の大臣や、将軍その他の士官で、連合のある加盟国の君主または首脳の許に、もしくは連合の直轄領内に退去する者は、元老院の庇護を受け、戦争中は元老院から、自国で得ていた収入に見合う収入を支給されるものとし、連合がこの退去者に支給したものの返済を受けないかぎりは、またこの亡命者が自国に所有している財産の価格分を、仲直りした敵国が連合に提供して、この者が他国に自分の居住地を選べるようにするまでは、講和は結ばれないものとする。

敵国の主要な大臣や士官で、開戦時に他国へ退去しなかった者のうち二百名は、連合に引き渡され、共通の祖国の平和を乱した者として死刑もしくは終身刑に処せられるものとする。

注解

「連合から離脱したがったら、連合の敵と宣言される」という、野心的君主の抱く非常な恐怖は、連合と平和の永続のための大きな保障である。したがって、こういう君主の恐怖を大きくするために彼の危険をどれほど大きくしても、しすぎることはありえないであろう。それゆえ諸々の規定によって、一方ではこういう君主の恐れなければならないものが非常に多大になるようにし、他方では、彼の恐れなければならないものを回避するいかなる望みについての密かな期待も、抱くことができないようにしなければならない。もっとも、こういう君主を完全に退位させることは適切でない。彼からその国の一部を奪い取って他の君主・首脳たちに委ね、彼と同じ轍を踏みたがりそうな者たちが恐れなければならないことの生きた恒久的実例とするほうが、はるかにいっそう有効である。これと同じく有益なのは、こういう君主が連合の敵と宣言された場合、自国の諸州のどれか一つが反乱することを恐れたり、政府に不満を持つ自国の誰かある親王や要人が、君主になるという報償と同じくらい大きな報償の望みを抱いて蜂起を援助し、反乱の頭目にすわることを、恐れたりする可能性があるということである。この報償の望みは、主権の約束されるのが、勝つ側になることの確実な連合によってである分だけ、ますますしっかりした根拠のある望みとなるであろう。

敵国内にいる善良な人々には、自分の財産を何一つ危険にさらすことなくこの国から脱出するための門戸を、常に開いておくことが賢明なことである。

自分たちの共通の祖国であるヨーロッパ諸国の社会的結合体に敵対するような務めは果さない自由があり、しかも自分の財産を危険にさらすことなく退去することができるのに、それにもかかわらず連合に対する犯罪的な戦争に身を投じて、全世界の平和を乱すような大臣や士官たちは、死刑もしくは終身刑に処せられるのが正当である。それゆえ彼らは、公共の平安の敵としての、またこの平安を乱す者としての取り扱いを受けなければならない。したがって、次のことは見やすいことである。すなわち、自分が連合の敵と宣言されそうかどうかを熟慮する元首は、自分の分別によってそうなるのを思い止まるか、もしくは自分の大臣や士官のうちの最も良識ある人々から見放されることを恐れるか、そのどちらかであろうし、この恐れはこの元首にとって、不承不承ながらも自己の真の利益のうちに彼を留まらせる、ためになる感情であろう、ということである。

第五条

ヨーロッパ連合は、同連合の利益に反する陰謀について何事かを暴露する者には、有益でしかも名誉ある報償を与えるものとし、またこの報償は、告発者が陰謀に荷担しつづけた場合に望みえたであろう報償よりも、十倍多くするものとする。

注　解

連合に対する陰謀を不可能にすることよりも重要なことは何もない。しかるに、こういう陰謀についての秘密を不可能にすることは、この陰謀そのものを不可能にすることである。そして、陰謀家たちから陰謀に荷担したままでいることの関心を除き去り、陰謀を暴露することに対する大きな動機を与えることは、この秘密を不可能にすることではないか。

第六条

ヨーロッパ連合の安全保障を増強するために、諸国の君主・首脳、君主血縁の親王、およびその国の主要な士官と大臣のうちの五十名は、毎年同じ日に、その国の首都において、同連合の大使・弁理公使および全国民の前で、取り決められている方式に則って新たに宣誓を繰り返し、「私たちは平和を不変のものとするために、全国家の連合を維持することに、また連合の諸々の規定を几帳面に履行させることに、全力を挙げて寄与いたします」と誓うものとする。

注　解

古来の方式によれば、諸国の君主・首脳は平和条約の中で、次の二つのことを宣誓することになるであろう。すなわち、彼らは条約に反するいかなることも行なうことをやめるということ、そして彼らがそのことに違反した場合には、彼らの臣民が彼らに対する服従と忠誠を免除されることに、彼らは同意するということである。

第七条

アメリカその他には未開人しか居住していない土地が多く存在し、それらの地に植民地を有するヨーロッパ諸国の君主・首脳が、そういう地方に自領の確実・明確でしかも不変な境界を持つことは、戦争の原因を避けるうえで適切であることにかんがみて、ヨーロッパ連合は、現地でこのような国境を明らかにするために働く監視委員団を任命し、彼らの報告に基づいて、四分の三の票をもってこの国境についての決定を行なうものとする。

注　解

非常に僻遠・未開で住む人のないこれらの土地は、ほとんど重要性がないけれども、できることなら、何一つ君主・首脳たちの取り合いに委ねておくべきではない。君主・首脳たちからは分裂のあらゆる原因を除き去らなければならない。これらの地方は今までのところ、各々の君主または首脳にとってごく小さな有用性しかなく、彼らがそれに費すもののほうが、そこから引き出してくるものよりも多いから、今のうちならそれだけ、その分配に成功しやすいであろう。その地へ定住しに行くかもしれないいくつかの貧しい家族にとっては、何かしら役立つ点がありうるにしても、それは一国の下層民を少しずつ脱走させるために開かれた門である、という言い方さえしてもよい。しかも、いっしょに商売をしなければならない人々が分散して互いに遠く離れてしまっている場合、それは商取引にとって多大な損失であって、一国内の商取引は、この国の人民が集中して住んでいる度合いが高い場合にもまして大規模・頻繁かつ豊富なものになることは決してない。このことはホラントとゼーラントの両州[5]が証拠立てている。イギリス人の故サー・ペッティ[6]はこの見解をわかりやすく証明したうで、そこからこう結論を下した。すなわち、イギリスのアメリカにおける植民地は、いやそれどころかアイルランドやスコットランド高地における植民地さえ、英国民をイングランドに集中させるために放棄されなければならないであろうし、この移転によって個々の私人も英王国もその豊かさを限りなく増すであろう、と。

毎世紀生じていて、ヨーロッパ連合がそれを防止しなければいくつかの国々に何らかの混乱を引き起こす可能性がありそうな、ある種の出来事がある。それは、王家がたまたま断絶して、王位を継承する資格のある後継者が男女ともにいない場合である。しかも連合条約によって、この継承不能の事態はさらにいっそう

(6) イギリスの経済学者・統計学者(一六二三〜八七)。

(5) オランダの州名。

頻度が高くなりかねない。それは、一人の君主が二つの主権国家に同時に君臨することをできないようにする条項のせいだけではなく、王家のいかなる親王も、自身は君主でなくても、現に自家の支配下にある国か、もしくはそういう国が複数ある場合はそのうちのどれか一国以外の、他の主権国家を領有することはできないものとする、と宣言している別の一か条によっても、そうなりかねないのである。

第八条

ヨーロッパ連合のある加盟国に、在位中の君主の後を継ぐ資格のある人物がもはや残っていない場合には、同連合はこの国の混乱を防止するために、できれば君主と共同で、この君主の後継者はどういう者でなければならないかを定めるものとする。ただしその場合は常に、この君主は子を残さない、ということが条件となる。また、君主は急死することがありうるので、その際同連合は時を移さず、後継者を指名するか、もしくは、当該君主が後継者を欲していない場合は政体を共和制に定めるか、そのいずれかを行なうものとする。

注解

本条が内戦の災厄を防止するためにどれほどの重要性を持っているかはよくわかる。この君主は、自分が後継者を指名するところを見られるよりも、自分の遺志として自国を共和政府に委ねるほうを好むであろう、ということもおそらくわかるであろう。そしてその場合ヨーロッパ連合は、君主の死に際して万事が同連合の定めておいた手続形式にほぼ則って執行されることが可能なように、同連合の監視委員団をつうじて一切の手筈を整えるものとする。

基本条項に最初に調印することになる君主・首脳たちが、他のすべての君主・首脳もまた基本条項に調印するまでの間に、さらに仮の取り決めをしておくことのできる最も重要な諸条項は、以上のようなものである。私は、基本条項・重要条項のどちらの中にも、公正で、なおかつ諸国家の社会的結合体の共通利益に非常に適ったこと以外は、何一つ見出されないであろうと期待している。結局のところ、連合条約に調印してくださいという申し入れを受けている君主に求められていることは、何なのか。他の君主・首脳たちが現に領有している領土の全体を常に平和裏に享有することを、彼が耐え忍ぶこと、そして彼がこの領土に対するあらゆる種類の主張を放棄し、かつこの放棄の十分な保障を与えることである。ただしそれは次の条件の下においてである。すなわち、他の君主・首脳たちは、この君主とその身内の人々が彼の現に領有している領土全体を常に静穏裏に享有することを、耐え忍ぶとともに、彼の領土に対するあらゆる種類の主張を全員が永久に放棄し、かつ彼らのこの放棄の十分な保障を彼に与えるものとする、ということである。

連合条約に調印してくださいという申し入れを受けている君主に求められていることは、何なのか。自国の近隣諸国の君主・首脳の安全保障のために、割当兵員を除いて、自軍の兵隊を解雇すること、自分がヨーロッパ連合の敵と宣言されないで済むように、いかなる国に対しても、武器をとることができるという忌まわしい能力を放棄すること、そして同連合の弁理公使たちに許可を与えて、平和の維持のために自分が行なっている善行について他国の君主・首脳たちに対して証言させることにより、自国の近隣諸国の君主・首脳を、自分か自分の代々の後継者たちがいつか彼らを侵略するかもしれぬという恐怖から、決定的に解放することである。ただしそれは次の条件の下においてである。すなわち、この君主の近隣諸国の君主・首脳も同時に、この君主の安全保障のために、割当兵員を除いて、彼らの軍の兵士を解雇するものとし、「われわれはヨーロッパ連合を維持したいという気がなくなったから、同連合の敵という宣言を受けよう」というのでないかぎり、彼らもこの君主に対していつか武器をとることのできる能力を放棄するものとし、そして彼らの方でも弁理公使たちに許可を与えて、公共の平安の保全のために彼らの行なっている善行について、確実な証言をこの君主に対してさせることにより、彼とその子孫を右と同じような恐怖と不安から永久に解放するものとする、ということである。

連合条約に調印してくださいという申し入れを受けている君主に求められていることは、何なのか。何らかのもめごとや、取り合うべき何かあるものを抱えている他の人々と同様に、君主たちも、皆が等しく満足するような正当性を相互に認め合うことができずにいるという際にあって、自分と同類の君主・首脳たちに、後で自分が近隣諸国の君主・首脳との間で抱え込むかもしれないもめごとの、仲裁裁判者になってもらおうということに、同意することである。ただしそれは、彼も同時に、自分と同類の君主・首脳たちが抱え込むかもしれない紛争の、仲裁裁判者となるという条件の下においてである。

連合条約に調印してくださいという申し入れを受けている君主に求められていることは、何なのか。自国の臣民たちが、他の国々の君主・首脳の臣民たちに対して持つ要求に関して、ヨーロッパ連合の選任した見識ある公正な裁き手の裁きを受ける、ということである。ただしそれは、他の国々の君主・首脳の臣民たちも、この君主の臣民たちに対して彼らの持つ要求に関して、同じ裁き手の裁きを受けるものとする、という条件の下においてである。

連合条約に調印してくださいという申し入れを受けている君主に求められていることは、何なのか。彼の有する富に応じた分担金であって、これは連合を維持するのに役立ち、したがってまた他の国々の君主・首脳たちを、この君主自身や彼の代々の後継者たちの変節に対して、安全保障された状態にするのに役立つものである。ただしそれは、他の国々の君主・首脳たちも、現在および将来における彼ら自身の変節に対して、この君主とその子孫を安全保障された状態にするために、応分の分担金を出すものとする、という条件の下においてである。

連合条約に調印してくださいという申し入れを受けている君主に求められていることの最後は、何なのか。彼とその子孫たちに完全な静穏をもたらすために、他の国々の君主・首脳たちはこれを自らに課してほしい、と彼自身が願うのと、同一の法・同一の条件を、彼もまた他の国々の君主・首脳たちとその代々の後継者の静穏のために、自らに課すことである。

これらの要求はすべて、他のあらゆる正しい法がそれを源泉として派生してくる、公正の法というこの第一の自然法に、すなわち、「仮にあなたが他の人々の立場にあり、他の人々があなたの立場にあるとしたら、あなたが他の人々に『私に対してはしてほしくない』と思うようなことを、他の人々に対してするなかれ」という法に基づいているのではないか。右の諸条項はすべて、本来の意味から言うと、この第一の法の説明もしくは明白な帰結以外のものであろうか。しかるに、公正さの支配する条約以外に永続する条約はないということを、また国家を統治する人々は、その国が共和国であれ君主国であれ、自らの安全保障のためにも至福のためにも、常に公正に従うことに強い利害関心を持つということを、知らない者が誰かいようか。

それゆえ、本論考〔第四論考〕を終えるにあたり、私のしなければならないことはもはや、直前の〔第三〕論考と本論考において証明したと私の考えている諸命題を、結びつけるということ以外にはないように、私には思われる。

ヨーロッパ諸国の社会的結合が、全キリスト教国の君主・首脳に、自国の内外における平和の恒久性についての十分な保障をもたらすことができるならば、この社会的結合の設立のために提案された諸条項に調印しないことよりも、調印することのほうに、自分にとってははるかに多くの利益がある、ということにならないような者は、これらの君主・首脳のうちには誰もいない。

しかるに、さきほど提案された十二か条の基本条項によって形成することができるヨーロッパ諸国の社会的結合は、全キリスト教国の君主・首脳に、自国の内外における平和の恒久性についての十分な保障をもたらすことができる。

それゆえ、この社会的結合の設立のための右の十二か条に調印しないことよりも、調印することのほうに、自分にとってははるかに多くの利益がある、ということにならないような者は、これらの君主・首脳のうちには誰もいない。そしてこのことが、本書において私が示そうとめざしてきたことのすべてである。

さらに、私見によれば、全キリスト教国の君主・首脳にとって、右の十二か条に、もしくはヨーロッパ諸国の社会的結合にとってこれと等しい重みを持つ他の諸条項に調印することに、これほど大きな利点があるとすれば、次のようなことはすべて、ありえないも同然のことである。すなわち、本計画がヨーロッパの主要二十四か国の君主・首脳の知るところとなった場合に、これに調印する君主・首脳が少なくとも二人存在しないなどということも、時とともにこの二人が第三の君主か首脳を説得して調印させるということがないなどということも、この三人がまた時とともに四人めを説得して調印させることに成功しないなどということも、そしてこのようにして、この社会的結合が時とともに増大し、ついには半世紀もたたないうちに、ヨーロッパ全体を含むまでに拡大して全面的に確立されるに至るということが、ないなどということも。

しかしながら、次のことを示すべき時が来ている。すなわち、ヨーロッパの諸々の懸案事項がどのような状態にあろうと、本計画の提案はすべての国々の君主・首脳を喜ばせるにちがいない、ということである。そしてこのことが、次の第五論考において私が僅かなページ数で示そうとしていることである。

第五論考

証明すべき命題

本計画は、諸国の君主・首脳に対して戦争中に提案されれば講和を容易にし、講和会議の最中に提案されれば講和条約の締結を容易にし、講和条約の締結後に提案されればそれに永続性をもたらすであろう。

私は、諸国の君主・首脳に本計画を提案することのできる機会はすべてとらえてそうしている（自分ではそのつもりである）が、どんな時にも本計画が諸国の君主・首脳にとって非常に有利なものであるにちがいないならば、本計画について彼らに知らせるためにそれなりの時間をかけることが、よくないということは決してありえないであろう。

右の命題の最初の部分の証明に関して言えば、第三論考で証明済みのことからこの証明を引き出すのは難しいことではない。大多数の戦争の開戦時には、要求したり攻撃したりする君主・首脳や同盟もあれば、自らを守ることで満足して何も要求しない君主・首脳や同盟もある。しかしいったん戦争が始まると、最初は何も要求していなかった君主・首脳や同盟も、費した出費や被った損害のせいで、自ら要求者となり始める。こうして各々の君主・首脳が、自分の主張するもの全体か、全部を得ることが不可能な場合にはその一部か、あるいは最後に、自分の主張するものに等価なものか、そのいずれかを要求するのである。

主張は、それ自体としてはどんなに重要なものであっても、主張するものを手に入れるために費さなければならないものが多くなるにつれて、また戦争の勝利の確実性が低下するにつれて、その価値を減じてゆく。そしてこの二つの不都合な点のせいで、どんなに大きな主張であっても、何も主張しているとは、もしくはほとんど何も主張しているとはみなせないような主張もある。

それゆえ、戦争をしている人々にとって等価なものは、当面の勝利や、あまり遠い先のことではなく見たところすぐにも起こるにちがいないような情勢に応じて、その価値が変わるものなのである。非常に公正な意図を持った比較的善良な精神の持ち主は、主張をし合う各々の側の事情についてどんなによく知っていても、双方の主張の価値の重みを、したがって一方が提供し他方が受けとるべき等価なものの価値の重みを、正しく量るのに非常に苦労するものである。

戦争の勝ち負けの偶然については、ゲームの勝ち負けの偶然とほとんど同じ事情がある。腕のほぼ等しい二人の打ち手がトリックトラック[1]の勝負を始めた時点で、最初にたとえば七の目の出た方が五の目の出た相手に対して、十一の目の出た方が二の目の出た相手に対してどのくらい有利かを、正確に決定することは困難である。しかし最後になれば、彼らに近寄っていって、勝負の結果がどう出ていようと、勝っている方の打ち手にこの勝っている度合いに等価な金を渡せばよいのだし、少し多めに渡しても、打ち手が自分の利害をわきまえているなら、それを受けるはずである。

けれども、本計画の成功のためには幸いなことに、私がその主張するものに対して等価なものを渡してやる君主・首脳には、この彼らの主張するものの価値をそんなに正確に知ってもらう必要はない。彼らが次のことをわかってくれたら、それで十分である。すなわち、平和を恒久化する手段が見出されて物事が永久に現状に留まることになった場合に、彼らが平和から引き出すことになる諸々の利益は、彼らの主張している当のものよりもはるかに大きい（と私は言っている）ということ。それゆえ、恒久平和の条約に調印すれば、それはあたかも、彼らの主張するものをその敵たちが彼らに払い戻す約束をしてくれたうえに、さらに非常に多大な額の金を、平和の最初の十年間のみならず、平和が続くかぎりの間毎年毎年払い戻す約束までしてくれたようなものであり、しかもこの払い戻しは、各々の君主・首脳が出費の節約や通商の継続や、その他私が第三論考で示した尽きせぬ源から自分でそれを引き出すことになるので、その分だけ確実性が高いということ。そして、君主もしくは首脳たるあなたにとっては、この払い戻しの出どころが、あなたに対してあなたの敵の出す金額であるか、もしくはあなたの手許にあるのを敵が発見し、あなた自身はこの敵の許可と同意がなければ利用できないような財源であるかのどちらかだ、という点が重要なのだということである。この場合、許可と同意がなければ、というのはつまり、平和を不変のものとすることと、この結果を得るために一つの、永遠に存続すべき制度組織を形成するという手段とに、あなたの敵が同意しないならば、とい

（1）西洋双六の前身となったゲーム。十五世紀のフランスで生まれ、ルイ十四世時代にルールが体系化された。

う意味である。

同盟諸国の君主・首脳のうちの何人かは、自分の統治と通商との永続の保障を得るためにのみ参戦しているのだとすれば、彼らは戦争のうちに探し求めてもむだであるような保障を、本計画のうちに見出すであろう。それゆえ彼らは、今後平和は不変であるものとする、という条件で講和がなされるなら、講和の方へと向かうであろうし、それればかりでなく、自分たちはもはや戦争をしたくないということを、その同盟者〔オーストリア王〕に対して宣言するとともに、この同盟者に、自分は恒久平和の尽きせぬ宝の享受を開始することができるのであれば、条件の多い少ないに関して文句を言ってはならない、と考えさせることによって、この同盟者を講和へと向かわせることにも、驚くほど役立ってくれるであろう。

本論考冒頭の命題の第二の部分に関しては、その証明はさらにいっそう明らかである。その理由は次のとおりである。戦争当事国は、その双方が戦争に倦み疲れて、講和の諸条件に関して互いに歩み寄りはじめているときでなければ、講和会議に入ることはほとんどない。しかるに、双方の主張することが少なくなっているときに、双方が提示されて受けいれる「等価なもの」が、戦争の真最中や開戦時にそうする場合よりも、価値の小さいもので済むことは確実である。にもかかわらず、本計画が双方に提示する等価なものは、双方にとって等しく大きなものであろう。本計画の提示する等価物とは、第三論考の全体を形作っている十五の利点であろうが、しかるに、双方の主張するものより限りなく有利な等価物がいやしくも存在するとすれば、それはこの十五の利点である、ということは確かなことである。したがって、この十五の利点が講和会議でひとたび提示されると、どちらの側ももはや得るものの多い少ないに関して文句を言わなくなるか、言ってもその文句の熱っぽさはずっと冷めたものになるか、そのどちらかであろう。そして各当事国は自分の方から、迅速かつ有益な条約締結に協力することを急ぐであろう。

右の命題の第三の部分に関しては、平和の真っ盛りの時こそ本計画に同意させるのに最も適当な時であるように、まず最初には思われるかもしれない。しかし、この点について私は全く異なる判断をしている。戦争がもう何年間も続いているときにもまして、戦争のあらゆる害悪がよくわかることは決してないし、長期間にわたって平和が失われているときにもまして、平和のあらゆる利点がよくわかることは決してない、というのが私の判断である。そのうえ、大多数の君主・首脳は、お互いに対する主張をつのらせたがる願望を形成する暇を与えられてきた。彼らのうちには、直近の講和の際に、あるいはむしろ直近の休戦の際に、自分のものだと思っている城塞都市を心ならずも譲ったことを思い起こす者さえ、何人かいるのである。したがって、この見かけ上の平和は本当は正真正銘の戦争準備にほかならないのであって、戦争は隠れていて目につかないからといって、それだけ現実的でなくなるわけではなく、それどころかいっそう恐るべきものになるだけである、と言ってよい。

しかしながら私の思うに、君主・首脳のこの武器をとりたがる性向にもかかわらず、本計画が彼らの知るところとなれば、彼らは平和をもっと重視し始めるであろうし、戦争の出費を確実な害悪と、勝利をいっそう疑わしいものとみなし始めるであろう。また彼らは、平和が不変であることのおかげで自分たちに現実にもたらされる可能性がありそうなものの見積もりを始めるであろうし、またひとたび見積もりに至り着けば、諸々の利点が非常に明らかで数多く、また非常に重要なうえにありありと目に浮かぶので、自発的にも、また自分の大臣や同盟国や臣民の懇請によっても、恒久平和の体制を、自分が主張しているあらゆる物事の有利な等価物とみなす腹を決めないわけにはいかないのである。

それゆえ、読者はおわかりいただける状態にあるものと私には思われるのだが、本計画は諸国の君主・首脳に対して、

○戦争中に提案されれば、講和を容易にするであろう。

○講和会議の最中に提案されれば、講和条約の締結を容易にするであろう。

○講和条約の締結後に提案されれば、その永続性をもたらすであろう。

そしてこの三点が、私の証明しようと企てたことである。

第六論考　さまざまな反対論の集成

緒　言

私は自分にとって可能なかぎり、問題をよく解明することに専念し、そうすることで反対論を予め防ぐことができるようにしてきたけれども、私に対して反対論を唱える者はないだろうなどと考えたことはない。反対論は依然として唱えられており、そしてそれは二つの原因に由来している。その一つは著者の落度である。自分自身の考えに慣れ親しんだ著者には明瞭にわかることでも、そのような慣れの身についていない他の人々には曖昧にしかわかってもらえないかもしれない。こういう場合、自分の著作物の中に、諸原理に関する明証性や帰結とのつながりを欠いている点があるのに気づくほど、自分にはわかっていることを読者の観点から公平に捉える、ということが、もはや著者にはできなくなっているのであるが、しかし著者のできないこのことこそ、人を納得させるためには本質的に重要なことなのである。

もう一つの原因は、読者に由来している。合理的推論による著作物というものは、その諸部分同士が互いに依拠し合っているものなのに、読者はそういう著作物に不慣れなせいで、以前に出てきた諸命題とその証明とを覚えておくのに必要な注意を、必要なだけ全部は払ってくれない。それゆえ、読者の精神は十分な記憶を欠いてしまい、相互に支え合い裏付け合っている非常に数多くの観念を、同時に見渡すことができない。したがって読者は、諸命題同士がどのように連関し合っているかに気づくことのできるような状態にはなく、その結果、推論の力に気づくこともできるような状態にないが、読者のできないこのことこそ、納得するためには本質的に重要なことなのである。そういうわけだから、読者が自分を捕えている困難を自分で除去することができないとしても、そのことは驚くにあたらない。

何人かの読者にはさらに、次のようなことも起こってくる。すなわち、さまざまな種類の多様な動機を各々その内に含み持っているさまざまな考え方を、比較し合うことが問題になっているような、そのような著作物に対する慣れを欠いているために、読者はそれらの動機をすべて同時に脳裏に思い浮かべておくのに十分なだけの記憶力を持ち合わせない、ということである。その結果として、読者は正確な比較をすることができないことになり、言ってみれば、自分がもはや覚えていない諸動機に対してはいかなる考慮も払うことなく、自分の覚えている最も目新しい諸動機が自分に及ぼす印象に基づいて、決定を下すことを余儀なくされているのである。

この不都合は別のある不都合を生じさせる。それは、諸々の困難の生じてくる源が、十分に説明済みの証拠や理由に対する読者側の記憶力の欠如にほかならない以上、著者は既に述べたことを何度も繰り返して述べる必要に迫られている、ということである。けれども、これらの困難を自分で除くことができなかった人々は、私の回答によって満足してくれるならば、彼らのために必要になった反復説明を、反復とはみなさないように心がけ、それに気を悪くすることはないであろう。なぜなら彼らは、自分がまだ気づいていなかったことに気づきはじめるからである。以下の反対論に対して既に自分で答えてしまっておられる方々についていえば、そういう方々は回答の部分を読まずに飛ばしていただければそれでよい。

反対論　一

イギリス・オランダ両国の人々がヨーロッパ諸国の社会的結合から引き出すにちがいない巨大な利益のことを考慮すれば、この両国民は、フランス王家に対して行なった征服による獲得物のすべてを、ヨーロッパ諸国の専権者たち全員が連合条約に調印した後で同家に返還することを、もしくは返還させることを約束するのに、痛痒を感じないであろうと私は考える。それゆえ、ある頭のよい人物が私に対して唱えた反対論は、彼自身が私に白状したように、何かあるしっかりした物事に基づいているのではなくて、同盟諸国のうちの何か国かがフランス王家の力について抱いてきた過剰な恐怖に基づいている。そこで私は、この恐怖の感情がこれらの国のうちのどの国にも残る可能性がなくなるように、この反対論に注意深く答える必要があると考えた。

同盟諸国のうちの何か国かが主張しそうなのは、こういうことである。すなわち「このたびの戦争でフランス王家が失ったものを、すべて同家に返還すれば、同家はヨーロッパ連合の形成の後でさえ、ロシア皇帝やトルコのスルタンや北アフリカ諸国の君主たちまでも含んだヨーロッパの残りの国々の王家を、全部合わせたのと同じくらい強力になるであろうし、とりわけ同家がその国務を再建する暇を与えられた後では、とりわけそうなるであろう。したがって、完全に形成された連合の体制下にも、十分な安全保障は存在しないであろう」と。

回　答

（1）イギリス・オランダ両国の人々や彼らの同盟諸国の軍事力が、現在のところ少なくともフランスの軍事力に等しいことは、知らぬ者のないことである。私がこの箇所を執筆しているのは一七一二年の四月であるが、フランス王家は何も企ててはいない。このことは、同家が優位に立ってはおらず、同盟諸国と同等の状態にさえない、ということを証明している。それゆえ、仮に同盟諸国のうちの一部がその軍事力の一部をよそに専念させずにフランスにも向けるとしたら、またフランス王家が身を守るためにするのと同じ努力を、同盟諸国が征服のために行なうとしたら、同盟諸国の軍事力がフランスのそれをはるかに上回ることは疑問の余地がない。このことを詳しく見ることにしよう。

（2）ドイツ領邦国家団は、もっと大きな努力をする能力があること、フランス王家の攻撃に対して身を守ることが問題だとしたら、提供する割当兵員をもう半分増やして、もう半分多くの軍事力を持つことになるであろうということは、確実である。主要領邦の君侯のうちの何人もが、フランス王家による自邦への攻撃を受ける脅威にさらされるとしたら、彼らがオランダの人々の金で雇っているのと同じだけのさらなる員数の軍隊を維持することになるのは確実であるが、この員数は、彼らの割当兵員として現在出しているそれを四万人近く上回るであろう。そのことを証拠づけるものの一つがデンマーク王であって、この王はフランス王家に対抗して維持している軍隊、すなわち同盟諸国の金で雇われている軍隊に加え、スウェーデン王に対抗して、防衛用でなく攻撃用に、陸海両軍でもう二万人を自費で維持しているのである。アウグスト王は右のことのもう一つの、非常にわかりやすい証拠づけである。

(3) オランダ・イギリス両国の人々は、このたびの戦争においてフランス王家は防衛する側でしかないこと、攻撃する側であって征服しようと努めているのは自分たちであることを、自分でよく知っている。他方また彼らは自分たちが、ある征服者の攻撃に対して自国を守ることだけが問題であるとした場合にするであろう努力の、三分の一の努力も征服のためにはしないということを、他の国々の国民よりよく知っている。滅亡するという恐怖は、もっとよくなるという希望がさせるよりも多くの努力をさせるものである。この両国民が攻撃のために何をしているかによって、彼らが自国を防衛するために何をするであろうかについて判断していただきたい。しかるに、ヨーロッパ連合の体制下では、自国を防衛することしか問題にはならないであろう。それゆえ、英・蘭両国民は、彼らの同盟の現状そのものにおいて、フランス王家に対する十分な安全保障を有している。したがって、彼らの同盟が不変のものとなり、牽制によって弱まるどころか、複数の新たな同盟国によって強化されるとしたならば、この両国民がフランス王家を恐れるいわれはないことになろう。

（4）同じ理由により、フランス王家がヨーロッパ連合の加盟国を攻撃するために行なうかもしれない努力は、同家が身を守るために現に行なっている努力よりも、はるかに小さなものになるであろうと判断することができる。一国の国民たちは、安全が問題になっている場合には、全力を挙げて協力する。彼らは不平を言わずに進んで自分の求められている以上のことを行ない、国家の害悪は彼らの個人的害悪となる。これに対して、征服以外のことがもはや問題になっていない場合には、国民は首尾よい勝利に対して鈍感になり、重い課税を嘆くほうが限りなく多くなる。それゆえ、ヨーロッパ連合の形成後は、フランス王家が攻撃のために有する軍事力は、現に自己防衛のために有している軍事力よりも小さくなるであろう。

（5）その場合同盟諸国は、現に攻撃のために有している軍事力よりも大きな軍事力を、防衛のために有することになるだけではない。この国々は、現状よりもはるかに高度に連合することにもなるであろう。しかるに、連合の度が増すことによって連合している国々の力も増すということを、知らぬ者が誰かあろうか。そして、この国々の連合の度を増大させるのは次のようなことである。⑴この連合は、連合している国々の共同保全のためのものであること。⑵連合の体制下でこの国々は、今後はもはや共に戦争をし合うことができないものと互いにみなし合い、相互にいかなる不信も持たないということ、したがってこれらの国々すべてが同じ熱意をもって、また競い合って、相互防衛のために、もはや同一の国家団しかなしていないものとして協力すること。⑶全権委員が常時集会して、絶えず心を一つにしてこの国々の方策と目論見を協議すること。ところで、この常置の会議は連合に新たな、非常に大きな力をもたらさないであろうか。

（6）同じ理由により、今から百年間、フランス王家の二人の当主〔フランス王とスペイン王〕が相互に国を保ち合うことをもはや考えなくなれば、彼らの連合の度合いははるかに小さくなり、その結果、同家の持つ力もずっと小さくなるであろう。また、もはや征服することしか問題でないとした場合、不信と嫉妬のせいで、同家の一方の当主が他方の目論見に参加することを拒否することにならないかどうか、誰が知るであろうか。そのうえ、二人の当主の連合するのが征服のためだとした場合、彼らは分割領有のためにたちまち仲違いすることになるであろう。

（7）これまでのところ私は、同盟諸国とフランス王家の軍事力しか考慮してこなかったが、同盟諸国は軍事力を防衛向けのものと前提して連合の度を高め、フランス王家が現にしているのと同じ努力をするならば、いま維持している兵員数よりも八万人多い人数を容易に維持することができるであろうし、フランス王家は仮にその二人の王がもはやさほど連合せず、めざすのも防衛でないとしたら、その軍事力は現状よりも少なくとも三万人は確実に減少するであろうから、「同盟諸国は同盟する国の数を増やさないままでも、それだけでフランス王家に対する十分な安全保障を有するであろう」と言うことができるわけである。けれども、たとえばスウェーデン・スイスや、ヴェネチア・ジェノヴァその他のイタリアの諸国のようないくつかの国々の加入で、同盟諸国の数がさらに増加すればどうなるであろうか。というのは、双方の側の軍事力が均衡状態にあると仮定した場合、さらなる八万人という員数は、軍隊が同等によく訓練され、同等によく指揮されていると仮定するなら、均衡をはかるに上回って勝利を決定づけるに十分だからであって、その理由は、このさらなる八万人は同盟諸国にとって、三、四年の間運が等しいままならその間に、国境を攻略し、次いで国内諸州の中心部へと侵攻するのに十分であろうからである。他方さらに、この征服から同盟諸国が引き出すことになりそうな力の増大と、それによってフランス王家が被ることになりそうな力の減少とが、右の八万人の増加を倍加するということになるであろう。そしてヨーロッパ連合の場合ともなれば、同盟諸国がフランスと同じような努力をするだけで、フランスより十一万人分多い効果を得ることになるであろうということを考慮に入れたら、どうなるであろうか。

（8）スウェーデン王は三年前、七万人以上の兵員数を維持していた。しかして、近隣の国々に対する恐怖から解放されたら、同王は自分の軍隊を、自国から遠いボリステーヌ河畔に進駐させてきたのと同じくらい容易に、自国にもっと近いライン河畔に進駐させることができないであろうか。

（9）ポーランドの人々は、もしも分割されておらず、またトルコ人やロシア人を恐れる必要が何もないとしたら、共同防衛のためにライン河畔に正味三万人を維持することができるのではないであろうか。ロシア皇帝とトルコのスルタンの維持する兵員数も、それぞれこれと同程度の数でしかないとした場合でも、フランス王家の努力はどのようなものになるであろうか。とりわけ、フランスの地中海貿易が、トルコ人たちの国許では禁止され、アフリカの人々やその他の同盟諸国によって世界中のいたる所で妨害されるとしたら、どうなるであろうか。しかるに、ポーランド・ロシア・トルコのこの三勢力で、九万人ではなく十五万人以上の兵員数を維持できるということを認めない者は、誰もいないのである。

フランス王家が休戦もしくは講和によってその国力を、全面的にでなくとも少なくとも大部分は回復させることができるということは、私も認める。けれども同盟諸国のほうも、その国力を同じ比率で回復させることができるのではないか。そしてこの場合、両者の間には次のような違いがあるのではないか。すなわち、同盟諸国はフランスに比べればまだ疲弊度が低く、借金も少ないこと、またイギリス・オランダ両国民はフランスよりもずっと大規模な通商を行なっているので、両国の国力はわが国のそれよりもさらにいっそう速やかに回復されるだろうということである。

(10) フランス王家が全面的に武装解除されることはないと仮定した場合でさえ、同家に対するヨーロッパ連合の優位は右に述べたようなものになるであろう。けれども、同連合が完全に確立された後には、この優劣関係ははるかにいっそう著しいものになるであろう。その時点では、同家はフランス・スペイン両国のために、両国の国民による兵員を一万二千人しか保有しないことになるのに対して、同家を取り囲むポルトガル・イギリス・オランダ・聖職選帝侯・プファルツ選帝侯・シュワーベン地方・スイス・サヴォワ公・ヴェネチア・ローマ教皇・トスカナ大公・ジェノヴァのような諸勢力は、同家の領土の国境沿いに六倍の軍隊を保有することになるであろう。これに加えて弁理公使たちの警戒の目が不可避的に光っているとなれば、それは十分な保障とならないであろうか。なぜなら、両国の元首は、各々が一万五千人の兵員を余分に召集しようとしても、そういう動きや弁理行使の知らせがほんの少しでもあれば、召集できる以前に打ち負かされてしまうことになるからである。

(11) ヨーロッパを征服するなどという考えは、全くもって妄想的な考えであるということ、またフランス王家〔ブルボン家〕の二人の当主がしっかり連合して将来の世紀にヨーロッパの征服に成功することがありうるとした場合、それはこの二人の王が同家を王位に保つことに逆行して行ないうる最大の誤ちとなるであろうということは、既に示したところである。

(12) 将来永久にあらゆる国の元首を妨げて、連合を離脱してヨーロッパを戦争の災厄に再び陥れるようなことをさせないであろう重要な考慮点が存在する。それは、ヨーロッパ連合の敵と宣言された元首の国のいくつかの州が、この元首に対して反旗を翻しかねないということである。その場合、この反乱した諸州は強力な援助を受けることになり、またこの敵と宣言された元首の国から永久に脱退して、共和国として、もしくは反乱の首領の支配下で君主国として統治されることになるであろう。国境地帯の諸州は反乱援助国に比較的近いから、この国々の脅威にもいっそう多くさらされることになろうし、果てしなく続く戦争を再び始めるための多額の献納金を進んで払うどころか、恒久平和のうちに常に留まるためにヨーロッパ連合の腕の中に飛び込んでゆくよう、みな強く心を動かされるであろう。

(13) スペイン王は領有権に関して、スペイン領ネーデルランドをバイエルン選帝侯に譲渡した。このことは、オランダの人々にとっても一つの新たな防壁となるであろうし、したがってヨーロッパにとっては、安全保障の増強となるであろう。なぜなら、オランダの人々にとってフランス王家はもはや隣国の王家ではなくなり、また同家はこの譲渡によって力が弱まるだろうからである。

それゆえ明らかなのは、フランス王家がヨーロッパ連合から離脱する計画を今後百年の間に形作るようなことがありうるためには、同家の二人の当主がその時点で完全に正気を失っているのでなければならないだろう、ということである。しかるに、これほど異常な場合以外には、同連合がこの両強国について恐れなければならないことは決して何一つありえないとすれば、同連合はこの点に関して十分な安全保障を有しているると言ってよく、それも次のような事情のある分だけ、いっそう多く有していると言ってよい。それはすなわち、フランス王とスペイン王がこれほどひどく常軌を逸していると仮定したら、明らかに破滅的な企てに自国の大臣や士官や国民たちを一致協力して参加させるに足るだけの信望を、彼らに対して両国王が持つとは考えられそうもない、ということである。

フランス王家の敵である同盟諸国がヨーロッパ連合のせいで奪われるものは何もない。しかも同盟諸国は現状のままで優勢であり、征服を行なっている。同盟諸国はさまざまな仕方で強化され、フランス王家の力は削減されている。それゆえこの場合、既に同盟諸国の側に傾いているバランスが、永久にそちら側に傾くことは確実であろう。しかるに、この同盟諸国にさらに倍の力が加わるとすれば、どうなるであろうか。そうなった場合、この倍増は間違いのない効果を及ぼすのではないか。なぜなら、二リーヴルが一リーヴルを上回るように、二倍の力は単一の力に常に確実に間違いなく打ち勝つということは、常に確実で間違いのないことであろうから。したがって、この間違いのない安全保障よりも十分ないかなる安全保障も想像することはできない。

反対論　二

諸国の君主・首脳は、その後「平和の都」というこの一種の共和国があまりにも強力になりすぎることを、心配しなければならなくなる可能性はないであろうか。

回答

(1) 右の心配を消散させるためには、この小さな国の組織体制に注意をしさえすればよい。なぜなら、つまるところこの国を構成する人々は誰なのか。その成員である諸国の君主・首脳たち自身ではないか。彼らはこの国において決定される重要事項のすべてを、彼らの代議員の機関をつうじて決定するのではないか。この代議員たちは、各々の重要問題に関して、自国の君主・首脳の訓令を待つ義務を負っており、この義務に違反すれば罷免されるのではないか。またこの国において命じられる一切の支出は、この君主・首脳たちが命じるのではないか。この国の固有の扶養料に当たる収入を継続的に提供するのは、彼らではないか。この国の安全を保障する城砦の駐屯部隊が給与の支払いを受けているのは、この分担金からではないか。連合加盟国の君主・首脳たちこそ、「平和の都」というこの国全体の主君ではないか。それゆえ、これらの君主・首脳の各々がこの共和国を恐れる必要がないのは、自分で自分を恐れる必要がないのと同じことである。また元老院議員たちが主権を行使するのも、他ならぬ自国君主・首脳の命令の下においてでしかないことは、明らかではないか。シュパイアーの帝国大審院は、いわば「平和の都」の元老院のモデルと私のみなしているものであるが、この会議に出ている自邦の代議士の側からの何らかの反乱を、神聖ローマ帝国の諸州の君主たちが心配しなければならないなどと想像した者が、かつていたであろうか。

(2)「平和の都」の軍隊の兵員数はただ一つの駐屯部隊の人数を有するのみであり、その予備部隊の最大人数は固定され、またこの国の領土はごく限られていてその住民もごく少数であるからには、この国がそれを支える人々にとって恐るべきものになるなどということが、どうしてありうるであろうか。他方また、この限度と境界を自分自身の安全保障のために定めることになるのは、諸国の君主・首脳たち自身以外の誰であろうか。それゆえ彼らは、自分が適切と判断するところに従ってこの限度を狭めたり広げたりする主人公なのである。

(3)それゆえ元老院の権力は、諸国の君主・首脳同士が決定する点で留まるであろう。したがって、元老院は悪いことができないように手を縛られており、誰に対しても害をなすための力を持たない。元老院が持つのは、善いことをして平和を保つための力だけである。元老院は、狂った野心が引き起こしかねない害悪を防止するためにしか権力を持たず、各国の君主・首脳をその権威のうちに維持するためにしか力を持たない。以上の理由により、元老院の力がもっと大きいとした場合でも、この力は決して危惧すべきものではないであろう、と言ってよい。反対に、私たちの庇護のため以外にはしてよいことの何一つない主権国家にとって、願うべきことは、元老院の権力の増強でないとしたら、何があるだろうか。

(4)反乱した元老院が自分の側に持つのは一万人の駐屯部隊だけであろう。それに元老院は、その小さな領土からみて、各議員の主君のところ以外の、どこで人を募るのであろうか。

(5)一国の代議員がめざすのはどのような目的であろうか。自分の君主の国を征服することであろうか。何でまた、各国の君主・首脳が自分の思いのままにいつ何時でも取り消せるような権力しか持たない人物、また国じゅうで最も良識のある人々の一人だと考えられている人物が、精神にそのような異常を来たすなどということがありうるのだろう。

（6）この不可解な狂気が一人の代議員にとり憑いたとした場合でも、それでは十分ではないであろう。二名の副代議員と、二名の代議員代理とが、同じ狂気か、さらにもっとひどい狂気にやられたのでなければならないであろう。なぜなら彼らは、自分の利益のためになる堅固なことを決して何一つ見ることができなくなってしまうような妄想に身を委ねるために、自分の現実の幸運を放棄することになるからである。

（7）それだけではなく、「平和の都」にいる各国の代議員のうちの一人、二人ないし三人が同時にこの病気にやられても十分ではないであろうし、彼らの副代議員と代議員代理が同じ発作に陥っても十分ではないであろう。二十四人の代議員と、四十八人の副代議員と、四十八人の代議員代理とが、同じ異常を来たすことが可能であったのでなければならないであろうし、彼らが一致してヨーロッパ全体に宣戦布告するとともに、彼らが征服によって得るものの分配をお互い同士の間で行なったのでなければならないであろう。ところで、人間が狂気を起こす可能性があることを仮定するにしても、この仮定には限度があり、何かある心配を根拠づけるために、一人の賢明な人間が突然異常になると仮定する場合には、この心配はまったく根拠のあやふやなものであろう。しかるに、心配のごく小さな原因があるためにも、百人もの非常に賢明な人々が全員同時に狂気になり、全員が完全に異常な計画に参加すると仮定しなければならないとしたら、どうであろうか。

（8）まだ何か心配な点が残るなら、その心配から解放されるために、各代議員は三、四年間の駐在の後に召還されるものとする、という取り決めをすることも可能である。

反対論　三

「平和の都」への代議員の常駐は、何人かの野心的な君主に、連合を転覆させてヨーロッパを自分たちだけで分割領有するための陰謀を、ほかならぬ自国の代議員その人を使って行なう機会を与えかねない、という反対論を私に述べた人がいる。

回　答

(1) 右のような陰謀が成功することはありえないし、多数の人々に打明けられずにいることもありえない。また、陰謀荷担者の数の多さがそのような目論見を失敗させるか、あるいはむしろそのような目論見の企てられることを妨げるのが常のことである。陰謀が誰か他の者に察知され、この者は陰謀を暴露し、この暴露によって危険から守られ、大きな報償を獲得するであろうという、荷担者が抱く可能性のある心配、この心配のせいで各々の荷担者は、事が成功しうる以前に強い意欲をもってそれを暴露するようになるであろう。また、この心配は荷担者が共同謀議にかかわり合うのを防ぐのに十分であり、万一かかわり合っても、それを暴露するように仕向けるのに十分である。

（2）有徳な人々が宗教上の動機によって加わったり、立派な公衆が圧制に抗して加わったりする可能性のある陰謀と、貪欲さのせいで腐敗した人々や、自分が金持ちになるなら、あらゆる国々の国民を幸福にする連邦・同盟を最大の犯罪によって破壊することを何とも思わないような極悪人しか、加わる可能性のないような陰謀との間には、大きな違いのあることに注目することが適切である。最もよい精神を持つ人々は、栄誉を望み恥辱を恐れる。そして、すぐれた精神を持つ人々が加わって指導しないような企ては決して成功できないであろうし、秘密保持と堅忍不抜と心の強さと相互信頼を必要とするような企ては、とりわけそうであろう。盗賊連中の社会的結合は、この結合にとどまっていて得をするよりも、それを暴露しようとすることでする得のほうが四倍も大きいという確信を、群盗のうちの誰かある一人が持つまでは、隠れたまま存続することができる。しかし、よい法律によってこの者の報償が、非常な名誉と非常に確かな保証のあるもの、しかも彼がこの結合に留まったら期待できたであろうものよりも十倍も多大なものになるや否や、この者はこの社会的結合に留まる気はなくなるであろう。盗賊連中を結びつけ隠れさせていた利害関心は、彼らをばらばらにし暴露する可能性を同等に持っている。とりわけ、あばく者の利益が十倍も大きくなり、自分があばいたということに対して称賛と名誉を期待できる場合はそうである。

（3）右の反対論にあるような陰謀の罪を犯した者は、その財産も生命も失うことになるという、とてつもない、厳しい例を示すことは、陰謀に留まった場合の代議員や副代議員の生命と恥辱にかかわる、それどころかヨーロッパ連合の安全のためのあらゆることにかかわる重要事である。しかるに、これほど常軌を逸した、これほど忌まわしい、これほど非難すべき、これほど危険な企てを計画するほどひどく気の狂った元首たちとは、何者であろうか。こんな企てに助言や支持を与えるようなことをあえてするような大臣たちとは、何者であろうか。とりわけ、「平和の都」やそのほかの至る所で、安全な避難場所と、非常に有利でしかも非常に名誉ある報償が得られる場合に、あえてそんなことをするような大臣たちとは、何者であろうか。これほど不正で、自分たちから平安を永久に奪うような企て、しかもその成功のために巨額の献納金を提供する義務を自分たちが負わされるような企てにのめり込んでいる君主に対して、全員一致で反抗しないような国民とは、何者であろうか。

(4) ヨーロッパ連合に対して反乱した国々の元首同士の間で和合が続くという、どんな保障があるであろうか。彼らがやろうと計画していた征服をやるのに十分なほど幸先がよいとした場合でさえ、そんな保障はないであろう。彼らは自分の結んだ分割領有条約の履行について、自分の言葉・約束・条約そのもの以外に、どんな保障を互いに与え合うことができるであろうか。他方また、諸々の約束や言葉や条約のうちにあって最も神聖にして最も尊ぶべきものに現に違反し、それを踏みにじっているこの元首たちが、互いの言葉や約束や条約にどんな根拠をおくことができるであろうか。しかるに彼らは、いかなる合理的保障もなしにこれほどの危険を冒すほど、ひどく気が変になっているのであろうか。

アウグストゥスとアントニウスは[1]、ローマ共和国の広大な諸州をお互い同士で分け合った後は、戦争を始めないことに多大な利害関心を持っていたが、その彼らにして、平和裏に自分の人生を全うすることができ

(1) 第三論考訳註(2)参照

たか。そのほかの洋の東西の皇帝たちは、互いの間で絶え間なく戦争に次ぐ戦争をしなかったか。また諸国の元首たちは、より強力になったおかげで、より公正で控え目で忍耐強く、近隣諸国の威光を妬むことの少ない者に、一言で言うなら、より平和的な者になるなどということが、かつてあったであろうか。

(5)[2] ある君主が地上全体の主君になれるという自信を持っているとした場合でさえ、この君主の失うことになりそうなものは多い。自分の名声を損う場合もあれば、名声と引き換えに自分の一族が王位を長く保ち続ける保障を失う場合もある。なぜなら結局のところ、この君主が成功するためにとらざるをえないのは、次のような道筋以外のどんな道筋でもないであろうから。それはすなわち、自分の結んだ諸々の条約や約束や誓約に対する、公正と誠意のあらゆる法に対する、また人間社会の利益に対する、裏切りという道筋、それも自分の自由になることは何でもやって、自分と自分の子孫を分裂と戦争という恐ろしい災厄へと改めて陥れつつ、この裏切りをするという道筋である。また、この君主が栄光に対する愛ゆえに、これほど不名誉な行為を全世界の面前で果したがるなどということは、理解できることであろうか。

この君主の一族が王位を保ち続ける時間の長さに関して言えば、これも右のことに劣らずわかりやすい。なぜなら、先妻腹の兄と後妻腹の弟との間の不和もなく、幼君期や摂政期もなく、病弱で才知の乏しい君主の下に野心的な宰相がいることもない、などということはまれなことだからである。これはコンスタンティノープルのビザンティン帝位に関しても、その他のあらゆる君主国においても、見られたとおりである。

(6) 城砦の駐屯部隊の忠誠を確保し、また敵軍の進み方についての知らせを受けるために、非常に賢明な用心がなされるであろうから、ある国の野心的な元首にとって、ヨーロッパ連合の首都に対して何らかの勝利を収める望みを持ことは決して可能ではないであろう。そういう勝利のためには、弁理公使その他の同連合の吏員を買収しなければならず、軍隊そのものに対して秘密を保たなければならず、軍隊に脚ではなく翼を持たせて、全軍が時を失せず秘密裏に集結地へ到り着くようにしなければならないであろう。これらのことはみな実行不可能なことばかりである。

(7) 私は念のために、次のことを提案した。すなわち、オランダ・ヴェネチア・スイス・ジェノヴァという共和制諸国の代議員が、首都の全権を掌握している五人の評議会に常に属しているようにすることである。こうすれば、彼らが自国の首脳に対してそのような野心的な目論見を培うなどということは、決してありえないであろう。それにまた、各市民個々人はそのような征服によって何の得をするであろうか。

(8) 駐屯部隊は全員、共和国の兵士と共和国の士官によって構成されるものとする。ところで、ヨーロッパの諸々の共和国が右のような陰謀を開始するなどということが、本当にありそうなことなのか。

(9) ある陰謀によって「平和の都」が破壊されてしまったとした場合でも、そのせいでヨーロッパ連合が破壊されることにはならないであろう。それによって、攻撃を受けた諸国の君主・首脳たちはいっそう結びつきを強め、また一層活発になって自分たちの敵に報復し続けるだけであろうし、また彼らの国々の国民たちも、敵を打ち負かし滅ぼすために、最後の努力をしようという気にいっそうなるだけであろう。同連合はただちに別の所に結集するであろうし、同連合の加盟国の元首たちのうちで反乱に加わらなかった全員が

(2) この(5)の番号は底本には欠けているが、訳者の判断により補った。

であろう。集まれば、同連合から離脱した元首たちよりもはるかに強いであろうから、戦争が長引くことはありえない

(10) 相互防衛のために形成された連合は永続することができる。なぜならこの場合には、嫉妬が新たな財物の分配をめぐる分裂の種を蒔くということがなく、以前からの財物が保全されるに留まるからである。ところが、征服するための三か国の元首相互間の同盟は、実行不可能か、あるいは少なくとも長続きできないかのどちらかである。彼らは一つの条約のうちですべてのケースを見越した備えをしておくことはできないであろうし、見越したとしても、すべてのケースについて合意することはできないであろう。

(11) この三人の元首のうち一人に、誰がこういう保証をしてくれるであろうか。すなわち、ヨーロッパなりアジアなりを征服した後で、今度は彼に対抗して他の二人が互いに同盟して、彼自身のものを掠奪し、彼からの掠奪物を分け合うなどということが、ないであろうという保証をである。この二者同盟は、先の三者同盟よりもなおさら形成されやすいであろう。しかるに、そのような保証、そのような安全保障がないまま、ある人間がヨーロッパ連合の与えてくれることになるような庇護を放棄したりするであろうか。またそういう人は、この種の連合がないなら、いったいどこにそのような安全保障を見出すことができるのか。言葉や条約や誓約であろうか。そういうものを彼らはばかにしている。力の同等性であろうか。しかし、三人のうち二人が連合すれば三人目を圧倒することになると仮定されているのであるし、そのうえこの二人は、もう一人の君主の国で幼君の治世になったり、支配力の弱い君主の代になったりする機会を待つこともできるのではないか。野心は二人をそそのかして駆り立て、いかなる心配も彼らを抑え止めない。何を予期すべ

きか。三人の盗賊が近隣の人々を殺したのだ。この三人は、いかなる法律のことも気にかけず、欲深さの助言しか受けない連中であるのに、戦利品を分け合った後で、自分が同じその場に留まっているための多くの安全保障を見出すであろうか。

(12) ヨーロッパ連合に対する右のような陰謀の考えが君主の心に浮かぶとしても、この君主は、無茶な人でないかぎり、この考えを次のような元首たちに打ち明けるなどということが、万が一にもできるものであろうか。すなわち、自分のことを信用せず、常に何かある嫉妬心を抱いて自分を見ており、うわべは何が誠実そうなところがあっても、常にこちらを失墜させることに関心を持っているような元首たちに、である。そういうことを打ち明ける場合、打ち明けるこの君主の側から、彼の署名入りの持ちかけ事があるか、それともそんなものはないかのどちらかである。そういう持ちかけ事がないとすれば、打ち明けられた相手はどんな元首でも、これは自分を破滅させるために、間違った行動を自分にとらせようとして、自分を誘惑しているのだ、と思わずにはいないであろう。重大な、署名入りの持ちかけ事があるならば、それはひどく無茶なことであり、相手はどんな元首でも、こんな無茶な君主と社会的結合に入りたいとは思わないであろう。反対に相手の元首は、いかなる成功の望みもなしにそういう企ての共犯者となるよりも、この無茶な君主の裏切りの動かぬ証拠を示すことによって、この君主の国の相当大きな部分を彼から奪い取るようにするほうが、好ましいと思うのではないだろうか。

(13) 常置の会議もこの憎むべき同盟にいっそうの便宜を与えはしない。反対に、すべての国々の君主・首脳の行為に対するこの集合体の不断の注意は、この種の同盟に対するもう一つの新たな予防策である。

(14) 一言で言えば、賢明な人々ならこれほど狂気じみた企てを組織することなどできないであろうし、無茶な連中ならそういう企てを主導することもありうるかもしれないが、それに成功する可能性ははるかに小さく、そしてこの企てがそういうものであるからには、分別ある人々がそんなことを心配するなどということはありえないであろう。

反対論　四

ある君主、とりわけトルコのスルタンやロシア皇帝のような君主には、全国家の連合に同意しないための重大な理由がある。それはこういうことである。戦争の体制下では、こういう君主が近隣諸国の君主・首脳と構える可能性のある紛争の裁き手として認めるのは神のみであり、自分の訴訟に勝利するために彼が頼みとするのは自分自身の軍事力、すなわち自国の兵隊と士官の数と能力と統率のみ、一言で言えば武運のみである。これに対して恒久平和の体制下、すなわちヨーロッパ連合の体制下では、件の君主は他の国々の君主・首脳を自分の仲裁裁判者とみなし、その判決を執行するのに必要な力と権威を与えることによって、以前は認めていなかった上位者である裁判官を認め、以前は入っていなかった従属関係の中に入り込んでしまう。

回答

（1）全国家の連合によって君主が身をおく右の従属関係のすべては、裁かれるべきもめごとをこの君主が構えた場合、彼は自分が仲裁裁判者として選んだ他の国々の君主・首脳の判決に服する、ということに尽きる。しかるに、この君主がもめごとを構えるのは、近隣諸国の君主・首脳か、もしくは自分の命令に反抗する自国の臣民か、そのどちらかが相手である場合しか決してありえず、また連合条約の基本条項の一つにより、臣民との紛争にヨーロッパ連合が介入することは、反逆者に対抗して君主に決定的な援助を与えるためにしかできないのであるから、その結果として君主は、一生の間近隣諸国の君主・首脳と、裁かれるべきいかなるもめごとも構えなければ、一生の間同連合に対していかなる従属関係にもないことになるであろう。このことは既にして、右の従属関係の大幅な縮小である。

反逆する臣民たちの問題に関しては、ある決定的な考慮点が存在する。それは、ヨーロッパ連合の成員たちの最大多数は王ないし絶対君主であって、彼らはみな自国の臣民に対して絶対的な、かつ完全に独立した権力を保つという利害関心を持っているということ、また彼らは自国の代議員に、元老院で意見を述べるための訓令を、専制的権威に一致する仕方でしか与えないように気をつけるということである。なるほど、イギリスの国会やポーランドとドイツ諸領邦との議会は、新しい法律の形成のために一致協力する権利を同連合がこれらの議会に保っておくことや、合意約定（pacta conventa）[3]・ウェストファリア条約[4]・帝勅協約（les capitulations impériales）[5]等の遵守に関して同連合がこれらの議会を庇護するということを、勝ちとることができるということはそのとおりである。しかしこれらは例外的なことであって、他の国々の君主たちには関係がない。彼らは、近隣のいくつかの国の君主の権力が自分の権力よりも制限されているのを見て、自国の臣民に対する自分の権力をいっそうよく感じとるだけのことであろう。

（2）もめごとを抱えた君主が、訴訟に際して他の国々の君主・首脳を自分の裁き手および上位者と認める場合、彼らも自分の訴訟に際して、この君主を自分の裁き手と認める。したがって、この君主は一方で譲歩をするが、それは他方で彼が獲得する分と同じだけの譲歩でしかなく、彼が訴訟を構える場合には、他の国々の君主・首脳に自分に対する一種の優位を認め、大なり小なり一種の従属関係のうちに身をおくとしても、彼らの方も自国の近隣諸国の君主・首脳と、裁かれるべき訴訟ないし紛争を構える場合には、めいめいがこの君主に同じような優位を認め、全員が彼に対して同じような従属関係のうちに身をおくのである。したがって、仲裁裁判の体制下では、あるいはむしろ恒久平和の体制下では、右の点まではすべてがこの君主にとって平等である。

（3）仲裁裁判者へのこの従属関係の大小は、彼らによる仲裁裁判に付せられる物事の重要性の大小に比例している。しかるに、ヨーロッパ連合の基本条項の一つにより、各国の君主は自分が現に領有している領土の全体を永久に領有し続けるものとすること、いかなる国家も継承・贈与・売却その他によって自分の領土を増やしたり減らしたりすることは決してできないものとすること、および通商は自由・平等かつ互恵的であるものとすることが取り決められている以上、訴訟の原因全体がごく僅かなものになるであろうことは明らかである。問題になるのはおそらく、どこかある無人島か、何軒かの未開人のあばら家についてくらいのものであろう。したがって、ある君主が不正な判決を恐れることがありうるとした場合でも、こんなものを失うことまで心配してもはじまらないのと同じように、判決の不正なことを恐れてもはじまらないであろう。したがって、この君主が一生の間に二、三回は小さな訴訟を構えなければならないとした場合でも、問題になっている仲裁裁判者に対する従属関係は、ほとんど気にもならないほど小さなものになってしまう。

（4）裁き手たちへの従属関係は、訴訟の件数が少なくなるのと、訴訟の原因が軽微であまり重要性のないものになるのとに比例して減少するだけではない。それはまた、裁き手たちが明敏・公正で、しかも細心の公正さをもって裁くことに強い関心があると信頼されているのに比例しても減少する。ところで、ヨーロッパ連合の体制下で訴訟の材料をなす可能性のありそうなものとは、何であろうか。それは何かある小さな個人的争い事か、国境および通商についての何かある些事であろう。しかるに、裁き手たる人々は、自分も子孫も侵害者にも被侵害者にもなる可能性があり、また取り決めるべき国境や通商が自分にもある人々であるから、この点に関して公正な判決を下すことに全員が関心を持っているのではないか。したがって、彼らは公正さから遠ざかると自分自身に対しても同じような、またおそらくはいっそう重大な不正を招くこと

（3）十六～十八世紀のポーランドの選挙王制時代に、王が選出に先立って貴族とともに作定した、王権を制限する取り決めのこと。

（4）第二論考訳註（6）参照

（5）神聖ローマ皇帝が即位の際のしきたりとして、選帝侯たちに対して遵守を誓った協約で、選帝侯たちの主権と権力を確認する諸条項から成っていた。

になりそうな分だけ、当事者の一方に対していかなる不正もしないよう、全員がいっそう注意することになるであろう、と言ってよい。

（5）当事者にとって、恐れる必要が最も少なく最も望ましい仲裁裁判者とは、他の訴訟においてこの当事者自身を仲裁裁判者としている人々である。

（6）仲裁裁判者の判決は、似たような事例における規則として役立つことになれば、その分だけ恐れる必要の少ないものになる。しかして、ヨーロッパ連合の決定によって何かあるものを失ったと思い込んでいるような君主が、自分や自分の代々の後継者に対して近隣諸国の君主・首脳が持ちかねなかった似たような主張から、この決定のおかげで守られるという点で、実際には大いに得をすることになる、ということが将来しばしば見られるであろう。しかるに、このような仲裁裁判が恐れる必要の少ないものになるほど、それが従属関係を引き起こすことも少なくなる。

（7）私はこれから、仲裁裁判による従属関係よりも、仲裁裁判によって回避されるその他諸々の従属関係のほうがはるかに重大であることを示そう。そう言えるのは次のような理由によってである。結局のところ、決着をつける仕方は、平和の体制の仲裁裁判か、戦争の体制の「偶然勝負」か、その二つしかない。しかるに、戦争の体制の下で武器をとる君主は、もし負けたら、自分が原告であるケースでの自分の主張を引っ込めるだけで済むか、それとも、自分が被告であるケースで自分に要求されているものも譲る羽目になるか、確かなことはわからないのである。（ここで訴訟用語を使用することをお許しいただきたい。こうするのは話を短くするためである。それに、問題になっているのは君主同士の間の訴訟である。）この君主は自国を丸ごと危険にさらしている。なぜなら彼は、もしも全面敗訴すれば、係争の的であったものも、訴訟の原因をなしていたものより千倍も大きなものも、すべて失うからである。しかるに、従属度の大きさが決定されるべき物事の重要性に常に比例しているとすれば、戦争の体制下における武運への従属は、この君主が平和の体制下で公正な仲裁裁判者に服従することによって身をおく従属関係よりも、比較にならないほど大きいことは明らかである。なぜなら、ヨーロッパ連合の仲裁裁判によってこの君主が失う危険のあるものが、仲裁裁判にかけられているもの以上のものに及ぶことは決してなく、そしてこれは僅かなものでしかないのに対して、戦争の体制下では各交戦国の君主が、戦っているのは僅かなもののためでしかない場合でさえ、すべてのものを失う危険を冒すからである。

(8) 戦争の体制下での武運による決着の費用は、莫大で破産を招くほどのものであり、しかも両当事者が互いに相手に対する征服によって得たものが何もなく、互いにうんざりしたせいで講和かあるいはむしろ休戦を結ぶように強いられる場合には、両当事者の各々にとって純損失となる。この費用はしばしば、元資の百倍以上も高くつく。これに対して連合の体制の下では、誰一人武器をとらず、仲裁裁判者たちの判決がその費用として当事者たちに費させるものは何もない。

(9) ヨーロッパの諸問題の現況の下では、大勝利を博する君主にとっても、戦費が征服で得たものによって償われる望みは非常に薄く、彼が征服で多大なものを得るのを近隣諸国の君主・首脳が見たならば、彼らはみなただちにこの君主に反対の意を表明し、彼にその得たものを元に戻させようとするほどであろう。

(10) 戦争の体制下で、君主が幸運な勝利を得て出費が償われることを当てにできる場合があっても、彼は死すべき者であり、自家に幼君期も摂政期も永久にないであろうとか、自分が優位に立った相手の王家が今度は自家に対して優位を得る番が、来たるべき数世紀のうちに来ないとかいった確かな見通しは、彼にはないのである。そしてその場合、この相手の王家から自分が取ったものを、自分の子孫から向こうが取り戻すと仮定すれば、戦争のあらゆる出費と損害は、どちらの側のそれも、また何世紀も続いてしまう一つの戦争のそれも、双方の王家にとって純損失のままであろうということは、明らかではないか。フランス王家とオーストリア王家との間の過去百七十年来の戦争の出費は、現在この両家にとって純損失になっていないか。そして、この出費と損害がどのくらいの額に上るかを算出してみると、この出費と損害がフランス王国全体よりも四倍も高くついていること、だからフランスは百七十年間平和でいれば現在の四倍の財産を持つことになるだろうということが、その間にわかるであろう。

(11) 反対論四で言われているような君主は、自分の主張がきわめて正当だと思っているか、それとも不当だと思っているかのどちらかである。不当だと思っているなら、他の君主たちには自分に対して実行して欲しくないようなことを、自分は彼らに対して実行したがることにもまして憎むべきことが、何かあろうか。この君主が自分の主張を正当だと思っているなら、自分自身の利害関心によって明敏かつ公正になっている仲裁裁判者たちの判決よりも、むしろ常に移ろいやすい武運によって、ということはつまり偶然そのものによって事の決着がつくほうを好むというのでは、慎慮はどこにあるのか。それゆえ、正当でしかも分別のある元首にとって、仲裁裁判への従属と武運への従属というこの二種類の従属関係の間に、比較の余地などあろうか。
(12) 戦争の体制下では、最も強力な君主も、自分の一族のメンバーや要人や、その他の臣民たちに対して、絶えず彼らに頼らなければならないという従属関係にあるが、一族のメンバーは摂政制の下で互いに分裂する可能性があり、要人たちは陰謀を企てる可能性があり、その他の臣民の一部は、重すぎる税や信教の自由といった口実に基づいて反抗する可能性がある。いい気になっていてはならない。君主は自家を転覆させる可能性のあるこういうもののすべてに従属しているのである。これは、分裂と戦争の体制下にあってはあらゆる王家が常に従属していることになりそうな病弊である。これに対して連合と平和の体制下では、君主は自家にとってのこの種のあらゆる災厄を予防し、それゆえ自家が陥る可能性のある最も恐ろしい従属関係の一つから、自家を永久に解放する。さて、仲裁裁判への従属というたった一つの従属関係を、この種の従属関係のすべてと比較してもらいたい。そうすれば、この一つだけの従属関係は、君主が解放されるその他諸々の現実的従属関係の数の多さと重大さに比べれば、一片の想像上の従属関係でないかどうかがわかるであろう。
(13) けれどもとどのつまり、仲裁裁判によって君主が身をおく従属関係は、それ自体としてあまり小さなものではなく、彼が他の国々の君主・首脳に認める彼に対する優位は、彼らに対してこの君主が獲得する優位と完全に同等ではなく、仲裁裁判の体制の下で彼が身をおくこの従属関係は、戦争の体制から離れることで彼が解放される厄介な従属関係のすべてよりも、限りなく小さいというわけではないとしよう。これらの点に関して、万事は同等であるとしよう。その場合でも、この君主が戦争の体制下で現実に見出している諸利益を限りなく上回る諸利益を、平和の体制下において見出すならば、仲裁裁判へのこの従属関係についての恐れが彼を止めるはずはないであろうということは、見やすいことではないか。しかるに本書は第三論考において、この諸利益にはある種の莫大さがあることを示した。

(14) 連合する以前の、すなわち常任の仲裁裁判官について合意する以前のドイツの領邦君主たちは、互いの紛争の裁き手としては神しかいまさないこと、言いかえれば、武力ないし武運によって決着をつけることができないことを、知っていたのではないか。にもかかわらず、彼らのうちで最も強力な者たちも、力の最も弱い者たちと同様、この常置の仲裁裁判に調印する際には、万事を考慮すればこの方途のほうが、一切を永久に武力による決着に委ねたままにしておくよりも、自分たちにとってはるかに有利であると判断したのである。しかるに、ヨーロッパの最も強力な君主たちは、かつてドイツの最も強力な領邦君主たちが持っていたのと同じ理由と動機を提示されるならば、この領邦君主たちがドイツの常置の仲裁裁判所を組織する決断をしたのと同じように、ヨーロッパの常置の仲裁裁判所を組織するための同じ決断をすることが、どうしてできないことがあろうか。今の私たちにとっては、かつての諸々の理由と動機が、時間の侵食を受けてなくなってしまったということは、なるほどそのとおりである。しかし、かつてそれらの理由と動機をドイツの領邦君主たちに教え示した常識は、今日もまだ存続している。この常識に問うてみるがよい。そうすればこの常識は、過去の時代の領邦君主たちに教え示したのと同じことを、現在の諸国の君主たちに教え示すであろう。そして、私が本書の議論の過程で、とりわけ第三論考において、予見することに努めるとともに説明してきたことは、これらの理由と動機なのである。

(15) フランス王アンリ四世は、崩御された時点で、ヨーロッパ諸国の元首のうちの最強力者の一人であられたではないか。のみならず王は、国の負債の最大部分を返済され、巨富を蓄えられた。戦争の経験も豊富で、国民に敬愛され、大きな才能と大きな勇気と、驚くほどの活動力の持ち主であられた。にもかかわらず王は、この常置の仲裁裁判所に同意し、ヨーロッパ連合の設立のために領土拡大のあらゆる望みを放棄された。しかも、同連合の発案者としてその実現を促進されたのは、このアンリ四世であった。それゆえ、ロシア皇帝やその他のあらゆる強力な元首が、これほど賢明な考えに共感することは、何ら不可能なことではない。

反対論　五

あらゆる国々の君主・首脳にとってこれほど有利に見える計画が、多くの賢明な元首や大臣の頭に浮かばなかったなどということがありえようか。それゆえ、これらの利点は見かけほど現実的ではないか、もしくは多くの賢明な元首・大臣にとって、このことは実行不可能と思われたか、そのどちらかでなければならない。

回答

この反対論はあまりしっかりしたものではないが、にもかかわらず見かけはもっともらしいということ、また私をこの計画の作り手とみなす読者が、作者について持った可能性のある考えによって、作品について持ちたく思う考えの帳尻を合わせることはある程度もっともなことであるから、その分だけこの反対論の与える印象は増すということ、これらのことは隠さず認めなければならない。しかしながら、

(1) 私が本計画の第一発案者であるとした場合でも、最も立派で最も有益な発案は運のおかげであって、なおかつ凡才がもっと才能すぐれた人々よりも幸運であることはありうるということは、人のよく知るところである。

(2) 右の反対論のような議論をもってすれば、あらゆる新しい発見は真偽の別なく却下されてしまうであろう。八十年前に血液循環系に対して反対がなされたのは、そういう論法によってであった。それゆえ、ある計画をその全局面にわたって調べて判断することが可能な場合や、それを一つ一つの部分ごとに検討し、かつ全部分の集合としても検討することが可能な場合に、単なる予断に基づいて判断してはならないのである。

(3) 本計画の成功のために幸いなことに、その第一発案者はアンリ大王である、ということを私は示した。王が十七、八か国の専権者を説得するために既に用いておられた動機づけや、この計画と実行に移すために用いるつもりでおられた手段についての記述を含んでいた手記が、王の死によって失われてしまったた

めに、これまでのところこの事案は、説得するのもあまりたやすくなく、実行するのもあまり容易ではないように思えてきたということは、そのとおりだと私も認める。けれども読者は、ここにあるのがアンリ四世の本物の手記であって、私はそれの入った鉛の小箱を、どこかの地下を掘っていて幸運にも発見し、この手記のいくつかの箇所を書き換えただけで、その著者としての名誉をまるまる自分のものにしようとしたのだ、と想像していただきたい。人々はもはや私のアイデアをそんなに不信の目で見なくなるであろうし、そこに見出される理にかなった点にもっと耳を傾け、それを是認する気になるであろうということは、まったく確実である。

反対論　六

このヨーロッパ連合は、あらゆる国々の君主・首脳にとって非常に望ましいものではあろう。彼らは二十年足らずのうちにその収入を倍増させそうであるし、これこそは、他の列強国の努力や自国の臣民たちの陰謀・反乱に対抗して、君主たちの王家が王位にあり続けることを確実にするための唯一の方途である。いかなる条約も、彼らがこの連合から引き出すことになりそうな諸利益の百分の一も、彼らにもたらすことは決してできない。私たちはみな、恒久平和が彼らにもたらすであろう富と豊かさの尽きせぬ源を、平安を、静穏を、一言で言えばあらゆる至福を、明白に見てとるし、また君主たち自身とその一族と臣民たちとが、戦争の体制から離脱することによってそれらから解放されることになる限りなく多くの害悪を、明白に見てとる。君主たちが譲ることになるものには、彼らの獲得することになるものを限りなく下回るものでないような現実的なものは、何もないであろう。ヨーロッパ全体にわたるこの統治組織のおかげで、ヨーロッパはあらゆる時代にわたっておびただしい量の流血を免れ、また死なないでいる人々にとって死そのものよりも恐ろしい数々の惨事を免れることになるであろう。けれどもこの立派な計画は、善い政治のプランとみなされるよりも、むしろ善良な市民の願い、「願望にして賢慮にはあらざるもの」(votum, non consilium)とみなされなければならない。これはプラトンの理想国のようなものであって、本気の計画ではなく、今どきの堕落した精神の持ち主たちの気に入るはずはない。「われらはプラトンの理想国の住人にはあらず、ロムルス[6]の松明に照らされたる者なり」(non in Republica Platonis sumus, sed in face Romuli)。道理はたしかに情念に抗するには弱い。道理を解するためには平静でいなければならないであろうが、人間は決して平静ではいない。君主たちは人間であり、人間というものは自分の最大の利益によって導かれるのに十分なほど賢明で分別があるわけではない。彼らは戦争の騒擾よりも平和の倦怠を恐れる。彼ら君主たちにとっては、恨み、妬み・誤った見解・領土拡大の虚しい望み・どんなものかは知らないが世界帝国の幻想・偉大な将軍にして偉大な征服者という評判の妄想、要するに彼らが若いときから願望している非常に空疎な、もしくは非常に些細な目的が、それ自体としてはこれらよりも限りなく重要な新しい目的に比べて、はるかにいっそう重要かつ重大であるように思えるであろう。この新しい目的は、かくも重要であるのに、しかし彼らにほとんど何物でもないように思えるであろう。なぜなら彼らには、この新しい目的に慣れる時間がなかったからである。同じものを願望する習慣は情念を形成する。そして理性にとっては恥ずかしいことに、理性的存在者を支配しているものは情念なのである。

回答

私はさまざまな方面から、またさまざまな人々から右の反対論を食らってきたが、この反対論からその持つ力を何一つ剝ぎ取ろうとは努めなかった。それは、何の反対論も述べたがらない人々だけを私は恐れるからである。

右の一般論は、部分的には真であるだけに、その分だけうわべのもっともらしさは増しているが、しかしこの論から決定的な推論を行なうためには、完全に偽でしかも不合理なことを前提しなければならないことが、間もなくわかるであろうから、この論の弱点を示すことはそれだけ容易である。

この一般的見解を、個々の単一な対象に引き戻して考えよう。問題になっているのは何についてか。非常に長引いた戦争に倦み疲れた四、五人の君主に、単に現在の戦争を終らせることになるだけでなく、将来にわたって彼ら全員をあらゆる戦争から守ることになりそうな、ある平和条約が提案されているのである。私はここでフランス王、スペイン王とイギリス・オランダ・ポルトガルの各国民について、この四、五か国の君主・首脳に右の条約を是認させることが不可能なら、本計画は絶対に実行不可能である、ということを述

(6) ローマの伝説上の建国者。

べるが、しかし次のようにも主張する。すなわち、今回の講和[7]であれ、あるいは他のある戦争の後の何か他の講和であれ、講和を行なうに際して、平和をいつまでも永続させ不変のものとするために最適な手段を講じようと彼らが考える、ということが不可能でないなら、彼らは奇跡によらずに、本計画に合致した条約に調印する決断をする可能性があるだろう、ということである。

（1）[8] 反対論六の論者はまず第一に、自身の論法を右の五か国の専権者に当てはめてごらんになるがよい。そうすれば、この論法が決定的なものではないことに自分でもお気づきになるであろう。理由は次のとおりである。「この五か国の君主・首脳がいつか右の条約に調印できれば、それは最も有利なことだということを私は認めるけれども、彼らは決してそれに調印しないであろう」という結論を下すためには、「彼らは自分自身の最大の利益から自分を常に遠ざけるような情念によって絶えず支配されており、五人のうち何人かが理性を持つか、もしくはしばしの間理性的な時があるとしても、この理性的な合い間が生じるのはまさに、他の君主・首脳がまだ気の変になった者として推論しているような時であろう」主張しなければならない。反対論者はまた、「彼らの気が確かである合い間のこの合致が一斉に起こりうる、などということは不可能である」と考えなければならない。なぜなら、そうではなしに、この五人の君主・首脳の各々が多くの理性を持つか、もしくは少なくとも多くの理性的な合い間を持つ、ということがありえて、しかもこういう合い間が一か月間だけでも全員に一斉にありうるとすれば、その時に彼らが右の条約に調印せずにいるなどということはありえないからである。

（2）右の一般論を個別的な推論には帰着させたくないということなら、その時こそ、この一般論のせいで私たちがどれほどひどい不条理さ加減にまで連れて行かれるかがわかる。この論法の不条理さは、ある考察によってなおいっそう感知されることになるだろう。それは、右の五か国の専権者たちがその真の利益を知ることを妨げる情念に常に支配されているとすれば、彼らはこの連合条約に調印することが不可能なだけではなく、彼らにとっての有益度が大きかろうと小さかろうと、彼ら同士のであれその他の国々の専権者との間のであれ、いかなる条約に調印することも決して可能ではなく、それゆえいかなる平和条約にも決して調印することはないであろう、という考察である。さて、これほどひどい不条理へと導くような論法に、一瞬たりとも寄りかかることができようか。

（3）情念の支配に関するこの一般論は、右の五か国の君主・首脳が、いかなる情勢の下でも、彼らにとって互いに有利ないかなる条約も、相互間で結ぶことが決してできない、という結論になるだけでは済まない。この一般論は万人を包括しているのであるから、そこからは次のような結論も同じように出てこなければならない。すなわち、五人の私人に対して、自分にとってもその一族にとってもこれ以上有利な協定にめいめいが署名できることなど決してなさそうな協定に、署名するようにとの提案がなされたとしても、彼らがそれに署名することはありえないばかりか、そんなことを期待するのは滑稽であろう、という結論である。

（7）序文訳註（6）参照。
（8）この（1）の番号は底本には欠けているが、訳者の判断により補った。

（4）右の論法は五人の君主・首脳について結論を下すだけではなく、二人についても同じ力をもって結論を下す。なぜなら、この場合人数は問題ではなく、条約の下でまっしぐらに自分の真の利益に向かってゆくことが元首たちにとって不可能なほど、情念が彼らを支配するということが問題なのだからである。このことから、二人の私人についても同じことが結論される。なぜなら、情念の支配は私人よりも元首に多く及ぶわけでも、二人よりも五人に多く及ぶわけでもないからである。

（5）右の論法は、君主にせよ私人にせよ、またその人数が五人にせよ二人にせよ、彼らが自分の情念に支配されているからには、自分の真の利益に合致するいかなる条約・協定にも調印ないし署名することは決してありえない、ということを信じるように仕向けるだけでは済まない。この論法が決定的なものなら、それは元首同士の間でもその他の人々同士の間でも、当事者全員の利益に合致するようないかなる条約・協定も決して結ばれたためしはない、と信じるように仕向けもする。なぜなら、結局のところ過去に将来よりも多くの特権を認める理由はありそうにないし、常軌を逸した情念は過去にわたって人々を支配した以上に、将来はなおいっそう人々への支配を強めるであろう、などと主張するためのどんな根拠もなさそうだからである。

この例によって、弁舌家の特殊な論法には、それを論理学者の正確な規則へ還元することができてしまうまでは、信をおかないことが適切である、ということがわかる。

（6）「右の五か国の君主・首脳が、彼ら全員にとって非常に有利な条約に調印するのに十分なだけの理性をいつの日か持つということも、絶対にありえないことではない」と、反対論六を唱える人々が思うのであれば、私はそこからこういう結論を下すであろう。「それならば、この五か国の君主・首脳にその条約を提案することも不可能ではない。なぜなら、絶対的な言い方をするなら、右のような日は起こりうるからである。彼ら五人がこの条約に賛成するに至り、なおかつその履行を願望するような情勢が、生じる可能性はある。」

（7）反対論六を唱える人々のうちの何人かは、ヨーロッパ連合条約が各国の君主・首脳にとって有利なことは非常に明らかである、ということを認めるかぎり、この反対論は再反論の余地のないものにはなりそうもない、ということに気づいた。この明らかさたるや、彼らの反対論が成り立つとしたら、諸国の君主・首脳は何らかの異常な情念のせいで完全に盲目的になってしまっているか、もしくは茫然自失の状態になってしまっているかのどちらかだ、と考えなければならなくなるほどのものだからである。そこでこの人々は自分の方針を撤回して、すぐれたものだと自分でわかっていた当の証拠[9]を、それが弱いことを発見することに関心があったわけでもないのに、疑おうと努めた。けれども彼らは、この証拠を弱めることができるようなものを何一つ私にもたらさなかったので、それは依然として元どおりのままである。

（8）既に他のところで私が示したとおり、この条約の諸々の利点は非常に大きくかつ明らかなので、それに調印する決意をするのに十分なほどこれらの利点に気づくためには、最低度の慎慮しか必要としない。

（9）さらにこれも私が示したとおり、この条約に調印するように仕向けられるためには、諸々の情念を

（9）ヨーロッパ連合条約が各国の君主・首脳にとって有利であるということの証拠を言っているのであろう。

免れている必要はない。なぜなら結局のところ、今までとは比べものにならないほどもっと豊かになりたいという切望は、一つの情念となることができるのではないか。自分の領有している諸州や領国を戦争の運によって失うことへの恐れも、一つの情念となることができるのではないか。戦争の体制下の王家が征服者や将来の陰謀家のせいでおかれている危険な状況について考慮することは、君主の心の中にいかなる恐れも引き起こすことができないであろうか。それゆえ私は、諸情念の努力に対抗させるに理性のみをもってせざるをえないという必然性のうちにはおかれていない。古い諸情念よりも優勢になるか、あるいは少なくとも互角になることが可能な新たな情念によって、理性を強めることが容易にできるのである。

(10) 本計画を称賛し、それがあらゆる国々の君主・首脳の利益に大いに合致していることを認めている人々のうちに、私に対してこう冷然と言った人がいる。「この条約に調印していけないような元首は誰もいない。仮に諸国の元首たちが全員賢明であるとしたら、彼らはみなこの条約に調印するであろう。吾輩としては(とこの人は私に言うのであるが)、自分が一国の元首の地位にあるとしたら、自国の力が比較的弱いほうであろうと、中くらいであろうと、比較的強いほうであろうと、大喜びでこれに調印するであろう。しかし吾輩は、どの元首も決してこの条約に調印することはないだろうと思う。」この人は、諸国の君主・首脳の良識と慎慮について私の抱いている好意的見解に驚いている。しかし、この元首たちのものの考え方は自分のそれに比べて賢明さの度合いが非常に低く、しかも現在統治している元首も将来統治することになる元首も、元首というものはいつでも同じ考え方をするであろう、とこの人が思い込んでいるのを目にすることのほうが、もっと驚くべきことではないか。

(11) 仮に反対論六の論法が堅固なものであるとしたら、ドイツ領邦国家団の連合が形成されることは決してありえないことであった、という結論になるであろう。なぜかといえば結局、この連合を形成したのは人間であり、君侯たちであり、今日の諸国の元首と同様に自分の情念に従属している君侯たちであったからである。彼らは今日の諸国の元首よりも理性を尊重していたわけでも、いっそう賢明で良識があったわけでもなく、また倦怠の恐れ方や抱いていた妬み・恨みが今日の諸国の元首の場合より少なかったわけでもない。彼らも今日の諸国の元首と同様、自領の拡大や偉大な名将という評判を欲していたし、自分の頭上に裁判官を戴くことを恐れ、戦争の勝利を望んでいた度合いも、持っていた利害関心が互いに対立し合っていたことも、今日の諸国の元首と同じほどであった。一言で言えば、ドイツ領邦国家団の連合の形成当時のドイツの君侯たちも今日の諸国の元首と同程度に、自分の情念に支配されていたのである。にもかかわらず、今日と同様にその当時においても行なうことの可能であった右の立派な論法は、当時のドイツの領邦君主たち全員が、私の今日提案している連合条約に似た、かつてあったとおりの連合条約に調印することの、妨げになったか。この条約がドイツの君侯たちにとって有利であった度合いは、私の提案している条約がヨーロッパ諸国の元首にとって有利となりそうな度合いにははるかに及ばないが、にもかかわらず右の論法は、ドイツの領邦君主たちが前者に調印する妨げにはならなかったのである。

(12) 仮に右の反対論六が堅固なものであり、この予言にたしかな根拠があるとしたら、アンリ大王はそのような連合計画に決して同意されたことはない、という結論になるであろう。なぜかといえば結局、同王は人間であられ、最も強力な元首たちのうちの一人であられ、今日の諸国の元首たちと同じく、自身の情念に従属しておられたからである。アンリ大王は、今日の諸国の元首たちと同じく、自身の敵たちを犠牲にして自国領土を拡大することを一生の間願っておられたし、自身の頭上に法廷を戴くのを避けられたことも彼らと同様であったし、彼らと同程度の根拠をもって、戦争における勝利を望んでおられたし、また望むことが可能であった。にもかかわらずアンリ大王は、本計画と似たような連合条約に同意された。そして、暗殺された時点で他国の君主・首脳にこの条約への加盟を求めていて既にそのうち十七、八人を引きつけておられたのは、同王だったのである。

反対論 七

戦争の継続によって、われわれが（とフランスの敵側の人々は言うであろうが）フランスをさらに弱くすることができ、われわれが征服で得たあらゆるものの取り戻しの見込みをフランスに与えずに済ませることができるとしたならば、このことは全ヨーロッパ諸国の連合の条約に見出される安全保障を、さらに増大させることになるのではないだろうか。

回　答

（1）十分な安全保障がある場合には、安全保障の増大は無用である。無用でないなら、安全保障は十分ではないことになる。しかるに、連合条約に全ヨーロッパ諸国の君主・首脳が調印すれば、安全保障は完全に十分なものとなるであろうということは、本書の第四論考で証明済みである。そのうえ、戦争の継続が同盟諸国に非常に大きな出費を将来引き起こすことは確実なのに、この継続された戦争の勝利は確実でない、ということが知られている。それゆえ同盟諸国にとっては、軍備の多大な費用から今すぐ解放されるために、そして通商の復旧から絶えることのない利を得るために、連合条約の調印を急ぐことにもまして、良識に適ったことは何もない。

(2) フランスが、連合条約の調印を申し出た後で、戦争が続いていたおかげで優勢にならないかどうか、そしてそうなった場合には、フランスがその申し出をしてからこのかた自国の費した費用の弁済を要求しないかどうか、誰が知るであろうか。とりわけ、フランスがその申し出をする際に、〔征服されて失ったものについて〕異議申し立てをするかどうか、誰が知るであろうか。

反対論　八

イギリス・オランダ両国は、今回の戦争[10]でオーストリア王家に貸与した資金の元金の担保のために、またその利息の支払いを受けるために、フランドル地方の複数の城塞都市を手中に保持しているが、これらの城

(10) 序文訳註（7）参照。

塞都市と引き換えにどのような賠償を、どのような等価物を両国の人々に与えるのか、また同様に、ジブラルタルやミノルカ島のマホン港を返還する決断を彼らがするとでも、あなたは思っているのか（と私に言った人がいた）。こう問うのは、全ヨーロッパ諸国の連合によってオーストリア王家と他のすべての国々とは、お互いに対して借りのない状態に留まるであろう、ということに加えて、オーストリア王家はスペインの継承について失わずに保つものが何もないのに、同家のスペイン継承権獲得がフランス王家の力に対する自国の防壁になるであろうという見通しの下に、イギリス・オランダ両国民がこの獲得のためにオーストリア王家に貸与したものについても、これまた同家が支払い義務を負うというのは、正当ではないと思われ、したがって英・蘭両国の人々は、今回の戦争に支出したものを、そっくり失うことになるからである。

回答

（1） 連合条約が調印されて平和が不変でしかも全域的なものとなるならば、イギリス・オランダ両国の人々はむだな出費をしたことにも、オーストリア大公に貸したものを失ったことにも全然ならないであろう。なぜなら彼らは、ヨーロッパ諸国の君主・首脳全員がこの条約に調印した後でなければ、ということはつまり、自分たちが不変の平和と絶え間ない通商との十分な保障を得た後でなければ、何一つ返還することはないだろうからである。そうなったあかつきには、この両国の人々の出費が使用された仕方よりもよい出費の使われ方はかつてなかったということになるであろう。彼らが自分の貸金から引き出すことになる利息ほど大きな利息が、貸金によって生み出されたことはかつてなかった。なぜなら、この貸金が彼らにとって生み出したことになるものは、戦争の費用の永久免除と、両国政府の保全と、両国民の通商の恒久性だからである。したがって、両国の人々は自分の貸金・出費によって何かを失ったどころか、この出費、この貸金は彼らに、不変の平和をもたらすことによって莫大な利得をもたらしたことになるであろう。それゆえ彼らは、自分が支出したもの、貸し付けたもの、ヨーロッパ連合形成後に返還することになるものの価値よりも、比較にならないほど大きな対価物を、賠償を得ることになるであろう。

（2）十年間の平和の間に、イギリス・オランダ両国の人々が、神聖ローマ皇帝に貸し付けたものだけでなく、今回の戦争で支出したことになるものまでも全額償われるならば、百年間の平和の間の彼らの利得はどれほどの額に上るであろうか。

（3）仮に今回の戦争の開戦に先立ち、フェリペ王[11]がスペインを平和裏に領有して、フランス王家がイギリス・オランダ両国の人々に、本計画と似た計画を提案していたとすれば、そして同家が彼らに、自国の領土拡大に不動の限界を自ら設定することと、自由と通商継続のためのかくも大きな安全保障とかくも有効な保証人を与えることを、申し出ていたとすれば、この両国民ほど賢明でしかも良識ある国民が、オーストリア王家なら彼らに提案したであろうような弱い保証と不確実な安全保障にわざわざ甘んじたなどということ

（11）序文訳註（7）および第一論考訳註（9）で言及したフェリペ五世（一六八三～一七四六、在位一七〇〇～四六）のこと。

は、本当らしいこと、ありそうなことであろうか。彼らがそんな話に乗りたがったなどということが、ありそうなことであろうか。そんなことは到底ありそうにないことである。おそらくは反対に、彼らは両腕を広げてフランス王家の申し出を受け入れたであろうし、フランス王家があらゆる国々の君主・首脳の全体的連合を、平和と通商の全能かつ恒久的な保証人たらしめるために提案したからには、結局のところ英・蘭両国民はスペイン王位の継承問題にいかなる利害関心も持つことはなかったであろう。

ヨーロッパ諸国の各君侯、とりわけイタリアの諸君侯とドイツの複数の領邦の専権者たちは、イギリス・オランダ両国の人々と共同して、本計画を速やかに実行に移すことに全力を挙げて協力したことであろう。そして十年余り前からは、戦火が全ヨーロッパを赤々と照らすことはなくなっていたであろう。戦火は大きな災厄であるが、しかしそれは過去の災厄である。そして、ヨーロッパの君侯たちや英・蘭両国民がみないっしょになって、現在の災厄をやめさせ将来の災厄を避けるためになしうることで、右の場合に彼らが受けいれたであろうことを現時点で受けいれることよりもましな、どんなことがあるのか。不変の平和の貴重な果実を彼らが取り入れることができるようになるのが、いくら早くても早すぎることがあろうか。現在の諸利益の所有と将来の利益の見通しとを楽しむことだけが問題であるときに、過去の害悪の記憶のせいで不幸になるなどということは、狂気の沙汰ではないか。

（4）話を算定に進めよう。私は次のことを仮定する。すなわち、イギリスの人々はオーストリア王家を相手に、六千万リーヴルを五パーセントの利息付きで取り戻さなければならず、また利息の払い受けのためと元資の担保のために、オスタンド、アントワープ、マホン港[12]およびそれらの都市の領土を、ジブラルタルとともに抵当として保持することを取り決めたということ。オランダの人々も似たような金額をオーストリア王家に貸し付けており、利息の払い受けと元資の担保のために、彼らの得たフランドルの征服地を保持することを取り決めたということ。いやそればかりか、こんなことは決して起こらないであろうが、オーストリア大公がカディスとスペイン全土の主君となり、アメリカ大陸の通商全体を支配下においたと仮定したうえに、さらに英・蘭両国民は百年間、故スペイン王の時代のようにアメリカ大陸との通商を行なうものとする、という十分な保障を、オーストリア大公が両国民に約束したということも仮定しよう。その場合でも、この両国民が参戦した戦争の勝利からいつかは望むことのできたことは、それで全部である。両国民はいま、これらの利益を、全ヨーロッパ諸国の連合から引き出すことになる諸利益と比較してみるがよい。なぜかといえば、その理由は要するに次の三つである。(1)英・蘭両国の間で、もしくは両国とフランス王家との間で、十五年以内に再び戦争が始まらないというどのような保証が、彼らにあるのか。それゆえこの戦争再開の恐れのせいで両国民は、警戒を怠らないようにせざるをえないであろうし、その結果、彼らが担保にとっている城塞都市から引き出す収入よりもはるかに大きな支出を、駐屯部隊の給与の支払いの形でせざるをえないであろう。(2)オーストリア大公は、英・蘭両国民が抵当として保有する城塞都市を彼らの手から取り返すために、アメリカ大陸との通商から彼らを排除して、フランスだけにそれを認めるぞと言って、脅

(12) オスタンドとアントワープはともにベルギーの都市。

(13) スペイン、アンダルシア地方にある海港都市。マホンはミノルカ島の港町。

すことができるのではないか。(3) オーストリア大公が二十歳に満たずに子なくして死ぬこともありうるのではないか。その場合にもまたイギリス・オランダ両国の人々は、自分の建てたものが砂上の楼閣であったことを思い知ることにならないであろうか。なぜなら、オーストリア王家のこの継承問題からどのような戦争が生じないともかぎらず(14)、そうなれば両国民は、通商の中断によってどんな損害を犠牲として払うことにならないともかぎらないからである。最も強力な君主の一人が、自分の同盟諸国に、ある条約のいくつかの条項を履行する十分な保障を与えるという約束をしても、彼が最も強力な君主のままでいるかぎりは、また彼よりも強力で、この履行の保証人であり、かつこの保証を効力のあるものとすることに強い関心を持つような、諸国家のいかなる社会的結合も存在しないかぎりは、彼がこの保障を与えるなどということはありえないのである。

そうは言っても、右の算定で英・蘭両国民の各々にとって問題になっているのは、三百万リーヴルの金利でしかないのであるが、ここ十二年の間だけでも毎年五千万リーヴル以上を戦争に費してきたこの両国民に、将来の戦争がさらに費させることになる費用は、彼らの通商が中断されることによる同じくらい巨額に上る損害を計算に入れなくても、どれくらいになるであろうか。しかるに、両国民に考えてもらいたいが、全ヨーロッパ諸国の連合は、内戦にせよ対外戦争にせよ、戦争から英・蘭両国を守ることについて、従来よりも限りなく大きな保障を彼らに与えないであろうか。また同連合は、アメリカ大陸との通商のためだけでなく、世界のあらゆる部分との通商のためにも、従来より限りなく大きな保障を与えないであろうか。そして最後に、同連合は両国民に、莫大な額の資金を節約させてくれないであろうか。

（5）戦争は多くの偶然が入り込んでくるゲームであり、一つの戦闘では有利な立場にあるような君主が、その後の三つか四つの戦闘では非常に不利になることもありうる。私たちはその実例には事欠かない。けれども、十年間は勝ち続ける望みが持てるとした場合でも、いつまでも存在し続けるものとみなすことのできる諸国の国民のためを思って、見通しをもっと先まで進めていただきたい。諸国の主権と国民が武運に奔弄されているかぎり、将来の三百～四百年の間に諸国民に起こってくる出来事に関して、何らかの保障が存在するであろうか。それゆえ、全ヨーロッパ諸国の連合のおかげで、常に揺れ動く諸国家の運命を落ち着かせる機会が示されている場合に、不変と静穏と、自由かつ安全で全世界的な継続的通商とのあらゆる利点によって将来生み出される、一億リーヴル以上の金利よりも、三百万リーヴルの不確実な金利のほうを好んで選びとるなどということは、賢明なことであろうか。

（6）恒久平和は尽きせぬ宝庫であって、連合した諸国の元首たちはそれを常に開いたままにしており、彼らの債権者である他の君主たちは、そこから毎年莫大な富を汲み取ることによって、自分たちの失ったもの、過去に費したもののすべてを償還され、また自分たちの貸したもの、合法的に要求しているもののすべてを、それどころか自分たちの主張するもっと根拠薄弱なものさえも、支払われることになるであろう。

（7）イギリス・オランダ両国の人々はなぜ戦争を企てたのか。ただひとえに、十分な安全保障を得るためである。しかして、彼らのなすべきことは、誰からも何一つ奪うことなく安全保障の手段を見出すことで

（14）サン－ピエールのこの危惧が少し形を変えて的中したことについては、第一論考訳註（8）を参照。

ある。この手段は結局のところ、神の格別の計らいによって右に見出されている。英・蘭両国民にはこの手段が差し出されている。合法的所有者に返還することこそ、彼らが現在なすべきことではないか。私たちフランス人の側に権利があるのではないか。英・蘭両国民はこのヨーロッパ連合を私たちに申し入れたのか。それを私たちが拒んだのか。そうではない以上、なぜ私たちは、私たちの城塞都市を彼らに残しておくことによって、彼らが私たちに対して不正に行なった戦争の費用を支払ってやるのであろうか。

反対論　九

諸国の君主たちの持つ権能は、自国の臣民たちに対するものか、もしくは近隣諸国の君主・首脳に対するものか、その二種類しかないということは、そのとおりである。さらに、君主たちは自国の臣民に対しては、連合条約によって従来と同じ権利と権能を保つということ、そして君主たちにはもはや、恐れなければならない反乱も陰謀も決してないことになるのであるから、この権能は限りなく増大しさえするであろうということも、これまたそのとおりである。けれども君主たちは、近隣の諸々の主権国家のいくつかの部分について自分が持っている、もしくはそう思い込んでいる権利を奪い取られることに屈する決断をすることは決してないであろう。その権利とは、自分の好きなときに、神のみに対してしか釈明することなく、自分の近隣諸国の君主・首脳に対して武器をとる権利と権能である。征服・領土の拡大、世界帝国という彼らの考えは、根拠があやふやで、彼ら自身と彼らの王家との双方にとっての非常に大きな不都合を免れないが、にもかかわらず彼らは、この点に関して自分を制限することには、したがってまた自国の近隣の諸国の君主・首脳に全ヨーロッパ諸国の連合の条約をもたらすことのできる安全保障を与えることには、決して同意しないであろう。阿諛追従の徒に囲まれて育てられ成長した君主たちは、私人のような考え方をすることも、将来の物事にその真の価値を与えることもできないし、度を越した望みを抱かずに十分に恐れを抱く、ということができるほど慎慮の持ち主であることは決してない。

回　答

(1) この反対論は、根本においては第六の反対論と同じものである。この反対論を唱える人々は、最も強力な元首たちと力の最も弱い元首たちとを、区別なしに一括りにしてしまっている。これではまるで、後者も前者と同じく、自国の喪失ないし縮小を恐れる必要がないかのようであり、また両者が等しく大規模な征服の望みを抱くかのようである。この反対論の論者たちはまた、自国を保つことと、自由な全世界的通商を中断しないよう維持することしか意図していない最も賢明な共和制諸国を、右の二種類の元首たちと一緒くたにしている。この論者たちは、最も強力な元首たちのうちにも、年齢が高く、若い頃からにせよ経験のおかげにせよ賢明で、年若く大胆かつ向こう見ずな元首たちとは考え方の非常に異なる人々がいるかもしれない、ということを考えていない。

これまでのところ、本計画を実行不可能と思い込んでいる当の人々のうち誰一人として、オランダ・イギリス・ポルトガル・クールランド・ヴェネチア・ジェノヴァ・ジュネーヴ・グリゾン人[15]・スイス人・ポーランドが、またイタリアの諸君侯とドイツの諸君侯の大部分が、不変の平和――ただしこれは、本計画の中で提案されている十分な安全保障のすべてを相互に与え合うことによってしか、不変なものとなることができない平和なのであるが――の莫大かつ確実な諸利益よりも、絶え間ない戦争の脆弱かつ不確実な諸利益のほうを好んで選びとるのに十分なほど、気が変になりそうだなどと主張した者はいない。これまで、誰もそのようなことを私に言ったことはないのである。それなら、諸国の君主たちという総称的名詞の下に、自分にとって最も重要な統治ということにかかわる問題に関して非常に無茶な方針をとらないことが確実な諸君侯や諸国家を含めてはならなかったのであり、残る他の五、六か国の君主たちの間でも、確かに賢明な人々を、この事項に関してまだ賢明でない可能性のある人々と一緒くたにしてはならなかったのである。

（2）仮にもしこの反対論を唱える人々が、「提案されている条約は最も強力な君主たちにとって非常に不利なものなので、彼らは気の狂っている合い間以外には決してそれに調印するはずがなく、したがって今後とも決して調印することはないであろう」と主張しているのだとしたら、この反対論者たちの結論は正しく、彼らの予言には確かな根拠があることになるであろう。ところがさにあらず、彼ら反対論者たちは一致して、この条約が非常に有利なものであること、諸国の元首たちがその有利さを認識するならば、また少しばかりの慎慮と理性を持ち合わせているならば、本条約に調印するであろうことを認めているのである。にもかかわらず、これらの元首たちの誰一人として本条約に調印することはないであろう、という主張が、私たちに対してことさらになされるのである。それならまた、「これらの元首たちの誰一人として、こういう人並み程度の慎慮も理性も持つことはないであろう」という主張もしなければならない。しかるに、こんな主張はひどく常軌を逸したたわ言ではないか。にもかかわらず、反対論九を唱える人々がこのたわ言を主張するのであれば、彼らの議論そのものが常軌を逸しているのである。

（3）反対論九を唱える論者よ、あなたがもはや本条約に調印することに、最も強力な君主たちなら見出しそうな大きな利益を認めない、というのなら、第三論考の第十五の項目に答えていただきたい。この答えがなされるまでは、この反対論には何の力もない。

（4）本条約による十分な安全保障というこの互恵的条件がないことには、不変の平和はない。しかしそうは言っても、絶え間のない戦争という、あらゆる時代の君主とその臣民にとって恐るべき、絶え間のない災厄か、それとも不変の平和という、莫大な富と限りない利益か、あるのはこの二つの方針だけであって、中間はないのである。どちらかを選ばなければならないのだ。

（5）反対論九の論法に何らかの力を与えるためには、ドイツ連合を形成した二百人の領邦君主が、今日のヨーロッパの二十四の国の君主・首脳たちとは非常に異なるものの考え方をかつてした、と主張しなければならない。けれども、こんな極端な相違の証拠など、出せるものなら出してみるがよい。

---

(15)　スイス南東部のグラウビュンテン（グリゾン）州の住民。当時この地方はスイス連邦に未加盟であった。

反対論　十

他の人々と同じように、諸国の君主・首脳たちにも、分裂の根本原因が常に存在している。それなのに筆者よ、あなたは彼らを連合させ、かつ連合したままにしておくと言い張っている。

回　答

(1) 人々のうちに分裂の根本原因が存在する、というのはそのとおりであるが、しかし同じ人々のうちに連合の根本原因も存在している。それは、人々がその関心の基盤である気紛れと欲望を満足させるためにお互い同士を必要とし合っており、時々は分裂することに関心を持つとしても、連合することにもまたしばしば関心を持つからである。それゆえ問題は、人々にとってはそのもめごとを終らせるのに、武力・策略・暴力・分裂の道をとるのと、和解・仲裁裁判・連合の道をとるのと、どちらのほうがいっそう適切かを知ることである。

私は、分裂の諸原因が将来も常に生じることは認めるが、しかし本条約の調印後は、こういった原因は稀になり、しかもほとんど重要性を持たなくなるであろうと主張する。また私は、これらの原因を終らせるためには、和解と仲裁裁判の道のほうが、武力と暴力の道よりも限りなく好ましい、ということを示した。私人にとっては幸いなことに、彼らに対する暴力は彼らの国の君主・首脳が防いでくれている。そして諸国の君主・首脳も、自分自身の幸福と自国の臣民の幸福のために、一致協力してこの忌まわしい道を自分自身に禁ずることができるのではないか。

それゆえ、ヨーロッパ諸国の君主・首脳は将来、対立した利害のせいで分裂する可能性はあるものの、それにもかかわらず、戦争の道に比べて残酷でなく、不正でなく、伴う危険が少なく、しかも常に費用が少なくて済む道によって、対立した利害を終らせるために、連合を形成し維持することができるであろうということは、理解しやすいことである。

(2) スイスの諸州同士や、オランダの七つの州同士や、ドイツの領邦君主たち同士の間には、分裂のいかなる原因も存在しないのだろうか。その反対だということを、当該国の国内にいる人々はよく知っている。これらの国々の人々の内紛には終りがないであろうか。また彼らは、武力と暴力に訴えることを余儀なくされているであろうか。その反対で、これらの紛争はすべて戦争なしに終結していることを、私たちはみな知っている。ヨーロッパのこれほど大勢の君主・首脳同士の間で既にこれほど有益な仕方で実行されていることが、その他の君主・首脳同士の間でもまた実行される、ということがどうして不可能なのであろうか。

諸国の君主・首脳が、彼らの暴力と戦争の道を勧める激しい欲望や情念を、これからも常に抱くであろうということは、私のよく知るところである。けれども、ヨーロッパ連合がひとたび形成されたあかつきには、こうした激しい欲望は、それよりもさらに激しい恐怖によって、一言で言えば、欲望よりもさらに強力な他の情念によって、相殺されないであろうか。そしてその場合には、賢明かつ幸いなるその恐怖が、狂気じみた、身を滅ぼすような望みから、諸国の君主・首脳をたやすく守ってくれるのではないであろうか。

反対論　十一

一国の君主が、離脱することを自分が望んだら自分の国を取り上げる権能があるような社会的結合に加入することに、同意するなどということが万が一にもありえようか。

回　答

(1) 君主がこの社会的結合に加入するならば、それは彼がこの結合を非常に有利なものとみなしているからである。ところで、この場合彼は、この社会的結合を恒久的なものにすることを願わないであろうか。そしてこの社会的結合は、それを構成する君主たちの各々が、それを乱すことは決してしないという可能なあらゆる保障を互いに与え合わないならば、恒久的でありうるだろうか。これらの保障のうちで、一方では、もし平和と連合を欲することをやめたら所領を奪われる、という恐怖よりも、また他方では、連合を維持しようと欲するかぎりは自領も堅持されるという安心よりも、大きくかつ必要度の高い保障があるだろうか。

(2) ドイツの諸君侯は既に帝国追放によって、連合を破棄したら所領を奪われるというこの恐怖が、連合を解消不可能なものとするための主要な保障の一つである、ということを私たちに感づかせてくれたのではないか。また彼らは連合することによって、万事を考慮すれば連合と平和のほうが、分裂と戦争よりも比較にならないほど価値があることや、追放の罰は、平和よりも戦争を好んで選びとるのに十分なほど悪意があって気のふれているような君主たちにとってしか、恐れる必要のないものであることを、彼らドイツ諸君侯はわかっていたのだと、私たちに感づかせてくれたのではないか。

反対論　十二

一国の君主の諸州の州民の反乱を支持し、なおかつ、この君主に従順・忠実であったこと以外に罪のない、彼の主だった吏員を二百名も処罰する、などということをするどのような大義が、ヨーロッパ連合にあるのか。

回　答

（1）この君主は、ヨーロッパ連合に加盟するに際して、同連合を解消不可能にするための十分な、かつ相互的な保障を与えたいと思っている。この結果を得るために彼は、他の君主たちと同様に、「万一私もしくは私の代々の後継者が、平和を維持したいという気がなくなり、ヨーロッパ連合の敵と宣言された場合には、私の臣民は私の臣民であることをやめる」ということに同意する。さてそこで、この万一のことが生じた場合、彼の国の諸州も臣民たちも、もはや彼に対して服従の義務も忠誠の義務も負っていない。それゆえヨーロッパ連合は、自国の元首から離反する諸州の州民を支持しても、それによって不服従を奨励しているわけではない。なぜならこれらの州民は、彼らを平和な状態に保ちたいという気がなくなっている君主、しかも自分がヨーロッパ連合と平和とを維持したいという気がなくなった場合の追放と所領剥奪という罰に同意していた君主に対して、服従の義務を負うことをやめているからである。

（2）同様に、ヨーロッパ連合はその敵と宣言された君主の主だった吏員二百名を処罰しても、それによってこの君主の臣民を処罰しているわけではない。なぜなら、この宣言が発せられて以来、この吏員たちはこの君主の臣民であることをやめたのだからである。同連合が処罰しているのは、自らの意志で公共の平安を乱した者たちである。このことはすべて、当の君主に対しては、追放の罰に何一つ付け加えはしない。ちなみに、私の提案するこの追放は、新たに発案された安全保障ではないが、提案されているのが新たな安全保障だとした場合でも、平和の恒久なることを真摯に願う君主・首脳たちは、それに反対しないのみならず、それを万人にとって非常に望ましいものとして相互に要求し合うであろう。目的を真摯に、強く欲する者は、そのあらゆる手段を真摯に、強く欲するものである。これらの手段のうちに、追放の恐怖、主だった吏員の処罰、諸州内の弁理公使による警戒、君主・首脳たちによる年に一度の宣誓が含まれている。さてそこで、一方では、これらの手段、これらの安全保障は無益なものであり、平和の永続のために必要でさえないなどと、また他方では、これらの手段は平和を永続させたいと望む君主・首脳たちから何物かを奪い取るなどと、言えるであろうか。

（3）弁理公使は態のいいスパイとみなされるだろう、と言われれば、私はそのことを認める。弁理公使は実際まさしくスパイである。しかし、今日の大使や公使にしたところで、たいした違いがあるだろうか。彼らは平和の継続という公共善にとって有用なスパイ、あるいはむしろ騎哨、ないし歩哨である。

反対論　十三

自分の主張を通すために誰かに従属したがるようないかなる君主も存在しないし、力ずくでなら自分の欲しいものが得られることが確実なときに、仲裁裁判者を欲する君主など誰もいない。君主は自分の権力を制限するような法も取り決めも欲しない。それゆえ、いかなる君主もヨーロッパ連合に同意しないであろう。

回答

（1）欲しがりさえすれば手に入る、というほどの権威をもってすべての近隣諸国の君主・首脳を支配するのに十分なほど強力な一人の君主が、ヨーロッパにいると仮定することが可能であるとしたら、またあらゆる国々の君主・首脳がいっしょに連合しても、この一人の君主の意志に抵抗するのに十分な強さにははるかに及ばないとしたら、この君主が自分の抱える紛争に関して、力以外の他の仲裁裁判者に頼りたいとは決して思わないであろうということは、確かなことである。けれどもヨーロッパは、そういう事例には該当しない。それゆえあらゆる国の君主は、自国の近隣の国々の君主たちも自分に劣らず支配することが好きであるとか、自分が向こうを支配したいように向こうもこちらを支配したがっているであろうとか、この隣人たちは、力は常にわが方にあるという自信があったら、彼らの抱えている紛争を終らせるのに、仲裁裁判という方途を常に拒否するであろうとかいった算盤をはじくのはよいが、しかし、力は常にわが方にあるという自信のある君主とは、誰のことなのか。そんな君主など、誰もいないであろう。そういう次第で、「第三論考で提示された十五の利点など、ある強力な一国の元首にとっては、彼が連合条約に調印することによって譲るものや奪われるものに比べれば、何の堅固な点もない」ということを示すという結果に常になるどころではなく、これまでのところ、この反対論自身のほうこそ何の堅固な点もないのである。

（2）ドイツ領邦国家団を形成したドイツの領邦君主たちは、また彼らより以後ではアンリ四世という、ヨーロッパ国家団を形成することを最初に提案したこの強力な王は、今日の諸国の君主たちとは異なる性格を持つ人々であったのか。この昔の君主たちは、支配することが好きではなかったのか。仲裁裁判者たちの判決に服することを、そして万一その判決を履行することを自分が拒んだ場合、自分を追放によって処罰する権能をこの仲裁裁判者たちに与えるということを、彼らは一種の拘束と感じなかったのか。そんなことはあるまい。にもかかわらず、かつてのドイツの領邦君主たちはドイツ連合を形成したし、アンリ四世はこれと似た、もっと永続可能な連合を形成したいと望まれたのである。それは彼らが、常置の仲裁裁判所の与える平和の確実な諸利益を、戦争による諸々の空想的な希望よりもはるかに高く評価するのに十分なほど、賢明であったからである。それならどうして、今日二十四か国の在位中の君主や在職中の首脳が賢明である度合いは、かつてドイツの二百人の領邦君主や百年前のヨーロッパに存命していた君主・首脳たちが賢明であった度合いよりも低い、などと信じたがるのか。

反対論　十四

二国の君主と君主の紛争の裁判に関して、代議員たちは自分の主君から訓令を受けた後でなければ意見を述べないであろうから、訴訟は長期にわたって未決となるであろう。

回　答

(1) 既に示したとおり、諸国の君主・首脳が、自分の国はいかなる仕方によっても決して領土を増やしたり減らしたりできないものとし、通商についての法は平等かつ互恵的であるものとする、ということを取り決めるという賢明な用心をした以上、右のような訴訟は非常に重要度の低いものとなるであろう。したがって、未決状態が長く続いたとしても、ひどく有害なことでは決してありえないであろう。

(2) 当事国の君主たちは、右の長期の未決のおかげで、監視－調停委員団によって行なわれた調整案の提案に関して熟考するための暇を、より多く持つことになるであろうし、この調停委員団自身もこの未決のおかげで、両当事国の和解を容易にするための、また一方の当事国に不利な判決という恥辱を被らせるのを避けるための、いくつかの新たな術策をさらに探る暇を、より多く持つことになるであろう。

反対論 十五

元老院内にも他の法廷の場合と同様に、訴訟の裁判に関して諸々の私党や党派が存在することになるであろう。

回 答

(1) 各代議員はその国の君主・首脳の代弁者でしかないであろう。代弁者をそそのかしても何の役にも立ちそうにない。それゆえ、私党や党派が存在しても、それらは他の法廷の場合に比べればなお少ないであろう。

(2) シュパイアーの帝国大審院においては、こういう私党や党派が、公正に則った判決の下されるのを妨げるようなことはなかった。それは、現在の訴訟について自分の下す判決が、将来の自分の訴訟を裁くための規準として役立つにちがいないことを裁判官が知っている場合には、大多数の裁判官は判決に際して公正さに従うことに大いに関心を持つからである。

（3）元老院では訴訟にけりがつけられ、しかも戦争なしにけりがつく。そしてこのことこそが、最も重要なことなのである。

反対論　十六

自己拡大の欲望は非常に自然なものであるから、商人も貴紳も君主もそれを放棄することは決してできないであろう。

回　答

（1）君主は、商人や貴紳にとっては構わないような拡大を、何一つ放棄するわけではない。君主は商人や貴紳と同様、自らの勤勉さによって蓄財してよいし、自分の収入に基づいて貯蓄してよいし、自分の利潤や貯蓄によって負債を支払ったり、地所を購入したり、工場を設立したり、レジャー用の別荘を建てたりしてよいのである。

（2）君主が自らに禁じる唯一の拡大は、武力と暴力という方途により、武器を手にして隣人を犠牲にしつつ不正に自領を拡大することである。ところで商人や貴紳は、決してこの種の拡大に目をつけたためしがない。これほど不正で正気を失った目論見を心に抱く可能性のある者は、私人たちの間では海賊・盗賊・山賊しかおらず、君主たちの間では簒奪者しかいない。

(3) 商人や貴紳が外国で土地・地所を購入して所有し、それを自由に使用し、地代を取得してよいのであれば、君主も、こういった取得物に関する裁判権をすべてこの外国に委ねるなら、商人や貴紳と同じようにそういう取得を行なうことを妨げるものは何もない。

それゆえ、社会のうちなる人間にとって構わないようないかなる種類の拡大も、君主は放棄しないということ、また君主が領土の拡大だけは放棄するとしても、それは諸国家の社会的結合の、平和の、そして近隣諸国との永続的通商の、あらゆる利益を獲得するためであるということがわかる。しかるに、諸国家の社会的結合の下、平和の下、公正の体制の下では、暴力と戦争の体制の下でよりも、君主にとって得るものが限りなく多いことは、私たちの既に見たところである。それゆえ君主が平和のうちへと、また近隣諸国の他の君主・首脳との社会的結合のうちへと入ることで、彼の失うものは何もないし、得るものは、小規模な君主である未開人の集落の酋長や首領たちが、もしもお互い同士で永続的な社会的結合を形成することができたなら得るであろうものと、同じくらいあるのである。通商は、戦争が君主から遠ざけてしまう諸々の技術を、彼にもたらすことになるであろうし、これらの技術は、大国の場合と同じような安全保障と富と豊かさを彼にもたらすであろう。

アメリカ大陸の未開人の酋長や小君主という観念に至りついたので、彼らのような種類の独立性について御一考願いたい。彼らが権利上、自分の近隣の酋長たちにも、遠方の君主たちにも、自分自身の臣民たちにも従属していないことは確実である。彼らは神にしか従属しておらず、いかなる法にも、いかなる判決にも従う義務を負っていない。けれども実際上は、彼らはその所領を奪うことのできる人々全員に従属しているし、近隣の酋長たちであれ、臣民たちであれ、遠方の君主たちであれ、自分が恐れなければならない人々全員に従属している。しかるに、もし彼らがお互い同士の間で、彼らの領土の範囲について、彼らの恐れなければならないあらゆる人々からの身の守りを互いに与え合うことを取り決めることができたなら、また彼らの抱える紛争は武力なしに、仲裁裁判者たちによって決着がつけられるということを取り決めることができたなら、そして最後に、彼らが相互の守り合いについての十分な保障を与え合うことができたなら、この酋長たちは彼らの社会的結合の法、取り決めの法のおかげで、大いなる現実的独立を獲得することになるであろうということは、見やすいことではないか。この現実的独立は彼らにはないものであり、望ましい唯一のものであって、ある種の妄想的独立に、すなわち、権利上は本当に存在しているが実際上は彼らにとって、自分自身を保つためにも、自分の富を増やし臣民に対する自分の権威を増すためにも、はなはだ無益なものであるような独立に、とって代るものなのである。

しかるに、この取り決め、相互間のこの社会的結合がなく、互いに理解し合うことも、自分たちの害悪に対する唯一の特効薬を知ることもないので、右の酋長たちは常に分裂の下にあり、常に不信を抱き、常に戦争中かさもなければ十分な保障のない休戦状態にあり、常に危険と、生活に必要な諸事物そのものの不足とにさらされている。ヨーロッパ諸国の内戦は、私たちをこの酋長たちの状況へと追い込んでおり、また対外戦争の災厄は、ヨーロッパ諸国の君主たちにも、最も強力な酋長たちがそれに気づいているのと同じ程度には気づかれている。話は逸れたが、このことからどういう結論が出てくるか。われらがヨーロッパ諸国の君主たちは、右の酋長たちの不幸を現状よりも比較にならないほど少なくしてやるために彼らに勧めそうなこの社会的結合を、自分たち同士の間でも、現状よりも比較にならないほど幸福になるために作ることができるという、既に他の箇所でたんと立証済みの見解である。

（4）ドイツの領邦君主たちは、全員が自分の領土の境界内に留まるということに合意した際に、武力という方途による拡大の欲望を全然抱いていなかったのか。そんなことはない。にもかかわらず彼らは、その不確実性と、自分の収入を増大させるこの方途の要求する出費とがわかっており、またこの妄想のせいで自分は、もっと大きく確実で現実的な拡大ができなくなる、ということもわかっていたので、この欲望を放棄することにいかなる難色も示さなかった。そういうわけでドイツ諸君侯は、彼らの連合に内在しているあらゆる良い点をつうじて、他の全ヨーロッパ諸国に、戦争の数を大幅に減らす手段を示すとともに、彼らの連合に内在するあらゆる欠点をつうじて、こういう欠点をなくし、ついにはドイツ領邦国家団自身の決して到達できなかったこの不変の平和に至り着く手段を、示しているのである。

（5）力ずくというやり方で、あるいはもっと体裁のよい言い方をするなら、征服という方途によって自領を拡大したいという欲望は、諸国の元首、とりわけ最も強力な国々の元首にあっては、激しくてしかも自然な欲望であるから、ヨーロッパ最強の王であったアンリ四世が、他の王たちと同じようにそのような欲望を培っておられたことは疑いない。それなら、ヴェルヴァンの和約[16]の後で同王がこの種のあらゆる拡大の欲望を放棄されたことは、どこから生じたことなのか。同王が自ら自領に不動の国境を設定することを提案されたのは、どこから生じたことなのか。同王が全ヨーロッパ諸国の連合をつうじて、近隣の最も力の弱い国々の君主・首脳に「私も、私の代々の後継者のうちの誰も、あなたがたの領土の一アルパン[17]たりとも決してあなたがたから奪いません」という十分な保障を与えることを自身から申し出られたのは、どこから生じたことなのか。同王のうちに、その崩御に至るまでの十二年間ずっと現れていたこの大きな変化は、どこから生じたものなのか。その由来する所は、フランスにとってもヨーロッパにとっても幸いなことに、同王に同時に二つの考えが生じてきて、それらが組み合わさって同王の脳裏に、私が万人の目の前にお届けすることの新たな全ヨーロッパの統治組織が形成されたという、このことなのである。この二つの考えのうちの第一のものは、恒久平和があらゆる国々の君主・首脳にもたらす大いなる利益の考察を軸としていた。第二の考えは、相互安全保障についての考察であったが、これは自由都市において各国の代議員の常置の議会によって常時代表されているヨーロッパ諸国の君主・首脳の、その全体連合がもたらすような相互安全保障で、将来起こる紛争を監視‐調停委員団による和解か、もしくは連合諸国の元首たちによる仲裁裁判によって終らせることを目的とするもの、一言で言えば、恒久平和の全面的な保障であった。それゆえこの不変の平和の新体制は、不確実なうえに常に法外な費用を要する新たな征服よりも、比較にならないほど望ましいと、アンリ四世には思われた。最後に同王は、本書の第三論考で見たばかりの諸々の利点も、すべてわかっておられた。以上の点に、同王のうちで生じた右の大きな変化の真の原因がある。しかるに、どうしてこの同じ原

(16) 第一論考訳註(3)参照。

(17) 昔のフランスの土地面積単位で、地方により一定しないがおおむね一ヘクタールの四分の一から二分の一程度に相当する。

因が、すなわち同一の考察が、似たような君主たちのうちに似たような効果をもたらさないであろうか。

反対論　十七

戦争は、人間の理性を腐敗させた、そして人間に全く不条理な傾向を与える原罪の、必然的な結果である。人間が万事を専ら自分自身の満足と利益に結びつけることは、この腐敗した根源に由来する。しかるに、人間を理性的にすることを期するのは、神の恩寵のみのなしうる奇跡であって、自然のわざではない。諸国の元首たちに他の人々より以上に理性的であれと求めることは、さらにもう一つの奇跡を求めることである。

回　答

あらゆる国々の君主・首脳を全ヨーロッパ諸国の連合の形成に相次いで協力させるために私の用いている諸々の動機と原動力の本性について、反省する労をとらなかった人々のこういう一般論については、さらに次のような回答がある。

（1）分裂を避けることができないというのは、この分裂が原罪の必然的結果であるとはいえ、真ではない。キリスト教諸国の元首と異教の諸国の元首との間にも、諸州同士・諸県同士の間にも、カトリック諸国の元首とプロテスタント諸国の元首との間にも、連合や同盟が見られ、しかもそれは原罪にもかかわらずそうなのである。そのわけは、分裂と戦争へと向かわせる情念や関心があるように、連合と平和へと向かわせる情念や関心も存在し、しかも情念と関心に関していえば、最も強力なそれらが私たちの行為を決定して天秤を傾かせるので、したがって私たちのあるゆる情念の源である原罪は、連合の体制のほうが分裂の体制よりも君主・首脳の情念の源である関心に一致している場合には、連合の体制を選びとるように彼らを仕向けるであろうから、ということである。

（2）私は、今日あるとおりの自然の原動力以外の原動力を用いたであろうか。あるがままの人間は自己保全を欲し、自分の法律・習慣・見解・習俗を保とうと欲する。彼は自分の宗教・財産・快楽・静穏・栄誉・平安・諸々の便利な設備、および社会が人間に引き起こすことのできる諸々の楽しみを、増大させようと努める。こういったものが人間の情念の主要な源であり、大小のあらゆる社会は、未開人の集落の社会もドイツ人やその他の開化した諸国民のそれも同様に、これらのものに基礎をおいている。私もまたこれらのものに連合の基礎をおいているのであるが、この連合はオランダ諸州連合やドイツの領邦国家の連合に似ており、違うのはただ、私の考える連合のほうがオランダ諸州連合やドイツの領邦国家の連合よりももっと広いことだけである。そこには、あまりにも崇高すぎる動機や超自然的な原動力があるだろうか。またそれらを作動させるのに、恩寵の奇跡が必要であろうか。

（3）私は自分の挙げた動機の中で、ソクラテス並みの節度やストアの教訓並みの禁欲を用いたであろうか。キリスト教諸国の君主・首脳が福音書の教訓のみに従って行動することを期待したであろうか。仮に私がそういう動機をそういうふうに用いていたなら、「そのような動機に基づいて建てられた体制は恩寵の奇跡なしには成功できないであろう」と言われても当然だったであろうし、そういう体制はほとんど実現不可能とみなされても当然だったであろうが。

（4）諸国の元首は自分の利害のことを考えるものだということ、また彼らはときどき自分の利害について思い違いをするとはいえ、その点については十分な見識があるということ、それ以外のことを、私は仮定したであろうか。もちろんしてはいない。ところで、私が右のこと以外は仮定しなかったということこそは、あるがままの自然本性に、あるべきであるような人間よりもむしろあるがままの人間に基づいて、論を組み立てることなのではないか。私が諸国の君主・首脳の目の前に示したことは、分裂と戦争の体制の下で恐れなければならない厄介事であれ、連合と平和の体制の下で望みうる快い物事であれ、すべて思い起こしていただきたい。そうすれば、彼らがそういったことに気づくことができるために、恩寵の奇跡を必要とするかどうか、おわかりいただけよう。

（5）「ヨーロッパは常に戦争が存在してきたのだから、戦争がなくなることは未来永劫不可能である」と主張することは、予言することであって、理に従って論じることではない。こういうことを主張するには、全ヨーロッパ諸国の連合が十分な戦争予防策ではないか、もしくはそういう連合そのものが不可能であるかのいずれかであることを示さなければならないであろうし、ヨーロッパ諸国の君主・首脳が自身の利益を求めることは金輪際ありえないか、もしくは彼らの大多数がこの連合のうちに自分の利益が見出されると信じることはありえないか、そのいずれかであることを示さなければならないであろう。けれども、こういうことがありえないことを十分詳細に説明してわからせてくれというのが私の求めていることなのに、これこそ人が私に示してくれないことなのだ。

（6）政治の世界のこの新体制の成功を、賢人や聖人が願うであろうことは確実である。なぜなら、この新体制は徳にも理性にも一致し、また正義や真理や隣人愛のためにもなるからである。それにもかかわらず、堕落した精神の持ち主がこの体制を願うようになることもありそうなことである。なぜなら、この体制以上に逸楽や虚栄やらのためになるような、他のいかなる体制もないからである。これはつまり完きキリスト教徒にとっても俗物にとっても、連合と平和は常にあらゆる最大利益の最も堅固な土台であろうし、それと同様に分裂と戦争は常にあらゆる最大害悪の尽きせぬ源であろうということである。

（7）原罪は、ドイツの諸君侯同士の戦争も引き起こすはずであるし、現に引き起こしたことがあった。しかしこの原罪は、ドイツにおけるこういった戦争を大いに減らしたドイツ連合の、仮に立法者がそれに本質的欠陥を残したままにしておかなかったなら、戦争を完全に放逐していたであろうドイツ連合の、妨げになったか。反対に、よりよい状態にありたいという切望と、より悪い状態にありたくないという恐れとは、人間の最初の起源に元を発した自然な情念であるから、ドイツ連合を形成するのに寄与したのは原罪そのものであり、また将来ヨーロッパ連合を形成するのに最も寄与するのも、普通の諸情念、すなわち情欲やその他の原罪の諸結果である、と言ってよい。それに、蠍《さそり》の毒が引き起こす害に対する治療薬を蠍そのものから取り出すことができるということは、誰も知らぬ者のないことである。

反対論　十八

戦争は神の下したもう禍であって、悪意ある者どもの罪をこの世にあるうちから罰するとともに、正しき人々の忍耐を鍛錬するという役割に当てられている。それゆえ、戦争は必要悪であって、これを避けることは不可能である。

回　答

（1）神が戦争を利用したもう場合には、戦争は神の下したもう禍である。けれども神は、罪人をこの世もしくはあの世において罰するにせよ、正しき人々の忍耐を鍛錬するためにせよ、その全能のうちに他の手段をお持ちにならないであろうか。それゆえ、右の議論からは何の結論も出てこない。

（2）神がヨーロッパの平和という手段によって、人間たちを、真理のより大いなる認識のみならず、隣人愛のより厳密な実践へもお導きになりたいとお思いでないかどうか、誰が知っているのか。この手段による場合には、神は人間をそれほど厳しく罰したもう必要はないであろうし、それゆえもはや戦争という禍を必要とされないであろう。

（3）仮に誰かある人がペストや飢饉の大きな被害を避ける手段を提案するとしたら、「この提案は時機を失している」と言うのならまだしも、それだけではなしに、「この提案は、これらの禍を絶対的な仕方で御利用になりたいとお思いになっている神の思し召しに、逆行しさえするものだ」などと言う者があろうか。そんなことが言えないのはなぜかといえば、要するに、神の思し召しを知る者など誰もいないからである。反対論十八のような論法をもってすれば、医師の熟練や行政官の賢慮によってペストや飢饉を減らそうと試みることさえ、まかりならぬという結論になりかねないであろう。なぜなら、(人の言いそうなことだが)「神の下したもう罰を減らしたがることは、神の御心にたてつくこと」ではないか。しかるに、このような反対論の馬鹿さ加減に容易に気づかぬ者はないであろう。

(4) ドイツの二百の主権領邦国家の連合や、スイスの十三の主権州の連合、それにオランダの七つの主権州の連合は、戦争というこの神の下したもう禍を確実に減らしてきた。なぜなら、これらの国々の人々は、領邦国家同士・州同士の戦争を完全に放逐したか、あるいは少なくとも極度に弱めたからである。これらの連合は神の思し召しに反して作られたものだ、とでも言うのであろうか。

反対論　十九

連合の体制が諸国の君主・首脳の真の利益にかなっていることは確実であるが、しかし人間というものは自分の真の利益によってはほとんど導かれないものだということを、キリスト教徒たちの間で起こっていることがわかりやすく証拠立てている。地獄を避けて天国に至り着くためにはキリスト教徒らしい生を送る必要があることを、最もよく確信している当の人々が、キリスト教の教えを厳密に実践しているであろうか。

回答

人間が情念と、間違って理解された利益とによってしか、ほとんど導かれないということは、そのとおりである。しかし、諸国の君主・首脳が連合を望むという決断をいつか下すかどうかは非常に疑わしい、ということを示すために証拠として持ち出される例は、問題になるような種類の例のうちには入らない。キリスト教徒たちの場合、霊的関心は常に感覚的関心と戦わなければならず、勝つのはいつでも感覚的関心のほうである。それは、人間が通常は感情によって導かれるもので、思弁によって導かれるなどということは、思弁が習慣の助けでそれ自体一つの感情となるに至ったのでなければ決してないが、そのようなことは稀だからである。

情念は、感覚的諸事物から生じ、人間の通常の関心とは、自分の情念の満足である。理性と宗教の動機によって自己を支配している人は僅かしかいない。仮に諸国の君主・首脳がこの後のほうの二つの動機によって支配されているとしたら、彼らが連合の体制を強く望むということを疑う者は、誰もいないであろう。

とりわけキリスト教は、柔和・忍耐・隣人愛・公平無私・謙遜や、永遠なる善と天国における栄光とに対する賞賛・尊敬や、この世のほとんど永続不可能な善と一切の人間的栄光とに対する無関心しか鼓吹しないから、領土拡大の主張を捨てずにおくために諸国家の恒久的連合を拒否するよう勧めることは決してないであろう。哲学、すなわち純化された理性は、精神と心を完全なものにするために平安と静穏を求め、人生をより幸福なものとするために心配事や悲しみや不安を免れることを重視するから、ストア派の哲学であれエピクロス派の哲学であれ、恒久平和よりも分裂とほとんど絶え間のない戦争とを好んで選ぶよう勧めはしないであろう。

けれども、普通の人間は自分の行動に際して、宗教の教えも哲学の見解もほとんど参考にしない。彼らはそういうものを純然たる思弁としかみなさない。それゆえ私は、ごく少数の人々にしか合わないこの種の動機を拠り所とはしなかった。私は、卑俗な情念には卑俗な情念を対立させ、ある仕方で自己を拡大したいという欲望には、他のいくつもの仕方で自己を拡大したいという欲望を対立させ、自分の主張をまかり通らせることによって征服や侵略をしたいという欲望には、向こうのほうでも自分の主張をまかり通らせたがりそうな隣国の君主に侵略される恐れを対立させ、新たな所有物を獲得したいという欲望には、自分の古来の世襲財産を失う恐れを対立させ、自家台頭の欲望には、自家が王位から追われる恐れを対立させ、自家を他の諸王家の中にあって今以上に抜きん出たものにしたいという欲望には、自家が今ある地位から零落する恐れを対立させ、征服によってもっと大きな収入を得たいという欲望には、度外れな出費の削減と通商の大幅な増加によってはるかにもっと大きな収入を得たいという欲望を対立させた。また私は、征服によってわが名を偉大なもの――もっともこの名声は二面的で、この征服を被った国々の国民の間では憎むべきものでさえあるのだが――にしたいという欲望には、完全に麗しく、完全に好ましく、完全に栄誉ある名声、しかもヨーロッパ連合そのものと同じくらい永続的な名声への欲望を対立させた。この名声とは、同連合の設立に寄与し、この設立をつうじて技術・学問の完成と、あらゆる時代の世界のあらゆる国々の国民の便宜とをもたらした、ということによる名声である。

私の用いた動機は右のとおりである。私が落着きと暇と才能とを欠いていたためにしそびれたことはただ一つ、それはこれらの動機を完全に明々白々にはしなかったという点である。しかし、これらの動機を入念に検討する人は、それらがそれ自体として、分裂へと導きかねない諸動機よりもはるかに強いことを見出すであろう。そしてこの点こそが、今日の大多数の国々の君主・首脳は私の挙げた動機に対して聴く耳を持ってくれるであろう、という希望を私に抱かせるのだ。とりわけ、かつてドイツ領邦国家団を形成した領邦君主たちが、ヨーロッパ国家団を形成すべき君主たちと気質を異にはしていなかったことを考えるときに、私のこの希望はふくらむのである。

反対論　二十

「この計画は、ヨーロッパに限定されたとしても、それでさえまだ実現されるためには広大すぎる。この計画の規模の大きさが、それを不可能にさせている」と私に言った人がいる。

回　答

(1) アンリ四世は、本計画と基本的に同じものである同王の「大計画」への取り組みを始められたとき、この「大計画」を五、六か国の権力者の間でまとめたほうが、十五〜二十か国の権力者の間でまとめるよりもやりやすそうだということを、よくわかっておられた。それなら何ゆえに同王は、ヨーロッパのあらゆる国々の元首を相次いで「大計画」に参加させることを決断されたのか。この計画が広大すぎるとは同王には思われなかったのはなぜなのか。それは一方では、いったん当該条約が何か国かの元首たちによって調印されれば、他の大多数の国々の元首たちにとっても、この条約への加盟を求めることよりもよいことはないであろう、と同王が判断されたからであり、他方では、元首同士のこの連合にはそれに加盟する成員の数の大きさに比例した堅固さしか決してないであろう、と判断されたからである。この「大計画」は、アンリ四世にとってもその顧問役にとっても、広大すぎるとは思われなかった。同王の宰相であったシュリー公は、偉大な良識家であり、また非常にしっかりした見解の持ち主であった。そのことは、公がその主君の国務を建て直した仕方によっても、公の書いた物事が良識を弁えていることによってもよくわかる。公はヨーロッパの諸々の懸案事項を認識していた。この二人の頭脳は、この同じ計画を広大すぎると判断する今日の人々の頭脳に、おそらく十分に匹敵するであろう。故ド・ペレフィクス氏は、この計画をそれにふさわしいとおりに賞揚しているが、氏がこの計画について述べていることはすべて、マザラン枢機卿[18]の命令によって、その監督の下で書き記され、しかも国王陛下[19]に向かって読み上げられたものである。このことは少なくとも、幻想家などでは全然なかったマザラン枢機卿と当時の大臣たちが、アンリ四世の死後四十年の時点で、同王の目論見を美しい妄想とも絶対に実現不可能な物事ともみなしていなかったことを証明している。なぜなら、この宰相〔マザラン〕の意図は、よい政府の賢明で良識ある大臣たちに囲まれている国王陛下に、完全な妄想的な計画を提示することによって、自分の名誉を傷つけようということなどではなかったからである。そうではなくて、これらのことはみな、反対論二十を唱える人々に対立する判断材料にほかならないのである。結局のところ、この反対論を唱える人々の議論のうちに何か堅固な点があるかどうか、見てみよう。

（2）本計画は当初はささやかなものである。なぜかと言えばつまり、一七一二年に二か国か三か国か四か国の君主・首脳が基本条約への調印を、それによって他の国々の君主・首脳をも自分たちの連合に引き込もうという意図の下に行なうとしてみれば、何一つ大きすぎることも広大すぎることもないし、諸国の君主・首脳を連合するように仕向けることになりそうな大いなる利益を見れば、大いにありうること、非常に容易ですらあること以外には、何もないからである。大地に投げられた一粒のドングリから、一年のうちに百フィートの柏の木を生じさせると主張する者がいるとしたら、彼のするこの主張は滑稽であろう。そんなことは、その話の大きさから言って、ありえないことであろう。けれども、一年のうちに一フィートの小さな柏の木を生じさせると主張するだけならば、そして最初の一年の成長が二年めに加わるにちがいない第二の一フィート分の成長の必然的原因となるであろうという算盤を弾くならば、百年のうちにドングリが百フィートの柏の木になるという希望を抱くことは、希望をあまりにも遠大すぎるものにすることにはならないのである。

（3）[20] そこで、毎年何が行なわれうるのか見てもらいたい。イギリス・オランダ・ポルトガル・フランス・スペインが三〜四か月の交渉で、連合条約の三つか四つの条項に合意することは、可能ではないか。その三か月後には、この五か国が他のいくつかの条項についても合意に達し、こうして十二か条の基本条項もしくは何かそれと等価なものについて、一年の経過する間に合意することは、可能ではないか。ヴェネチア・ジェノヴァ・スイス、それにイタリアのその他の小国の君侯たちは、右の交渉について知ることになるであろうが、そうなれば右の五か国と同時にか、もしくはその六か月後に、それに参加することは可能ではないであろうか。これらの国々が有している、連合することについての関心は、同じこの国々が有するかもしれない、分離したままでいることについての関心よりも、限りなく大きいのではないか。連合がこれらの国々の加盟とほとんど同時に、ドイツの諸君侯やデンマーク王等々の合意によって増大することも、ありうるのではないか。さてそこで三年めに、ヨーロッパの四分の三になった連合諸国が、その他の国々の元首たちを徐々に引きつけることは、可能なことではないか。その場合これらの元首たちは、不変の平和の大いなる利益によって誘われるのみならず、世界で最も強力な同盟が自分たちの敵と結んで、自分たちに武力を行使してくるかもしれないという恐怖によって、促されもするからである、かくて四年めには、ヨーロッパ全

(18) フランスの政治家（一六〇二〜六一）。もとイタリア人で教皇庁の外交官としてパリに来住、ルイ十三世の宰相であった高名なリシュリューに見込まれフランスに帰化し、リシュリューと同じく枢機卿となり、一六四二年にリシュリューの死により宰相の地位につき、翌年のルイ十四世の即位後は摂政母后アンヌ・ドートリシュ（第三論考訳註（17）参照）の下で外交・内政に辣腕をふるって、六一年の死に至るまでフランス政治の全権を握った。

(19) 第二論考訳註（7）に述べたように、本書執筆時のフランス国王ルイ十四世を指す。

(20) この（3）の番号は底本には欠けているが、訳者の判断により補った。

体が連合するという、それも先に連合していた他の国々を連合させたのと同一の利害関心によってそうなるという可能性はないであろうか。それゆえ、この連合が一年の間にする増大は、その次の年にすることになる増大の必然的原因となり、以下同様に続くであろう、ということがわかる。それなら、規模が大きすぎたり広すぎたりして不可能になるような、どんなことがあるのか。反対に、規模の大きさこそが連合の堅固さをもたらし、この堅固さこそがすべての国々の元首に、この連合を望むよう、したがってまたこの連合を形成することに努めるよう促すことになろうから、本計画の規模の大きさは本計画を不可能にするどころか、反対にこの大きさこそが本計画を容易にするのだと、真実味をもって言うことができる。

じっさい、諸国の君主・首脳は、加盟国の君主もしくはその後継者のうちの誰かある一人、もしくは何人かの心変りによって、無に帰してしまいかねないような条約に、加盟したいと思うであろうか。むしろ彼らは、加盟国の数の多さによってこういう心変りが不可能になるか、もしくは無用になるのがわかる場合にこそ、条約に堅固なところを見出す分だけ、いっそうそれに加盟するよう仕向けられるであろう。

(4) ローマ共和国の世界支配は、この共和国が存続していた間は、平和を普遍的なものにすることができていた。しかし、この共和国自身は永久に存続することができなかったし、その内部に分裂のさまざまな根本原因をかかえていて、そのせいでついにはずたずたに引き裂かれて分裂しなければならなかったので、自らが恒久的なものになることのできなかったこの国は、平和に恒久性を、自らの持っていなかった堅固さを、与えるべくもなかったのである。

ローマ帝国の歴代の皇帝たちも、同じく地上に平和をもたらすことはできていたが、彼らの世界帝国には、永続できるのに十分なだけの堅固なところは何もなく、ローマ共和国にあったよりもさらに多くの、分裂と滅亡の原因があった。

諸国家の永久に存続する連合を形成するために、必要だったことは、この広大な帝国が二十～三十の異なる部分へと分れることであったと思われる。そうしていればこれらの部分は、共通の恒久的な大きな利益のおかげで、恒久的に連合していることができたであろう。この利益とは、戦争の度外れな出費の削減と、通商が絶え間なく、しかも全世界的なものになることとによってもたらされる、富の驚異的な増加に存する。ローマ帝国の分裂によって生じたこれらの国々は、恒久的な連合によって自らを完全に安定させることができたにちがいないのである。

連合に所属する国々は、みな内部分裂のせいで病気になる可能性があるが、しかしすべての国が同時にそうやって病気になるなどということは、不可能も同然である。大多数の国々は力を保ち続ける。その場合、健康な国々は病気の国々に援助を与え、後者に当初の落着きとを健康を取り戻させる。このようにして各加盟国は、さまざまな時代に相互援助を貸し合い、互いに滅亡を防ぎ合い、こうしてそれらの恒久的連合をつうじて、各国が個別には持っていなかった、またローマ帝国も持つことのできなかった不変性を、互いに分かち合うのである。

ヨーロッパのあらゆる国々同士の長い、厄介な戦争が、平和を不変なものにすることを熱心に願うように万人の精神を準備するのを待つことも、必要なことであった。

いくつもの共和国が、この連合に寄与するのに十分なだけ強力でありながら、度外れな野心の狂気じみた思いつきに身を委ねるほどには強力すぎないような時機を見出すことも、必要なことであった。

次のことも必要なことであった。すなわち、一方では神聖ローマ皇帝の同盟諸国が、諸々の新たな困難のせいで、また長くて実りのない戦争を恐れるあまり、嫌気を起こす可能性のある瞬間を待つこと。また他方では、フランス王家が賢明でしかも穏和な当主によって支配され、今後決して今より大きな領土を持たないことの、そして通商を自由で、平等で、安全で、率直で、絶え間がなく、しかも全世界的なものにしておくことの、完全な保障を与えるという提案をするか、あるいは少なくともそのことに同意するような、そのような時機を待つことである。最後に、諸国の国民の幸福のために神の摂理のみがもたらすことのできる情勢が、必要であった。

それゆえ、本計画には何か広大すぎる点があるどころか、諸国家のいかなる連合も全ヨーロッパ諸国を包括するのでなければ決して完全に堅固なものにはならないであろう、ということを示したと、私は信ずる。

イギリス・オランダの人々が、本計画はヨーロッパに限定された場合でさえ、実現されるにはなお広すぎると思うのであれば、平和を不変なものとするのに十分そうな君主・首脳の数を、自分で指摘してみるがよい。そして本計画に参加したいと今後望む君主・首脳全員に、門戸を開いたままにしておくだけでよい。そうすれば彼ら英・蘭両国民は、最も遠方の国々君主・首脳も、本計画に参加する余地を得るためにヨーロッパ国家団の運動をかつてのドイツ領邦国家団の運動がそうであったのと同じくらい、容易で迅速なものにする新たな手段を自ら示すであろう、ということがわかるであろう。

反対論　二十一

（頭のよい一人の男が私に言ったことであるが、）フランス・スペイン・イギリス・オランダ・ポルトガルが連合計画に調印することが絶対にありえないとは、吾輩は思わないが、しかし調印しないであろうことは確実である。（加えて彼はこうも言った。）この五か国がこの計画に調印しないであろうということを、貴殿に証明してみせることは吾輩にはできないが、しかし調印しないであろうことは確実である。

回答

私としては、右の国々は本計画に調印するであろう、と申し上げ、かつ私がそう予言する理由を提示している。それは、これらの列強国は本計画に調印することに利益関係がありすぎるほどあるから、ということである。右の反対論を唱える男は、この大いなる利益関係については同意しているが、しかし列強国がこの利益関係を知ることはないであろうと主張する。私は、列強国はこの利益関係を知るであろうと主張する。この男は、列強国は十分に健全な目を持ち合わせていない、と言う。私はその反対のことを主張する。最後にこの男は、自分の予言することを私に証明してみせるすべがないことを、私に対して白状しながらも、そのことは彼が自分の予言に確信を持っていることの妨げにはならない、と自認する。しかし、（私はこの男に言うのだが）この確信を生み出すに足るだけの理由によるのでないなら、どうしてあなたは御自分の予言に確信を持っておられるのか。しかるにあなたは、どうしてこの理由を私に知らせることがおできにならないのであろうか。彼は最後の砦に至り着かなければならなかった。それは、自分は内的感情によってそのことを納得している、と私に言うことである。この内的感情なるものは、頑迷と一切の最も常軌を逸した予断との避難場所である。要するに、理由をもはや提示することができないような男とは、もはや議論する必要はないのである。

反対論　二十二

この同じ男が自分の頑迷さを弁解するために、私に対してこう言っている。「本書を読んだ何人もの頭のよい人々が、吾輩と同じく、そのような条約に調印する国は決してないであろうし、イギリス・オランダ両国民の間でさえ調印されることはないであろう、と予言していた。」

回　答

この頭のよい人々が将来についてそのような判断を下すには、理由があったことは明らかである。右の反対論の論者よ、彼らはあなたにその理由を言ったか。もし言ったのなら、それを私に言っていただきたい。そうしたらその理由を検討してみよう。彼らは本書の諸命題のうちのいくつかが正しく立証されていないことを見出したのか。それはどの命題で、立証の欠陥はどういう点にあると、彼らはあなたに言ったのか。彼らは諸々の反対論のうちに、私がしっかりと回答しなかったものが何か一つあるのを見出したのか。それはどれなのか、私に言っていただきたい。彼らは回答の欠陥をあなたに言ったのか。それを私に言っていただきたい。そうしたらそれらの欠陥を検討してみよう。何かある新たな反対論を、あなたに唱えてきかせた人がいるのか。その反対論を、私に言っていただきたい。こう言うと件の男は、二度と何も言ってくれないのだが、これは我慢ならぬことだ。右のような議論を述べているのが、こういう問題について判断する能力のない女性であるとしたならば、この相手には何も言う必要はないと、私も思うであろう。そういう女性は、自力で知ることのできないような物事に関して、他人の意見に頼る必要があるのである。けれども実のところ、頭のよい男にとっては、純粋な合理的推論による著作について判断しなければならない場合に、この著作の道理についても批判者の道理についても自分で判断することができるのに、不可謬では全然ないという点で私と同じような人々の権威のみを頼りにすることは、誤りを犯さないように最も安全な道をとることではない。そんなことはもはや合理的に推論することでも哲学することでもなく、理由なしに議論することであり、それこそまさしく、自分の見解の選択に際して「耳でものを見る」ことしかしたがらない迷信家その他の無知な連中のようなやり方をすることである。

反対論　二十三

戦争がないと、諸国の国民の数が多くなりすぎて、大地は全人口を養うことができなくなるであろう。

回　答

この反対論は何人もの人々の脳裏に浮かんだものである。それゆえ、これに対しては真摯に答える必要がある。なぜなら、最も頭の弱い人々の心を捉える可能性のあるものは、どれ一つとして軽く見てはならないからである。

（1）住民の数が多すぎることが危惧すべきことであるならば、このことが将来にとって何らかの心配事を引き起こすにちがいないならば、この重大な不都合に関しては、戦争がいたる所で今あるとおりに長く続くとした場合でも、安心してはならない、ということは確かなことである。なぜなら、これら諸々の戦争にもかかわらず、人類はなおその数を増やしていること、またここ二百年来の増加の著しいことは、見やすいことだからである。したがって、右の反対論を唱える人々は、戦争がいくらあっても十分ではないことを見てとらなければならないであろうし、自分の心配から解放されるためには、戦いと、戦う人々の数と、殺人用の機械とを増やす手段のことを、自分で考えなければならないのである。

（2）平和による人口過剰というこのいわゆる不都合を恐れなければならなくなるのは、厖大な数の世紀を経た後のことでしかないであろう。その理由は次のとおりである。たとえば、私の祖国ノルマンディーは、人口が約百五十万人であるが、かつてのダヴィデの王国よりも大きく、はるかにいっそう肥沃である。にもかかわらずダヴィデの王国はその当時、七百万人以上の人口を養っていたのである。それは、この王国においては住民の数が多いおかげで、土地がよりよく耕されていたからである。

戦争で命を落とす人々のうちには、戦争がなくても、同じころに、あるいはそれどころかもっと早くに死んでいたかもしれない人々が大勢いるし、そのほかにも、生き残ったとしても子供をもうけなかったかもしれない人々が大勢含まれている。それゆえ、恒久平和のせいでフランスの人口が百年間で四十万人も多くなるとは考えられない。この百年間で四十万人という数字を、人口がフランスの十分の一に当たるノルマンディーに引き直すと、住民が百年間で四万人、千年間では四十万人、一万年間では四百万人多くなるということになろう。それゆえ、ノルマンディーがかつてのパレスチナにいた住民よりも多くの住民を擁するまでには、一万年以上も待たなければならないであろうが、このパレスチナの人口も多すぎはしなかったのである。これと同じことは、人口比に応じてではあるが、フランス王国全体についても言える。しかるに、スペイン・タタール・モスクワ大公国・ノルウェー・スウェーデン・トルコ・エジプト・アフリカのその他の国々・たくさんのアジアの島嶼のどれをとっても、フランスとの人口比がノルマンディーほどの大きさになるには四分の三強及ばない、といったところである。それゆえ、いつの日か地上に養いきれないほど多くの住民が存在しはせぬかというこの心配は、これらの国々がフランスに比べて広大であることからみて、少なくとも三～四万年は先のこととしなければならない。しかし、アメリカ大陸の広大な土地や大洋に浮かぶ大きな島々や、南北両極にある他のあらゆる未知の陸地へと、ヨーロッパの植民者たちを時々送り出すとすると、この年数はどうなるであろうか。だから反対論二十三の論者よ、どうぞ少なくとも今からは、あなたの心配はこの世の終りまで先延ばしにしたまえ。たとえこの世がまだ五百万年は続くにちがいないとしても。

（3）日々増大してゆく人口増殖を阻止するために戦争を願望しだしたら、もっと多くの人々を殺し、生命を延ばす良い医学を追放するために、今の医学よりも悪い医学を願望しなければならない。それゆえ、多くの有能な人々がこれほど長い間求め続けている延命の秘訣は、人が私たちにそのことの心配をさせたがっているこの過剰な人口増殖に手を貸すものであるから、人類にとって好ましくない秘訣であり、流行病を治癒させるための、またペストのためのすぐれた治療薬を持っているような医師は、はなはだ危険な市民であって、こういう医師もその治療薬もすみやかに地中に埋めてしまわなければならないことになるであろう。同様に、文明のよく開けた国においては、わが子を絞め殺す人々がいたら全員褒美をもらわなければならないであろう。その理由は要するに、費用をかけずに百年間に四十万人の子供を絞め殺すほうが、大きな費用をかけて四十万人の大人を殺戮させるよりも有効であろうからである。かくも常軌を逸した心配が導く結論はそういうことである。

（4）あまりにひどすぎる寒さや暑さ、雨の降りすぎや過度の日照り、腐敗した空気、節季不順、流行病、悪疫、飢饉など、人間のせいで起こるのではなく、人間にはそれに対する十分な予防策がないようなあらゆる物事は、発生頻度があまりにも高く、人間にとってあまりにも手ごわい害悪であることは、常のことであろうが、人口が非常に多い場合にはとりわけそうであろう。一六六八年ごろ、私の勉学していたルーアン市の人口の十分の一以上が、ペストだけのために十か月のうちに失われ、その二年後にはロンドンで、この病気が二十万人の命を奪った。多くの理由で恐れられているこれらの禍は、過剰人口増殖の心配のような理に反した心配からあなたがた反対論者を癒すのに十分すぎるほど十分であって、あなたがたは戦争の恐るべき殺戮などを助けに呼ぶ必要はないのである。

反対論　二十四

人間による創設物を不変なものにするなどという望みが、どうしてあるのか。

回　答

(1) 人々の食糧や生活の便にとって役立つ諸々の技術、農業・風車・布や織物を作る技術・文字・印刷術・製版術・算術・時間や田畑その他の必要なものを測定する仕方・小中学校の制度組織などは、人間によるそれだけの数の創設物ではないか。それにもかかわらず、人間が存在するかぎり、あるいは少なくとも、もっと有用でもっと便利な何かあるものが見出されるまで、これらのものが永続しないことを心配する必要があろうか。また、もっとよいものが見出されるとしたら、それは人間の創設物であるとはいえ、同様にいつまでも永続しないであろうか。そしてこれらの創設物は、終りになったり変化したりするどころか、時とともに強固に、また完全になるばかりであろう。なぜなら、人間は生れつき自分の富裕や平安や利便に強い関心を持つだろうからである。人間の創設物を不変なものとする仕方はそういうものである。しかるに、諸国の元首とその臣民たちにとって、平和を恒久化するためのヨーロッパ諸国の社会的結合の制度組織がもし創設されたら有利であろう以上に有利な創設物が、いつか地上に存在することがあろうか。元首・臣民の平安と富裕、生活のあらゆる利便と楽しみのために、これ以上に必要なものを何か想像することができようか。栄誉も逸楽も等しくそこに満足を見出し、不徳義漢も有徳の士も、あらゆる性格・年齢の人々が男女の別なく等しくそこに満足と幸福を見出すような制度組織が、どうして永続可能でないことがあろうか。何人かの人々が、自分の住む都市や家を焼き払ったり、他の人々を殺して自分自身も滅んだりするのに十分なほど気が変になる、などということがありうるとしても、これほどの狂気は稀にしかなく、正気を失っていない多数の人々がそういう連中を鎮圧することは、容易に可能であろう。それならば、ひとたび設立されたヨーロッパ連合が、人類の続くのと同じだけ永続することを、誰が妨げうるであろうか。

(2) ドイツ連合は人間による創設物であるが、それにもかかわらず六～七百年このかた存続しており、その本質的欠陥にもかかわらず、なお長期にわたって存続可能である。また仮にドイツの連合からその欠陥を取り除く手段が見出されるとしたら、この連合はどうなるであろうか。しかるにその真の手段、信頼できる唯一の手段とは、このドイツ領邦国家団をスイスの諸州団やオランダの諸州団に、あるいはむしろヨーロッパの国家団に連合させることである。また、かつて最初の連合を形成することが容易であった以上に、同盟をこのように増大させて何年かのうちにこの実り豊かな連合を形成することが容易であることは、既に示したとおりである。そしてこの形成が成ったあかつきには、この制度組織は不変なものとなるであろう。

反対論　二十五

キリスト教とイスラム教、ロシア正教とカルヴァン派を、どうやって和解させるのか。

回　答

本書の提案している連合は、諸々の異なる宗教の和解ではなく、宗教を異にする国々の国民同士の平和である。さて、このことに何か不可能な点があるだろうか。たとえばドイツのルター派の人々は、ドイツのカトリック教徒たちと平和を保っているではないか。宗教の違いは、スペインがオランダと連合することの妨げになったか。仮に戦争というものが宗教のためだけになされるのだとしたならば、右の反対論も説得力を持つことであろう。しかし本計画の場合、各人は自分の宗教を、その他の所有物と同じように保っていて構わないのである。それゆえ問題は、宗教という点に関して世界のあらゆる国々の国民を和解させることではない。私が主張したこと、今なお主張することは、ただ次のことだけである。それはすなわち、さまざまな宗派を真理のよく見える点へと徐々に導くことに寄与しうるような、人間にできる手段がいくつかあるとすれば、恒久平和の制度組織こそはそういう手段全部のうちで最もしっかりしたものであり、あらゆる和解の土台でさえある、ということである。

通商が頻繁に行なわれれば、それをつうじて諸見解の比較も頻繁になされるであろう。そして、この頻繁な比較の助けによってのみ、次のような希望を抱くことが可能である。それは、最も理にかなった諸見解がついには優位を占めるようになり、その結果、真の宗教へと万人を導くのに理性が大いに役立つことになるであろう、という希望である。

理にかなった諸見解は、そうでない諸見解に比べて大きな利点を持っている。この点に立脚すれば、「真の宗教は、最後には他の宗教よりも好んで選ばれるために、他の宗教としばしば比較されることしか必要としない」ということは確実である。しかるに、あらゆる国々の国民相互間の通商が大きく広がり、増加し、絶え間なく行なわれるようになれば、それによって必然的に、宗教と宗教の比較ははるかに数多く、いっそう頻繁になされるようになるであろう。それゆえ、唯一の理にかなった宗教である真の宗教は、何世紀かたつうちに徐々に普遍的宗教になってゆくであろうと確信することができる。さらに、異教徒や不信仰者の国々の国民が、右のことを考えてヨーロッパ諸国の社会的結合から離れてしまうのではないか、と心配すべきでもない。それどころか、彼らは反対に、自分たちの宗教に対する熱心さによって、この社会的結合を願うであろう。なぜなら、自分の宗教は他の人々の宗教よりもはるかに理にかなっているという確信に、各人が浸っているからである。

キリスト教徒とは休戦しか結ばず、決していかなる平和条約も結ばない、というのがイスラム教徒の信仰箇条の一つだ、と言って私に反対した人がいた。けれどもそういうことを言う人々は、休戦と平和条約の本質的な区別をよく知らないのである。イスラム教徒にとって、キリスト教徒であって自分たちと力が対等かもしくはほとんど対等な敵たちと、堅固で永続的な講和を結ぶことは禁じられているが、自分たちよりも力の上ではるかに優勢であるようなキリスト教徒たちと、そういう講和を結ぶことは禁じられていない。なぜなら、そうしないと彼ら自身の宗教を明白な危険にさらすことになるからである。しかるに、もしトルコのスルタンが単独でヨーロッパ諸国の社会的結合の敵になるとしたら、彼の帝国と宗教は明白な危険に陥るのではなかろうか。そのうえ、イスラム教徒にとって、二十年間の休戦を結ぶこととそれを更新することは許されているのであるから、彼らは百年間の講和を結ぶことも、それを更新することもできるのではないか。そしていつまでも更新されるこの長期休戦は、恒久平和と同じ効果を及ぼすのではないか。

反対論　二十六

何人かの君主は戦争の勝利による栄誉を望んでおり、この栄誉のせいで、戦争を不可能にしそうなこの計画から、そういう君主たちが離れてしまう可能性がある。

回　答

(1) 私はこう仮定する。すなわち、右のような望みはあまり確かなものではないにもかかわらず、誤った考え方をするという習慣に支えられて人を魅惑する力を持つ想像力が、この手の君主たちに、自分の名があらゆる国々の国民の間に知れわたることや、自家が千年にわたって今の繁栄ぶりよりも二十倍も大きく繁栄することを想像するという、非常に現実的な快楽を与える、と。仮にこの種の快楽が罪のないもので、誰にも何の犠牲も払わせないとしたら、私は何も言う必要はないであろう。人は幻想のおかげで幸福であってもよい。けれども、この快楽がそうであるような全く妄想的な快楽が、ただそれだけで、現に生きている一億五千万人の人々に、戦争がもたらすあらゆる災厄という犠牲を払わせるとすれば、この妄想がこれらの人々に、全世界の恒久平和がもたらすであろう利益のすべてを永久に失わせるとすれば、そしてこの快楽がおそらく十五万年もの間にわたって、私たちの後に続くあらゆる世代の人々にたくさんの害悪を引き起こすにちがいなく、それゆえそのような妄想のために全人類の幸福を冷然と犠牲にするにちがいないとすれば、それは冷酷と悪意のうちに、いやそれどころか残忍のうちにさえ、栄誉を求めることである。さて、このことにもまして正気を失ったことが、何かあるだろうか。

(2)栄誉への愛が、わが名を高からしめ自家を有名にしたいという願望が、非常に困難ではあるが人々の幸福にとってとりわけ有利であるような物事を、企てるとともに実行するように人を仕向ける場合、この人が自らに作り出す快楽には罪のないこと以外の何もないばかりでなく、非常に称賛すべきこと以外の何もない。なぜなら、こういう快楽には人類にとって非常に有益なこと以外の何もないからである。なるほど本当に、こういう人が将来のこととして思い描く快楽は、彼が現在において享受する快い希望へと還元されうることはたしかである。しかし、社会のうちに非常に大きく非常に現実的な利益を生み出す望みが彼の心の中にあるのを、虚しい希望だといって消そうと努めることは、神の御心にかなうことではない。この種の希望から私たちの心の中に生じる快楽は、どれほど生じても生じすぎることはありえないであろう。けれども、諸国の元首たちが人々を非常に不幸にするにちがいない「希望」によって導かれるがままになる場合には、彼らをそんな希望の迷いから覚ますように、またそういう希望に伴っている誤り・虚栄や、そういう希望の後にくる恥辱・憎悪その他の罰を彼らにはっきりわからせるように、どれほど注意を払っても払いすぎることはありえないであろう。

(3)[21] あなたが御自分の死後、非常に幸福になるとしよう。その場合、あなたが将来享受することになる諸々のえも言われぬ快楽を前にして、あなたはこの世の些細な利害や大征服者の虚しい満足のことなど、気にかけていられるであろうか。非常に大きな快楽は小さな快楽に対する感受能力を残しておかないことを、知らぬ者が誰かいようか。あるいは、あなたが死後、非常に不幸になるとしよう。そうすると、偉大な将軍という評判や、この地球上での自家の領土の拡大などといったような満足のことを、最大の苦痛ということを介して考えてもなお気にしていられるなどと想像できるであろうか。この点については、私たち自身の経験によって判断しよう。ほんの小さな火傷でも、虚栄の満足のありうる大きさよりももっと大きな満足に対する、ほんの僅かな感受能力さえ、心に残しておくであろうか。

(4) 諸国の元首たちも他の人々と同様、霊魂の不死・快苦の永続という思想体系によるなら自分の日常

(21) この(3)の番号は底本には欠けているが、訳者の判断により補った。

の事柄に関してとらなければならない方針でも、それをとる決心をほとんどしないものだということは、私もよく知るところである。けれども、元首たちは選択をしなければならないし、この選択を霊魂不死の思想体系の下で行なうならば、次のことを無視するわけにはいかないであろう。それはすなわち、徳とは他の人々を幸福にすることにあり、罪とは他の人々を不幸にすることにあるということ、徳のみが報償に値し、しかも他の人々の幸福のために自分の利害を犠牲にすればするほど、その分だけ多く値するということ、また悪徳・罪のみが罰に値し、しかも自分自身の満足のために他の人々の幸福を犠牲にすればするほど、また小さな害悪を避けるために他の人々に非常に大きな害悪を被らせるほど、その分だけ多く罰に値するということである。

(5) キリスト教徒であれイスラム教徒であれ、中国人であれ異教徒であれ、宗教に入信したての人は誰でも、天国は善人の行くところ、地獄は悪人の行くところという観念しか持つことはできないであろうし、また善人・悪人という観念に関して論争する者は誰もいない。善人は、善いことをしてやることが可能な人々に対して善いことをする。悪人は、他の人々に多くの悪いことをしたり引き起こしたりしても、そのことから自分に何らかの満足がはね返ってくるならば、そうすることを気に病まない。さてその上で、自分自身の満足のために恒久的かつ世界的な平和に反対することが、自国の国民にとって、あるいは近隣諸国やその他の国々の国民にとって、善いことであるなどという考えが、一国の元首の脳裏に浮かぶようなことがありえようか。最も軽はずみなお追従者でも、虚しい満足のために、人々の間に戦争の恐るべき災厄を永久に続かせることに全力を挙げて寄与するのが、極度に悪意あることでないなどと、一国の元首に思い込ませようという望みを、いつか抱くことができようか。しかるに、極度に悪意あることのうちに大いなる栄誉を探し求めたり、人々に限りない害悪を引き起こすことによって限りなく幸福な生活を手に入れたりすることを、ある人が思いつくなどということは、その人が少しでも良識ある人であるかぎり、金輪際ありうることであろうか。

反対論　二十七

（私にこう言った人がいた。）仮に諸国の君主・首脳が国の統治を、大臣たちによるのとは別のやり方で、自ら行なうとしたならば、大多数の君主・首脳は、貴殿の計画に反対しないであろう。けれども、諸国の元首たちにその国務について言上する者は、彼らの大臣たち以外の誰であろうか。また、自分自身の利害よりも元首と国家のほうを優先する大臣が、誰かいるだろうか。たとえば、陸戦にせよ海戦にせよ戦争について詳しいことを把握しているスウェーデン王の大臣たちや、オーストリア王家が使っている戦争関連の大臣たちは、仮に平和が不変のものになるとしたら、自分たちはもはや信任されることも、重んじられることも、雇われることもないであろう、ということがわからないであろうか。戦争中の重責は免れていて、平和時に提言すべき有用で楽しい事柄をたくさん持ち合わせているので、平和が不変のものになれば得をすることができそうな大臣など、財務大臣と通商大臣しかありえない。

回答

（1）戦争のせいで苦しんでいる人々はあまりにも多いので、この不幸な状態から脱することを願わないわけにはいかない。本計画がラテン語と通俗語で公刊されれば、ヨーロッパには本計画について語る人々があまりにも多くなって、諸国の元首たちは、本計画のことがしばしば語られるのを耳にせずにはいられないであろうし、大臣連中が元首を取り巻いてはいても、元首にとっても臣民にとっても諸々の利点が非常に明らかかな条約を、あえて不利だと元首に伝えるようなことは、大臣たちもしないであろう。おそらく、仮に大臣以外の人々が元首に本計画のことを言上するのが不可能だとしたら、大臣たちはこれらの大きな利点を元首に対して隠しおおせるという望みを持つこともできようが、しかし元首に対して本計画のことを言上する賢明かつ公平無私な人々はあまりにも多くいるから、大多数の君主・首脳は自ら本計画に目を通すであろうし、目を通せば、本計画に対する彼らの利益関係はあまりにも明らかなので、彼らはこのことが深く研究されるのを望まずにはいられない。それゆえ元首たちは、有能な人々からなる次のような部局ないし委員会を、一つまたは複数作りさえすればよい。それはすなわち、本計画に対する新たな反対論やそれに対してなされうる回答を文書によって示し、本計画が有害か有利か、実現可能か不可能かを、読む者全員が自分で判断できるようにする部局または委員会である。さて、元首がこの方針をとるならば、いかなる大臣ももはや、自分の主君と祖国の利益に反することを、おのれの良心を無視してあえて語ったりはしないであろうということは確かである。大臣は当然、裏切者とみなされて自分の裏切りの処罰を受けることを恐れるであろう。

(2) 大臣は次のことも恐れるであろう。すなわち、近隣の一つか二つの国の元首が本計画に同意し、それに参加するよう自分の主君に誘いをかけるのではないか、そして他国の元首たちが本条約を有利なものとみなしているのを知ることが、自分の意見に不利な強力な判断材料になるのではないか、ということである。それゆえ大臣は、自分の名声を危うくするようなことはあえてしないか、もしくは、そういうことをすれば、名声を失って恥をかくことになるか、そのどちらかであろう。

(3) ヨーロッパの諸国の、また地上のその他のあらゆる国々の現在の組織体制の下では、戦争に関する事柄が直接間接に、各国の国務の四分の三ないし半分を占めている。しかし、君主・首脳のその他の国務に関して少しでも考えをめぐらそうとする意欲のある人なら、誰でもただちにわかるであろうが、なおざりにされている国務が二十種類もあって、それらはなるほど戦争に関する事柄よりも緊急度は低いが、しかし結局のところそれらはすべて、君主・首脳にとっても臣民にとっても、はるかにもっと大きな利益につながるものなのである。本書の第三論考にはそのうちのいくつかを示したが、これらの重要な国務はいたる所でなおざりにされ、戦争に関する事柄の方にばかり関心が向けられてきた。けれども、仮にヨーロッパにおいて平和が支配し、しかもその支配が永久に固まるとしたならば、大臣たちの国務や関心事はなるほど変わるであろうが、しかしそれでも彼らには依然として国務や関心事があるであろう。ただ異なるのは、こういう国務は戦争に関する事柄よりもはるかに楽しくて、利益になる度合いも限りなく高いという点である。それゆえ、大臣たちの雇われる機会は増えるであろうし、彼らが雇うべき下役も多くなるであろう。また、現在の害悪に対する彼らの心痛や、将来の不首尾に対する不安は、ずっと少なくなるであろう。

ある民間の名士が、二十年もの間、あちこちの高等法院で大きな訴訟を抱えてきた。彼は二人の腕ききの、頭のいい請願人を雇い入れた。彼は自分自身と自分の雇った人々の注意を、ほとんどすべてこの訴訟に関することに向けることを強いられ、この請願人の出費や執達吏・検事・弁護士・書記の費用や、はては判事の費用までも支給するために、自分の収入のほとんど全部と元々の資産の一部を使用することを強いられた。こうしてこの名士は、自分の領地も、わが子の教育も、家計も、商取引も閑却せざるをえなかった。今やついに彼のすべての訴訟は終了し、今からは彼は永久に、次のようなことを考えることになるだろう。すなわち、良い土地なのに耕作されなかったために灌木がいっぱいに茂っていた土地を開墾すること、沼池を干拓して良い牧草地にすること、良い葡萄や観葉樹を植えること、自分の畑を耕してそこに肥料を施し、種をまくこと、かつては家畜で満たされるすべもなかったいくつもの牧場に放牧すること、荒廃に陥っていた農園や小作地を修復すること、打ち棄てられていた製粉所を再建すること、農民たちを見つけてくること、自分の商取引のための係員を置くこと、役に立ってしかも快適な建物や柵を作ること、買い物を便利にすること、等である。その場合、この名士の用務にあたっていた、すぐれた頭脳の持ち主である二人の執事は、彼にとって今後は役に立たなくなるかどうか、またこの二人に与えるべき勤め口が、この有力者にはなくなるかどうか、言っていただきたいものである。この名士にはもはや、訴訟のもたらすあの不愉快で損になる懸案事項はなくなるであろうが、もっと厄介さが少なくて利益になるたくさんの他の種類の懸案事項があることにならないであろうか。そしてそういう懸案事項のために、彼はこの二人の執事のあらゆる熱心さと専念ぶりを必要とすることにならないであろうか。

（4）平和条約によって大損をすると大臣たちが思い込んでいるとした場合でも、自国の元首と祖国と、将来のあらゆる時代のあらゆる国々のあらゆる人々とがいつか手にすることのできる最大の利益のために、自分の小さな利益を捧げたいと思わないほど、すべての大臣が性根の腐った不幸な人々であるなどということがありうるだろうか。しかるに、平和条約がそういう最大利益だという真理がかくも明らかで、かくも人々の関心を引き、しかもあらゆる善良な人々の支持票に支えられている場合、この真理を主張し納得させるためには、一つの宮廷に一人の熱心な大臣がいれば十分なのである。

（5）ドイツ領邦国家団の君侯たちは、戦争のための大臣たちを抱えていた。それにもかかわらず、ドイツ連合の計画は同意され実現された。それゆえ、各国の大臣たちの側からヨーロッパ連合に対して出てくる可能性のある障害は、絶対に克服できないようなものではないであろう、と主張することができる。

考　察

戦争のために雇われた貴族について

（1）戦争はやむをえず、また平和を得るためになされるものでしかないということは、各人の知るところである。戦争とは大きな悪であって、人々がそれを耐え忍ぶのは、他のもっと大きな悪を避けるためである。

（2）軍人たちの利害関心は、各国が和を講ずることの妨げにはならない。それゆえこの同じ利害関心は、戦争中の各国の君主・首脳が将来の講和をすみやかに締結しようと努めることの妨げにも、この平和が非常に長期のものに、そしてできることなら不変のものになるようにすることの妨げにもならないであろう。

（3）しかし、結局戦争とは一つの籤であって、この籤において貴族全般は得するよりも損するほうが比較にならないほど多く、全員がこの籤のためにする出費は全員がそれから引き出す報酬をはるかに越えており、当り籤は外れ籤に比べて少ししかない。外れであれ当りであれ全部の籤のために賭け手全員が費したすべての金額に、当り籤の総計額が相当するような籤を、私は五分五分の籤と呼ぶ。外れであれ当りであれ全部の籤のために賭け手たちが費した金額よりも、当り籤全部の合計額のほうが低い値になるような籤を、私は分の悪い籤と呼ぶ。当り籤が、全部の籤のために費される金額に達するには三分の一、あるいは半分も足りない場合、その籤はひどく分の悪い籤である。しかるに、戦争の仕事のせいで死に絶えたり、貧乏になったり、落ちぶれたりした貴族の家は、豊かになったり台頭したりした家よりもはるかに多いことは明らかである。戦争は、ある特別なごく少数の家にとっては有利かもしれないが、貴族の家々全般にとっては破産を招くような籤なのである。

（4）栄爵に関して言えば、国家が自己保全のために軍人を必要とするかぎり、よい士官の資質と才能に名誉を結びつけることは適切である。しかし、平和の共和国の設立という手段により、もはや戦争を必要としなくなる、ということが起これば、この同じ国家は、徳や業績や才能が自国の幸福にとってよりいっそう有用である度合いに応じて、この同じ名誉・同じ栄爵をそれらに結びつけるであろう。それゆえ貴族は、戦争が不要になったからといって、名誉も富も失うことはないであろう。

（5）司法・警察・財政・通商・技術・学問に関する職だけが、一国を幸福にし繁栄させることのできる職であるが、これらの職に多くの階級が設けられ、それらに名誉が結びつけられ、善と正義と能力と職務専念ぶりの最も多く認められる人々だけがそういう階級につけられるようになれば、たちまち各人は自分の地位を見出し、競争という原動力は公共の利得のために働くようにされ、国家はよい奉仕を、私人はよい報酬を受けるようになるであろう。

（6）各国は軍隊に関して大きな節約をすることになるから、この節約分の一部を、解雇された陸海軍の士官のための年金として、彼らの階級に応じて用いるのが正当である。奉仕をした人々はその奉仕に応じて報酬を受け、戦争の継続に利害関係のある人々は、平和の継続によって国家が作り出すことになる当の利得から、各々がいくばくかの弁済を受け取るようにするのが適切である。

（7）貴族は戦争に関する職の多くを金で買っているではないか。それゆえ彼らは、次のようなことになったあかつきには、平和に関する職を金で買うことができるのではないだろうか。すなわち、平和に関する職が名誉の源であることが定められ、貴族たちが優先して選ばれ、負担金は容易に手の届く安い価格に固定され、聡明さと職務専念と実直さのより多くみられる人々のための栄爵のたくさんの階級が各団体にあり、伯爵・侯爵・公爵やその他のこれと似たような名誉が、自らの行なった奉仕によってトップクラスの地位に昇った人々に授けられるようになるときである。また結局のところ、国に最大の奉仕をする人々が国から最大の報酬を受け取ることは、正しいことではないか。

（8）いっそう豊かになった国家は、比較的富裕でない貴族の中から君主がもっと多数の臣下を選ぶことができるように、負担金の価格の一部を割り戻すこともできるのではないだろうか。

（9）戦争続きのときに比べて、貴族は同じ名誉・より多くの収入を有し、その家々はもはや戦争のせいで死に絶えることはなく、はるかにもっと長続きするようになるであろう。平和の不変であることから貴族が引き出すことになる利益はそのようなものである。

反対論　二十八

人間というものは互いに相手の言うことに反対し合う傾向が強く、それぞれの見解や考え方において非常に異なっており、利害関係に関しても非常に対立しているので、四人の人物から彼らにとって有益なことのために同意を得る必要がある場合でも、それに成功することはほとんど不可能なほどである。しかるに、大部分は非常に異なった意見の持ち主であるうえに、主君の利害としばしば対立するおのれの個人的利害を抱える大臣連中によって部分的に支配されている、そういう二十四人の君主や首脳を、いつか将来、それも異なる六十か条もの条項に合意させるなどという望みが、どうしてあるのか、しかしながら、この合意がなければヨーロッパ連合はできないのである。

回答

（1）人間が互いに相手の言うことに反対し合う一大傾向を持つことは、なるほどそのとおりであるが、しかし自分のためを思って、自分の最大の利益に合致することを言ってくれる人に反対する習慣は持たないのであって、激しい情念の何かある発作的激発の際でもないかぎり、そういう反対はしないものであるが、そのような発作的激発とは、一過性の狂気にほかならない。

（2）四人の人物をたった一つの条項に合意させるのにも大いに苦労する場合、それはこの四人の中に、この条項が自分にとって有利であることが明白にわかっていない誰かある人がいるからである。なぜなら、そうでもなければいかなる障害も見出されないであろうから。しかるに、連合の体制のほうが諸国の君主・首脳のためにも王家の長続きのためにも、戦争の体制よりも限りなく有利であろうということは、君主・首脳全員にとって明白なことである。それゆえ、連合の土台として役立つはずの諸条項に合意することから、彼らを遠ざける可能性のあるようなことは何もない。

（3）この反対論二十八は、次のようなことを立証するに至るであろう。すなわち、たった四人か五人の人物のいかなる社会的結合、いかなる団体も形成することは決して望めないであろうし、とりわけ、そのめざしている目的に到達する、いわば手段であるような種類の諸条項を、数多く必要とするような社会的結合の形成は望めないであろう、ということである。にもかかわらず、経験が私たちに教えるところによれば、世俗の事柄に関しても敬虔の企てに関しても、四人より、また二十四人より多い人数の人々から成る通商団体や宗教結社が形成されているし、その人数は、こういう団体や結社に加入することに自分の利益を見出すと信ずる人々の数のおかげで、非常に著しく増加しているのである。

（4）私は、二十四人の君主・首脳の間で一挙に合意が成立するなどと主張したことはない。そうではなくて、まず最初に二人か三人か四人の君主・首脳の間で合意がなされることは可能であろうし、次いでその他の君主・首脳がそれに加わるであろう、と主張したのである。私が言いもしたし、しっかり立証したと信じてもいるのは、二人・三人・四人の間でならこの最初の合意は不可能でないこと、連合を開始するにはそれで十分であること、この二〜四人の連合が開始されれば、各国の君主・首脳は、自分の最大の利益に従うならそれに加入するであろうということ、そして万一誰かある君主が自発的にはこの連合に賛成したがらないとしても、連合のほうが強力なので、武器を手にして彼を連合に賛成させることは容易であろうということである。さて、右の四人の権力者がこの連合を形成することに合意するのは不可能であると、どのような根拠に基づいて判断するにせよ、この四人のうちに誰か一人、以前本書でそれについて論じた十五の大きな利点のわからない者がいるだろう、ということを示さなければならないであろうが、この四君主のうちその誰かある一人の名を挙げていただきたい。そして、彼が自分の利害と、この連合による並外れた利益を見出すことに、何が妨げとなるのか言っていただきたい。

諸国の元首たちはヨーロッパ連合にあまり大きな利点を見出さないであろう、と信ずるための理由がない場合、彼らは決して合意しないであろうと判断するのは間違いである。反対に、この連合について合意することに、彼らにとって莫大な利点があり、これらの利点は連合に反対する情念を予め抱いているような人々にとってさえ明らかである場合、同連合が元首たちに有利と思われるのに応じて彼らはそれを願望するであろうことは、確実である。分裂させるのは利害であるが、連合させるのも利害である。私たちは連合への傾向よりも分裂への傾向を多く有するわけではなく、私たちの分裂傾向を作り出すものは、連合の側よりも分裂の側に私たちが見出す、もしくは見出すと信じている最大利益なのである。

（5）諸国の君主・首脳が合意しなければならない諸条項の数の多さについて言えば、実のところそれらの条項はすべて、彼らにとって限りなく有利なものであるはずの平和を互いに保つこと、という一つの条項に還元されるのではないか。実のところその他の諸条項は下位のものであって、非常に望ましい一つの目的に到達するための手段でしかないのではないか。また目的の値打ちは、手段が非常に高くつくとした場合でも、次の条件が満たされていれば、その手段に同意させるのではないか。すなわち、その手段が絶対に必要なものとみなされ、目的がすべての手段を合わせたよりも高い値打ちを持つように思われ、おまけにこれらすべての根本的手段が十二か条に帰着することになるならば、そしてその他の諸条項は多数決で仮に、四分の三の票で最終的に作定されるということが、合意されたあかつきには、という条件である。条項の多いことが障害をなすなどということは、決してありえないことである。

オランダの人々がインドの貿易のために作った有名な会社[22]の設立のためには、次のことが必要であったということは誰も疑うまい。すなわち、必要なさまざまな制度組織のための一定額の先行投資を仮に提供でき

---

(22) オランダ東インド会社（一六〇二年設立）を指す。

たとした場合に、その提供者がインド貿易で作り出せそうな、そのような莫大な利潤に基づいた最初の設立計画を、オランダ人のうちの誰かある人が作成したということである。この先行投資は、多数の富裕な私人がそれをしてくれることによってしか、行なうことのできないものであった。けれどもこの大きな利潤がひとたび明らかになると、それは十人の人々の連合の基礎をなし、この十人はその後たちまち五十人に、次いで百人に、そしてついには二千人、二万人に増えていった。そのうえこれらの人々は、非常に異なった、そしておそらくは対立した個々の利害関心を持っているのである。彼らが共同で作り出すにちがいない大きな利潤のおかげで、それよりも重要性の低い利害関心を、彼らは乗り越えているのではないか。この連合が形成され成り立っているのは、「各人は自己の投資する額に応じて利潤を得るものとする」という基本条項においてのみである。この計画を成功させるためにはその他に百か条もの条項に合意しなければならないということは、なるほどそのとおりであるが、しかしこれらの条項が目的に到達するための最も便利な手段であるならば、各人は利害関心の上からそれらを願い、要求するのではないか。損失や出費は、この出費に見合ったある非常に大きな利潤を生み出すために必要な場合には、無視されるものである。

しかし、実のところこれらの手段の選択に関して、すなわち仮の合意がなされたこれらの諸条項の選択に関して、最初に何らかの点で見込み違いがあるとした場合でも、何の危険も冒すわけではない。なぜなら、社会的結合を作ってそれを統治する人々は、新たな熟慮反省によって啓蒙されたり、自分の経験によって教えられたりして、これらの条項を変更し、もっと適切かつ便利な新しい手段をとることができるからである。目的に到達するためにある条項が有利だとこの人々が思い込んでいたときに彼らをこの条項に合意させた、その同じ利害関心が、この条項は有利であるよりもむしろ有害だと彼らが気づくやいなや、彼らにこの条項を容易に変更させるであろう。盟友同士の間では目的がただちに手段を正当化し、ひとたび目的が高く評価された場合には、各人は手段について合意するのが容易になる。それゆえ本計画の場合、条項の数が人を怖気づかせるどころか、この仕事を完璧なものにするために条項を増やすことにばかり、人は骨を折るであろう。また、連合することになる諸国の元首たちが、いくつかの条項を骨が折れるとか、不利だとか言って、それらに拘束されることを恐れる、などということがありえようか。彼らは四分の三の票があれば、かつてそれらの条項に拘束されることについて主導権を握っていたように、それらを免れることについても主導権を握っているのであるから、この点において諸国の元首たちは、同一の利害関心を持つことになるのではないだろうか。そしてその利害関心とは、一方ではヨーロッパ連合を彼らにとって可能なかぎり堅固なものにすることであり、他方では、この堅固さを増すために彼らにとって最も安上がりで、しかも最も不都合の少なそうな手段を選択するようにすることなのではなかろうか。

（6）ドイツの二百人の領邦君主も、互いに相手の言うことに反対し合う強い傾向を持っていたということを、誰が疑うであろうか。それにもかかわらず、彼らは合意したのである。そしてどのような理由のせいで、かつて二百人の間で行なわれたことが、現在二十四人の間では不可能になるのであろうか。

反対論　二十九

平和の体制は本来的に豊かさの体制であり、それゆえ長期の平和は確実に、私たちに大いなる豊かさをもたらし、私たちの貧窮の大部分を終らせるであろう。しかし豊かさは、しばしば懦弱と贅沢と放蕩を伴うものである。それゆえ人々は悪い方に変化するだけであろう。「今やわれらは長き平和の害悪を被り、武器よりも苛酷なる放逸の来襲を受けたり」(Nunc patimur longae pacis mala, saevior armis luxuria incubuit.)。

回　答

(1) 法が名誉や尊位や職や年金を最も有徳・勤勉かつ聡明な人々に施与しない場合には、豊かさによる悪徳の心配をしなければならないということは、なるほどそのとおりである。しかし、良い法律や良い規則を作って遵守させることは、戦争の混乱と動揺の下でよりも、平和の静穏の下でのほうがずっと容易であろう。

一国において悪徳が支配している場合、それは豊かさの落度であるよりも、報酬の正しい分配によって習俗を正しく導くところまではまだ至っていない法律の落度である。自分の働きに応じて自分の同類の人々よりも地位が容易に向上するように、賢明な法律によってあらゆる条件・年齢の人々に門戸を開いておきたまえ。そうすれば、働きのない人々は落ちぶれて軽蔑されるようになり、したがってほとんどすべての者が働くようになるであろう。しかし、栄誉という原動力が賢明な法律による正しい助けを受けなければ、また才能や職務専念や節度や実直さよりも、血縁関係・姻戚関係・奴隷的献身・阿諛追従・寵愛などによって職と報酬が決まる場合のほうが多ければ、この才能その他の良い性質は常に打ち棄てられるであろうし、国家は職と報酬の配分のされ方が悪くなるにつれて徐々に凋落に陥るであろうが、すべてがより高度の選択と正当性とをもって配分され始めるにつれて、立ち直るであろう。

かの賢明なるローマ人は、戦争によって世界を征服するための非常に立派な軍事的規律と法律とを有していたが、ローマ人同士の分裂と平和な期間の贅沢の災厄とを予防することのできるような法律の必要を十分によく満たしてはいなかった。彼らは豊かさを生み出すにちがいないものを見出したが、この豊かさのよい利用の仕方を各市民の心に吹き込むために必要な規則を発案したことはなかった。

ところで、人々の頭がもはや戦争の不安やその差し迫った害悪でいっぱいではなくなるとき、また平和のさなかにあって、もはや暴動や反乱の恐れがないようになるとき、そういうとき以外に、賢明な規則を見出して制定することを、いつ望みうるというのか。

それゆえ、贅沢・放蕩・低劣な野心は豊かさの必然的結果ではない。それらが豊かさの必然的結果となるのは、まだ十分よく開化されていない国家においてだけである。比較的よい物事の悪い利用のされ方は恐れなければならないことであるが、だからといってよい物事は避けなければならないということが帰結するであろうか。学識や才能の豊かさは濫用される可能性があるからといって、才能の乏しさや無知を求めなければならないであろうか。寛大で、怜悧で、同情心があり、勤勉で、知性的な人々が豊かさに恵まれているとき、一州にどれほど多くの利益が入ってくることであろう。隣人も、友人も、血縁者も、貧しい者も、豊かな者さえも、万人がその影響を受けるのである。自分の条件の下で公のために最もよく奉仕する人々に、有益で名誉ある報酬を正当に配分したまえ。そしてそういう人々にとっての豊かさを、もはや恐れないようにしたまえ。法律と規則をきちんとしたまえ。各臣民の功績のさまざまな度合いを毎日もっと正確に知るための制度組織を作りたまえ。そうすれば、各人は功績そのもの以外に別の守護聖人を得ようとは考えなくなるであろう。怠け者は名誉も職もないまま放っておきたまえ。そういう者はほとんどいなくなるであろう。そして、贅沢・懦弱・不節制・怠惰・低劣な野心に軽蔑のしるしが投げつけられるようになるや否や、悪徳はただちによその国を探し求めるであろう。

「あなたは栄誉にすべてを与えるために、遊びもおいしい食事も見世物も廃したいのか」と私に言った人がいる。私は並みの人々に、彼らの耐えきれないような完全さを要求するつもりはない。罪のない快楽に関する節度は、快楽を前提とする徳であり、最も厳しい徳も、快楽を自然にとってなくてはならない弛緩として必要としている。一国の良き政府にとって、感覚の快楽という原動力よりは、栄誉の快楽という原動力を働かせる必要のほうがずっと大きいということは、なるほどそのとおりであるが、しかし栄誉それ自体が導かれる必要のあるものである。栄誉が功績の獲得競争を生み出すかわりに、他人の受けとる報償に関する妬みしか生じさせないということも、しばしば見られるのではないか。その根源においては評価すべき感情が、恥ずべき、軽蔑すべき行為しか生み出さないことがままあるということも、驚きを伴いはするが、見られることなのではないか。

平和の静けさの中では、習俗を栄誉によって導くことはさして困難ではないであろう。その例は、かつてラケダイモン(23)や古代ローマにおいて見られたものであって、人々はまっしぐらに報償へと赴く。栄誉ある行動、評価すべき有用な性質のみに、それらが有用である程度に応じて報償を与えたまえ。そうすれば豊かさは、徳にとって害になるどころか、徳の支配をよりよく確立するのに役立つものでしかないであろう。

(2) 豊かさの体制と貧しさの体制との間で選択をしなければならない。ところで、豊かさよりも貧しさのほうがはるかに多くの、より重大な犯罪を後に引き連れてくる、ということのわからない者が誰かいるであろうか。豊かさの中にあるかぎりは不正である度合いが三である、その同じ人間が、貧しさに陥ったならば不正度六になるであろう。そのわけは、豊かさの中ではたいていの場合、正しくあるために費すのは余剰なものだけなのに、貧しさの中では必要なものを費してしまうからである。

盗み・詐欺・不誠実・偽誓・偽善・裏切り・窃盗・毒殺・暗殺等は、貧しさの後に続いてやってくるものであるが、これらは不節制や怠惰や贅沢による犯罪よりもずっと重大な犯罪である。そのわけは、貧しさによる犯罪は社会を犯罪的な、憎むべき、忌まわしい社会にして、これを破壊してしまう傾向があるのに対して、豊かさによる悪徳の大部分はたいていの場合、社会を不便にし、そういう悪徳のある者を軽蔑すべき者にするだけのことしかしないからである。

(3) 戦争で日々行なわれているおびただしい数の殺人や、酒に酔ったり興奮したりした軍人たちによる

---

(23) 古代ギリシアのポリス(都市国家)の一つであるスパルタの正式名称。

放火・略奪その他のあらゆる暴力のことを思い描いてもらいたい。これらは戦争の体制の必然的結果である。しかるに、豊かさと平和の体制の悪徳は、戦争が許している犯罪に比べれば、人類にとって恐るべき度合いの限りなく低いものである。

（4）よその国よりも住民が富裕であるオランダには、またそれに応じて私人の家にある富が世界のいかなる国よりも多いこの国の国内には、他の国々の国民の間にあるよりも多くの悪徳と犯罪があるなどということが、見られるであろうか。反対にこの国の住民たちは、豊かさそのもののおかげにせよ良い法律のおかげにせよ、貧困の支配する国々の人々がしているよりもずっと厳密に、正義と誠意と隣人愛を履行している。

それゆえ、人々が濫用する可能性のある善はすべて悪とみなしたいと思う──これはひとく無茶なことであろう──のでもないかぎり、もはや豊かさを人間にとっての災厄だと称するようなことはしないでもらいたい。

反対論　三十

近隣諸国との戦争は、あまり多過ぎる出費や重大な不利を伴わずに行なわれ、またあまり長く続き過ぎない場合には、次の点で国家にとって非常に有益である。それはすなわち、騒動好きでじっとしていない不平分子や、自分の豊かさのせいで損なわれた者たちをいなくさせることによって、内戦を起こりにくくする、という点である。こういう連中こそが、状況を変えるために諸州で暴動を唆したり、国内で党派を形成したりするのである。さてそこで、二つの悪のうち小さいほうを選ばなければならないのであるが、内戦は国家にとって対外戦争よりもはるかに有害かつ破滅的であることを、誰が知らないであろうか。

回答

(1) 戦争で消え失せるこういった不平家で騒動好きな連中だけが、戦争のせいで死ぬ唯一の人々というわけではない。戦争は、少なくとももうあと半数、賢明で有徳な市民をも同じように死なせてしまうが、こういう市民は、平時の職にあれば自分の祖国に大きな奉仕をしたであろう人々である。戦争は、国境沿いや包囲攻撃された都市において、多くの住民を死なせる。

(2) 現行の戦争の体制下では、対外戦争のせいで反乱や内戦が生じたり、起こりやすくなったりすることがよくあるということは、見やすいことである。その例はハンガリー・ポーランド・イタリア・フランス・スペインなど至る所において、対外戦争をしている間に市民が市民に対して武装しているときにはいつでも見られる。

(3) 続く時間の長さに関してであれ、出費に関してであれ、負けっぷりのひどさに関してであれ、戦争に限度を設定することなど、誰が当てにできるであろうか。

(4) 決定的な回答は次のとおりである。対外戦争には、それが内戦を起こりにくくする可能性がある、という点にしか有用性はありえない。しかるに、既に証明したとおり、連合の体制下では対外戦争も内戦も恐れなくてよくなるであろう。それゆえ、ヨーロッパ連合は内戦に対する間違いのない予防策となるであろう。これに対して対外戦争は、内戦に対する確実な予防策であるにはほど遠く、しばしば内戦の唯一の原因となることがある。

反対論　三十一

仮に四、五か国の君主・首脳が本条約に最初に調印したとすれば、他のすべての国々の君主・首脳も相次いで本条約に調印するであろう、という点は吾輩も同意見であるが、しかしこの最初の調印こそが、ほとんど不可能なことなのである（と私に言った人がいた）。

回　答

ある仕事は、決して開始されることができなければ、完成されることも決してできないということは、私もよく知っている。しかし、仮に本条約が四か国の君主・首脳によって開始されたならば、他の二十か国の君主・首脳も相次いで参じて本条約に調印し、これを完成させるであろう、と判断するのはなぜなのか。この二十人の君主・首脳が、最初に他の四人の調印したものに後から調印する、ということに対して有するであろう重大な利害関心以外に、この判断に何かある根拠があるであろうか。しかるに、後からの二十人をして、喜んで、かつ熱心に調印させるのに十分な力のあることが確実な当の同じ動機が、最初の四人を調印するように駆り立てるのに十分な力を持つかどうかは確かでないだろうという、どんな証拠が、どんな不可能性があるというのか。この不可能性を私に示してもらいたい。最初の四人にとっては、さらにもう一つの動機さえ存在している。それは、人民にとっても君主・首脳たちにとっても想像可能な最大の重要性を持つ制度組織を、創始したということの名誉である。

さらに私は次のことを認める。それはすなわち、この種の反対論は、私がその力を発見できそうにないものであるとともに、無根拠な予断の中にしかその起源を持たないものでもあるので、私を動揺させるどころか、しっかりさせるばかりであり、私から成功の望みを奪うどころか、この望みを増大させるばかりである、ということである。それというのも、あらゆる方面を見回した後でも、触れたいと思う途端に蒸発してしまうような困難の幻影しか示さないような人々には、反対論を述べるだけの堅固なところが何もないのだ、と信ずる理由があるからである。

ここでさらに、本書の第三論稿をめぐって私に対して唱えられたいくつかの新たな反対論を示しておこう。

反対論　三十二

「貴殿は自身がフランス人であることを匿しておいたほうがよかった。そうしていれば貴殿は、あらゆる国々の国民の目に、偏向の疑いありと見える度合いがもっと少なくて済んだであろう」と私に言った人がいた。

回　答

この考えは私の脳裏にも浮かんだ。しかし私は、そのせいで自分の国籍の表明を思いとどまることはなかった。その理由は次のとおりである。☆

（1）私は、さまざまな職にあってさまざまな性格を持つ何人もの有能な人々の意見を利用させてもらう必要があったので、公衆に対して自分の名を匿したままにしておくことなど、決してやりおおせはしなかったであろう。

（2）自分がある国の国民に対して、別のある国民に対してよりも多くの好意を持っているようなことはない、ということを納得してもらえるのは、「私は偏向しておりません」と言い立てることによってではなく、それ自体として公正であらゆる国々の国民に等しく好都合であるような物事を、実際に提案することによってである。それゆえ私が、フランス王家であれ、領土を奪われた他の国々の元首であれ、ある元首の味方をしてどこかある征服地の返還を提案する場合、それは偏向の精神のせいではなく、この領土奪取が不正だと私には思われたからであり、また返還されなければならなかったものが、イギリス・オランダの人々にとって、平和の不変であることが持つことになりそうな価値の十分の一、百分の一にも値しないものだったからである。それゆえ、私がこの提案はフランス王家にも、オーストリア王家の同盟諸国にも等しく好都合だと信じたのは、正当なことであった。しかるに、正当であって、なおかつ利害当事者双方にとって等しく好都合な提案よりも、偏向度のもっと低いものが何か存在しうるであろうか。

反対論　三十三

ヨーロッパ連合の計画の成功にとって恐れなければならないことは、大臣たちの悪意よりもむしろ、彼らの内閣の体制全体を一挙に変革することに対して彼らが感じるであろう困難のほうである、と私に言った人がいた。

回　答

各国にあって、通商・財務・外務の各大臣は、ヨーロッパ連合が成立しても体制を変えることはなく、従来と同じ国務を持つことになろう。違うのは、国務が従来よりもはるかに容易でしかも快適になりそうだ、という点である。また、統治組織・市民法の完成や、教育・道路・運河・技術・学問等のための規則ならびに制度組織の完成をめざす計画が増えることになるので、戦争大臣もこういう方面で多くの職と用事を持つことができそうであり、しかもこういう用事は彼が離れることになる戦争大臣の用事よりも快適かつ容易であろう。さらに、自分の計画と部局をただちにこういう方面に向けて導くことは、大臣にとって困難ではないであろう。

反対論　三十四

別のある人は私にこう言った。すなわち「一国において決定を下すのは大臣たちであるが、彼らは大部の論文を読む暇などなく、ましてやそれを注意深く読んだり、最重要箇所を読み直したりするのに十分なだけの落ち着いた気分などは持ち合わせない。にもかかわらず本論文は、読むのに十時間はかかる代物である。それゆえ、本論文は実行されないままに留まるであろう」と。

回　答

一国において決定を下す権威を有するのは大臣たちだけであること、また彼らは重要な差し迫った日々の国務の奔流によって急速度で引きずられていて、非常に長い論文を読んだり、有能な人々とともにそれを検討したりする暇がないことが多いということは、なるほどそのとおりである。しかしながら、⑴本論文は、現在論ずべきものとして存在する最重要の事柄について論じており、しかもそれについて徹底的に、かつ第一原理によって論じている。⑵暇があるうえに大臣たちの信頼を博している人々がすべて本論文に対して好感を抱いている場合には、一種の「賛同の共謀」が自然に生じるであろうし、そのおかげで大臣たちは、自分で本論文を検討せざるをえなくなるであろう。それゆえ、大臣や元首が本書の検討のための特別の部局を設立せざるをえなくなるためには、世論と共通利害関心とで十分であろうし、また本書は、公に取り組まれ検討されれば成功するであろう。本当のところ、本書はヨーロッパのあらゆる通俗言語に訳されて活字で印刷され、こうしていわば万人の手に届くようになるまでに、何年かを必要とする。小麦は豊かな収穫を生み出す前にその種が蒔かれることを、それもできることなら良い土地に蒔かれることを必要とし、それを青麦にさせるのにも、実をつけさせるのにも時間を必要とする。けれども、すべては時間次第である。そして、至る所に計画の種の蒔くには善意ある人々がめいめいその能力に応じて手を貸してくれること以外はもはや必要がない、ということになれば、それは本計画のような計画の成功のために多くを果したということなのである。

反対論　三十五

トルコの君主のような強力な君主は、ヨーロッパ連合にそのことを知られないようにして軍備を進めたり、弁理公使を買収して味方に引き入れたりすることができるのではないか。

回　答

そういう君主が一人の弁理公使を買収して味方に引き入れることは可能であろう。けれども、大国の国内に散在している十人、十五人の弁理公使を買収して味方に引き入れなければならないという話になったら、一国の元首がそんなことを試してみようという考えにさえならないであろう。そういうことは彼にとってそれほど不可能なことに思われるであろうし、誘惑されたけれども買収されなかった弁理公使がたった一人いればすべてを露顕させるのに十分なのだから、その分だけますます不可能に思えるであろう。

反対論　三十六

人間のうちにある分裂の根本原因は、いつの日かヨーロッパ連合を破壊するのに十分である、と私に言った人がいた。

回答

（1）五百年を経た末にヨーロッパ連合が崩壊するに至ったとしても、そのときにはヨーロッパはともかくも既に非常に長期の平和を、したがって非常に大きな非常に長期の至福を享受しているであろう。

（2）私たちの諸国家は、ある市民の他の市民に対する嫉妬や憎悪にもかかわらず長く続いているが、そのわけは、誰かある人とは分裂していたいと思いながらも、何人もの人々との何らかの結びつきを欲しないようないかなる市民も存在しないからである。他の人々全員の不倶戴天の敵として生きたい、などと思う者は誰もおらず、人は自分の欲求によって誰かある人々の社会的結合へと立ち帰らされる。

（3）賢明な君主や首脳なら、自分がヨーロッパ連合から引き出す諸利益を失うことの恐れによって抑止されるであろうし、彼らの賢明さが大である度合いに応じて、これらの利益がその見かけ以上に大きいことに気づくものである。

（4）諸国家の社会的結合がいったん出来上がり、混乱を引き起こす者たちに対する刑罰がひとたび定められると、処罰に対する恐怖だけでも、この社会的結合から自分が引き出す利益に気づくのに十分なほどには賢明でない者たちを抑止するであろう。

（5）歴史は残るであろうし、この歴史が私たちや父祖の災厄を描き表すことによって、私たちの子孫に教訓を与えるであろう。君主・首脳たちが将来身をおくことになる国家を、彼らの祖先がかつて身をおいていた国家と比較するだけで、他国と分裂している国家と社会的に結合している国家との違いを彼らに感じとらせるには十分であろう。

(6) 右のことから私は考えるのだが、将来の君主たちの教育の第一目的の一つは、歴史を読むこと、すなわち、陰謀や内戦や対外戦争が諸国の王家に引き起こした諸々の災厄を本で読むことであって、各国家は、これら一切のことを上手に記述し、劇場の舞台上で上演し、万人の、とりわけ王家の子供たちの精神によく理解できるようにするために、優秀な作家たちに金を払うべきである。

(7) アジアやアフリカに戦争をしている民族がなお残存するならば、彼らの悲惨と粗暴さは、戦争が何を引き起こすかを絶えず描き出す絵図となるであろう。

(8) 将来諸国の君主・首脳となる人々にヨーロッパ諸国の社会的結合の効益を納得させるためには、現在存命中の君主・首脳が、自分の収入と負債、都市と自国住民の数、自家とそのあちこちの宮殿等々の現状や、臣民たちの収入の大まかな状態を「平和の都」に報告する、ということが取り決められさえすればよい。そうすれば各世紀の終りには、この社会的結合の設立から引き出された利益が、したがってまたこの社会的結合の永続から期待されるはずの利益も、明瞭にわかるであろう。

反対論　三十七

本書の著者は自分の構想した体制を、プラトン的な理想として示すようにしたほうがよかったのではないだろうか。

回答

（1）既に述べたように私は、納得してもらうべきものとして単なる思弁的見解しか持ち合わせていなかったとしたら、単にこの体制をそれ自体として美しい理想として提示するだけにする、という方針をとったであろう。そしてそういう理想については、「諸々の美しき幻影の中にこそ、最も願わしきものの一つが含まれている」と言われるに止まるであろう。しかし私は、読者を楽しませ気晴らしさせるためだけなら、これほどの労をとることは決してしなかったであろう。それに私は、本計画の実現の可能性について確信していたのだから、仮に私が自著の本文の中でこの可能性を真っ先に疑っているような様子を見せていたとしたら、いかなる読者もそれを可能とは信じなかったであろう。なぜかというに、ある著作物の効益についての見解に関して、誰が著者その人よりももっと先まで行くであろうか。そういうわけで、二、三日の間本書を楽しく読んだ皮相な読者の不毛な称賛以外のものを、私は決して望みえなかったであろう。

ちなみに、私は最初、本書の第一草稿で、美しい理想を描いて読者を楽しませるような調子で書いていたのだが、それで身をもって知ったのは、本書がプラトンの『国家』の類いの娯楽作品とは別物とみなされうるものだということなど、いかなる読者の脳裏にも浮かびさえしなかった、ということであった。

私がよくわかったのは次のことである。すなわち、この問題を真面目に論じれば、浅薄な頭をした連中の側からは何らかの嘲笑を身に招くであろうということ。けれども、そう軽々しく軽蔑されないで済むのに十分なだけ、一群の合理的な推論に従ってゆけば、しっかりした道理の力によってこういう連中を、この一団の推論に真面目に答えざるをえないようにさせることになるだろうということ。また、強く頑健で重武装した頭脳の持ち主であって、私の見解に賛同しているのだが、それによって考えが固まってしまい、注意に値する諸々の反対論から次のことを期待すべく書かれる一般的な諸論考を軽く見るような人々が、何人か見られることになるだろうということである。それは、これらの反対論がその背後に少しずつ小さな一団を終結させ、この一団が長い間に大きくふくらんで、論戦に参加し戦いに参じたいと思うどんな人々にとっても手ごわい存在になる、という期待である。

右のように考えて私は、公共益のためには、冷やかすことを専門とするあらゆる連中の冷やかしに率直に身を委ねよう、と決意した。そして、私自身は最初の基礎固めをすることに決めて、次のようなことは最も大胆な人々に、やれるものならやってもらうことにした。すなわち、道理にかなった文章をたったの三ページでも書き記し、結局のところ自分たちにもどの点から見てもそんなに軽蔑すべきものとは思えなくなりそうな著作に対して、しっかりした反対論をたった一つでも唱えることは。

反対論　三十八

私の友人の一人に、トルコといかなる通商条約を結ぶよりも、またトルコをヨーロッパ連合に盟邦として受け入れるよりも、トルコがヨーロッパから追い出されることを望んでいるような者がいて、同連合は次のことのために戦争を企てよ、と提案している。すなわち、タタール族とそれに従っているコサック族が黒海沿岸に有している地域はポーランドの人々に与え、コンスタンティノープルとダーダネルス海峡に至るその他の黒海沿岸地域は神聖ローマ皇帝に与え、ギリシア全土とエーゲ海の全島嶼はヴェネチアの人々に与え、ロドス島はマルタ島騎士修道会[24]の騎士たちに返還するためにである。

回答

（1）右の項目のたった一つだけでも、おそらくヨーロッパ諸国の社会的結合の設立よりも実現困難であろうし、またそれがこの社会的結合の安全保障のために絶対に必要なことだとは、私には思えない。

（2）ヨーロッパ諸国の元首たちの大多数が、トルコをその現状のままでヨーロッパ連合に受け入れるよりも、ポーランドの人々やオーストリア王家やマルタやヴェネチア共和国のためにこれほど大きな出費をすることのほうを好むなどということは、疑わしいと私は思う。

（3）仮にヨーロッパ諸国の社会的結合がそのような征服を企てたとすると、領土を増やしてもらうこと

（24）聖ヨハネ騎士団のこと。テンプル騎士団・ドイツ騎士団と並ぶ中世以来の三大騎士修道会の一つで、第一回十字軍（一〇九六～九九）の時代に成立し、エーゲ海から地中海への出口に位置するロドス島に長い間本拠地を置いていたが、オスマン・トルコによってロドス島を追われ、一五三〇年にカール五世によってシチリア島の南の地中海の島であるマルタ島を与えられて以降、マルタ島騎士修道会と呼ばれるようになった。

になる国々の人々は、その他のヨーロッパ諸国がそのような征服に寄与した度合いに応じて、後者にその弁済が済むまで地代を支払うことにならない理由があるだろうか。

反対論　三十九

最も強力な国々の元首たちは、討議において、最も力の弱い国々の元首たちよりも多くの票を持たないことに、不平の種を持つことになるであろう。

回　答

最も強力な国々の元首は、力の最も弱い国々の元首の票数を上回ることなく、ただ一票のみを持たなければならないか、もしくは自分の分担金に比例した票数を持たなければならないかのどちらかである。なぜなら、そうではなしにこの比例を守らなければ、次の二つのことのうちのどちらかが起こるだろうからである。一つは、中くらいの力の国々の元首たちが最も強力な国々の元首たちと同数の票を持つようになることであるが、これは右の不平の種と同じくらい大きな別の不都合であろう。もう一つは、最も弱い国々の元首たちが中くらいの力の国々の元首たちと同数の票を持つようになることで、これはまた別の不都合であろう。しかるに、最も強力な国々の元首たちがその分担金に比例した票数を持つならば、彼らのうち四、五人が同盟したが最後、彼らは一切の討議を牛耳るようになるであろう。そうなれば、弱い国々の元首たちにとって、言いかえれば、この四、五人以外のヨーロッパ連合のすべての国々の元首たちにとって、十分な安全保障はもはや存在しないことになる、ということのわからない者が誰かいようか。しかるに、たった一つの条項によって同連合の十分な安全保障を壊してしまえば、他のいくつもの条項によってそれを確立したいと思っても益のないことである。

私は、一方では不興を買うことを恐れながらも、他方ではそれ以上に、ヨーロッパ連合の安全保障に害を与えることを恐れる。それを確立することに万人が多くの関心を持っているようなものを、破壊することを私は恐れるのである。私は最も有能な人々に対して、可能なあらゆる揺るぎなさをもって、次のことを訴える。すなわち、同一の非常に強力な君主のために、完全に対立した利害関係を調停しなければならないことは、大きな厄介事であるが、このことが不可能な場合、十の価値しかない利益を、その千倍以上の価値のある利益を得るために放棄することよりも賢明なことを、何かなしうるであろうか、と。

反対論　四十

諸国の君主・首脳や大臣たちが持っている、本論文に含まれているのとはひどく違った仕方で考えるという習慣が、常に非常に大きな障害をなすであろう。

回　答

この習慣が最大の障害であることは、私も認める。しかしこの障害は、次の二つのことによって克服可能である。☆

（1）本論文の含む考え方について語ったり、語られるのを聴いたりする習慣によって。しかるに、戦争のたびごとにこのことは問題になるであろうから、公衆は徐々にこの考え方に馴染んでゆくであろう。

（2）私は時とともに徐々に、また友人たちの援助を得て、事態を次のような点にまでもたらすことができるであろう。すなわち、先入観を持っていた人々の精神に本論文の考えから生じてくる感情が、この人々に右の習慣の与える傾向を相殺することになるような、明晰さと明白さのある一定点にまで。

反対論　四十一

自分の専門とする事柄において、才知の一種の優越を他人のうちに認めることには嫌悪を覚える、という職業上の嫉妬心のせいで、大臣たちはみな憤慨するであろう。

回答

（1）私も、できることならイギリス人かオランダ人のふりをして書きたいのは山々だったのである。しかし本書は、まずまずの完成度にもたらされるために反論者を必要としていたし、草稿を何度も作り直す必要もあったので、嫉妬という不都合を避けるすべはなかった。しかし長い目で見れば、反論したがる気質は私の提示する諸々の理由に折り合って、けちをつける人々に対抗して自説を曲げずに頑張るのに十分なだけの賛同者を育てることになろう。

（2）本計画の発案者であるのは私ではなく、アンリ大王である。

反対論　四十二

ヨーロッパ連合成立後に複数の君主が同連合を破壊するために同盟を作ることが可能ならば、平和は不変ではありえなくなるであろう。

回答

（1）第三論考で私の説明したことを多少とも覚えている人なら、右のような反対論を唱えることはできないであろう。その理由は要するに、諸国を連合するように仕向けたその同じ動機が存続していて、諸国がばらばらになるのを防ぐからである。その動機とは、⑴平和の恒久であることがもたらす諸々の大きな利益、⑵戦争が諸国の君主・首脳に引き起こす諸々の大きな害悪、⑶君主・首脳自身の財産やその一族の財産を失う危険、⑷肝要なのは元首たちの同盟の成功であるが、この成功に到達するための、同盟した元首たち同士の相互安全保障が欠如していること、⑸彼らの同盟の成功を長期間にわたって享受するための、相互安全保障が欠如していること。最後に、右の反対論で言われていることを可能であるように思わせるためには、次のような仮定をしなければならないであろう。すなわち、妬み深くて互いに嫉妬し合っており、習い性も年齢も宗教も意見もすべて異なる五、六人の元首が、将来の征服によって得るものの分割領有について意見の一致をみるということ、なおかつ彼らが同時に気が変になり、しかも、そこまで行って監禁されずに済む者がただの一人でもありうるなどとは考えることさえできないほどの狂気加減と無茶加減にまで、全員が行きつく、ということである。

反対論　四十三

内戦が生じるのを防ぐことは不可能である。

回答

〔ヨーロッパ連合が設立されれば、〕少なくとも、内戦が長引くことは不可能になるであろう。なぜなら、少しでも怜悧で良識ある人なら誰でも、どこから見ても自分は近々確実に破滅するとわかっていながら、あえて謀叛に加わったりはしないであろうから。長引いた反乱をすべて調べてみるとよい。そうすれば、長く続いたのは頭のよい人々が加わっていたからだということがわかるであろう。こういう頭のよい人々が、成功のいかなる望みもないのに反乱に身を投じた、などということが信じられようか。しかるに、ヨーロッパ連合という仮定の下では、彼らは賢明であること・頭のよいことをやめるのでなければ、自分たちの反乱に関して成功の望みを抱くことはできないであろう。

反対論　四十四

本書の著者は、フランス王家が現時点においてオーストリア王家と、征服をいっしょに行なうために連合することができる、と仮定している。それならば、ヨーロッパ連合の形成後に両家がそのような同盟をすることを、誰が妨げるであろうか。両家は互いに相手を当てにすること、そして各々が今後自分の側で行なう征服に関して、同等にしか事を進めないことについて、合意する可能性がある。

回答

この反対論に対する回答の力はすべて、安全保障の欠如ということに帰着する。いつか将来、今よりも弱くなったオーストリア王家は、今よりも強くなったフランス王家を信用することができないであろうし、後者に対する十分な安全保障を持たないであろう。これはリヨンの学士院で話したことのある想定話《ばなし》なので、私は自分が既に述べたことを繰り返す以外に、することがないであろう。

反対論　四十五

士官と兵士が費す金銭は従軍商や商人や武器弾薬補給係の手に渡るのだから、それは失われた金ではなく、戦争の費用はさほど大きなものではない。

回答

それならば、ある国の元首が、湖を掘っては掘り上がった途端に埋め、山を築いては崩す、ということに十年間続けて三百万人の人員を従事させるとしても、彼はいかなる出費もしていないことになるであろう。なぜなら、この元首が働き手に支給する金銭は、従軍商やその他の商人に還元されるだろうからである。なるほど金銭は国内に留まる。しかしそれでもやはりその支出は大きく、その費用は現実のものである。それは国家に何の利得ももたらさない一億リーヴルもの支出であり、国家にとって破滅的な支出である。これは、通商の末端部門に従事していれば、自分たちの出費を支払うのに十分な利得を生み出すであろう三百万人の人々を、無用なことをするのに従事させたままでおくことである。

反対論　四十六

狂気じみた野望が誰かある君主の脳裏に浮かぶと仮定することはできないか。

回　答

一人の君主が無茶な君主になることがありえないとは、私は言っていないが、しかしそういうことは稀であるし、発狂する君主が一人いても、ヨーロッパ連合を分断するには十分でない。複数の、しかも数多くの君主たちが、もしくは最も強力な君主たちが、同時に同一の狂気を発し、なおかつ彼らが自国の大臣たちの助言も臣民たちの要望も完全に無視し去るか、もしくはこの大臣たちも君主たちと同様に発狂するかのいずれかになる、ということが必要である。形成されしっかり確立された同連合がいつの日か解体されることになる、と考えることが可能なためにしなければならない仮定とは、右のようなものである。さて、このような仮定をもってすれば、人の心配する可能性のありそうないかなる災厄でも、おそらくありえない、というようなものはない。けれどもそういうことは、良識のある人なら誰でも、少しも気にかけないことに腹を決めないわけにはいかないような心配の種のうちに入るものである。

反対論 四十七

非常に長期にわたる平和、ヨーロッパで二、三世紀も続くような平和は、戦争の災厄の観念をすべて消し去ってしまうであろうから、そういう時に戦争について物語られることは、もはや人々の心にほとんど印象を与えないようになるであろう。人々はヨーロッパに豊かにあふれる財物に慣れっこになって、これらの財物の多さにも大きさにももはやほとんど注意しなくなるであろうし、ましてやヨーロッパ連合と平和という、これらの財物がそこから生じてくる真の源には注意しなくなるであろう。それゆえ、野望による狂気じみた考えがその時になって大多数の人々の心を捕えることは、驚くにはあたらないであろう。

回 答

この反対論には注意するのが適切である。なぜなら、この議論は習慣が生み出す無感覚ということに基づいているが、これは自然本性そのものだからである。けれども、私たちの過去のあらゆる災厄の迫真の描写を後世の人々の眼前に置き戻す最適の手段を見出すことは不可能ではない。それは次の三つの仕方による。(1)正確で、しかも非常に詳細な歴史記録。(2)諸国家の社会的結合の設立以前のヨーロッパの個々の主権国家の、またその収入や負債の状態。(3)各々の治世の間に作られたり行なわれたりしてきた有用な物事、すなわち規則・制度組織・運河・港湾・建築物・負債の支払い等についての、正確な帳簿を作成するよう規定すること。また、十年間毎年各国の君主・首脳がそれらの明細リストを「平和の都」へ届け出させる、ということを規定すること。

反対論　四十八

この連合計画は、たとえ公刊され、あらゆる国々の日常語で印刷され、ヨーロッパのあらゆる都市へ、共和国へと広まっていっても、むだなことである。比較的力の弱い国々の元首や、強力な国々の元首のうちでも平和的な元首たちは、この計画に賛同するであろうが、しかしその他の元首たちの大多数は、この計画を決して読まないであろう。彼らがこの計画について徹底的に学ぶことは決してなさそうにさえ見受けられる。元首たちは、幸運という点に関してはたしかに私人たちよりも恵まれているが、経験の私たちに教えるところによれば、真理という点に関しては私人のほうが元首よりもずっと恵まれており、対等なところや、私人のほうが有利であるところさえある。たとえば私人は、自分の見解の含んでいる限りなく多くの事柄に関して、完全な自由さで反論を受ける、という利点に恵まれている。しかして、真理が出てきやすいのは反論の内部からなのであり、とりわけ、真理が明白さと確実さを伴う傾向を持つときはそうである。私たちはみな、自分と対等もしくは自分より劣位の人々に反論することに対しては、自然のおかげで報われるのであるが、自国の君主に反論することに対しては、何の報われるところもない。真理が君主たちの前に姿を現わすための努力をしても、それはあらゆる面で遮断されてしまい、真理の光をもたらす人々は通常、そのせいで非常に高い犠牲を払わなければならないので、元首たちに真理を伝えたいと思っている人々がいたとしても、彼らはみなそのために嫌気がさしてしまうほどである。

回答

ヨーロッパには、強力な国々の元首であって、しかも正しく、賢明で、平和的であるような人々が存在しうるし、右の反対論を唱える人々も認めているように、ヨーロッパには比較的強力でない国々の元首や、共和国や、半ば共和制的な国々がいずれも複数存在している。しかるに、これらの国々の君主・首脳はみな、その他の国々の君主たちに対して対等か、もしくは優位に立っていることさえあり、しかも自国の大臣たちのせいで本計画を隠蔽されたり、偽って伝えられたりしてきた元首たちによって本計画を検討してもらうことに対して、報われるところがある、あるいはむしろ強い関心を持っている人々である。それゆえ、この後のほうの部類の元首たちにとっても、この事項に関して真理を、それも彼らにとって非常に有利であるにちがいない真理を、受けいれざるをえなくさせるのに十分なだけの反論者はいるのである。

反対論　四十九

最も強力な国々の元首でさえもみな、連合条約に調印することに非常に大きな関心を持つということを、本書の著者は証明したと吾輩には思われる。がしかし、著者がこのことを証明したのは、注意深くてしかも理性的な、第一級の頭脳を持つ人々に対してのみである。しかるに、十分に知性的ではなく、情念が引き起こす興奮とものわかりの悪さの真只中にある元首たちが、本計画の真理性と美しさと効益にいつか気づきそうな、いかなる様子があるだろうか。

回　答

（1）私が既に述べたように、今の時代のヨーロッパには、最も強力な国々の元首たちの間にさえ、この証明に対する感受能力を持つのに十分なだけ知性的かつ理性的な元首たちが、少数とはいえ見出される。

（2）この証明の力に気づくためには、第一級の頭脳の持ち主である必要があるということも、情念を免れている必要があるということも真ではない。第一級の頭脳の持ち主ではない読者や、諸国の君主・首脳ほどにはこの力に気づくことに利害関心のない読者が、大勢この力に感づいたり気づいたりしてきた。

（3）人並みの分別しかない人が、世界で最も怜悧な人のとるような方針と同一の方針を、躊躇なくとりそうな場合は数多く存在する。各々の方針のあらゆる利点と不利な点がある程度明らかになっている場合や、簡単な比較、簡単な天秤かけによって、一方の方針が他方のそれよりもはるかにまさっていることに気づかずにはいられない場合には、人並みの怜悧さしかない人にとって、意を決するために、良いほうの方針がどれだけまさっているかについて、最も怜悧な人が知っているような厳密な知り方をする必要はない。この方針のほうがまさっていること、そしてそのまさり方がかなりのものであることを、おおよそ知っていれば、並みの人にとっては十分である。したがって、アンリ四世と同じ方針をとるためには、同王ほど怜悧で分別に富んでいる必要はない。それゆえ、ヨーロッパのあらゆる国々の元首たちが、最も強力な国々の元首たちでさえ、本計画に賛同する、ということを妨げるものは何もない。ある怜悧な元首が、近隣の何か国かの元首たちと攻守同盟を結び、それによってある別の近隣国の非常に強力かつ野心的な元首に対抗して自分たちの安全を保障しようとしている。この方針がとるべき唯一の良い方針であることは非常に明らかなので、この怜悧な元首よりも二十分の一も怜悧でない別の元首も、彼と等しくこの方針をとることをためらわなかったであろう。

（4）君主たちは、彼らを不機嫌にしかねないようなあらゆる真理から遠ざけておこうと大いに注意を払う阿諛追従の徒に取り巻かれている、という口実の下に、君主たちにはその他の人々のうちの並みの人以下の聡明さしかない、と考える人々は、次のことに注意していない。それはすなわち、こういう元首たちが、彼らの気に入る可能性のあるあらゆる真理を彼らの耳に入れるために俸給を受けている、非常に有能な人々やすぐれた助言者などの、繊細かつ自由な精神を持つ人々にも取り巻かれている、ということである。しかるに、不変の平和から元首たちが引き出すことになりそうな莫大で間違いのない利益の、目に見えてわかりやすい証明以上に彼ら元首たちの気に入るような、どのような真理がありうるだろうか。元首たちも他の人々と同程度に、自分の利害に関する関心と見識を持っている。それなのに、良い選択をするためには少しばかりの聡明さしか必要としないような場合に、元首たちが悪しき選択をすることは確実だなどと、どうして主張するのか。

結局のところ、問題はヨーロッパ連合が開始される時点を決定することでも、同連合が完成される時点を決定することでもない。二十四か国の君主・首脳のうちに、本計画に調印するのに十分なだけ賢明な人が将来同時に二人生じることは決してないかどうか、またその他の二十二人の君主・首脳のうちの誰かある一人が、狂気の発作の最中ではなく、自分に提示されている諸々の利点の少なくとも十分の一に気づくことができるような好都合な瞬間を、ある一年の間に見出すことが将来可能でないかどうか、それを知ることが問題なのである。

反対論　五十

連合条約においてはフランス王家の側が限りなく得をすることになろう。どうして本書の著者は、フランス王家が失った諸々の州や城塞都市を同家に返還したり、返還させたりする義務を、イギリス・オランダ両国の人々に課したがるのか。

回　答

（1）フランス王家がそれらの州や城塞都市を奪われたことは、正義に反していた。なぜなら、同家はそれらを所有していたのだし、所有することに対して正当な権利があったのだからである。

（2）どこかある国の君主をある条約に加盟させるためには、その条約によってこの君主よりももっと得をする他の国々の君主・首脳が、この君主の条件をもっと良いものにしてやることこそ、理に適っているのではないか。とりわけ、この条件の改善が、彼らの援助によって力ずくで簒奪を行なった第三国の君主の犠牲によって行なわれる場合はそうである。しかるに、イギリス・オランダ両国の人々は一方では、最も強力な国々の君主・首脳が連合条約で大いに得をするにもかかわらず、力の最も弱い国々の君主・首脳よりはその得がはるかに少なくなるようにすることに合意しており、他方では、平和な時には最大の通商を行なう国々の君主・首脳こそ、また最大の利潤を上げる者でもあることを知っている。それゆえ英・蘭両国民は、自分たちが重きをなすためには、フランス王家が奪い取られたものを同家に返還したり、返還させたりしなければならない、と私が主張するとき、私は道理に適った非常に公正なこと以外は、何一つ提案していない。しかるに、道理と公正こそは諸条約のうちで最も堅固なものの基礎ではないか。

反対論　五十一

一国の元首たる者が、ヨーロッパ共和国からの追放刑によって罰せられる危険を冒してまで連合条約に加盟したいなどとは思わないであろう。

回答

この反対論に対しては、私は既に他の箇所で回答済みであるが、その回答にさらなる裏付けを与えておくことはむだではなかろう。

（1）この元首がヨーロッパ連合に加盟してあらゆる利点を見てとれば、同連合から離脱したいとか、同連合を破棄したいとかいった願望が彼に起こるなどということはありえない。しかるに、この元首が同連合に加盟するのは、これらの利点をすべて見てとった後のことでしかないであろう。

（2）元首がヨーロッパから追放される危険を冒して連合条約に加盟することは、ほとんどまるである商人が、自分の所有する船のうちの一隻に自分の富の半分を積んでそれを沈めるほど気が変になった場合には、自分の全財産を失うものとする、という契約に入るようなものである。この人はそのような契約によって、ほんの少しのものでも危険にすることになるであろうか。

けれども、「諸国の君主・首脳はその下す判断に関して不可謬ではないから、四分の三の多数票によって理由なく一国の君主または首脳をヨーロッパ連合の敵と宣言するかもしれない」と主張する人もいるだろう。

人間というものはその下す判断において不可謬ではない、ということはたしかに一般的には言えるけれども、しかしそれは何かわかりにくい点のあるような物事に関してのことである。なぜなら、明々白々な物事が問題になるような場合には、人間は完全に不可謬であると言ってよいからである。そのことを疑う理由を想像してもむだである。ある壁がその同一の点において真っ白か真っ黒かを決定することが問題になっている場合に、間違ったほうに決定を下す人が二十四人の判定者のうち四分の三もいるなどということを信じ込む人は、決していないであろう。

さて、件の二十四人の君主・首脳のうち、その四分の三が自分の最大の利益に明らかに反するような決定を下す、などということを想像するのは、ある壁のある一点が真っ白か真っ黒かの決定を彼らが間違って下すと想像することと同じように不可能であろう。しかるに、ヨーロッパ連合の基本法に明らかな違反をすることは、同連合を破棄することであり、同連合を破棄することは、彼らの最大の利益に逆行することである、ということは、その明白さにおいて右のことよりも劣っているであろうか。

本物の堅固な体制の利点とは右のようなものである。この利点をあらゆる側面から、あらゆる種類の光に照らして眺めていただきたい。そうすれば、真理はただちに示される。あらゆる部分が互いに支え合っており、そのことがこの体制の堅固なところをなしている。けれども、反対論というものには次のような有用な点がある。それは、反対論が大風や大嵐のような効果をもたらすということである。すなわち、反対論は諸見解をテストにかけ、あらゆる面から諸見解を攻撃するが、しかし諸見解が攻撃されればされるほど輝きを増すようになるのが見られるとき、それらの見解の斬新さはもはや疑わしいものとは思われず、人は確信をもってそういう諸見解を抱懐する、ということである。

反対論　五十二

平和の体制よりも戦争の体制を支持するほうに、ずっと多くの、より活発な情念が見られる。

回　答

(1) 比較的力の弱い国々の元首たちは、希望よりも恐怖のほうをずっと多く抱いているが、恐怖は非常に活発な情念である、ということを言っておく必要がある。

(2) 共和制の諸国は強力な国々でさえ、征服することの希望よりも自国の通商が失われたり中断したりすることの恐怖によって、ずっと多く心を動かされる、ということを言っておく必要がある。

(3) 非常に強力な国の元首でありながら、年齢か賢明さかもしくは気質のおかげで平和的であり、戦争から望むことができるような領土拡大によって心を動かされるより以上に、戦争の不安さと気がかりと労苦を恐れるような元首たちもいる、ということを言っておく必要がある。

（4）立派な目論見であるにもかかわらず、長期にわたる深い平和の下でしか決して実行可能でないような、あるいくつかの目論見の立派さによって強く心を動かされているような元首たちは、戦争よりも平和をずっと多く願うであろう。したがって、絶え間ない戦争を唆す情念が存在するより以上に、不変の平和を勧告する情念が存在し、しかも後者のほうが活発である、と言うことができる。

反対論　五十三

私にこういうことを言った人がいた。「ヨーロッパ連合が形成され、ロシア皇帝もキリスト教国の君主としてその一員となり、トルコの皇帝も仲間に加わり、こうしてヨーロッパ連合は百五十年にわたって平和裏に存続してきた、と吾輩は仮定するが、しかしこれに対して、タタール族の君侯たちはお互い同士で、また中国人はタタール族を、アラブの君侯たちはペルシア人を、ペルシア人はムガール帝国の人々を敵として、戦争をし続けてきた、と仮定する。その場合、タタール族の一君侯が、アラブの一君侯が、またペルシアの王が、その資質と行動によって近隣の諸君侯をすべて服従させた上で、戦い慣れたその全軍を突如としてモスクワに、またトルコに差し向け、ヨーロッパ側にはもはやいかなる実地の軍事教練も戦い慣れた軍隊もないために、この君侯または王は激流さながらに全ヨーロッパにその勢力を広げ、かつてゴート族やヴァンダル族[25]の君侯がローマ帝国の最も美麗かつ広大な諸属州を征服したのと同じ容易さと激烈さをもって、全ヨーロッパを席巻してしまう、ということが起こりうるのではないか。実のところヨーロッパ連合はその成員を、成員同士の戦争からは守るであろうが、タタールや中国やアラブやペルシアの征服者による侵略から守りはしないであろう。それゆえ、連合加盟国の君主たちの野心に対する十分な安全保障は存在するであろうが、連合自身はモスクワ大公国やトルコの近隣の君主たちに対する十分な安全保障を持たないことになるであろう。もっとも、この君主たちもまたいつの日かヨーロッパ諸国の社会的結合に相次いで加盟するなら話は別であるが、そういうことは、彼らのいる所が遠すぎるために不可能である。それゆえ、提案されている連合は、滅ぼされる可能性があるために十分に堅固ではないか、もしくはタタール人や中国人やペルシア人やムガール帝国の人々を包含することによってそれを十分に堅固なものにしたいと思えば、そのあまりにも広大すぎる面積のせいで不可能になってしまうかのどちらかである」と。

(25) ともにゲルマン人の有力部族。ゴート族は三世紀ごろからしばしばローマ帝国の北東部の領域に侵入し、四世紀には東西に分かれて、東ゴート族は五世紀末から六世紀中ごろにかけて西ローマ帝国滅亡(四七六)後のイタリアを支配、西ゴート族は五世紀初頭にローマを劫掠した後、南フランスとイベリア半島(後のスペイン・ポルトガル)を征服して、南フランスは六世紀前半まで、イベリア半島は八世紀初頭まで支配した。またヴァンダル族はバルト海沿岸からパンノニア(後のハンガリー)・イタリア・ガリア(フランス)・イベリア半島を転々とした後、五世紀前半に北アフリカの西ローマ帝国領を征服し、地中海の制海権を握ってローマを脅やかした。

回答

（1）この反対論は本当らしいところがないわけではなく、私が第一草稿と第二草稿において連合条約のうちに、それに加盟することを望むアジアやアフリカの君主たちのための余地を残しておいたのは、この反対論を先回りして防ぐためであった。しかしこのことは、私がそれを提案したような仕方では、距離の度外れな遠さのせいで、実際上絶対的に不可能ではないとしても、少なくとも非常に困難であった。しかし私はその後、この連合を実行可能にする手段を構想した。私はこの手段について、この場で手短に一言だけ述べよう。

私は次のように考える。すなわち、ヨーロッパ連合が形成されると、同連合はアジアの君侯たちに、カスピ海と中国の山脈との間の一自由都市、たとえばサマルカンドにおいて、似たような連合を形成する、ということを提案する。そしてこの連合において、モスクワ大公国は一票、ペルシア・ムガール帝国・中国は各一票、アラブの諸君侯は皆で一票、タタール族の諸君侯は皆で三票、シャムとコーチシナは各一票、アジアの大陸ならびに島嶼のその他の君主たちは皆で三票、トルコもアジアの君侯として一票を持つものとする。モスクワ大公国の一票に対して、オランダ・フランス・スペイン・イギリス・ポルトガルも、これらの国々のアジアにおける通商と植民地のゆえに、各一票を持つものとする、と。アジア連合を形成する目的は、(1)この連合の全成員相互間の平和を維持すること、(2)アジア連合とヨーロッパ連合との間の平和をもまた維持すること、の二つであろう。アジア連合を形成するのに存在する困難は、ヨーロッパ連合の場合より多くはなく、より少なくてしかも小さいであろうということを、私は容易に示すであろう。

(2) けれども、ヨーロッパ連合というモデルに基づいてアジア連合を形成することが不可能であるとした場合でも、中国人とタタール族に対する安全保障をモスクワ大公国のために、ペルシア人とアラブ人に対する安全保障をトルコのために見出すことは、容易であるように私には思われる。なぜなら、ヨーロッパ連合はモスクワ大公国の、またトルコの国境沿いに、ヨーロッパのさまざまな国々の国民からなる、二つの軍団と居留民団とを維持することができるからである。その場合注意すべきことは、近隣のアジア諸国の君主たちの兵員・住民よりも三分の一だけ多い兵員と居留民を維持しなければならず、このアジアの君侯たちが自分の兵員と住民の数を減らしたならば、それに比例してヨーロッパ連合の兵員・居留民の数も減らさなければならないであろうということ、またアジア諸国の君主たちの軍隊がヨーロッパ諸国の軍隊よりも戦い慣れることができないようにするために、ヨーロッパ連合はその将軍と監視委員団をつうじて、まさに戦争に突入しようとしているような君主たちがいれば彼らに対して調停を申し出、その調停を拒否したり、同連合の仲裁裁定を履行したがらなかったりする者があれば、そういう君主に対しては敵対行動をとるであろう、ということである。しかるに、ヨーロッパ連合はこの種の人数の優位と「戦い慣れ」という面での対等性とを有していれば、アジアの諸君侯のあらゆる侵略に対して十分な安全保障を有していることになるであろう。そのわけは要するに、アジアの諸君侯の軍隊が戦い慣れていないことになるか、それともヨーロッパ側の軍隊も彼らの軍隊と同時に戦い慣れることになるか、そのどちらかだからである。それゆえ、反対論五十三のあらゆる力は、ヨーロッパ側の軍隊は戦い慣れることができないであろう、という誤った仮定ともども、倒壊してしまうのである。

けれども、私にこういうことを言った人がいた。すなわち、「ヨーロッパ軍の総司令官がヨーロッパ連合そのものに対して反乱するということはありえないか。さらに彼はこの反乱計画に際して、アジアの誰かある君侯と結託することもできるのではないか」と。しかし、(1)この総司令官は同盟軍に対して威信を持たないであろう。なぜなら、彼は、いかなる士官を任命する威信も、さらに会計官や主計将校を解任する威信すらも、持たないものとされ、同様に、自分の副官である二名の監視委員の意見を待たなければ、重要なことを何一つ行なうことができないものとされるのであるから。(2)総司令官は通常、ヨーロッパ連合の直轄領に属しているか、どこかの共和国の臣民であるか、そのいずれかであるものとされる。それゆえ彼は、彼を異国人とみなすことになる諸国民軍の誰に対しても、信をおくことができないであろう。諸国民軍の者たちにはそれぞれ自分の国に、たとえば顕職や恩給のような、自分の行なった奉仕に対する望んでしかるべき報償があるのだから、反乱の成功に伴う望みなどという虚しい望みによって彼らをつなぎとめることは、できそうにないからである。(3)諸国民軍の将軍たちのうちの半数以上を味方に引き入れる必要があるであろうが、そのようなことは実行不可能である。(4)各国の国民軍の将軍も、自国の軍隊を完全に自由に扱えるわけではない。なぜなら、将軍はいかなる士官も任命しないし、一人の士官を更迭するためにも、万事は士官たちの投票の過半数をもって行なわれるからである。(5)軍にとって必要な資金が毎月発生する。さて、もしもこの資金の流路が断ち切られたなら、軍はたちまち消散してしまうであろう。(6)ヨーロッパ連合はその司令官を最も良識ある人々の中から選ぶであろう。しかるに、これほど忌まわしくこれほど無茶な、できもしない計画が、非常に良識ある人の脳裏に浮かぶなどということが、金輪際ありえようか。

反対論　五十四

人民は富裕になると、そのせいで反乱しやすくなる。

回　答

右の見解は誤っているにもかかわらず、いくつもの国々でとられている見解であって、その理由ないし口実とされているのが、人民に課せられている重い税である、ということは、私も知るところである。しかしながら、

（1）反乱を引き起こしたりそれに加わったりするのは、ほとんどの場合、何か失うものを持つ人々では決してない。反対に、向こう見ずな冒険家で財産のない人々や、平時に自分の事業を損って、それを混乱のさなかに回復しようという望みを持っている人々、それと自分の現状を耐えがたく思って、政府の国務に関する何らかの革命と変革の後でしか一息つかないような人々が、そうするのである。

（2）近隣諸国の向こう見ずな冒険家たちがみな、同時に反乱を起こすために示し合わせる必要があるであろう。なぜなら、そうしないとヨーロッパ連合の加盟国の軍隊が互いに手を結び合って、たちまち動乱を

鎮圧し、煽動者を蹴散らしてしまうであろうから。

（3）あらゆる反乱には、それを長続きさせるために、頭のよい首領が必要である。しかるに、富裕な名士たちのうちの誰が、永続的成功を博することのできそうにない事件に巻き込まれて自分の富と生命を危険にさらしたい、などと思うであろうか。

（4）富裕であることは、勇気を危険な物事へと押し進める可能性よりも、勇気を柔弱にする可能性のほうがずっと高い。

（5）一国において反乱の心配をしなければならないとすれば、それは人民が逸楽と豊富さのせいで柔弱になっているときよりも、むしろ貧困のうちにあって窮迫しているときのほうがずっとそうである。それゆえこの面でもまた、平和の体制すなわち豊富さの体制の下のほうが、戦争の体制すなわち貧困の体制の下よりも、心配しなければならない反乱は少ないであろう。

さて、諸国家の社会的結合の設立後には、いかなる君主も自分の臣民のほうには、恐れなければならないようなことが何もないであろうから、臣民たちを貧しさのうちに留めておくためのいかなる理由も口実も、臣民たちの富裕さから引き出すことはできないであろう。このことは、善き元首にとっては望ましい状況であり、その臣民たちにとっては大きな幸福である。それゆえ、臣民たちは君主の支配の穏やかさのお蔭を得て自分の収入を二倍にし、君主自身は臣民のこの収入増に比例して利を得るであろう。なぜなら、君主が通常の献納金として臣民の収入の一定部分を取りたてるなら、臣民がその収入を倍増させるに至ったとした場合には、君主も自分の収入を倍増させるに至っているであろうから。そして一国の至福のためには、臣民の収入を増やすことへの関心をそのようにして君主に持たせることよりもよいことは、何一つ想像がつかない。

反対論　五十五

吾輩の見るところ（と私に言った人がいたのだが）、貴殿の計画は非常に理に適っている。そのような条約は、あらゆる国々の君主・首脳にとって限りなく有利であろう。他の私人たちの多くもこの条約について吾輩と同じように判断するであろう。けれども、私人たちのこういう判断のすべてが、何の役に立つであろうか。この条約について、私人たちがそういう判断をしても依然として、諸国の君主・首脳はそういう判断もしなければ、それに調印もしないであろうというのが本当のところである。

回　答

私の思うに、右の反対論を決定的なものとするためには、この条約の利点に気づくのに十分なほどに自分自身の利害に対して見識があって鋭敏であるようないかなる君主・首脳も、今後とも存在することはないであろう、ということを証明する必要があろう。しかるにこの証明がない以上、右の予言は、したがって反対論五十五は、いかなる根拠も持っていないのである。

反対論　五十六

私にこういうことを言った人がいた。すなわち、「本書を成功させるためには、反対派の著述家たちを刺激しないように、問題の掘り下げ方をもっと浅くし、反対論には回答しないでおくことが必要であったろう。そうしていれば、公衆が好奇心を持った判定者として論争に加わったことであろう。そのうえさらに、読者が本書を支持する理由を自分で見出すことで、本書をいっそう有効ならしめることに関心を持つように、やる必要のあることを読者に残しておかなければならないのではないか」と。

回答

（1）問題について深く掘り下げたことがよくないとしても、そうしてしまったのだから、もはや取り返しはつかない。

（2）私はヨーロッパの諸事件の情勢に乗じて論じる必要があった。だから本書への反対論に反論してくれる公衆を待っていられるような時間はなかった。

（3）本書の問題はそれ自体で十分に公衆にとって関心を引くものであるから、好奇心の強い見物人や、著述家同士の争いの判定者たらんとする関心を、公衆に起こさせるには及ばない。

（4）創意工夫をする余地を自分にも残しておいてくれとか、考えを練るのに必要なものを自分に取り分けること以外はしないでくれとか要求する読者がいるとしても、「必要なことはしてもらったほうがよい、物事は全部広げて見せてもらうのがよい」という読者のほうがはるかに大勢いるものである。

（5）私がこの目論見に見合った多くの手段を目の前に示して、あらゆる困難を除いてやったときでさえ、本書を妄想的だの、実行不可能だのと呼ばわった人々は何人もいたが、それならば、仮に私があらゆる困難を解明することに身を入れないとしたら、なおさらどれだけ多くの人々が反対の叫び声を上げることであろうか。それゆえ今までのところ私はまだ、新たに開拓された道から、それを辿ることがはなはだ容易にできるような人々のじゃまになりかねないものをすべて取り除くべく努めてきたことを、後悔するわけにはいかないであろう。

（6）閑な人たちを喜ばせたり楽しませたりすることが問題なのではなくて、現在の害悪をやめさせ将来の害悪を防ぐのに適切だと信じることを、率直に述べることが問題なのである。

反対論　五十七

本書はあまりにも長すぎて、読者は始めのうち理解していたことを、終りのほうでは忘れてしまっている。

回答

(1)頭のよい人々にとっては長すぎるということを、私はたしかに危惧している。しかし私がもっと心配しているのは、頭脳が人並みでこういう問題についてあまり勉強していない人々にとっては、短すぎるのではないかということである。こういう人々は、彼らのなしうるあらゆる注意と、人が彼らに与えてくれるあらゆる説明をもってしてもなお、多くの困難に出くわすものであるが、これらの困難は事柄のうちによりもむしろ、彼らの頭脳のうちに内在している。しかしながら、こういう人々こそ最も多数派で最強者なのであって、ある国々において万事の決定がなされるような地位を占めているのは、こういう人々ばかりであることが多い。

(2)私が体験して知ったことだが、頭のよい人々は日常的な用事に忙しすぎて、この種の書物を読むことには、ごく一部の注意力しか払うことができない。彼らはこの点については自分の状況の欠陥のせいで、頭は人並みだが静穏な状況のおかげで注意力と頭脳の力のすべてを存分に用いることのできる人々と、ほとんど同じ立場におかれている。

(3)右の反対論の防壁として、最も才能ある人々に好感を持ってもらうようにするのが適切であろうという言い分をたまたま指摘した人もいたが、その際にわかったのは、そうやっても読書時間は一時間の節約にもならないし、しかも読書にかかるこの時間は、才能ある人々にとっても全くのむだというわけではない、ということであった。その理由は要するにこういうことである。すなわち、最も卓越した天分の持ち主でも、本書の提唱する体制に関係のある物事のことを考えるのに多くの時間をかけるにつれて、その分だけいっそうこの体制への理解を深めてゆくということは、誰一人疑わないことだから、ということである。

（4）読者よ、あなたは本書を読まれて納得されたか。そうだと言われるなら、本書はあなたにとって長すぎないのである。なぜなら、私のめざしたのはあなたを納得させることであり、そのことに私は成功したのだから。それとも、あなたは本書に納得されなかったのか。そのとおりだと言われるなら、本書にはあなたを納得させるのに必要だったことの何かがまだ欠けているのである。したがって、本書は長すぎるどころか、あなたやあなたと同じ見地にあるあらゆる人々にとっては、まだ短すぎるのである。

（5）仮に本書が純然たる娯楽の書物だとしたら、私は本書が長すぎるように思われたかどうか、読者をうんざりさせたかどうかを、問題にするであろう。けれども、究極の重要性を持つ主題について、一時間やそこらの読書に基づいて議論しようとする人があろうか。最も多忙な大臣でも毎日諸々の報告書に目を通している。こういう文書のどれ一つとして、十分の一たりとも長すぎることはないものなのか。長すぎる文書はもちろんあるが、しかしそれでも大臣は、問題が重要なものである場合に、こういう些細な欠陥にいちいち目くじらを立てたりするであろうか。さてそこで、大臣が一か月の間に読んだ文書を集めてみれば、それらを全部合わせても、本書の四分の一の重要性もないのに、大臣は本書を読むのに使うであろう時間より四倍も多くの時間を、それらの文書を読むのに使ったことがわかるであろう。

反対論　五十八

吾輩は（と、ある人が私に言ったのだが）、元老院議員に対しては大使や視察員を派遣したり、国境の審判廷の派遣員を任命したりする権限を与えずに、フランクフルトの国会で帝国代議士が持っているのと同じ権限のみを与えることで満足しなければならない。ヨーロッパ諸国の君主・首脳は、この一歩をいったん踏み出しさえすれば、ヨーロッパ連合の形成ということに、本書の中で共同の安全保障のために示されているいくつもの物事を付け加える必要があるだろうということを、徐々にわかってくるであろう。

回　答

右のことにはすべて、私も同意見であるが、しかし私は、諸国の君主・首脳や大臣たちが、自ら何かあることの発案者となる栄誉によって本計画に関心を持ってくれるという望みを抱いた以上に、多くの障害をその克服手段を示すことなく放置した場合、彼らは諸々の困難のせいで本計画に嫌気がさしてしまうのではないか、という恐れを抱いているのである。

そのうえ、一六九二年にヴェツラーに移転したシュパイアーの帝国大審院は、ドイツ領邦国家団のすべての領邦君主を代表し、かつ異なる領邦君主の臣民と臣民との間の、あるいは領邦君主同士の間の紛争を裁くための一種の常置の国会のようなものを形成していて、すぐれたアイデアなのであるが、しかし本書で既に指摘済みの本質的欠陥に加えて、さらに次のような別の欠陥も抱えており、それらを避けることが重要なのである。

(1) この議会法廷は五十五名の裁判官から成っていて、この大きな人数が大きな厄介事となっている。

(2) 議長をオランダのような輪番制にせずに、一名の常任の議長が存在し、この議長は皇帝によって任命されている。

(3) 異なる主権領邦国家の臣民たちを裁判するために、複数の国境審判廷があるのでなければならないであろう。とりわけ、シュワーベン地方やフランケン地方のように、比較的多数の主権領邦国家が存在している州においてはそうである。そして帝国大審院は主権領邦国家対主権領邦国家の紛争のためにとっておかなければならないであろう。

(4) 最高法院は帝国大審院の権威にとって有害である。なぜなら、最高法院は帝国大審院と同一の権利・同一の権威を有し、しかも最高法院のメンバーは全員、皇帝によってのみ任命されるのだから、領邦君主たちの間に立って裁く者はまさしく皇帝であるわけだが、このことは自由にはひどく相反することだからである。領邦君主たちが自分たちの代議士から期待しうるものは、非常に公正な判決以外のものではないであろう。なぜなら、代議士たちは自らの下す判決においてもっぱら公正にのみ従うことに利害関心があるからであり、また彼らの下す判決は不変の規則によって導かれているので、それ自体一様不変なものとなるだろうからである。これに対して歴代皇帝の最高法院の判決は、通常は不公平なもので、しかも判決同士が互いにひどく矛盾対立している。

(5) 重要な訴訟に関して皇帝への上訴を導入したことは、もう一つの悪弊であって、これは帝国大審院の権威を完全に失墜させるものである。

(6) 帝国大審院の権威のこのような低下のせいで、いくつもの州がその代議士の俸給の支払いをむだな出費だとして怠るようになった。それゆえ同院は、定員五十五の裁判官のかろうじて三分の一がいるかいないかという有様になっている。帝国大審院の権限を維持し増大させることは、ドイツ領邦国家団の利益に適っていたが、皇帝の利益に適っていたのは、同院の権威を失墜させ、そのあらゆる権威を自分に引き寄せることであった。皇帝は時々、同院のメンバー同士の嫉妬と離反を助長した。そしてこの幸いなる制度組織は、その土台を掘り崩そうと常に意を用いている皇帝という永遠の宿敵を持たなかったなら存続したであろうに、今や破滅に瀕している。しかしながらドイツの帝国大審院は、すっかりさびれ果てた欠陥だらけのものであることは認めなければならないが、それでもなお、最も崇高な心の持ち主が人類の幸福のためにめざしうる最も立派なモデルの一つであり、同院のことを考えれば考えるほど、ヨーロッパ連合の計画にとって、この制度組織のうちに存在するすぐれた点に従うことは、その欠陥を回避することに劣らず容易であるということに、ますます納得がゆくであろう。

反対論　五十九

ヨーロッパ諸国の社会的結合の体制下では、諸国の君主がその臣民に対する権威を非常に大幅に増大させるであろうということは確実である。けれども諸国の君主には、圧制者と化すことを防止するための歯止めがそれだけ少なくなるであろう。なぜなら、彼らはもはや暴動・反乱・内戦を恐れないであろうから。したがって、彼らがこの組織体制のおかげで得をすれば、彼らの臣民はそのせいで損をするであろう。

回答

(1) 圧制は君主国の陥りやすい病弊であるということはそのとおりである。また、君主たちが暴動を恐れることもそのとおりである。けれども戦争の体制下では、この恐怖が君主たち自身の権力の濫用の歯止めになることはほとんどないので、戦争の体制下のほうが平和の体制下よりも、ひどい圧制を恐れなければならない度合いが低いわけではないと言える。なぜなら君主は、平和の体制下ではヨーロッパ連合の庇護から間違いのない安全保障を引き出すが、戦争の体制下では自国の軍隊の兵員数から自分の安全保障を引き出すからである。それゆえ、君主を理性の限界内に抑制するための、暴動の恐怖という歯止めは、平和の体制下よりも戦争の体制下のほうが強いわけではないのである。

(2) 臣民たちが圧制を予め防いだり、圧制の進行を止めたりするために、暴動・反乱・内戦という手しか持たない場合、それは防ぐべき害悪よりも比較にならないほど悪い予防策であり救治策である。それゆえ、臣民たちからそのような救治策を奪っても何も奪うことにはならないし、そんな策を用いようという誘惑までも永遠に彼らから奪い取ることこそ、彼らに多くを与えることである。それゆえこの点からしても、平和の体制のほうが戦争の体制よりも人民にとって有利である。

（3）恒久平和によって、君主の臣民たちは近隣諸国の人々との通商を一・五倍は拡大するであろうから、また軍隊で雇われていた人々はほとんど全員が通商上のことで雇用されるであろうから、港湾や国境都市にはずっと多くの商人が住むようになり、貿易商の数は倍増し、国富の大部分は彼ら商業関係者の手中にあるようになるであろう。また彼らは、その財のほとんどすべてを輸送可能な手形の形で所有するから、自分自身が移住することも彼らにとっては、それだけいっそう容易であろう。しかるに、仮に彼らが重すぎる諸税や税金を課せられ、君主の財政部門の苛斂誅求にさいなまれるような目にあったとすると、気づかぬうちに大多数の者がその家族や富や商品や産業施設ともども、他国にある近隣の都市や港湾へ移ってしまうということを、誰が疑おうか。さてそこで、圧制的行動は圧制者に、どのような途方もない損失をもたらすことになるであろうか。この損失は、したがってまたこの損失の心配は、平和の体制下にある君主にとっては、戦争の体制下にある君主にとってよりもはるかに大きなものとなるであろう。したがってこの点からすると、この損失とその心配とは、君主が圧制者になることを防ぐためのさらにもう一つの歯止めとなるであろう。それゆえこの点からしても、平和の体制下のほうが戦争の体制下よりも[26]、圧制を恐れなければならない度合いは低い。

（4）君主の勝手に課す人頭税の支払いを義務づけられ、取り立て役人にいじめられた諸々の家族が、そういう税のない都市へと避難し移転してゆくのが見られるが、このような移住を、君主の側からの待遇の違いは間違いなくもたらすであろう。それゆえ、諸国の君主同士の間にはたちまちにして、自国の臣民に対する待遇をよくし、より便利な法律・より有利な制度組織を作ってもっと多くの外国の家族を自国内へ引き寄せようとする競争という、称賛すべき競争が生じるであろう。そしてこの競争は、各国の君主にとって非常に有益なものであるが、彼らの臣民たちにとってはさらに限りなくいっそう有益であろう。

（5）圧制者の側からの著しい悪待遇は二種類ある。それは、人民に対する過重な課税と、圧制者がおのれの憎悪や猜疑心の犠牲に供する何人かの臣民に対する残虐行為である。このうち一つめの項目に関して言えば、これは国民全体にかかわる問題である。けれども平和の体制にとっては、このことについての恐れを大きく減らすにちがいない考慮点が四つある。第一のそれは、恐れてしかるべき圧制者の存在は戦争の体制下のほうが少なくないということである。第二は、戦争の体制下では圧制者にとって、戦争という、増税したり新税を定めたりするためのさらなる口実があるということである。しかも新税はひとたび定められると、負債の支払いという口実に基づいて一部はそのまま残るものである。第三は、平和の体制下では圧制者の課す税も、戦争の体制下で正しい人間味のある王が課す税ほど高くなることは決してないだろうということである。第四の考慮点は次のことである。圧制の下でも、国内交易も対外通商も中断されはしない。しかるに、大多数の国々ではこの交易・通商が国の収入の少なくとも半分を占める。それゆえ、平和の体制に属する圧制の下でのほうが、戦争の体制に属するよい政府の下でよりも、税ははるかに軽く、しかも税を支払

(26) この箇所は、底本では「戦争の体制下のほうが平和の体制下よりも」となっているが、文脈上明らかに逆でなければおかしいので、訂正して訳した。

う容易さは二倍になるであろう。

（6）圧制者の命じる残虐行為や追放や死刑に関しても同様に、平和の体制に有利ないくつかの考慮点がある。⑴戦争の体制下のほうが少なからざる圧制者が存在する。⑵このような残虐行為・追放・死刑は、民衆の主要な部分にかかわる問題ではなく、いくつかの家族にのみかかわることであって、このことは二つの体制の下で等しくあてはまる。しかるに、戦争の体制下には苦悩のさらなる原因がある。それは戦時に、海上や陸上で海賊やゲリラによって行なわれたり、都市の略奪に際して行なわれたりする残虐行為や暴力行為である。⑶さらに加えて、戦闘の最中に情容赦なく殺される貴族や民衆の死者の数がある。それゆえ、戦争の体制下にあっては最良の政府の下でも、平和の体制に属する最も圧制的な政府の下に比べて、悲嘆にくれる哀れむべき家族はずっと多く存在するのである。⑷戦争の体制に属する最も穏やかな政府の下でも、比較的数多くの残虐行為や刑死があるが、これらに加えてさらに、平和の体制に属する政府なら圧制的な政府の下でさえ見られないいくつもの害悪が、戦争の体制については存在する。それは、国境の穴掘り・森林の伐採・家々の略奪・市町村の焼き討ちなどである。

（7）圧制は一時的な病弊であって、圧制者はいつかは死ぬし、その全治世にわたってずっと圧制者であったわけではないことも多い。アウグストゥスは途中から圧制者ではなくなったし、ネロは最初の何年かは圧制者ではなかった。[27]同一の君主国において歴代の君主のうちに見られる圧制者は、四分の一にも遠く及ばないが、平和の体制下に存在しそうな圧制者は、戦争の体制下に存在している圧制者よりも多くない。このことは、同一の君主国にとっての戦争の体制の一世紀を、平和の体制の一世紀に比較した場合も同様である。また、平和の体制下には戦争の体制下よりも数多くの圧制者が存在する定めにあると仮定した場合でも、万事を考慮すれば、平和の体制に属する圧制のほうが戦争の体制に属する圧制よりも限りなく好ましいということが、明瞭にわかるであろう。

(8)〔右の仮定の下でも〕圧制に関して万事を考慮すれば、平和の体制によって大いに得をするのは君主制国家だけではない。共和国も、また共和政体に類する国家の臣民も、平和の体制によって得はしても損をすることはない。なぜなら、そういう国や臣民は、恐れるほどのいかなる圧制の時期も持たないからである。それゆえ一般に、ヨーロッパのあらゆる国々の臣民は平和の体制に明らかな利益を見出すのであって、それは、この体制下にはより多くの圧制があるという無根拠で取るに足りない考えについて、彼らが恐れて当然かもしれないあらゆる点にもかかわらず、そうなのである。

(9)平和の体制下においては、習俗は残酷なところが少なくなって穏やかさを増し、人々は宗教に耳を傾けたり、悪徳を憎み蔑んだり、徳をたたえてこれに従ったりすることが多くなるであろう、ということは確かなことである。しかるに、こういった習俗が臣民たちの間で普通に見られるようになれば、それらは必

(27) ネロはローマ皇帝(三七~六八、在位五四~六八)。初代皇帝アウグストゥスの曽孫にあたるアグリッピナ(小)を母とし、皇帝即位後しばらくはストア派哲学者セネカの後見を受け元老院と協調して善政を施いたが、その後アグリッピナ、セネカらを次々に殺して暴政を行ない、老将軍ガルバに帝位を奪われて自殺、「暴君ネロ」として後世に悪名を残した。

然的に君主たちの心にも、正義と人間味へのいっそう大きな傾向をもたらし、したがって圧制に対するいっそう大きな反感をもたらすであろう。

(10) 用心しないと圧制者の残虐性を最もかき立てたものは、彼らが自分の迫害している人々に対して、もしくは自分のほうが最初に不正行為を行なった相手の人々に対して抱く恐怖であった。しかるに、平和の体制の下で強力な庇護の保障を得た君主は、自国の臣民たちのうちの何者を恐れるなどということがありうるのか。人間は、自分が決して恐れるはずのないような者や、自分の意志に対していかなる抵抗もするとは想像できないような者に対しては、軽蔑するだけにとどめておきやすいものである。したがって残虐性は、その原因が止むからには止むであろう。それゆえこの点からしても、平和の体制下では戦争の体制下よりも、圧制を恐れる必要が少ない。

(11) 平和の体制の下でも気づかれないほど少しずつ圧制が確立されてゆくであろう、と言う人がいれば、これに対する答は次のとおりである。(1) このことは戦争の体制下でも同様に起こりうる。(2) 気づかれないことは苦にならないし、ほとんど気づかれないことはほとんど苦にならない。そういう場合には、慣れということが大きな救いになる。なぜなら、一日中十キログラムの重さの服を着ていることに慣れてしまった人は、もっとはるかに軽い服を毎日着ている人がそれを着るのを苦にしないのと同様、十キログラムの服を着るのをもはや苦にしないからである。

(12) それゆえ次の点は明らかである。すなわち、圧制の頻度は平和の体制下のほうが戦争の体制下よりも高くなる定めにあるとした場合でも、国家のこの病弊が臣民たちに対して引き起こす害悪は、戦争の体制下の最も賢明かつ穏和な政府が引き起こす害悪よりもはるかに少ないし、大きくないであろうということである。利益のほうに関していえば、同じ国の臣民たちにとって、平和の体制下のほうがずっと数多くの利益があるということは、右のことに劣らず見やすいことである。なぜなら、この体制下ではいかなる種類の通商も中断することは全然ないであろうから。要するに、同じ国の国民のうちで、平和の体制に属するなかでは最も圧制的な治世の下にいて最も幸福度の低い世代の人々も、万事を考慮すれば、彼ら以前に戦争の体制の下にあったあらゆる世代の人々よりもはるかに幸福であろうし、そのうえ、彼らの後に続いて存在することになる何世代もの人々がみな、完全に幸福であることであろう。こんなことは、平和の体制以外のどんな体制の下でも決して見られそうにないことである。

反対論　六十

（私に次のように言った人がいた。）神聖ローマ皇帝の同盟諸国が、平和の不変性にとっての全面的な保障をそこに見出すことになりそうな全ヨーロッパ諸国連合の計画を、常に大喜びで受けいれるであろうということは疑う余地がないし、さらに、この計画が同盟諸国に対して、開戦当初に[28]、行動に移る以前に提案されていたなら、同盟諸国はその時点で自分たちのほうが優勢だと信じていたのだが、それでさえ大喜びでこの計画を受け入れ、他のすべての国々にも受けいれさせたであろうということも、確実である。しかし不幸にして、事態はこのような状態にはなく、同盟諸国は現在の戦争で既に多大な出費をして、イタリア・スペイン・フランドルにおいて征服を行なってしまっており、自らの努力を単に続けるかそれとも拡大するかして、さらに他の征服を行ないたいという希望を抱いている。だから同盟諸国は、この新たな努力によってオーストリア大公（Archiduc）[29]をスペインの王位に据えるに至ったあかつきには、またフランドル地方の三つないし四つの平野で七つか八つの城塞都市をさらに征服したあかつきには、そのときこそヨーロッパに不変不動の国境を定めるために、この計画の実行を請い願うであろうが、それ以前の段階では願わないであろう。それゆえこの計画は、フランス側が何も失っていなかった戦争初期の何年間かのうちなら、そのとき同盟諸国が自分の側を劣勢・互角・やや優勢のいずれの状態だと信じていたにしても、同盟諸国に提案されてよかったであろう。しかしこの情勢は過去のものとなってしまった。同盟諸国はいま、自分の側が大いに優勢だと信じており、フランス側は多くのものを失ってしまった。そういうわけだから、一方の同盟諸国は、その征服地のすべてを返還することを、もしくは返還させることを約束する、という条件では、決してヨーロッパ連合を形成したがらず――なぜなら、何も返還しなくてもこの同じ連合を形成できるという希望を抱くであろうから――、何かを返還するよりはもう四、五年の間戦争を続けるほうを好むであろうし、他方のフランス王家は、これらの征服地のすべてを返還することを約束する、という条件なしでは、いつかこの連合に加盟して平和を不変のものとしたい、そして自家の権力と領土に不変不動の永遠の限界を設定したい、という希望を持つはずがなく、戦争を続けるほうを好むであろう。

回答

右の反対論の力については、私は何一つ歪曲した覚えはない。そしてこの反対論には何か堅固そうに見えるところがあるので、これが実際には何も堅固な点のないことを示すために、私はできることなら、何一つ言い落さないようにしよう。

（1）右の反対論を唱える論者よ、あなたは次のことを認めておられる。すなわち、仮に国王陛下が開戦当初以前にこの連合計画を、イギリス・オランダ・ポルトガルの人々やドイツの諸君侯や、その他のオーストリア王家の同盟国の国民に提案されていたなら、これら同盟諸国の国民は、その時点で自分たちのほうが力においてフランス王家よりも優位にあると信じていたとした場合でさえ、みな両手を広げてこの提案を受けいれたであろうし、その場合彼らはミラノもナポリもカタロニアも、またフランドルの城塞都市も要求せずに、あらゆる国々の君主・首脳をそのままの状態にしておいて連合条約に調印したであろう、と。あなたがそのように判断されるのはなぜか。そのわけはこうである。これら同盟諸国民の唯一の目的は、フランス王家の勢力に対抗して自分の国と通商とを保つための、十分でしかも永続的な安全保障を獲得することに

(28) 序文訳註（7）や第一章訳註（9）などで言及したスペイン継承戦争の開戦当初を指す。

(29) オーストリアの王子すなわち神聖ローマ皇帝の皇子の呼称。したがって「オーストリア大公をスペインの王位に据える」とは、ハプスブルク家（オーストリア王家）がスペイン王位継承権をブルボン家（フランス王家）から奪回することを意味する。

あったということ。そして彼らは、全ヨーロッパ諸国の連合の下でならこの十分でしかも永続的な安全保障を見出したであろうが、これに対して勢力均衡の体制の下では、きわめて不十分なうえにごく僅かな間しか続かないような安全保障しか、決して見出さなかったであろうということである。この後のほうの点は、本書の第一論考において私が証明したとおりであるということは、あなたもお認め下さるであろう。

同盟諸国の人々が、自分たちは十分に武装ができているとわかっていて、しかも軍隊と武力において優位に立っていると信じていたときにも、武力において極度に劣勢なわけではない敵に対しては、征服を行なうための敵対行動を開始しなかったかもしれないと、あなたが信じておられるのはなぜなのか。そのわけは、一方ではこういう征服が、それの持つ値打ちよりも三倍も十倍も高くつくからであり、また他方では、そのような征服をしなくても連合条約によるならば、同盟諸国の人々は十分でしかも永続的な安全保障という彼らの唯一の目的を達成していたからである。それゆえ、本計画にこの十分でしかも永続的な安全保障を見出して、これをいま彼らに提案するならば、彼らはいまでも新たな征服のあらゆる目論見を放棄するであろう。そしてその理由は、この同じ計画が開戦当初の時点で彼らに提案されていたなら、彼らは武装ができていて優位に立っていても、それでさえいかなる征服を行なうことも企てなかったかもしれないということの理由と同じである。

同盟諸国の人々は十分でしかも永続的な安全保障しか求めていないし、またそういう安全保障しか求めることができないであろうから、右のような新たな征服が彼らの求める安全保障に付け加えるものは何もないであろうということを、あなたは認めておられる。しかるに、彼らでさえ認め、あなたもお認めになるところによれば、連合計画による安全保障は完璧に十分で、しかも完璧に永続的である。

（2）それゆえ、新たな征服を行なう見込みのせいで同盟諸国の人々が本計画を受け入れるのを先延ばしにすることは、ないであろうということが確実である。けれども私は、こうも主張する。すなわち、自分たちの過去の出費とオーストリア大公に対して自分たちが行なった貸付けとの埋め合せを得るために、自分たちの行なった征服の獲得地を保っておきたいという欲望のせいで、同盟諸国の人々が不変の平和を受け入れるのを先延ばしにすることも、これまたないであろう、と。私はそのことの証拠を、第八の反対論に対する回答の中で示したし、他の箇所でこれほど十分に説明したことを繰り返す決心をすることは、私にはできそうにない。しかるに右のことからは、こういう結果が出てくる。すなわち、万一イギリス・オランダ両国の人々が頑固にも、不変の講和の締結を先延ばしにし、また征服地の返還をするよりもむしろ四、五年間戦争を継続したがるとするならば、それははなはだ不条理な、彼らにとって非常な損害を与える頑固さであって、彼らはそのことであらゆる中立国の君主・首脳から、いやそれどころか同盟諸国の人民からも、非難を受けるであろう、ということである。なぜなら、戦争を四、五年続けることは同盟諸国の人民にとって、右の征服地を保つことが彼らにもたらす利得よりも八〜十倍も多くの出費と損失を引き起こすであろうから。

右と似たような理由によって同盟諸国の人々が、「万一フランス王家が頑固にも、右の返還なしで済ませるよりはむしろ四、五年間戦争を継続したがるならば、それははなはだ不条理で、同家にとって非常な損害を与える頑固さであろう」と言うこともできるということは、そのとおりである。けれども、今度の戦争でフランス王家は同盟諸国の人々と同じくらいの出費をしたということに加えて、本質的な相違点が一つある。それは、同盟諸国の人々はフランス王家に対して征服を行なういかなる権利も有していなかったこと、したがって同家は彼らに征服地の返還を要求する全き権利を有すること、これである。同盟諸国の人々は自分たちの費した費用をフランス王家に要求するいかなる権利も持たないのに対して、フランス王家は同家の費した費用を彼らに要求する全き権利を持っている。にもかかわらず同家は平和のためになるように、戦争の費用についての彼らに対するこの権利を放棄している。それゆえフランス王家には不条理な頑固さなどありそうにない。

イギリス・オランダその他のオーストリア王家の同盟諸国の人々が現在まで戦ってきたのは、十分な安全保障を得るためでしかなかったこと、そしてフランス人たる私たちは今やっと、彼らにこの安全保障を提案しているのだということは、そのとおりである。けれども、この十分な安全保障が彼らに対しても私たちに対しても今姿を現したばかりだということを、彼らはよく知っている。なるほど、アンリ四世のヨーロッパ連合計画が知られていなかったわけではなかったことは、そのとおりである。けれどもこの計画は、動機と手段がどういうものであったかわからなくなってしまったために、ほとんどあらゆる人々にとって、実行不可能な計画としか思えなかった。その動機と手段を再び見出す必要があった。だがこれらの動機と手段をすぐには再発見しなかったことについて、なぜ同盟諸国の人々よりも私たちフランス人のほうに多くの落度があることになるのだろうか。また、ヨーロッパ連合以外に十分でしかも永続的な安全保障は決してありえなかったのであるから、そして同盟諸国のほうがフランスにそれを要求すべき立場にあったのであるから、同じくまた私たちフランス人よりもむしろ彼ら同盟諸国民のほうこそ、この新しい発見を行なって、戦争を始める前にそれを私たちに示すべき立場にあったのではないか。仮にその時点で彼らがこの種の安全保障をフランス側に提案していたなら、そしてフランス側がこの安全保障を彼らに与えるのを拒んだのであったなら、彼らが戦争の費用のために彼らの征服地を留めておきたいと思うのは、無理からぬことであったろう。しかし同盟諸国の人々は、この安全保障策を見出すことも、示すことも、要求することもしなかった。それゆえ、彼らにはこの征服地を横領する理由も口実もなかったのであり、そういうものを留めておきたがることにもまして不正なことは何もないであろう。

（3）この対決において、征服地の返還の要求に関してフランス王家が頑固だという非難を受けかねないとした場合でも、イギリスというこの自国の利害に関して非常に聡明な国が、四つか五つの新たな戦闘のためにかかる新たな費用と、フランス・スペインとの通商の中断による損失とを免れるために、自分の手に握っている諸々の城塞都市を将来苦もなく放棄するということは、ありそうな話ではないか。とりわけ、将来の度外れな出費と比べればこれらの城塞都市はイギリスに何ももたらさないこと、それらを正当な所有者の手中に委ねれば、イギリスがそれらを留めておいた場合に比べて、イギリス船にとってのいっそう大きな安全保障と、スペインの港における同じ利便とを、恒久平和の下で見出すことになるだろうということ、これらのことをイギリスが考慮する場合、右のことは大いにありそうである。

（4）自国の利害に関する聡明さという点で、オランダの人々はイギリスの人々に劣るであろうか。もちろん劣りはしない。オランダの人々のほうが、より大きな収入の上がる城塞都市を、より数多く抱えていることはそのとおりである。しかし彼らはこの収入を、フランス・スペインとの通商の中断によって自分たちが作り出している損失と、さらに四、五年続く可能性のある戦争による将来の大きな出費とに比較してみるがよい。そうすれば彼らは、頑固であることをやめるであろう。そのうえ、この項目に関してはイギリスの人々も彼らを見放し、自分たちの征服地を何一つ保留することなく、不変の平和の獲得に満足して、彼らオランダの人々に「君たちもわれわれと同様に、同じ不変の平和の獲得に満足して、君たちの征服地を何一つ留めおかないようにすべきだ」と言う可能性が大いにある。さてそこで、仮にイギリスの人々がこの項目に関してオランダの人々を見放すとした場合、オランダの人々が征服地返還を頑固に拒むほど正気を失うようなことがあると、反対論六十の論者よ、あなたはお思いになるか。それだけでなく、まだ付け加えることがある。それは、オランダでは民衆・商人・貿易商が政府で多くの役割分担を持っていることである。さてそこで、オランダ共和国の全七州のうちのいくつかの加盟州の側がそのような頑固な態度でいるのを、これらの商人・貿易商がみな知っている場合、自分たちにとってその値打ちよりも限りなく高くつきかねないような城塞都市は、返還する約束をするように、自州の代議士に積極的な訓令を与えないなどと、あなたはお思いになるか。

（5）フランスの敵である同盟諸国が、その他の列強国を彼らの連盟へ引き込むことができるという確かな見込みは全然ない。反対に、フランス王家自身が全ヨーロッパ諸国の連合に加盟するかどうかはもっぱら同盟諸国に、すなわち正当な返還がなされるかどうかにのみかかっている、ということをこれらの列強国が明瞭に見てとるとき、この返還をさせないで済ますために費用を奮発したいとこれら列強国が思う、などという確かな見込みは全然ないのである。それゆえ、フランス王家がその敵たちに、ヨーロッパ連合の設立ほどの理に適った提案を、征服地返還を条件として行なうとき、敵たちはいかなる新たな同盟国によって彼らの連盟を強化する望みを持ちうるであろうか。

じっさい、フランスの提案をよく知っていて、それについての情報も十分に得ている中立の列強国が、オランダの人々にこう言ったとしよう。「フランス王家の要求している返還は正当なものであり、同家がこの返還を条件として提案している連合は万人にとって限りなく有利なものであり、同家の要求しているこの返還は、あらゆる国々の君主・首脳が調印した後でなければ行なう義務のないものなので、あなたがたオランダ人と同じくわれわれ中立国も要求し、かつわれわれ中立国がみな関心を持っている十分な安全保障を、いかなる点においても減少させることはない。われわれ中立国は、これらの征服地をあなたがたオランダ人に保っておくためにいかなる出費をすることも望まず、むしろそれらを返還するようあなたがたを強いるためにこそ、出費を行なうであろう。」その場合、私は申し上げるが、反対論六十の論者よ、あなたはオランダの人々が長期にわたって頑固な態度をとるとお思いになるか。また、これらの列強国がオランダの人々に対して右の論を述べることよりも、フランス王家に対抗する連盟を強化するために強大な軍備をすることのほうを好むとお思いになるか。フランス王家は最も断固としている、あるいはこう言いたければ、最も頑固であるだろうということ、そして同家がヨーロッパ連合への協力を拒否するかぎり、同連合が形成されるかどうかは非常に不確実だということ、これらのことがよくわかる人々は、オランダの人々の気に入るために、自分がいつか手に入れることの可能な最大の利益を自分自身の手に入れる史上最良の機会を逃がす危険を冒したがるであろうか。

(6) それゆえ、あらゆる見込みの上から言って、イギリスの人々もオランダの人々も、将来の征服地返還という条件の下での連合を長期にわたって頑固に拒絶することはないであろう、と判断することができる。ところで、彼らがもはや戦争を続けたがらず、この項目においてはオーストリア王家を見放すとすれば、同家はカタロニアやナポリやミラノを手放さないような頑固な態度をとるであろうか。またこういう態度は、イギリスとオランダが自国の軍隊を動かしてオーストリア王家のためにただ一つの戦闘をさせることも拒絶したとすれば、無益なものになるのではないだろうか。

(7) フランス王家に対してその敵側が今後も優位に立つ、ということにもまして不確実なことは何もない。敵がフランドルで優位に立った場合には、フランス王家は同じ優位をスペインで得たし、敵が新たな努力を行なうことができる場合には、同家も似たような努力を行なうことができる。とりわけ、十分の一税が定められ、フランスの全州が人頭税のほかにこれを支払い始めても不平の声の聞かれない現状ではそうである。なぜなら、国家の保全のために絶対に必要とあれば、私たちフランス人はこの十分の一税と同様に、来年は九分の一税でも、それどころかおそらく八分の一税でさえ支払うだろうからである。私が「国家の保全」のために、と言うのは、国家の領土拡大のためと保全のためとでは、私たちは同じ喜びをもって同じ努力をすることはないであろうと信じるのが自然なことだからである。それゆえ、戦争のための資金は毎年、規則的に、確実に、永続的に、十分に存在し、そのうえ私たちフランス人は次の戦いを、その際には完備している十分の一税の制度組織のおかげで、こっちのものだと感じるであろう。私たちがこの制度組織を完備させなかったのは、それが始まったばかりだったからなのだ。もし私がこの際、カスティリアの人々が発揮してみせたその極度の忠誠心も、スウェーデンとトルコの人々がドイツで引き起こすことのできる陽動作戦も考慮に入れないことにしても、フランス側が敵側にこれらの人々を恐れさせるべき立場にあるというよりはむしろ、敵側が彼らを恐れてしかるべき立場にあり、フランス側が自らの軍事力を敵側に対して誇示すべき立場にあるというよりはむしろ、敵側のほうが自らの軍事力の状態を認識すべき立場にあるように、私には思われる。それゆえ私たちフランス人は、私たちを攻撃する連中をくじくために、私たちの対等なことを示そう。そして、新たな敵を私たちに対抗して参戦させるといけないので、私たちの優位を示すことができそうなときでも、そうしないようにしよう。

(8) サヴォワ公[30]の関心と性格を知る人々は、次のこともまた疑わない。すなわち、同公がオーストリア大公から獲得したものは同公に残しておくという条件で、連合条約が同公に提案される場合、同公は自身の獲得物の所有権が連合そのものと同じだけ永続的なのがわかるであろうから、その分だけますます進んでこの条約に調印するということである。

(9) イギリスの人々とオランダの人々は計算することを心得ている。しかるに、イギリスの人々は軍隊と艦船に毎年四千万リーヴル以上を支出しているし、フランス・スペインとの通商の中断、その他の国々との通商のための護送団、安全保障の欠如によるこれらの通商の減少、海賊によるイギリス商船の拿捕といっ

(30) ヴィットーリオ・アマデーオ二世(一六六六~一七三二、在位一六七五~一七三〇)を指す。(詳細は下巻第二部[2]の訳註(14)を参照。)

たことのすべてが、毎年四千万リーヴル以上の損失をイギリスの人々に引き起こしている。私の話が誇張でないことは、彼らのうちで公共問題についてほんの少しでも認識を有する人々なら知っていることである。オランダの人々のほうでも、戦争のために三千五百万リーヴル以上の臨時費を支出しており、またフランス・スペインとの通商の中断のせいで、四千五百万リーヴル以上の年間損失を招いている。これは英・蘭両国民にとって合計一億六千万リーヴルの損失となり、それが年率二十分の一で八百万リーヴルの金利を生じているのだ。さてそこで、この両国民にとって毎年三、四百万リーヴルの値打ちも決してなさそうな征服地を手放さずにおくために、彼らはあともう四、五年間の戦争の危険を、ということはつまり七億リーヴルの損失の危険を、冒したいなどと思うであろうか。一年だけでも平和を長くし戦争を短くすることは、この両国民にとって、右の征服地を返還することで彼らがする損よりも二倍も大きな値打ちにつくであろうし、しかも彼らは、彼らがそのためにこそ戦争を企てた唯一の目的である十分な安全保障を、得ることになるであろう。

(10) イギリス・オランダの国民が費用のかかるこれらの征服地を保つために協力するよりも、もっと進んで、またもっと長期にわたって、私たちフランス人はそれらを取り戻すために協力するであろう。英・蘭両国民は納得しなければ協力しないが、あるものをその値打ちよりも、確実に二倍は高く買う――というのは、それは確実にもう一年の戦争を意味するのだから――とともに、なおかつ八倍高く買う危険を冒す――というのは、四年間の戦争に耐えなければならなくなる危険もまた彼らは冒すのだから――ということが、彼らの利益に適っているなどと、この両国民に納得させる手段があるのか。これに対して私たちフランス人とスペインの人々とは、自分のものを返せと要求しているのであるから、長く耐えることに対する納得が英・蘭両国民よりもさらに多くあるのである。英・蘭両国民が、これまで常になしで済ませてきた土地をなしで済ませることは、私たちフランス人がそれをなしで済ませることよりも容易であろうが、これに対して私たちが、すっかりそこに馴染んでいる土地をなしで済ませることは、そんなに容易ではないであろう。そのうえ、納得ということに加えて私たちは、私たちの主君へのいっそう大きな服従心という、もう一つの原動力を持っている。これは英・蘭両国民の持たない絶対的な服従心である。それゆえ、私たちのほうが彼らよりも長く耐えるであろうということ、また彼らがはなはだ不正な横領に関して持ちこたえることができるよりももっと長期にわたって、私たちはより正当な防衛に関して踏みとどまることができるであろうということは、明らかである。

私たちが以上のことをわかっているのと同様に、英・蘭両国民にもそれはわかるであろう。なぜなら、これらのことは明らかなのだから。しかるに、次のような心配をする人がいるはずがあろうか。すなわち、彼ら両国民はそのことがわかっていても、そして不変の平和の莫大な宝を手に入れることが重要な時だというのに、手放さずにおくためにはその値打ちよりも少なくとも四倍は高い費用を彼らに費させそうな征服地を、返還する約束をすることで、破滅的な巨費を要する戦争を一挙に終らせるということを、したがらないのではないか、などという心配を。しかして、これほど中味のない心配にしか基づいていない反対論など、いかなる堅固さも決して持つことができまい。

反対論　六十一

もし国王陛下が本計画を敵国の連中に御報知になったら、連中はそれをよいことにして、平和の諸条項に対していっそう難色を示すであろう。妥協の提案をする者は将来の出来事について、より多くの恐れを持つ者である、と常に信じられているし、この妥協が急を要するものだと人々が思っているほど、提案者はその分だけ高い値で平和を買わされるものである。それとも、提案者がある条件を受けいれたがらないならば、彼のこの態度はその敵たちの、戦争を続けるための勇気を増大させることに寄与してしまう。国王陛下がこの提案をなさったら、敵国の連中はわが国の弱味について誤った考えを持つであろう。しかしこの考えは、全く誤ってはいるであろうが、連中には講和の締結から遠ざかるための新たな力を与えるであろう。なぜなら連中はこう言うであろうから。すなわち、「わが国は諸事うまくいっている、とフランス王家が思っているなら、これほどすぐさま戦争を終らせたがるどんな新たな理由が、同家にあるはずがあろうか」と。

回　答

(1) フランス王家が戦争を終らせたがる新たな理由とは、同家がつい先程自らその認識を持ったばかりのこの新計画である。同家は次のような点において、この計画に自家にとっての大きな利益を見出している。それはすなわちこの計画が、講和をより迅速にするにちがいないうえに、同家の失ったものをすべて、費用をかけずに返還させることを容易にしてくれるという点と、平和の不変であることによって同家とその臣民にもたらされることになる十五の莫大な利点を、同家が考慮しているという点である。これがフランス王家の新たな態度の理由である。同家を新たな仕方で行動させるものは、明白にして新たなる利益なのである。フランス王家がオーストリア王家の同盟諸国に対してこの提案を行なうとすれば、それはフランス王家がこの提案に見出している自家にとっての利点と似たような利点を、同盟諸国も自国にとっての利点として見出すであろうという算盤を、同家が弾いているからなのである。それゆえ、本論文の公刊は、それをしない場合に同盟諸国がわが国の弱みについて持ったかもしれないような見解を、強めかねないどころか、反対にこの見解を弱めることしかしないであろう。なぜなら、わが国のほうが力においてはるかに優位に立っているとした場合でも、フランス王家は同じことを考慮して同盟諸国に同じ提案を、開けひろげな、おおっぴらな仕方で行なわずにはいないだろうからである。そしてその理由は、同家にとっては全ヨーロッパの征服も、ヨーロッパ連合の設立に比べればはるかに有利でないから、という点にある。

(2) 私は敵側の立場に身を移して考える。わが国の弱味についての敵側の見解は、彼らの征服地の返還を一部だけにとどめることに努めるために戦争を続けること以外の、どこへ彼らを導きうるのか。しかし、戦争を続けることによって手放さずにおくのに、その値打ちよりも四倍も高い費用を彼らに費させるであろうこれらの征服地を、保っておくことの目的とはどのようなことなのか。敵たちが自分ではこの目的を何だと言おうと、それはただ勢力均衡の体制によって、フランス王家の大きすぎる勢力に対抗する十分な安全保障を得るため、というだけのことではないか。しかるに本書の第一論考によって、彼らには次のことが明瞭にわかるのではないであろうか。すなわち、勢力均衡の体制がいつかもたらすことのできるあらゆる安全保障は、決して十分なものではありえないということ、そして彼らにこの十分な安全保障をもたらしうるものは、国王陛下御自身が彼らに御提案になることのできるヨーロッパ連合の計画だけしか存在しないということである。

（3）戦さの勝ち負けは世の常であること、フランス王家はさまざまの幸運な戦勝により、敵側がかつて同家に対して占めていた優位よりももっと大きな優位を、敵側に対して取り戻す可能性があることを、彼ら敵たちは知らないであろうか。しかして同家がこの優位を取り戻した場合、同家が自らの失ったものを取り返すことを、また戦争の継続以後になされた出費のみならず、戦争全体の費用までも敵側に支払わせることを、誰が妨げるであろうか。

（4）イギリス・オランダの人々の征服地が八千万リーヴルの値打ちもないことは確かなままであり、戦争を一年短縮することが彼らにとって一億六千万リーヴルに値するであろうことは、なおさら確かなままである。それゆえ彼らにとって、これらの征服地の返還を今年約束し、条約を一年早く締結することで得られるべき利得は八千万リーヴルあり、これは純利得での八千万リーヴルである。

それゆえ次のことは確実である。すなわち、本論文の公刊は敵側を、戦争を延長するように仕向けるどころか、「全ヨーロッパ諸国の君主・首脳の調印により、平和のこの不変性についての十分な保障をわれわれが得ることになるあかつきには、征服地の返還を行なう」と約束してでも講和の締結を強く促進するように仕向けるであろう、ということである。なぜなら、一年の戦争短縮が彼らにとって八千万リーヴル以上の利得に値すること、そして戦争が一年長引くごとに彼らに一億六千万リーヴルの純損失を引き起こすことが、彼らにはわかるであろうから。

反対論　六十二

敵側の連中は、フランス王家の側から彼らに示されうるあらゆることに関して、非常な不信に囚われているので、本論文の公刊を罠とみなすであろう。

回　答

罠だというこの見解が依拠しうるものは、次の三つの疑念しかなく、敵側の人々はこれらの疑念について容易に啓発されうる。第一に彼らが疑うかもしれないのは、この連合ないし不変の平和の計画が彼らにとって、絶え間ない戦争という現行の体制よりも本当に有利なのかどうか、ということである。さてそこで、彼らは本論文を読みさえすればよい。そうすれば彼らは自分でそのことについて判断する手段を掌中に有するし、これほど有利な方針が彼らに提案されることは決してありえないということが明瞭にわかるであろう。また、彼らに何かある疑いがなお残るとした場合でも、全力を挙げて本計画の実現を促すであろう中立の列強国の例が、彼らの疑いを消散させるであろう。

敵側の人々が形成するかもしれない第二の疑念は、この連合条約が本当にヨーロッパ諸国の君主・首脳全員によって調印されることになるかどうかを知ることである。しかし、全員がこの条約に調印したいという意志をしっかり持つなら、それは全員によって調印されるであろうということは明らかである。なぜなら、対立については意志の欠如ということしかありえないからである。各国の君主・首脳は、自分にとってこれほど有利な条約が自分に示されるや否や、それに調印したいと熱心に意志するであろう。とりわけ、比較的強力かつ賢明な何人もの君主・首脳が既にこの条約に調印していて、なおかつ仲間の数が多くなるほどそれだけ望ましいものになりそうな相互保証に加盟するよう、自分に誘いかけてくるのがわかる場合にはそうである。さらに、この条約の調印を促すであろう中立国の元首たちも、これに調印することが万人の利益に適っていることを、敵側が納得するよう手助けするであろう。そして実際そのような場合に、この助言に敵側が従うことが確かであるためには、例を与えさえすればよいのである。

第三の疑いの根拠となるかもしれないのは、次のことである。すなわち、国王陛下がそのような連合条約を結ぶことを提案されても、それは敵を欺いて彼らの努力を遅らせるための囮《おとり》であり、陛下御自身はその野心を制限なさらないように、そしてこの条約に調印なさらないように意を用いられるであろう、と敵側は考えるかもしれないことである。しかし、とりわけこの一年間に起こった直近の二人の王太子の相次ぐ薨去(31)以来、連合条約の締結と履行ほど陛下が真摯に、強く望まれたものは決して何もない、ということを納得するためには、敵側の人々は本書の第三論考に、ということはつまり、そのような条約から陛下とその王家が引き出されるであろう莫大な利益に、多少とも注意しさえすればよい。

そのうえ、この疑いから抜け出すことは敵側の人々にとってたやすいことなのであって、彼ら同士が自ら征服地返還の条件付きでこの条約の諸条項に互いに調印し合ってみるがよい。次いで彼らは会議の場で、国王陛下とスペイン国王の全権委員団にそれを示して調印を求めてみるがよい。そうすれば敵側の人々は直ちにわかるであろうが、フランス王家は自らこの条約を提案し申し入れており、同家が提案するような追加や削除は非常に正当なうえに、連合の利益にはなはだ合致していて、彼ら自身も望むようなものになりそうだというのが、率直なところなのである。また彼らは次のこともわかるであろう。すなわち、現在の戦争の開戦当初にあったとおりの所領に各国を保つことによって平和を不変のものにする、という同一の目的にすべての国々が協力することによって、ごく僅かな回数の会議で基本条項の全部と重要条項の大部分について容易に合意がなされるであろうし、有用条項に関しても同様に合意がなされるであろう、ということである。なぜなら、これらの条項が多数決によって暫定的に、四分の三の票によって最終的に取り決められるものとする、という合意をすることは、右のことについて合意することではないだろうか。そしてその理由は要するに、一種の仲裁裁判に事を委ねることについて合意がなされるや否や、万事は合意され取り決められたものとみなされるが、それはつまり戦争という方途によって決定されるべきことをもはや何一つ決して持たな

(31) 一七一一年にルイ十四世の嫡子である王太子ルイ（一六六一〜一七一一）が、翌十二年にはその長子であるブルゴーニュ公ルイ（一六八二〜一七一二）が相次いで薨去したことを指す。この結果、一七一五年のルイ十四世の崩御に際しては、ブルゴーニュ公ルイの子で同王の曽孫に当たるルイ十五世が五歳で即位することとなった。

いということであり、したがって永遠に平和のうちにあるということだから、ということである。

仮にフランス王家が、本論文に関して協議するよう提案するに際して、敵側に休戦を求めたとすれば、敵側はおそらく最初は、この提案を罠とみなして当然であろう。しかし同家は彼らにそのようなことは何も求めておらず、各派は自分なりに現在の戦闘のための努力をすればよく、戦闘そのものに際して各派は講和のいかなる提案も存在しないかのように行動すればよいのである。それゆえ、どこに罠があるというのか。また、罠ではないかという疑念を何に基づかせようというのか。そういうわけで、この疑念は生じないか、あるいは生じたとしても、反省してみればたちまち消えてなくなってしまうか、もしくは講和会議の成功するまでそれが続くとしても、講和の進展には何の害にもならないか、そのいずれかであろう。それゆえ目に見えて明らかなように、最悪の場合は何か月かの間、同盟諸国は国王陛下の御計画の立派さに関して、また陛下の意図の正しさに関して、陛下を正当に評価せずにいるかもしれないが、しかし陛下がどのような方針をお取りになろうと、この期間中はこの点に関して同盟諸国が見解を変えるなどということがあろうか。したがって陛下は、四、五か月の間なおそのように同盟諸国に下駄を預けておかれてよいのであり、それで何一つ失われるものはない。このことが最終的に、陛下がまっしぐらにその目的へと、つまり王家の利益と御自身の平安と、臣民たちの幸福と、全ヨーロッパの至福へと進まれることの、妨げになるなどということがありえようか。また陛下は、なさったことの実りがなくても後悔されないことに、とうの以前からすっかり慣れておられるのではないか。

反対論　六十三

本書には同じことの繰り返しが数多くあって、そのせいで嫌になってしまう。

回　答

同じ考えをしばしば提示しなおすことを、私はせざるをえなかったが、しかしそうする場合には表現を変えた。私はこの種の繰り返しを削除しないようにしたが、そういう削除をしていたら、諸々の反対論に対する回答をほとんど全部一挙に削除しなければならなくなるであろう。仮に私が、第一草稿を既に読んでおられて、自身の読み方に対する大きな注意力とすぐれた記憶力をお持ちの読者だけを相手にすればよいのなら、私は本書を半分の量に縮小するであろう。しかし不幸にして、本書は大多数の読者の手許には全く初めて届くことになろうし、それに一七一一年九月一日の草稿を読んだ人々は、自分の読んだことの全部を九～十か月後にも覚えているほどの恵まれた記憶力を、全員が持ち合わせていたわけではなかったのである。

さらに指摘しなければならないことは、何かある新しい体制を提案する場合、それをさまざまな形態の下で示さなければ、この体制が読者の心に印象を与えることはできそうにない、ということである。私たちの確信を作り出すのは、同じ仕方で考える習慣であり、この習慣は、繰り返しによってしか形成されない。私たちは明白な事柄に対してさえ、それが初めて示されたときには身構えるものである。そしてこの明白な事柄が確信へと移行するのは、習慣の助力によってでしかなく、習慣が私たちの心に対して持つ力がどれほどのものかというと、私たちには明白に見えるけれども非常に不明瞭な命題が限りなく存在し、しかもその原因はひとえに、私たちが幼いころ・若いころから持っている、同じ仕方で考えるという長い習慣のせいであるほどなのである。

右とは別種の悪しき繰り返しがある。それは同じ考えを同じ表現において繰り返すことであって、こういう繰り返しは、その考えもしくは表現が特殊なものである場合にはとりわけ悪しきものになる。なぜなら、この特殊さのほうが注意を喚起し記憶力を刺激するのに対して、考えはどんなに立派でも、また表現はどんなに適切でも、繰り返しは読者にとって不快感を与え、はなはだ無益だからである。この種の繰り返しについてなら、私は他の誰よりも真っ先にそれを非難する。本書の本文中にこの種の繰り返しがいくつかあるということ、言いかえれば一、二ページ分多すぎるということは、私もたしかにそのとおりだと思う。私は最初の草稿では、そういう繰り返しを削除しようと努めた。しかし私は、最大の重要性を持つ計画を読者に示しているときに、この種の手落ちに対して読者に許しを請うことだけでも潔しとしない。文体の諸々の些細な点や、たいした結果につながりもしない間違いや、主要問題にとっては何でもないことであるうえに、それに気づくのが容易であったのと同じくらいそれを正すのも容易な、ある諸事実についての無知などについて考えることよりも、別のなすべきことが読者にはたしかにある。頭のよい人は自分自身の利益のために、本書のよいところ、本質的なところを把握するであろう。そして、著者の評判を傷つけるだけで、著者がその手落ちにもかかわらず自分の目的に到達するならば著者にとって何の害になることもないような、そういう取るに足りないことについて真面目くさって議論することは、浅薄皮相な精神の持ち主にまかせておくであろう。この著者の目的とは、本計画の重要性と可能性とを読者全員に示すことである。

反対論　六十四

将来ヨーロッパ連合が完全に形成されたとき、三十年ないし百年のうちに、たとえばロシア皇帝や、同連合のどこかある他の成員国の君主または首脳から、その国もしくはその国の一部を奪いたいという意志を、他の二十三の国々の君主・首脳が持つ、ということが起こりうるのではないか。なるほど、彼らにそんなことをする権利があるとは考えられないということは、そのとおりである。なぜなら基本条項により、いかなる国の君主・首脳もヨーロッパ連合の敵と宣言されないかぎり、自分の領有するいかなる領土の領有権も奪われることはありえず、しかも他の国々の君主・首脳と連合したままでいて、基本法と連合の判決とを履行することを欲するかぎり、敵と宣言されることはありえないからである。しかし結局のところ諸国の君主・首脳は、自分がする権利のないことでも、それを実行する能力は持っている。なぜなら二十三か国の、あるいは二十か国の君主・首脳でさえ、国を奪われることになるこの一人の君主または首脳よりははるかに強いであろうから。しかるに、この二十三か国もしくは二十か国の君主・首脳全員が、この一人の君主または首脳に敵対してではないにしても、少なくともその代々の後継者のうちの誰かある一人に敵対して、将来の何世紀かの間に連合しないという、どのような保障があるのか。

回答

（1）この二十三か国の君主・首脳全員がすっかり正気を失うというようなことにならないかぎりは、彼らはヨーロッパ連合の土台を覆したいなどとは思わないであろう、という保障はあるであろう。

（2）人は自分の悪意と不正のうちに、本物の利益であれ見かけの利益であれ、何らかの利益を見出すのでなければ、明らかに不正であったり、明らかに悪意を抱いたりはしないものである。しかるに、たった一人の人間にとっても稀であるようなことは、二十三人の人間にとってはなおいっそう稀であろうし、この二十三人がそろって無茶な人であるとか、等しく無茶な多数の大臣によって二十三人の各々が助言されているなどと、いわれなく仮定することはできない。さらに、こういう仮定の下でも不正は明らかであろうし、残る一人の君主または首脳に対する悪意はなおいっそう明らかであろう。なぜなら、この君主または首脳の生命を奪うことを除けば、彼からその財産を──他の国々の君主・首脳の財産が彼らのものであるのと同じくらい、彼のものであることが長い間の所有によって明らかな財産を──、全部にせよ一部にせよ奪うことにもまして大きな悪意ある仕打ちを、彼に対して行なうことはできないからである。

（3）しかし、この二十三か国の君主・首脳が二十四番目の国の君主また　は首脳に対して不正であり悪意を持っていると仮定しても、問題の不正・悪意が、自分で自分に非常に大きな、しかも非常に明らかな害をなすことなしにはやらかすことのできないようなものであるとすれば、彼らは同時に最高度の無茶さ加減に達したのでもないかぎり、そんな不正や悪意ある仕打ちをやらかすとは考えられない。さらに、もしこの二十三人の君主・首脳が二十四人めの君主または首脳から、その国の全部または一部の領有権を奪うならば、十年後に自分もしくは自分の後継者が同じやり方で、また同じような口実によって、他の二十二人に自国の領有権を奪われないという保障が、この二十三人のうちの誰にあるであろうか。しかるに、自分も自分の代々の後継者も将来いかなる口実の下にであろうと決してその領有権を奪われることはありえない、という保障を得るためにでなければ、何のために君主や首脳は諸国家のこの社会的結合に加盟したのか。

（4）諸国家の社会的結合の成員たちは、基本条項の一つに違反することを決心する場合、他のすべての条項の履行についてどのような保障を持つことができるか。また彼らは、社会的結合が明日も存続しているという確信がないならば、どうしてこの社会的結合の規則に従ったままでいるであろうか。この社会的結合の利点が非常に大きく、かつ非常に明らかであるならば、その成員たちがみな、自らこの結合を根底から掘り崩すに十分なほど気が変になるなどということがあろうか。しかるに私たちは、他の箇所でこれらの利点の大きさと明らかさを示さなかったか。

（5）二十三か国の君主・首脳をして、ロシア皇帝からその国の全部または一部を奪う気にさせるための、多少とも明らかな動機を私に示してもらいたい。それはこの奪ったものを一私人に与えるためであろうか。そんな滑稽な動機を想像することなどできようか。二十三人の君主・首脳のうちの誰か一人に、それを与えるためであろうか。それなら他の二十二人が自分たちよりもこの一人を優先するのは、どのような特権によってであろうか。この奪った領土を二十三分してお互い同士で分割領有するためであろうか。けれどもそれは、等しい分け前で分割領有するためなのであろうか。最も強い国々の君主・首脳はこういう平等に反対しないであろうか。また彼らは、分け前の評価に関して一致しうるであろうか。それとも、分担金の額に応じて分割領有するため、というのが動機であろうか。最も弱い国々の君主・首脳はこの比例配分に反対しないであろうか。また彼らは、比例評価についていつか合意できるときがあるだろうか。あらゆる面から見て不可能なことばかりだ！

（6）ドイツ連合を形成したドイツの諸君侯にとっても、恐れなければならない物事は同じであった。にもかかわらず、彼らはそれを恐れなかったか、でなければ、この恐怖を根拠不十分なものとして乗り越えていった。じっさい、ドイツ連合がその成員である領邦君主たちの誰かある一人から、彼が反逆者と宣言されてその反逆のかどで帝国から追放されたわけでもないのに、どこかの都市か州かもしくは当の領邦を奪い取った、などということがここ七百年来起こったためしがあろうか。この一人以外の他の成員たちがどこかあるそのような領土を分割領有した、などというためしがあろうか。彼らが一人の平和的な領邦君主から、たった一つの村だけでも奪い取ろうなどと、試みたというだけのことでも知られているだろうか。そんなことをしようとしても、彼ら自身の利害関心が彼らを引き止めたことであろう。なぜならかかる簒奪は、似たような所領略奪への門戸を開くことであったろうから。しかしながら、そういうことをする口実がなかったわけではない。あらゆる種類の口実があったのであって、憎悪、とりわけここ二百年来宗教の相違によって引き起こされた憎悪――これにはドイツ国民は大いに与っている――は、格好の口実であった。それでも、平和的な一領邦君主が所領略奪を被らなければならなかった例を、たった一つでも示せるものなら、私に示してもらいたい。しかもこの場合私たちは、はるかにもっと強い立場にあるのだ。なぜなら、かつて宗教戦争において諸宗派が強化されたことがあって、この時が最も恐れなければならない時期であったが、しかるにヨーロッパ連合の形成後は、恐れなければならないような諸宗派はもはや存在しないであろうし、少なくとも宗教戦争は恐れる必要がないであろうから。

(7) ヨーロッパにはいくつもの共和国や共和制的国家が存在している。これらの国々では、人民が討議の場で多くの力を有している。さて、これらの国々の国民が、自国の領土を拡大しようという目論見に際して、自国と自分たちの通商との永続の主要な保障をそこから引き出している諸国家の社会的結合の、その土台を崩壊させることに手を貸すなどということが、いつかありうると想像されるであろうか。人民はそういう増大によって何を得するのであろうか。各個人はそれによって一文でも豊さが増すであろうか。しかるに、共和国と共和制的国家とで、ヨーロッパの三分の一を占めているのである。

それゆえ、物事をどの面から検討してみても、反対論六十四は最初にちょっと注意すればおのずから消滅することがわかるであろう。これに対して、すぐれた反対論ないし本物の障害は、それらを深く探究してゆけばゆくほど大きくなってゆくものである。

反対論　六十五

本書の著者はヨーロッパ連合の加盟国の安全保障を増強するために、同連合が将来抱え込む可能性のある戦争に際して、各国から同数の兵士を用いることを提案している。したがって、ヨーロッパ全体の国境の軍隊の割当兵員を形成するためには十八万人を武装させれば十分であるとすれば、これは二十七か国それぞれの割当兵員としては約六千七百人で、騎兵数としてはその三分の一ということになろう。したがって、フランス兵も六千七百人しかおらず、ロレーヌ兵も六千七百人いる、ということになるであろうが、ロレーヌ兵の違うところは、彼らのうちロレーヌの費用で維持される者は八分の一もおらず、その他のロレーヌ兵は全員ヨーロッパ連合の費用で維持され、同連合の会計官によって給与の支払いを受ける、という点である。ここまでは何も不可能なことはない。しかし戦時に際して、約百二十万人の、ということはつまりパリの人口のほぼ二倍の住民しか擁していないと考えられるロレーヌが、ヨーロッパ連合のために戦時に必要な兵士のすべてをいかにして提供することができるであろうか、と吾輩は申し上げる。

回答

よく考えさえすればわかることだが、キリスト教国である二十四の加盟国と、イスラム教国である三つの同盟国とが、平時において自国民のうち六千七百人だけを提供しても、この割当兵員は全部で十八万人以上の戦闘員を形成するのであるから、各国が一万三千四百人を提供するなら、ヨーロッパ連合は三十六万人以上の兵員を備え持つことになるであろうし、戦時に各国が二万六千八百人を提供するなら、同連合は七十万人以上の一軍団もしくは複数の軍団を擁することになるであろう。さてそこで一方、ヨーロッパ連合にその行なう戦争において首尾よい勝利を確実にもたらすためには、とりわけ、同連合が同時にその近隣のすべての国々と戦争することはないであろうと考えられるとすれば、これだけの兵員があれば十分ではないか。また他方、百二十万人の住民が二万六千八百人の戦闘員を提供することは不可能であろうか。

次のことは誰一人知らぬ者はない。すなわち、ロレーヌは四万人以上の、またたとえばスイスは十万人以上の兵員を提供しても、不便を被らないだけでなく、豊かにさえなりそうだということ。それゆえ、資金に事欠くことがないかぎり、スイス兵に事欠くことはないであろうということ。そして、さまざまな国籍の指揮官や士官の下でヨーロッパ連合軍内にスイス兵が広く行き及ぶとしても、そうなったスイス兵の数の多さに何らかの不安を抱く可能性のあるようないかなる権力者もいない、ということである。

百二十万人の住民では、戦争の継続中、二万六千八百人の割り当てに対して十分な新兵を提供することはできそうにない、と言うこともできない。なぜなら、毎年一万二千人ずつの新兵が必要だとした場合でも、パリの受礼者名簿の抄本によれば、六十万人の人々から毎年一万八千人の子供が生れることは確実なので、百二十万人からは三万六千人の子供が生れるであろうことも確実だからであり、しかもヨーロッパ連合の企てる戦争は、連合側の非常な大優勢のうちに進むことになるので、二、三年以上長引くことはありえないだろうからである。

したがって私は、ヨーロッパ連合のうちで最も人口の少ない国々も、同連合の敵に対して十分に優勢な軍隊を形成するために、最も人口の多い国々と同じだけの数の兵士を提供するものと仮定するとき、大いに可能でしかも非常に容易なこと以外の何事も仮定してはいないのである。また私はこの手段によって、力の比較的弱い国々の君主・首脳のために、最も強力な国々の君主・首脳のあらゆる悪意に対する非常に大きな安全保障を見出しているのであるが、これこそは、見出すことが非常に重要であった当のものなのである。

反対論　六十六

ドイツの君侯同士の連合は、彼らの紛争を戦争なしにお互い同士で終結させるためのものというよりも、神聖ローマ皇帝の企てに対抗して互いに支え合うためのものであった。この連合は徐々に形成されたのであって、この連合のプランがかつて存在したなどという話は、歴史上には見えない。

回　答

（1）ドイツ連合が徐々にしか形成されなかったこと、言いかえれば、強力な君主であれ比較的強力でない君主であれ、二、三の領邦君主が最初にそれに同意し、次いでその他の領邦君主たちが、多少とも差し迫った情勢に従って相次いで少しずつ加盟したということは、私も認めるところである。さて私は、ヨーロッパ連合の計画に関しても、次のこと以外のことを何か主張しているであろうか。すなわち、諸国の君主・首脳のうちの誰か一人がこの計画を、自分にとって、あるいはこれらの君主・首脳個々人の各々にとって非常に有利とみて、他の君主・首脳をも徐々にこの計画に同意させ、あるときはある君主を、またあるときは他の首脳を、といった具合に次から次へとそれに加わらせる、ということ以外のことを。私はおそらく、かつてドイツ連合が形成されたスピードよりも、将来ヨーロッパ連合の形成されるスピードのほうが速いであろう、とさえ主張するが、その理由は次の四つである。(1)ヨーロッパ連合のほうが、そのすべての利点がいっそうはっきりしているから。(2)本書という一冊の著作物が印刷出版されていることにより、計画を検討することが万人にとっていっそう容易になっているから。(3)人々の精神の啓蒙されている度合いが高くなっているから。(4)私たちには現存している複数のモデルがあるから。けれども、結局ヨーロッパ連合がドイツ連合と同じような長さの時間をかけなければ形成されないとした場合でも、それはどうでもよいことであって、要するにヨーロッパ連合が形成されればそれでよいのである。

(2)ドイツの諸君侯の連合が形成されたのは、とくに神聖ローマ皇帝の企てに抵抗するためであったとした場合でも、少なくとも、この諸君侯はまた自分たち同士の紛争を戦争なしに終結させることもめざしていた、ということは確実である。なぜなら、そういう紛争を終結させるこの連合の手続きが今日もなお存続しているからであり、また仮にこの連合を永遠に維持するために、したがってその後ドイツの諸君侯同士の間に生じる可能性のあった諸々の紛争を戦争なしに終結させるために必要な手段について、彼らが合意していなかったとすれば、彼らが自分たちのひどく恐れている恒久権力に対抗して永遠に連合しても、無益だったであろうからである。けれども、ドイツの諸君侯の連合がとくに彼ら同士の通商を維持し、かつ彼らの紛争を戦争なしに終結させるために形成された、ということの動かしがたい証拠は、この連合の作られたのが神聖ローマ皇帝の最も弱体であった時期、すなわち皇帝が世襲制でなくなって選挙制になったときにほかならず、それはまたドイツの人々が今日の諸国の元首たちよりも、恐ろしさの度合いの比較にならないほど低い元首たちしか隣人としていなかったときでもある、ということである。考慮すべき点がもう一つある。それは、仮にドイツの諸君侯の連合の主要な目的が皇帝の企てから身を守ることであったとすれば、彼らは強力な君侯を皇帝に選びはしなかったであろうが、しかるにこの最初の時代に彼らがしばしば皇帝に選んでいたのは、彼らのうちで最も強力な君侯であったことは確実である、ということである。

（3）条約のない連合や、合意可能な提案された諸条項のない条約が存在したと主張するのは、不可能なことを主張することである。十ないし十二か条の基本条項と、各国が持ちえた、それらの条項に合意する主要な動機とを含んだ覚え書きこそ、私が連合条約のプラン・計画と私の呼ぶものであるが、こういうプランがかつて一つまたは複数存在したことを信じるためには、歴史書がこのプランについて語っているということは必要でない。なぜなら、一つまたは複数の条約がかつて存在していたからであり、また領邦君主同士の間に、彼らがいくつもの条項に合意することなしには、ということはつまり何らかの条約なしには、決して始まることのできなかった一つの制度組織が今なお存続しているのを見れば、一つないし複数の条約が現に存在するということを、私たちは容易に、かつ歴史書の助けなしに結論するからである。ところで、ドイツ連合のこのプランの提案されたのが、一人の強力な君侯によって——アンリ四世が自身のプランを提案されたような仕方で——であったのか、それとも力の比較的弱い君侯によってであったのか、あるいはひょっとして一私人によってであったのか、またそれがごく手短なプランであったのか、非常に長々としたプランであったのか、そういったことはどうでもよいことである。こんなことは事の本質には何のかかわりもなく、常に確実なのは、誰かある君侯か臣民がドイツ連合のそのようなプランを最初に構想したということである。このプランが一挙にその完成にまでもたらされたわけではないということは、私も確信するところである。そして、本書のこのヨーロッパ連合の計画も同様に、将来ひとたび開始された場合には大幅に改善されうるということを、誰が疑うであろうか。とりわけ、本計画が本書の述べたドイツ連合の二つの本質的欠陥を免れた形で開始される場合には。

この反対論六十六のおかげで、ドイツ連合から取ってこられた議論は反対論者たちを妙に悩ましているにちがいないということがわかる。彼らが悩むのは、自分たちが非常に弱い防壁に頼らざるをえなくなっているのを感じるからである。

反対論　六十七

たとえば、エディンバラの商会がロンドンの商会と商取引に関するもめごとを抱え、スコットランド側がイングランド側と対立して、その紛争がイギリス国王によって裁決される、ということが起こる場合、この裁決を不満とする人々は、ヨーロッパ連合の裁判所を上級裁判所として、右の紛争の件についてこれに訴え上告することができるのではないだろうか。しかるにその場合、君主の主権はどうなるのであろうか。

回答

（1）あるイギリス人とあるオランダ人との間に生じる紛争や、イギリスのある商会とオランダのある商会との間に生じる紛争が、通商審判廷においてヨーロッパ連合の派遣判事によって裁決されるであろうということは、そのとおりである。なぜなら、当事者たちが同一君主の臣民ではないからである。この点に、ヨーロッパのあらゆる国々の君主・首脳から成っていて、二つの国の国民の唯一の君主となる同連合の権威によって、この種の紛争が裁決されることが必要な理由がある。けれども、ロンドンの商会とエディンバラの商会の場合は事情は同じでない。これらはともに同一君主の臣民である。したがってこの両者は、この同一の君主以外の裁き手を持たない。そして、この君主は自分の臣民同士の間で行なう判決に関する上級審を、ヨーロッパ連合の形成以前には持っていなかったのであるから、同連合の形成後にも持つことはない。なぜなら、同連合が作られたのは、君主の君主に対する紛争や、別々の君主の臣民と臣民との紛争を、戦争なしに終結させるためであって、いかなる君主のその臣民に対する権威も、いかなる点においても減少させるためではなく、反対にこの同じ権威を増大させるためだからである。そう言える理由は、同連合は各国の君主・首脳に、彼に服従することを拒むかもしれないあらゆる臣民・都市・州に対抗する確実な、抗し難い援軍を保証するからである。

（2）一国の君主がその臣民同士を仲裁して下した判決を調査することに、ヨーロッパ連合がいつか同意する恐れなどはありえない。なぜなら、同連合を構成するのは誰なのか。諸国の君主・首脳全員ではないのか。彼らは自分たちだけが同連合における主人公でありたいと思わないであろうか。代議員たちは自国の君主・首脳の訓令なしに、またこの訓令が伝達されることなしに、意見表明ができるであろうか。それゆえ、この代議員たちが命令されないのに、そのような事柄を調査すべきだという意見を表明する恐れが、どうしてあろうか。また、誰かある君主が、自分の臣民たちに対して自分の有する主権を自分から奪い取ることになるような命令を、いつか発するなどという恐れが、金輪際ありえようか。

反対論　六十八

ドイツ連合が次のような取り決めをもって作られたいかなる時点も、貴殿は指摘できないであろう（と、私に言った人がいた）。すなわち、領邦君主同士の、また異なる領邦君主の臣民と臣民の紛争を、戦争なしに、領邦君主の代議士たちの判決によって――その裁判の場が帝国大審院であれ、国会であれ、国会と国会の合い間の摂政会議であれ――終結させるものとし、いかなる領邦君主も、この判決の履行を拒めば罰を受けずにいることはできず、追放の刑を課せられるものとする、という取り決めである。また、ドイツにはこの種の紛争を終結させるために、武力以外の方途は存在しない、ということの証拠は、いつの時代にもドイツ人同士の戦争が見られたということである。それゆえ、「ドイツのソロン」や「ドイツの賢者」などというものは妄想の産物である（と、彼は私に言った）。

回答

（1）この種の紛争がすべて武力という方途によって終結しているわけではなく、帝国大審院や国会が存在し、そこでこの種の紛争の多くが決着をつけられていることは、確かなことである。さらに、「有罪を宣告された領邦君主は、この決定を履行せざるをえないのか」「決定を履行することをこの領邦君主が拒んだ場合、恐れなければならない罰は存在するのか」と問うなら、この点に関して疑いはなく、事実はたしかにそのとおりである。それゆえ、これらの紛争を戦争なしに決着・終結させるのに十分な権威を、これらの代議士に与える取り決めが、社会的結合が存在している。さて、私のめざす目的のためには、この取り決めが始まった年や、それが何名の、どういう領邦君主たちの間で始まったのかということや、彼らのうちの、あるいは彼らの臣民のうちの誰が、領邦君主同士の将来の紛争を終結させるために武力という方途以外の方途を採用する、というこの考えを最初に持ったのかということを、正確に指摘することは重要でない。そういうことは、忘却の淵に沈んでも構わない歴史的事実である。私たちにとっては、どのようなものが存在し始めたのかを立証するためには、そのものが存在していれば十分であり、右のようなある取り決め、ある社会的結合が可能であれば十分である。

（2）この社会的結合が僅かな年数の間に形成されたのか、それとも多くの年数をかけて形成されたのかはどうでもよいことであって、それは当面の問題には何の影響もない。なぜなら私は、そのような連合がそのような成員同士の間に、大なり小なりの時間のたつうちには形成されうる、ということを示すこと以外の、何事も望んではいないからである。

（3）ドイツの領邦君主たち同士の間にときどき戦争があったとしても、それはどうでもよいことであって、このことは、彼らが互いの紛争を終結させるために武力という方途以外の方途を持たなかったということを立証しないし、仲裁裁判という方途によって戦争なしに終結した数多くのそのような紛争が存在しなかったということも立証しない。それは単に、領邦君主同士の間の昔の協定が常によく守られたわけではないということを立証するのみである。そしてその守られなかった理由は、外国の誰かある権力者の援助を得た成員の一人が、罰を受けずに決定の履行を免れることができ、追放の刑を避けることができる、と信じたからである。ドイツの領邦君主たち同士のときおりの戦争は、たしかに彼らのこの社会的結合に内在するいくつかの欠陥を立証しているが、しかしそれは社会的結合が存在しなかったとか、今はもう存在していないとかいったことを立証するものではない。いやそればかりか、この欠陥が改善不可能な性質のものであるとか、そのような社会的結合の形成に際して避けることのできないような性質のものであるとかいったことも、全然立証しないのである。

（4）ドイツ諸邦の社会的結合は、欠陥のあるものではあったけれども、その決定によってドイツの領邦君主同士の無数の戦争を免れさせずにはいなかったし、したがってドイツにおいて、この社会的結合の権威がなければここ六百年来何度も互いに滅ぼし合っていたであろう数多くの大小の主権国家を、保全せずにはいなかったのである。

（5）それゆえ、形成された取り決め、設立された恒常的な社会的結合がそこには存在している。それゆえ、この社会的結合には始まりがあったのである。しかるに、誰かある君主か臣民がそれの最初のアイデアを持ったことがなければ、誰かある人がそれの何らかの種類の大なり小なりの計画を作ったことがなければ、この社会的結合が始まることはできなかった。さてそこで、このアイデアを提案した人、この計画を最初に立てた人は誰であれ、「ドイツの賢者」「ドイツのソロン」と呼ぶことができるのではないか。ソロンがかつて受けいれさせた法はアテナイの人々にとって、ドイツ諸邦の社会的結合がすべてのドイツ人にとって有用であったほど有用であったか。また、ソロンの法がソロンに賢者の異名を得させたのは正当なことではなかったか。さらに、ドイツの賢者の名が忘れ去られてしまったこともどうでもよいことであって、それでもそういう賢者が存在したということは依然として確実である。なぜなら、設立された社会的結合、もしくは人の手になる他の何らかの制度組織が見られるとき、誰かある人がそれの最初のアイデアを持ったとか、誰かある人がそれの最初の計画を立てたとか考えることが、またこの制度組織が多くの賢明な点を示している場合には、その発案者である人に賢者の名を与えることに正当な理由がありうると考えることが、妄想の産物を仮定することではないということは確かだからである。それゆえ私は、アンリ四世を「ヨーロッパのソロン」と呼ぶことを公正な人々は拒まないであろう、という希望を抱く。なぜなら、ヨーロッパ諸国の社会的結合の計画を最初に立てられたのは同王だからである。

反対論　六十九

本書全体をつうじて、君主たちの利害が臣民の利害といささか対立させられているように見えるし、そのうえ貴殿は、諸国の君主たちが現在有している、互いに害し合う力を、あまりにも入念に削減しすぎている、と私に言った人がいた。

回　答

君主たちと臣民とでは利害が異なる、というのはなるほどそのとおりである。君主のほうは自分が自分の臣民たちのおかげで幸福であることを求め、臣民たちのほうは自分たちが自国の君主のおかげで幸福であることを求める。しかし、この両者の利害は異なっているとはいえ、対立しているということは全然ない。反対に、両者の利害は上位者と下位者の間にある社会的結合の、その要をなす点において互いに結びついている。なぜなら、両者の共通の安全保障と共通の富は、元首が自分の臣民に、臣民が自国の元首に満足するにつれて増大するからであり、なおかつ、次のことは誰も知らぬ者のないことだからである。それはすなわち、社会的結合を解体する手段は、この社会的結合によって得をする者は一方の当事者しかいないようにし、かつ他方の当事者はそれによって得をすると信じるどころか、損をすると思い込むようにすることであるということ、反対に、各人が他の人々のために働くことによってこそ自分のために働くことにもなると信じているときにもまして、社会的結合が利害関係者全員に利をもたらすことは、決してないということである。

ある市民を有徳にするためには、次のこと以外は要求されない。それはすなわち、この市民が自分の行為を常に他人に対して調整するべく、自分の最大の利益を常に完全に認識しているということである。そうすればこの市民は、徳すなわち正義と善が、自分の幸福を増大させるうえで、不正に比べてどれだけ多くの利点を自分にもたらしうるか、明白にわかるであろう。同様に、世界で最良の元首を作るためには、次のこと以外のことを願う必要がないことも明白である。それはすなわち、彼があらゆる元首のうちで、最も利害関心の強い者であること、ただし最も利にさとい者でもあることである。最も利にさといとはすなわち、自分の最大の利益に一致するのは何かを明瞭にわかっていることである。なぜなら、それがわかっていればこの元首は、自分の最大の利益とは自分の正義と善と慎慮の効果を自分の臣民に絶えず感じさせることだ、ということも明瞭にわかるであろうから。

私はさらに次のことも認める。すなわち、私は諸国家の社会的結合の安全保障のために、同盟者たる各国の君主がこの社会的結合の形成以前に有していた、互いに害を加え不幸にし合う力を、可能なかぎり削減しているということである。しかしそれは次のような目的のためであった。すなわち、彼らを君主という彼らの条件の下で到達可能な最高度の幸福に到達させることであり、彼らの一身と彼らの王家を王位に保つことの全面的な保障、最も強力な君主たちに対する最も力の弱い君主たちの、大国の君主たちに対する小国の君主たちの、抜きん出た天分を持つ君主たちに対する愚昧な君主たちの全面的な安全保障を、彼らに得させることであり、彼らの臣民たちが自分の隣人たちや自分自身の使用人たちに対して享受しているのと同じ安全保障、すなわち互いの紛争を武力に訴えず費用もかけずに、かつ公正に則って終結させることの全面的な保障と、そして最後に、絶え間ない商取引の、したがって富の絶えざる増大の全面的な保障を、彼ら君主にもその近隣諸国の君主たちに対して得させることである。

さてそこで、害をなす力のうち、放棄するよう私が君主たちに提案しているものの価値を、不変の平和をつうじて獲得するよう私が彼らに提案しているものの価値に比較してみるがよい。そうすれば、君主たちは一方で三を損しても他方で三千を得すること、また彼らが平和の体制下でする得は、彼らが互いに害し合う権利と手段、戦争の体制下で彼らが有する不吉な権利と忌まわしい手段を、より多く放棄すればするほど、その分だけ多くなるであろう、ということがわかるであろう。

反対論　七十

アンリ四世は、ヨーロッパ諸国の社会的結合を本当に設立したいと思っておられたわけではなく、この美しい口実の下で、オーストリア王家の勢力を低下させ、この低下によって御自身を高めるための、連盟を形成したいと思っておられたのだ。仮に同王がその目論見の実現寸前のところまで行かれたら、ヨーロッパ諸国の社会的結合を形成しないで済ませるためのもっともらしい口実を見つけ出されたことであろう。同王がキリスト教共和国と呼ばれたものは、そういうものなのだ。

回答

（1）各国の君主・首脳がこの社会的結合から引き出すことのできる利点は非常に大きく、明らかで、確実でしかも永続的なので、彼らを連盟に入らせるにはそれだけで十分なほどであると、少なくともそうアンリ四世は考えておられたのかと思われる。したがって同王は、この社会的結合を提唱することが、これらの君主・首脳たちに対して彼らの利益とは明らかに一致しない何かあることを提案することであるとは、思っておられなかったし、彼らの遠ざかっていなければならないような社会的結合を彼らに提案しているのだとも、思っておられなかった。さて、私がこの同じ君主・首脳たちの目の前に同じ計画を再び示すことによってしていることは、この提案が彼らの利益に驚くほど一致する、という同王の持っておられた見解に従うこと以外の何であろうか。

（2）本計画がこれらの君主・首脳たちにとって好都合だと信じていたのはアンリ四世だけではなく、これらの君主・首脳たち自身も、アンリ四世が彼らに提案されたのと同じ計画・同じ意見に結局は加わったのであって、わけてもイギリス・ドイツ諸侯・ジェノヴァ・フィレンツェのような、連盟がオーストリア王家に対して行なうにちがいない征服から利を得るはずのなかった国々の君主・首脳がそうしたのである。それゆえ、本計画は今日の諸国の君主・首脳の利益に一致することができないような計画ではない。なぜなら、彼らは本計画に同意した自分の先祖や先任者が持っていたのと同じ動機を持っているからである。

（3）アンリ四世は、ヨーロッパ諸国の社会的結合を不変のものとすることをめざして連合を形成し、オーストリア王家を弱体化させた後では、この連合を維持しなくても済む、などという希望を抱かれることが、どうしてできたであろうか。連合に属する他の国々の君主・首脳がオーストリア王家といっしょになって、同王自身のした約束を守るよう同王を強制するのは疑いのないことだと思っておられ、一人で他のすべての国々の君主・首脳たちに抵抗できるという望みをお持ちになれなかった同王としては、そんなことはできるはずもなかったであろう。それゆえ本計画は、アンリ四世の側は真剣であったと仮定した場合には非常に分別に富んだ、はなはだ賢明な計画であったが、これは同王の側の悪巧みで見せかけでしかなかったと仮定した場合には正気ならざる計画であった、ということがわかる。なぜなら、自分で自分に多くの苦痛を与えることにもまして正気ならざること、これほど忌むべき、またこれほど明らかに不可能なことのために多くの危険を冒し、多くの出費をすることにもまして正気ならざることが、何かあるだろうか。しかしながら、本計画の頑強な反対論者たちの最後の防壁は、そのようなものなのである。

第七論考　有用条項・特殊動機

要　約

何人もの人々が、本書を読んで次のような不信に陥った。すなわち、本計画が思弁のうちに留まっているかぎりは可能で実行できそうに思われたことが、それにもかかわらず、本計画を実行に移したいと思った途端に、現実には不可能になるであろう、と。私は、実行そのものによるのとは別の仕方で彼らを安心させるのは容易なことではない、ということを認める。しかし、そのような心配をしていては、人はいかなる制度組織のためにも決して働き始めないであろう。しかしながら、最も細心な賢者でさえもこの働きを企てるよう助言・命令するのであって、とりわけ、非常に重要に思われ、しかもいかなる克服しがたい障害も内在しているとは認められないような制度組織の場合はそうである。それゆえ、本計画が実行の細目において、容易に克服できないようないかなる困難も見出さないであろうということを、示す必要があった。そういう困難が見出されないというのは、私の提案しようとしている諸規定は、諸国家の社会的結合の完全な設立にとって十分だからであり、この諸規定もしくは何かそれと等価なものに合意することは容易だからであり、またこの諸規定のどれ一つとして実行不可能なものはないからである。さて、この諸規定が、これからお読みいただく「有用条項」の主題である。

　私よりももっと有能な人々なら、もっと好便で適切な諸規定を示すことが容易にできるであろうことを、私は知っている。しかし私は、次のような読者を期待して、もっとはるかに多数のさまざまな目的と条項を集成していた。それは、ある非常に立派な制度組織に与えることのできそうな形態を少なくとも大まかには見たいという、一種の待ちきれなさを抱いていて、本論文を見ることを苦にしないであろうような読者である。しかし今のところは、これから挙げる諸条項だけを提案するほうがいっそう適切であるように、私には思われた。また私は、これらの個々の規定の各々を提案するに私が至った理由をここで示したいとさえ思わなかった。それは私がこの諸規定を、将来私にもう少し暇ができたときにしっかりと改善したいと思っている一つの試論としかみなさないよう求めているからである。この改善を行なう際には、各条項にはその動機が書き添えられることになろう。

ヨーロッパ連合の形成と保存のために有用なものとして提案される諸条項

第一条　「平和の都」の安全保障と特権

「平和の都」は新しい城壁によって強化され、この新しい城壁の周囲には城砦が置かれるものとする。食糧倉庫・弾薬庫や、長期の包囲・封鎖を持ちこたえるのに必要となる可能性のある一切のものが備えられているようにする。

ヨーロッパ連合の大使、弁理公使、国境の各通商審判廷の五人の派遣員、そしてとりわけ都の駐屯部隊の士官たちは、可能なかぎりこの都および連合の直轄地で生れた者、もしくはそこで居住・結婚している者とし、駐屯部隊の兵士たちは、可能ならば、この同じ直轄地から採用されるようにし、残りの不足人数は、ヨーロッパの共和制諸国の臣民の間からのみ採用することができるものとする。

ヨーロッパ連合は、分担金の減額によって、連合諸州の国々全体に対し、これらの国々がユトレヒトの名士たちの献納金から通常引き出している分の埋め合わせをするものとする。それゆえこれらの国々は、九十万リーヴルの分担金のみを支払い、これよりも大きな額は支払わないものとする。そしてこの同じ名士たちの個々に対しては、彼らの主権国家が連合に合体することによって被りかねない損害を埋め合わせるため、都の居住者は自国の法律と自分の財産・宗教・職の下に保たれるものとし、のみならず連合は彼らに、さらにいっそう利得にも名誉にもなるポストを、たとえば大使・弁理公使・通商審判廷判事・領事・会計官その他を、提供するものとする。また、臣民の通常の献納金に関しては、この名士たちはその半額を減免されるものとする。

第二条　ヨーロッパ連合軍の総司令官

ヨーロッパ連合がどこかある国の君主に対して戦争を始める場合、同連合は多数決によって一名の総司令官を任命するものとする。総司令官はどの国の王家の出でもない人物とし、何度でも、また何人でも解任されうるものとする。総司令官は連合諸国の君主・首脳たちの軍隊の将軍たちに命令を下すが、これらの国々の軍隊内のいかなる人事も自由に行なう権利は持たないものとする。ただし、これらの将軍やその他の士官の誰かある者が服従しなかったり、その義務を怠ったりした場合は、総司令官はこの者を軍法会議にかけることができるものとする。

ヨーロッパ連合は、同連合に敗北した国の王家の親王がいない場合には、総司令官が敵国の君主に対する征服によって得るものの全部または一部を、元首権として総司令官に与える決定をすることができるものとする。

注解

貴殿は総司令官に非常に僅かな権威しか与えていない、と言って私に反対した人がいる。将軍の持つ権威が少なくなればなるほど、彼の率いる軍は恐ろしくなくなることも、多くの違った国籍の者がいるほど軍の団結度は減じ、したがってその力は減じることも、私はよく知っている。しかし、連合諸国の元首たちは次のようにすることによって、この不都合を容易に防ぐことができる。それは、元首全員が各々自軍をもう三分の一多く提供することによって、彼らの連合軍を連合の敵の軍よりも三倍強くすることである。彼らがそうすることは、各々の元首の行なう努力がこの敵よりも少なくても可能であり、しかも彼らには、そうするための重要な動機が三つある。第一の動機は、連合諸国の元首たちが最初に兵員数の非常に多い軍を持つための努力をすればするほど、戦争は長引かなくなり、したがって出費も実際に小さくなるだろうということである。第二の動機は最も重要なものであるが、それは連合軍が強くなればなるほど、戦争の勝利は疑いないものになるだろうということである。第三の動機は、勝利が確実であるからには、各国の元首には自分が先に投じた費用が敗者の出費で払い戻されるという確かな保証があるだろう、ということである。それゆえ、総司令官の権威の少ないことから生じる不都合を防止する手段が一つあって、この手段のほうが金銭的に得なのである。これに対して、総司令官に士官の任命権を委ねるならば、過大な権威が彼に与えられることになるであろうが、この過大な権威から、連合加盟国の君主・首脳たちの利益に反して生じかねない大きな忌まわしい不都合に対しては、そのいかなる防止手段も、最も賢明な人々でもわからないのである。

第三条　代議員・副代議員および代議員代理の資格

各々の元首・国家は「平和の都」に一年中をつうじて、一名の代議員と二名の副代議員と二名の代議員代理を常置するものとする。代議員と副代議員の年齢は四十歳以上とする。副代議員は代議員が欠員または病気の場合にその穴埋めをし、代議員代理は副代議員の穴埋めをするものとする。

副代議員の任命は当該国の君主または首脳の書状をもって、第一・第二の席次を付けて行なわれるものとする。これは、代議員の病気および欠員の場合に、第一副代議員が全面的権利をもって、不在となった代議員の地位と職務を継承するためである。代議員代理も同様に、第一・第二の席次を付けて任命されるものとする。これは、不在となった副代議員の職務を、第一代議員代理が行なうことができるようにするためである。

右の三役を任命する元首は、その選任に際して次の諸点を考慮するものとする。すなわち、頭脳の優秀性、実務能力、公法やさまざまな種類の通商についての認識、穏和で忍耐強く平和を保つことに熱心な性格、元老院の言語を知っていること、そしてとりわけ仕事への専念ぶりである。各国の元首は、適切と判断するときに右の三役を罷免して他の者と交替させることができるものとし、また同一の代議員を四年以上連続してこの職務に任用することはできないものとする。

ある元老院議員がその気質上の性格のせいで、平和と静穏に反しているとわかった場合、元老院は三分の二の賛成票をもって、この議員がその職務を行なうことができない旨宣言するとともに、他の元老院議員の任命をヨーロッパ連合から当該国の元首に要請するよう命じることができるものとする。そしてこの宣言がなされた日から、この議員は会合から排除されるものとする。

二年間副代議員であったことのある者でなければ、誰もその後代議員に任命されることができないものとし、二年間「平和の都」にあって代議員代理であったことのある者でなければ、誰も副代議員になることができないものとする。

二年間連続してこの「平和の都」に留まっていたことのある者でなければ、誰もその後国境通商審判廷の判事に任命されることができないものとする。

第四条　代議員の職務

元老院議員すなわち代議員は、めいめいが毎週交替で元老院議長に、すなわち「平和の都」の総督ないし長官になるものとする。元老院議長は総会と五人評議会を司会するものとする。

五名の元老院議員による評議会を存置するものとする。この評議会の役割は、元老院議員と「平和の都」との安全保障、夜警の合言葉、誰かある者を逮捕するための命令等々にかかわる日常の差し迫った重要な事柄を管理することにある。議長はこの五名の臨席している場合にしか言質を与えることができず、またこの五名の多数決による書面上の同意によらなければ、何事も命令することはできないものとする。

連合条約に最初に調印した君主または首脳の代議員が最初に元老院議長になるものとし、その他の国々の元老院議員は各々、条約調印の際に得た序列への関係により、元老院の議場における席順を次のような仕方で占めるものとする。すなわち、議長席の右隣の席に着く者が、初代の議長の任務の終了する日に彼からこの顕職を継承するものとし、議長の職務から離任した者は後継議長の左隣の席に着くものとし、会合のメンバー全員が交替で議長を務めた後でなければ再び議長になることはないものとするのである。

どこかある国の君主または首脳が、既に形成された連合に加盟する場合、彼の代議員は、会議に席を占めてから二か月後でなければ元老院議長になることはできないものとする。これは、この代議員が会合において、議員仲間の慣行と、議員の職にある者の職務とを学習する時間的余裕を持つためである。

個別委員会と公開会合における元老院議員の会議は、彼らが元老院において行なう会議にならって、毎週次のような仕方で行なわれるものとする。すなわち、議長の当番を間近に控えている議員たちが、その当番間近の何週かの間、優位と上席権を持つようにするのである。ただし個別視察に際しては、各議員は席次をいいいいい知られないようにし、目立った序列をつけないものとする。

第五条　討議の手続等

会合は、意見書が検討に適することを証明する三名の元老院議員の署名を得た場合以外、いかなる意見書に関しても討議しないものとする。討議はすべて印刷された意見書に基づいて行なわれるものとし、意見書は書記官によって全代議員に配布されるものとする。配布の八日後に会合において多数決で討議がなされるものとする。この意見書が検討させるのに適し、検討のための決議が可決された場合、書記官は当該意見書の問題に精通している委員会の長に、この意見書を渡すものとする。

委員会に付託された意見書は、取り決められた手続きに従って委員会で検討されるものとする。委員会の長は元老院の書記官に、理由を付して委員会の意見を伝え、書記官はその印刷された写しを作らせて、それを元老院議員全員に配布するものとする。元老院議長は、各元老院議員が問題の重要性に応じて自分の票を投じることができるように、期日を指定するものとし、指定された期日が来たら、各元老院議員は当該意見書の下に自分の意見を記して署名し、それを書記官に差し戻すものとする。

会合の日に、書記官は同主旨の意見をすべて続けざまに読み上げて、その数を数えるものとする。議長は、本件がどの意見に決せられるかを高らかに述べ、この問題の検討が行なわれた委員会の長によって書記官の官房にもたらされた判断が意見書の下に記載され、この判断かもしくは会合の決定に、議長と五人評議会のメンバーと書記官が署名するものとする。これらの決定はすべて、さまざまな記録簿に記載され、毎年その印刷された写しを各元老院議員に渡し、いかなる判断のせいでもある一国の君主または首脳が名指しで非難されることがないよう防ぐことができるようにするものとする。ただし、元老院の作る法は個々の事柄に関する一般的な法であるものとする。この法は、その制定後に君主・首脳がこの法の命ずることを自発的に行なうようにするために、いかなる党派の名も挙げずに決定されるべきものである。

第一委員会では、ヨーロッパ連合の大使および弁理公使の書状の検討がなされ、それに対する回答が全体会合の承認を経て行なわれるものとし、また大使・弁理公使・国境通商審判廷の吏員・元老院の顧問官等を交替させるための臣民の選任が行なわれるものとする。

第二委員会では、駐屯部隊の士官の選任と、戦争がある場合には戦争に関する事柄の検討がなされるものとする。戦争に関する事柄とは、ヨーロッパ連合軍の将軍の選任や、ヨーロッパ全体の国境の軍隊に関係する事項である。

第三委員会では、財政に関する事柄の検討が、すなわち会計報告や財務委員の選任が行なわれるものとする。

第四委員会では、ヨーロッパ連合全体や「平和の都」とその領土や、あるいは国境通商審判廷の法律に関係する可能性のある、諸々の規定に関する意見書の検討がなされるものとする。

右の四つの常任委員会のほかに臨時の委員会があって、これらは君主・首脳同士の間の紛争を調停するために特別に組織されるものとする。これらの調停委員会は、元老院が多数決で発する書状によって任命されたメンバーから成るものとし、この委員会の委員は、当事者同士の調停に成功し、両当事者を同意書に署名させるに至った場合には、感謝状を与えられ、かつ特別手当を得るものとする。また委員が調停に成功しない場合には、調停委員会の委員長は委員会の意見を書記官長に伝え、書記官長はその印刷された写しを元老院議員全員に配布するものとする。これは、元老院議員たちが情報を得た上で、会合の最中に彼らの意見を文書で書記官に伝えることができるようにするためである。また万一、すべてのこのようなケースのための法律が元老院によって作られた後で、非のある君主がこの法律に従いたがらないということが起こった場合には、元老院議長は、他の国々の君主・首脳たちには正当と思えなかったような要求や抗弁をしたこの君主に対する判決を、名指しで宣告するものとする。

この仲裁判決は多数決によって仮宣告され、六か月後に第二審判決により四分の三の票をもって最終的に宣告されるものとする。したがって、各々の紛争に関して常に二度の判決があるものとする。

票を投ずるための期間が定められるものとし、この期間は、最も遠方の国々の全権委員たちが自国の君主・首脳の訓令を受けることのできるような期間とする。万一、どこかある国または国々の全権委員が指定された期限内に回答を受け取らなかった場合は、元老院は多数決により新たな期限を示すことができるものとし、この新たな期限を過ぎて以後は、自国の票を投じることを拒んでいる全権委員の出欠にかかわらず、判決にとりかかるものとする。

右の諸委員会は、委員長の健康状態のせいでこの委員長の家で会合がなされる必要があるというのでないかぎり、すべて元老院議長の公邸の敷地内において会合するものとする。

元老院は、委員会の長と委員とを四分の三の票をもって任命するものとし、委員は五人の代議員と十人の副代議員で構成されるものとする。委員会の書記官は、生れつきの者でも令状による者でもよいが、ヨーロッパ連合の臣民たる者とする。

オランダ・ヴェネチア・スイスおよびジェノヴァの各共和国の代議員は、五人評議会に常時属するものとし、これらの共和国のうちの一か国の代議員が元老院議長であるときは、五人評議会の空席は、全体会合を最後に司会した議長であった代議員を最初として、交替でこれを補充するものとする。

元老院が討議したり意見書を伝えたりする際に使用する言語は、現行の日常言語のうちで、ヨーロッパにおいて最も多く使用され最も共通化している言語であるものとする。

各国の代議員は、自身の宗教上の行ないを自由に実行できるものとし、自邸内にはしかるべき司祭職付きの聖堂を持つものとする。代議員と同一の宗教に属する者は、その代議員と同国人であっても他国人であっても、当該代議員の邸内の聖堂において彼と同じ宗教上の自由を有するものとする。元老院は、この宗教行為にいかなるトラブルも持ち込ませず、それについて何事にせよ公然と嘲笑させず、また「平和の都」共和国の領土内ではこの宗教行為に反対して何も書いたり印刷したりさせないよう、非常に特別な禁止を行なうものとし、違反者には投獄か、場合によってはもっと重い刑罰を課するものとする。そして宗教行為の嘲笑は、攻撃された当の宗教に属する誰かある人のいるところでなされる場合には、公然となされたとみなされるものとする。

ヨーロッパ連合は、貨幣の品位と重量について、またヨーロッパ全体をつうじて同一の重量単位、同一の長さの単位、同一の天文計算、とりわけ各年の始まりについて、取り決めるよう努めるものとする。

注解

右の取り決めは通商といっそう容易にするうえで大きな効用を持っている。そして通商をいっそう容易にするものはすべて通商を増加させ、通商を増加させるものはすべて人民と君主・首脳とを豊かにする。秒振り子はフランスでいう三ピエ〔三フィート〕より少し長い長さを持っているが、これを手段として用いれば、地球上全体で一定不変の尺度を見出すという希望さえ抱くことができよう。そしてひとたび長さの単位の不変な尺度が見出されたならば、同じ方途によって重量単位の不変な尺度を決定することは容易であろう。一リーヴル〔五百グラム〕は一立方ピエの蒸留水の重さの何分の一、というように決めればよいからである。

第六条　ヨーロッパ国境の安全保障

ヨーロッパ連合の安全保障のために、ロシア皇帝は同連合に属していない元首たちの国々に面したすべての国境の防備を、しっかりと固めるものとする。同連合はこの国境に、連合諸国の君主・首脳の軍隊から成る相当数の駐屯部隊を維持するものとする。

ヨーロッパ連合の近隣諸国の一つが通常以上に武装した場合には、同連合の側もそれに応じた武装をし、この近隣国よりも三分の一だけ多い軍隊を持つものとする。また、近隣諸国の君主たちの軍隊のほうがヨーロッパ連合の軍隊よりも戦い慣れているという可能性があっては困るので、これらの元首たち同士が戦争をする場合には、同連合は現在・将来いずれのもめごとに対しても、彼らに調停・仲裁・保証を申し出るものとし、これを受け入れたほうに味方すると宣言するものとする。

あらゆる新たな武装について知らせを得るために、互いの国許に大使と弁理公使がいるものとする、という取り決めをするものとする。

トルコ皇帝も、連合に加盟していない元首たちの国々と共有する国境に関して、右と同じ管理を行なうものとする。

第七条　分担金、すなわちヨーロッパ連合の経常収入について

ヨーロッパ連合の収入は、各国の君主・首脳が支払う経常分担金から成るものとする。この分担金は、一票のみを有する最も力の弱い国の君主または首脳の支払う分を、フランスの現行通貨で年額三十万リーヴル、もしくは他の通貨でその相当額という割合に仮に取り決め、他の国々はその収入に比例して支払うものとする。その後同連合がその建築物や要塞や倉庫等々を建造し終えて、同連合の必要収入額が減少したら、右の分担金はこの減少を考慮して減額されるものとし、ヨーロッパの国境防衛のための分担金や戦争が起きた場合の分担金は、元老院が各国の収入に比例して取り決めるものとする。

分担金は当該国の会計長官が、月割りに等分して毎月一日に支払うものとし、この支払いに際してはヨーロッパ連合の会計長官の委任状と、当該国の首都に駐在する同連合の会計係員の領収証が発行されるものとする。この会計係員は毎月、大使・弁理公使および国境通商審判廷判事に給与を支払うものとする。

ヨーロッパ連合は、会計係員に規則どおりに支払われない金額の月ごとの利息を定め、これによって、分担金の前納をした国々の君主・首脳に割戻金を支払うものとする。

注解

ここでは私は読者の利便のために想像上の算定をしておく。この算定の意図は、右の分担金割り当ての大まかな観念を読者に与えることにある。

すなわち

ヨーロッパ連合の加盟国

（1）フランス、三百万リーヴル。

（2）スペイン、三百万リーヴル。

（3）イギリス、百五十万リーヴル。

(4) ユトレヒトの名士たちを除いたオランダ、九十万リーヴル。
(5) バイエルンとその盟邦、三十万リーヴル。
(6) ポルトガル、五十万リーヴル。
(7) スイスとその盟邦、三十万リーヴル。
(8) フィレンツェとその盟邦、三十万リーヴル。
(9) ジェノヴァとその盟邦、三十万リーヴル。
(10) 教皇領、三十万リーヴル。
(11) ヴェネチア、五十万リーヴル。
(12) サヴォア、五十万リーヴル。
(13) ロレーヌ、三十万リーヴル。
(14) デンマーク、五十万リーヴル。
(15) 聖職選帝侯とその盟邦、三十万リーヴル。
(16) パラチナ選帝侯とその盟邦、三十万リーヴル。
(17) ハノーヴァーとその盟邦、三十万リーヴル。
(18) ザクセンとその盟邦、三十万リーヴル。
(19) ブランデンブルク伯、五十五万リーヴル。
(20) クールランド、三十万リーヴル。

(21) オーストリア、百三十五万リーヴル。
(22) ポーランド、百万リーヴル。
(23) モスクワ大公国、三百五十万リーヴル。
(24) スウェーデン、七十万リーヴル。

ヨーロッパ連合の盟邦諸国
トルコ、四百五十万リーヴル。
モロッコ、六十万リーヴル。
アルジェリアとその盟邦、三十万リーヴル。

右の二十七か国の分担金の総額は、二千五百万リーヴルに上る。[1] さて、成立しようとしているヨーロッパ連合の支出がどのくらいの額に上るかを近似的に知るためには、ヨーロッパのあらゆる国々の君主・首脳が同連合に加盟したかのようにして、それを算定するのが適当である。そうしておけば、次にこの額から、同連合が完全に完成されたあかつきにはもはや行なわなくなるであろう支出を差し引くことは容易であろう。

国境通商審判廷の数は二十、そのうち十が小審判廷、十が大審判廷で、小審判廷は十名、大審判廷は二十名の判事で構成され、それとともに下級吏員たちもいて、下級吏員にかかる費用は全人件費の三分の一、しかして各々の判事は一万リーヴルの俸給を得るものと、私は仮定する。そうすると、各々の小審判廷は下級吏員の分とあわせて十五万リーヴル、十の小審判廷全体では百五十万リーヴル、各々の大審判廷は三十万リーヴル、十の大審判廷全体では三百万リーヴルの費用を要することになるであろう。したがって、トータルでは四百五十万リーヴルかかるであろう。

二十七名の代議員は、各々が毎年七万二千リーヴル、全員では百九十四万リーヴル(2)を支給されるものと仮定しよう。

五十四名の副代議員は、各々が三万六千リーヴル、全員では百九十四万四千リーヴルを支給されるものとしよう。

五十四名の代議員代理は、各々が一万八千リーヴル、全員では九十七万二千リーヴルを支給されるものとしよう。

四十名の弁理公使は、各々が一万八千リーヴル、全員では七十二万リーヴルを支給されるものとしよう。

「平和の都」およびヨーロッパ連合直轄領の行政官の俸給は、全員で三十万リーヴルとしよう。

二十七か国の君主・首脳の許にいる二十七名の収入役は、各々が一万リーヴル、全員で二十七万リーヴルを支給されるものとしよう。

ヨーロッパ連合直轄領内の財務官吏は、全員で三十万リーヴルを支給されるものとしよう。

---

(1) 正確には二千六百二十万リーヴルであるが、原文に従う。

(2) 正しくは、次段落と同じく百九十四万四千リーヴルであるが、原文に従う。

人事異動の費用は五十万リーヴルとしよう。

一万人分――その五分の一は竜騎兵として――の備えのできた弾薬の費用を含めた、城砦の駐屯部隊の費用は、三百万リーヴルとしよう。

「平和の都」と城砦のための一年半分の備倉に関する年損分は、約百万リーヴルとしよう。

要塞や建築物等の補修費は、普通の年で五十万リーヴルとしよう。

各々の技術・学問や諸々の大学・病院における熟練者のための年金、下士官手当、特別手当、予定外出費は、八十七万八千リーヴルとしよう。

これらの出費の総計額は千八百五十万リーヴル[3]に上る。それゆえ、残りは六百五十万リーヴルということになるが、この残額は城砦や新しい城壁を持つ要塞、二十七名の代議員の二十七の邸宅や元老院議長の邸宅、倉庫、さまざまな救護院や病院――すなわち救貧院・幼児院・廃兵院や、通常の病気のであれ伝染病のであれ、病人のための病院――などを作るのに使われたり、五千万リーヴルの貯蓄金をこしられるのに使われたりすることになろう。しかし、これらのことやその他多くの似たようなことは、諸国の君主・首脳が将来主要条項について合意したあかつきには、彼ら同士の間で容易に取り決めることのできることである。考慮すべき支出増加はただ一つしかない。それは、タタール人や中国の側に面したロシア皇帝の国境や、ペルシア・アラビア・エチオピアの側に面したトルコのスルタンの国境沿いに維持されることになる軍隊であろう。しかしこれは、将来たまたまこういう事態に至ったときに容易に作れるような諸条項に属することである。

第八条　アジア連合

ヨーロッパ連合は、ヨーロッパ諸国の社会的結合に似たような諸国家の恒常的な社会的結合を、アジアでも実現することに努めるものとする。これはアジアにおける平和を維持するためであるが、またとりわけ、ヨーロッパ連合自身の静穏のためにせよ、アジアにおける同連合の通商のためにせよ、アジアのいかなる君主をも恐れなければならないようなことが何一つないようにするためである。

注解

既述の分担金のほかに、次のような軍団に支払うための分担金がさらにあるであろう。その一つは、モスクワ大公国とタタール人との国境沿いに置かれることになる軍団であり、別の一つはトルコとペルシアの国境沿いに置かれることになる軍団であり、第三の軍団はエジプトに置かれることになるそれである。カスピ海沿岸にも二つの軍団が置かれるかもしれない。その目的は次の四つである。(1)第一・第二の陣営の一方から他方への海上連絡が容易にできるようにし、かつこの両陣営が相互に、より迅速に援助を与え合うことができるようにすること。(2)新兵を黒海の東へ連れてゆくことができるようにし、かつその陸上行程が僅かしかないようにすること。このことで馬車の費用が得になるであろうし、脱走の防止にもなるであろう。(3)同一の最高司令官が全軍を指揮できるようにすること、そしてそのために、ローロッパ連合がカスピ海にも、

（3）正しくは千六百八十二万四千リーヴルであるが、原文に従う。この計算違いの原因は定かでない。

最高司令官の指揮下にある軍艦を持つようにすること。⑷金銭・武器・弾薬・衣料・食糧を第一・第二の両陣営に、容易に、大きな費用をかけずに陸揚げできるようにすること。

さて、第一・第二の両軍団の各々が七万五千人を擁し、エジプトには三万人がいるとすれば、平時にはそれでヨーロッパの国境を確保するのに十分であろう。そして、フランスが勢力の上でヨーロッパの六分の一であると仮定すれば、フランスはヨーロッパ連合の会計官に三万人分の、すなわち全軍――このうちには約六千七百万人のフランス兵がいるが、残りは他の近隣諸国の兵士ということになる――の六分の一の給与を支払うのに必要な資金を提供することになろう。フランスに対するこの分担金は、年額千五百万リーヴルにもならないであろうから、フランス王国が自国の国境から八百里《リュー》(4)のところから戦争を遠ざけ、騒乱を好む不平家たちを王国から一掃し、そのおかげで通商の継続の保障を得る、という目的のためにそのくらいの分担金を国王陛下に納めることは、たやすいことであろう。ヨーロッパにとって右の全軍にかかる費用は年額九千万リーヴルにすぎず、これでアジアとアフリカの君侯たちに対する身の守りを保つことができるのである。これに対して現状では、ヨーロッパ諸国の君主・首脳たちにとってかかっている費用は、平時においてお互いに対して身の守りを保つために二億リーヴル以上、戦時において互いに敵対しつつ自国を維持するためには、普通の年で四億リーヴル以上にもなっている。また、右の九千万リーヴルの支出が続くのは、アジア諸国の社会的結合が形成されるに至るまでのことでしかないであろう。しかし私は、この社会的結合がヨーロッパ諸国の社会的結合よりもはるかに形成しやすいであろうということを、第二部において示すことができると思っている。(5)

付論

私は、全ヨーロッパのすべての君主・首脳とすべての国家が、ヨーロッパ諸国の社会的結合を形成することに対して有する利益関係を既に説明したが、本論考を終える前に、これらの国家のいくつか、これらの君主・首脳の何人かが、この制度組織に対して個別的に持ちうる利益関係に関して、さらにいくつかの考察を行なうことは無用ではなさそうだ、と思った。

ポーランドの利益関係

この大国がその王の選挙の際に、王国の要人同士の間に生じた分裂のせいで陥った恐るべき災厄を、私たちは嫌悪の念をもって見る。とはいうものの私たちが同国の災厄について知っていることは、この強力な国家のすべての地方、すべての都市、そしてほとんどすべての家族の実際の荒廃ぶりに比べれば、限りなく些細なことなのである。これらの災厄の長引いていることが、次のことから来たものであることを知らぬ者は誰もいない。すなわち、当事者の力がほとんど互角であったこと。各当事者がその時々に応じて最強になっ

（4） 里（リュー）（lieue）は約四キロメートルに相当する距離の単位。

（5） 実際に刊行された第二部（第三巻・本訳書では下巻）には、この予告が実行された形跡は見られない。

たり最弱になったりしたこと、両当事者のうちのどちらの一方をも、速やかに、かつ全面的に打倒することはできなかったこと。そして最後に、この両当事者には、彼らが武器をとって互いに滅ぼし合うのを防ぐのに十分なだけ強力で、彼らの紛争を戦争なしに終結させる意欲を持つのに十分なだけの善意のあるいかなる仲裁者も、いなかったということである。

けれども、ついにこの二人の王のうち一人が完全に主君となり、国を平和に領有し、この国は非常に恐ろしい騒擾を経てとうとう静穏になった、と私は仮定する。この王の崩御とともに同国が似たような災厄に再び陥らないという十分な保障を、誰が同国に与えることができるか。要人たちの家々が嫉妬せずにいられるのか。未来のポーランド人はみな野心を持たないように生れてくるのであろうか。これほど多数の人々のうちに、うぬぼれる者や不和の種をまく者がみられる可能性はもはやなくなるのであろうか。人間たちについて、彼らの心の中では常に公的関心が私的関心よりも優勢になっていることを、期待してよいのか。選挙王制の王国においては、各々の王の崩御にひそかに期待をかけるまでもなく、分裂の火が点ぜられる準備はできている。しかもポーランド王国には、党派の憎しみをつのらせ、内戦の無秩序の中で生活するのに馴れっこになる暇が、よその国よりも多くあったから、次の選挙の際にはその分だけいっそう、万事が分裂の火を点じる傾向を強めるであろう。

さて、最も慎慮ある人々が、これほど危険で厄介な病弊に対する予防策を探し求めるとしよう。ヨーロッパに次のような上位の権力が存在すること以外に、そういう予防策はない。それは、国内にほとんど互角の二党派が形成された場合には、武力という方途を差し控えざるをえないという幸いなる必要性を両党派に課すことと、この上位権力自身の調停委員団をつうじて両派を調停することに成功できない場合には、仲裁裁判に事を委ねることに、関心を持つような上位権力である。

しかし、いかなる党派もそれに抵抗する望みを持つことができないようなこの上位権力を、どこに見出すべきか。もしそれがヨーロッパ諸国の社会的結合でないならば、近隣諸国間に平和を維持することに十分な関心を持つこのような権力を、どこにも見出すことはできまい。したがって、そのような制度組織をもたらすことに強い関心を持つ国家があるとすれば、それはポーランドだと言ってよい。それは、同国の悲惨な状態がなおも続いている場合には、ヨーロッパ連合設立のあかつきにはこの状態から脱する、という目的のためであり、この設立以前に現在の争いが終結をみた場合には、この惨状から永久に解放される、という目的のためであるが、そのいずれの場合にせよそうなのである。

この国家にとっては、今日の王位継承権主張者のうちのある者を、他の者より以上に王にしたいと望む理由があるのかもしれないが、この利点がどれほどのものであろうと、それは同国がこれまでに被ってきた、そして今なお被りつつある害悪の、千分の一の害悪で済むことに対して、比べものになりうることであろうか。また、次のことがわかるためには、明晰な頭脳を持つ必要があるであろうか。すなわち、これらの王位継承権主張者のうちの誰も、戦争がこの国の国内に引き起こした損害の百分の一を回復することも決してできないこと、最も凡庸な君侯でも、戦争をしない人のほうが、最もすぐれた君侯であるが戦争をする人よりも、ポーランドの人々にとって常に王として望ましいことである。ところでこれこそまさに、ポーランドの人々が、彼らの許であらゆる戦争を不可能にするにちがいなく、また彼ら同士の間に不変の平和を間違いなく維持することになるような、そのような諸国家の社会的結合の設立に寄与することによって、見出すことになるであろう莫大な利益なのである。

一人の賢明な王が、ヨーロッパ諸国の社会的結合の設立から、自分の幼少の後継者のために引き出すことのできる利益

慎慮ある王は、自分の後継者が自力で統治することのできる年齢に達する以前に、自家および自国に自分がいなくなることを、心配するかもしれない。この王は遺言書を作成し、その中で、国家が幼君期にある場合のさまざまな病弊を予め防ぐよう努めるであろうこと、自国の病弊を予知して、最も適切な予防薬や最も効果的な治療薬を処方すべく努めること、摂政を定め、これに一つの顧問会議を付与して、明示された特定の重要事項についての決定はこの顧問会議ぬきにはできないようにすること、これらのことを私は仮定する。私はこうも主張する。この王は成年に達する前に死ぬかもしれない幼君たちに代って、怜悧な大臣たちに政務をとらせる備えまでするし、幼君時代についても、宮廷の諸役についても、軍の諸職についても、財政管理についても、諸々の城塞都市と州の知事の選任についても、年金・特別手当・司教職・大修道院長聖職禄その他の恩典についても、万事が定められている、と。彼がそうするのは、万事が策略や依怙贔屓に委ねられたり、最も高い値をつけた者に与えられたりするようなことがないためであり、功績と才能が何ほどかのものとして考慮に入れられるためである。世界で最も賢明なこの遺言書は、そのことに役立つであろうし、幼少の王にとっても、その王国にとっても役立つであろう。ただしそれは、この証文が三か月の間だけでも実行されるという何らかの保障があればの話である。

しかるに、次のことがわかるためには、世事についての人並みの慣れと、かつての摂政制に際して起こったことについての人並みの認識しか必要としない。(1)顧問会議のメンバーが互いに分裂したり、幼少の王と国家に奉仕するよりもむしろ互いに害し合ったり滅ぼし合ったりすることに努めたりするようなことが、もはやまったくないなどということは、絶対にありえないこと。(2)摂政が、ある人々に施す恩恵によるか、もしくは他の人々に対して行使する威嚇や罰によるか、そのいずれにせよたちまち全面的権威を身に帯びるということが、ないなどということはありえないこと。摂政は、たちまち顧問会議における絶対的支配者となり、廉直たらんとする意図によってか、もしくは公共の利益という口実に基づいた野心のせいでか摂政に抵抗する癖のついている人々を、もっともらしい口実によって追い出すために、阿諛追従する大臣連中を利用するであろう。さてそこで、次の二つのことのうちの一つが起こるであろう。すなわち、顧問会議の内部に、野心家たちの十分に強力な一派が形成されるか、それとも善意の人々の一派が形成されるかである。そしてそうなったら、分裂に御注意あれ、内戦に御注意あれ、である。なぜなら、複数の党派がほとんど互角な場合には、たちまち内戦が生じるからである。そういう場合、権威は分割され、一部は高貴な生れの、ただし悪い入れ知恵をされていると言われるような首領の旗下に与し、一部は王への奉仕と国家の利益とのために熱心と見えるような大臣たちの旗下に与するように思われる。そして、二つの党派が形成されて両者の互角な状態が存続しかねないことは、一王国に起こりうるあらゆる災厄のうちの最たるものである。

その場合、幼少の王の一身にとっても法にとっても危険が存在するとすれば、善良な市民たちは何を頼りにしたらよいのであろうか。また市民のうちの誰が、政府に不平を言いながらも自分の生命と財産に対して安全を保障される望みを持つことができるであろうか。しかるに、誰も正当に、叩きつぶされずに不平を言うことができず、犯罪者として処罰されることなしには幼少の王の利益と生命を守るべく努めることができないとすれば、誰があえてものを申すであろうか。だがそれにもかかわらず、誰もものを申さなければ、人々を脅かしかねない極度の災厄に対してどのような救治策を望むことができるのか。けれども、罰を受けずに不平を言うことが可能だとした場合でも、誰にも向けられていないような不平が何の役に立つのか。またどこの誰が、害悪を救治し、事態をその最初の秩序へと置き戻し、摂政その人をつうじて、非常に大きくてしかもはなはだ避けがたい労苦の下に、賢明な遺言書の必要不可欠な諸条項を履行させる、という権力と意志を持つであろうか。

さて、どう探し求めても、頭をあらゆる方向へひねってみても詮ないことで、ヨーロッパ諸国の社会的結合以外には、そのような遺言書の諸条項の履行の十分な保障を与えることができ、また幼少の王の安全保障のためであれ、国家の静穏と幸福のためであれ、書き漏らされたかもしれない諸条項の不足を補うことのできるような権力を、見出すことはできないであろう。この社会的結合は、全ヨーロッパ諸国の力から成ることになるであろうから、十分な権能を確実に持つであろう。また、ある一目瞭然たる例のおかげで、近いうちにこれと全く似たようなケースにおいて自家が必要とするかもしれない庇護を得ておくことに、切実な関心を持たないようないかなる君主も存在しないから、この社会的結合は万事を履行させる意欲を確実に持つであろう。

私の思うに、自分の後継者の身の安全と、摂政ならびに顧問会議自身の幸福と、自分の王国の繁栄とに対して慎慮ある王なら、自分の遺言書が執行され自分の死後も国がよく統治されるようにするために、ヨーロッパ連合から次のような約束をとりつけるというやりかたよりも賢明なことは、決して何もなしえないであろう。それは、同連合がこの王の遺言書の執行者、王の後見人となることを引き受けるということと、顧問会議において遺言書の措置に反する重要なことが将来起こったら、それをすべてヨーロッパ元老院に報告する、という目的で顧問会議に臨席するための、二名の監視委員を特別に任命するということの約束である。したがってこの慎慮ある王は、同連合がまだ設立されていない場合には、自分の余生をかけてこの連合の設立を実現すべく努めることよりも賢明で光栄なことを、決して何もなしえないであろう。

イタリアの諸国の君主・首脳の利益関係

オーストリア王家が将来ナポリとミラノを平穏に領有したままでいるかどうか、私にはわからない。しかし、仮にそういうことになったとした場合、イタリアの君侯たちには、神聖ローマ皇帝の主張と野望と大きな努力に対抗して身を保つことができるという、どんな保障があるだろうか。とりわけ、フランスでは幼君の治世や、摂政制の際の仲違いが生じかねないのだが、そういうことが一度でもあれば軍を率いてイタリアへ侵入しようという準備のすっかりできた状態を、皇帝が保ち続けているとしたら、どうであろうか。

さて、万一ヨーロッパにそのような災厄が起こった場合、ヨーロッパ諸国の社会的結合が既に形成されていたのでは、イタリアの諸国の君主・首脳たちはあまりにも運が良すぎる、などということがあろうか。また彼らが、この災厄の起こりうる以前にこの社会的結合を形成するよう努力することの利益関係よりも差し迫った利益関係を持つなどということが、金輪際ありえようか。彼らには、このことの交渉よりも差し迫って着手すべき、より重要な交渉があるだろうか。ヴェネチアの元老院が、波乱を予見しながら、その予防策をとる時間がまだあるのに何の予防策もとらないとしたら、この元老院の高度な賢明さについて人はどう考えるであろうか。スイス人というこの自由な国民が、目が覚めたら奴隷以外の何者でもなくなっているまで眠り込んだままでいる、などということがあるだろうか。サヴォワ公は、一人の幼君の治世のせいで弱体化したフランスから十分な援助を得ることが万一できなくなった場合、非常な苦労をしてオーストリア王家からもぎ取った領土を、すべて静穏に領有する十分な保障があると思うだろうか。トスカナ大公はつい先頃、どういうことを身をもって知ったか。そしてヨーロッパ諸国の社会的結合の権力から同大公の期待しうるものは何であろうか。また、オーストリア王家が現在の大々的な牽制攻撃にもかかわらず、既にこれほど重苦しく、かつこれほど恐るべきものと感じられているのであれば、同家がもはや牽制攻撃によって弱められず、そのあらゆる力を再結集する暇と便宜を手に入れたあかつきには、どういうことになるであろうか。そしてこの王家が既にローマやジェノヴァに対して非常に居丈高なものの言い方をしているとすれば、脅えやすい人々を安心させるためのフランスの声援をもはやローマでもジェノヴァでも聞くことができなくなるときが何年かあったら、その間はどういうことになるであろうか。最も臆病な人々は瞬時にして屈するであろうし、屈服した人々の大多数は、自分の自由を保つ望みをまだいくらかは抱いているその他の人々を屈服させることをしとげるために、ただちに利用されるであろう。

アン女王[6]とその弟である王[7]とイギリス国民とが、ヨーロッパ諸国の社会的結合の設立から引き出すことのできる利益

(1) アン女王としては、「女王の弟は、正当な王位継承者と認められれば、女王とその大臣たちに、彼らの思うとおりの王国支配を静穏裏にさせるであろう」という十分な保障を、自分とその大臣たちとが得るこ

---

(6) イギリス女王（一六六五〜一七一四、在位一七〇二〜一七一四）。ジェームズ二世とアン・ハイドの第二王女で、誕生が父のカトリック改宗（一六七二）以前であったことと、外祖父クラレンドン伯（エドワード・ハイド）の影響から、姉メアリとともに英国国教徒として成長し、名誉革命（一六八八）では父王の追放を支持した。姉の夫ウィリアム三世の死により女王に即位。デンマーク王家出身の夫との間に男女合わせて十六人の子を得たがことごとく早世したため、王位継承確定法（一七〇一）に従ってドイツのハノーヴァー選帝侯ゲオルグ（後のジョージ一世）を後継者とし、スチュアート朝最後の君主となった。

(7) ジェームズ・フランシス・エドワード・スチュアート王子（一六八八〜一七六六）のこと。ともにカトリック教徒であるジェームズ二世と後添えの王妃メアリ・オヴ・モデナとの子で、その誕生によりカトリック教徒の国王の在位が恒久化する可能性の生じたことに対するイギリス国民と議会の危惧が、同年の名誉革命勃発の最終的な引き金となった。名誉革命のため誕生後まもなく両親とともにフランスへ亡命、前註の王位継承確定法によりイギリス王位継承資格を否認され、イギリス国内の反名誉革命派（ジャコバイド）と呼応して王位奪回を企てたがことごとく失敗し、ほぼ全生涯を亡命先のフランスとイタリア（ローマ）で過ごしたが、縁戚のフランス王家とカトリック教会を後楯に姉アン女王とその後継者ジョージ一〜三世に対抗して自らを正統のイギリス国王と主張、老僭王（the Old Pretender）と渾名された。サン-ピエールがこの王子を「王」（le Roi）と呼ぶのは、この王子の右の主張を支持するフランス王家の立場に沿ったものである。

とができたなら、この弟を招いて王位につけることも、何らやぶさかではないであろう。しかるに、そのような保障を得るためには、彼女はその弟である王と協定を結び、彼女が適当と判断するような諸条件と諸条項をこの協定で定め、これらの条項全部の履行のために、ヨーロッパ連合を保証人とすることを明記しさえすればよい。さて、同連合のこの保証が完全に確実なものとなるであろうことは、明白ではないか。それゆえアン女王は、自家の権威も権力も失うことなしに王位を自家に保つという、大きな量り知れない利益を、この保証に見出すであろう。彼女が自分でしなければならないことは、この協定の草案を作ることと、同連合の設立を促進することのみである。

イギリス国民に関して言えば、仮にもし宗教や法律や国会の権威や、その他彼らに対する統治の主要な諸点に関して、女王の弟たる王と彼らが結ぶ協定条件書ないし「合意約定」(pacta conventa)(8)の諸条項が、この弟たる王によって厳格に遵守されるであろう、という十分な保障を得ることができたなら、彼らが英国国教徒でないドイツの一君侯(9)を王に迎えようとするようなことはないであろうということも、右と同じく非常に確実である。大多数のイギリス国民は王室に対して愛情を持つとともに大きな恩義を受けており、彼らの宗教と法律の安全を保障してもらうことができたなら、みな喜んで王に対して自らの熱意と感謝を示すであろう。しかるに、ヨーロッパ諸国の社会的結合の眼下でイギリスの協定条件書が作成され、この社会的結合が保証人となってくれるならば、イギリス国民は右の十分な安全保障を目に見える仕方で得ることになるであろう。彼らは自らこの社会的結合の計画を作り、自分たちの方からこの連合の設立を促進することができるのである。

イギリス国民は、ヨーロッパ諸国の社会的結合の設立によって保証と十分な安全保障を得るばかりではないであろう。彼らは、この設立がなされなければ、彼らの代々の王がどんな人々であろうと、国民に対して専制的権威と恣意的権力を獲得するために常に行なうであろうような、そのような企てに対抗する右のような安全保障を自分たちが得ることは、決してないであろうとみなしてよいのである。イギリス国民はその王と、次のことを取り決めることができよう。すなわち、彼らの特権と現行政体との保全のために、二院制の国会が、委員長を含めて八～十人の人物から成る「保全常任委員会」を任命すること、そしてこの委員会は、王の吏員たちによって国民が侵害されたと思うときには、四分の三の票をもって、元老院へ代表を派遣する権利を有するということである。しかし、イギリス国民の自由のためのこの非常に堅固な制度組織も、ヨーロッパ諸国の社会的結合の保証を欠いては決して堅固なものではありえない。それゆえイギリス国民

（8）　第六論考訳註（3）参照。ここではもちろん、ポーランドにおける合意約定に類似した約定が前註のジェームズ王子とイギリス国民との間に結ばれる場合を想定して、その約定を指して言ったもの。

（9）　この後まもなくイギリス国王ジョージ一世（一六六〇～一七二七、在位一七一四～二七）となるハノーヴァー選帝侯ゲオルグのこと。父は同選帝侯エルンスト・アウグスト、母はイギリス国王ジェームズ一世を母方の祖父に持つプファルツ選帝侯女ソフィア。母方の血筋と新教徒であったことのゆえに、前々註の王位継承確定法によりアン女王の後継者と定められ、同女王の死により即位、ハノーヴァー朝（現名ウィンザー朝、イギリスの現王家）の祖となった。イギリスの政治慣習に通じず、また英語を解さなかったため、即位後も国政を内閣に委ねて一年の大半をハノーヴァーで過ごし、結果的に「国王は君臨すれども統治せず」を原則とするイギリス立憲政治の確立が促進された。

は、この社会的結合の設立を促進することに対して、彼らの持ちうる最大の利益関係を持っている。

それゆえ次のことは見やすいことである。すなわち、ヨーロッパ諸国の社会的結合が形成されたならば、アン女王の弟たる王は、自らの宗教を保ったままで全イギリス国民に自身を王冠の正当な継承者と認めさせることにいかなる障害も見出さず、反対に非常に大きな便宜を見出すであろう、ということである。ヨーロッパ諸国の社会的結合の形成ということがなければ、この王が克服しがたい障害を永久に見出さずにいるなどということは不可能も同然であり、またイギリスの人々が自分たちのためにどのような王を選ぼうと、王の権威の限界に関して、また彼らの大いに恐れる専制的権力から身を守るために、彼らの選ぶ王とその後継者とを相手に、非常に厄介なもめごとや、国民にとってははなはだ有害な内戦を、永久に抱えずにいるなどということも、不可能も同然である。

イギリス国民はヨーロッパ連合の設立に、さらにもう二つの非常に重要な利益関係を有している。第一の利益関係は、英国国教と長老派をきっかけとして彼らの国許で十年以内に、いやそれどころかいつ何時でも起こりかねない内戦の危険から、解放されるためのものである。

第二の利益関係は、イングランドとアイルランドの数多くのカトリック教徒を呼びもどすことができることであろう。このことに伴って、彼らにはオランダにおけるのと同じ自由が委ねられ、それでいてイギリス国民は、カトリック教徒が同国の国内にいかなる軋轢・党派争い・暴動を引き起こす心配も、決してする必要がありえないであろう。さて、この召還のおかげでこのあわれな避難民たちと、プロテスタント教徒であるその親族たちに生じる慰安は、並みひととおりのものではないであろう。

イスラム教徒たちの利益関係

イスラム教諸国の君主たちが学校を創設せず、その臣民たちを学問や文芸から遠ざけていることの大きな理由は、神学者たちの論争がしばしば引き起こす意見の分裂と戦争について、この君主たちが抱いている恐れである、ということは、万人の知るところである。これまでのところイスラム教国の君主たちは、自分たちをこの災厄から守ってくれるものは深い無知しかない、と信じてきた。けれども彼らは、ヨーロッパ諸国の社会的結合との仲間関係に入れば、自国の内外で平和を保つことの保障を得ることになるだろう、と見てとるや否や直ちに、若者の教育のためにも技術・学問の進歩のためにも、キリスト教諸国の方法を採用するであろうと思われる。それゆえこのことは彼らにとって、ヨーロッパ諸国の社会的結合というこの大いなる制度組織を形成し強固にすることに、自らの全能力をあげて寄与する、ということの一つの新たな動機であろう。キリスト教会もそのことによって得るところがあるが、それは、イスラム教徒たちは明知を得れば得るほどイスラム教の教理にしがみつかなくなり、キリスト教の美と完全さを感じる傾向が強くなる、という点においてである。

ロシア皇帝の利益関係

ロシア皇帝[10]は、自国の諸州において通商を繁栄させることについて自身が有する熱意を示してきた。彼は

---

(10) ロシア皇帝一般ではなく、時の皇帝ピョートル一世（一六七二～一七二五、在位一六八二～一七二五）を指す。

このことのために、自然という面で大きな利点を有している。この国は非常に大きな複数の河川が貫流しており、大西洋・バルト海・黒海・カスピ海に面して港を持ち、[11] 地方には非常に肥沃なところが無数にあり、人口は多い。諸々の産業と技術において自国を改良するためにロシアの人々に欠けているのは、最もよく開化の進んだ諸国民との頻繁な、間断のない通商のみである。しかるにロシア皇帝は、この点に関して自身が作定した諸々の立派な計画の達成が戦争のせいでどれだけ遠のいているかを、経験をつうじて思い知ったばかりである。それゆえ、彼はキリスト教諸国間において平和を恒久化するにちがいない計画について知るや否や、それを成功させるあらゆる手段を熱心に探し求めるであろう、という大いなる見込みがある。

来世に関しての君主・首脳たちの利益関係

これまでのところ、ヨーロッパ諸国の君主・首脳たちを、連合条約に調印し、恒久平和を生み出すにちがいない制度組織をもたらすよう決心させるためには、彼らがそのことに見出せそうなさまざまな利益を、現世の生との関係で彼らに示すことで十分であると、私に思われた。しかし私は、彼ら自身の福利のためにも、恒久平和の実現という事柄の都合のためにも、少なくともしばしの間、来世の生との関係でも右のことを彼らに考えてもらうことは、むだではなさそうだということを理解した。しばしの間というのは、教導師や説教師のようなことをするのは私には似つかわしくないし、わけても本書のような性質の著作でそういうことをするのは似つかわしくないからである。私は、他の人ならもっと力強く、もっと広汎に説明できるかもしれない反省的考察を、ごく僅かな言葉で述べるだけにしよう。

本書は今後、ヨーロッパの二十四か国の君主・首脳の前に刊行されて現れる可能性があるだろうが、この二十四人のうち、自分の至福の望みのすべてをこの世の生だけに限っている人が誰か一人でもいるとは、私は思わない。この世の生は非常に短いうえに、諸々の害悪がひどく入り混じっているので、万事を考慮すれば、耐え忍ばなければならない悪のほうが味わうべき善よりも多く存在する、と信じたい気に大多数の人々がさせられるほどである。死後の幸福な生についてのこの希望は、私たちの心の中にごく自然に入り込んでくるので、それはいわば、諸々の宗教――最も誤った宗教でさえも――の主要な根底をなすに至っている。この世の生における悪人どもの幸福と善人たちの悲惨な状態は、神の摂理の法則によってのみ起こっているのであるが、これも等しく次のことを立証している。それはすなわち、この世の生の後に続いてくる生において神が悪人を罰し善人に報いたもうのでないなら、神は正しき方ではあらせられえないであろう、ということである。これは万人が自然そのものについて、あるいはむしろ自然の創造主としての神について抱いている見解であると思われる。それゆえ、イスラム教諸国の君主たちもその臣民と同様、この希望への関係で多くの事柄に関して自分自身を制御している、と言ってよい。また実を言うと、不遇の際にこの慰安を欠き、老後においてこの快い考えを欠いているような人々や君主たちがいるとすれば、彼らこそは全人類のう

(11) 大西洋に直接面したロシアの港はなく、サン-ピエールがどこを念頭においているのかは不明。また歴史的に、ロシアは海への出口となる港が乏しく、その確保のために、当時スウェーデンとの間で交戦中の北方戦争(一七〇〇~二一)に代表される多くの犠牲を払ったことが知られており、この箇所のサン-ピエールの記述の主旨には疑問を感じる。

ちで最も不幸な人々であるように、私には思われる。

さて私は次のように問う。信仰あるすべての人々を、すべてのキリスト教徒を、五十年の長きにわたって諸々の非常に大きな災厄から免れさせることができ、しかも一つの条約に調印することによって、無数の暴力・逆上・激情・憤激・怒りを、また無数の殺人・瀆聖・窃盗・不正略取その他の、神のみ前にあってははなはだ罰当りな諸々の犯罪を、防止することのできるような君主、私は申し上げるが、このような君主は、その条約に調印する義務があるのではないか、わけてもこの条約において、この君主が自身の現世的利益を何一つ失う可能性がない場合には、そうする義務があるのではないか、と。また私は問う。この君主は、たくさんの家々にこれほど大きな利益を得させることを拒み、これほど多数のこれほど大きな害悪を防止することを怠るならば、理に照らして、幸福な死後の生の望みを抱いたり、非常に不幸な生を恐れないでいたりすることができるか、と。

さてその間、利益は際限なく増大するものの、害悪も同様に際限なく増大するであろうし、あまたの犯罪は実際のところ、ほとんど無数であることになるであろう。だが五十年と考える代りに、このように考えるならば、すなわち、この君主は右の条約により、自分の国からも臣民たちからも王家からも何一つ奪うことはなく、しかも永久に、信仰ある人々を戦争のあらゆる害悪から免れさせ、この世の終りに至るまで、戦争のほとんど必然的な結果である諸々の犯罪のすべてを防止する、と考えるならば、私は次のことを確かだと主張する。すなわち、そのような情勢の中で一国の君主が、恒久平和をもたらすべく努めることを拒みながら、良心の安心を得ることができるなどと、またこのような君主が何らかの根拠をもって来世に望みを抱くことができるなどと称する、いかなる詭弁家もヨーロッパには見出されないであろうし、また、無数の犯罪を防止できるのに防止しないことは一つの非常に大きな犯罪であって、そのような犯罪は地獄における永遠の劫罰に処せられるような犯罪のうちに数えられる、ということを信じないような者は、一人も見出されないであろう。ということである。

もっと先へと論を進めよう。私は次のことを確かだと主張する。すなわち、イスラム教徒の間にさえ、右の点に関して意見を同じくしない法律家は一人も見出されないであろう、ということである。そのわけは、正義そのものであらせられる神が、悪意ある君主たちには報償をお与えにならず、彼らをその悪意に応じて罰したもうということ、また、公正さに満ちた条約に調印すれば多数の災厄と重大犯罪とを防止することができるのに、そういう条約に調印するのを頑なに拒むことが、極度に悪意あることであるということ、これらのことを知るためには、自然本来の聡明さを完全に失ってしまっていなければ、また善悪・正不正の何らかの観念をなお有していれば、それで十分だからである。

もうこれで十分。私が右に述べた僅かなことは君主たちにとって、それに真摯な注意を払うのに十分である。また、良心ある大臣たちをして、その君主に真理を忠告せざるをえないようにさせるためにも、もうこれで十分である。もっとも、この新たな考察はおそらく、キリスト教諸国の元首たち同士の連合の設立にとっては無用とみなされるであろうが、それが無用でありうるとしても、人は私がその無用な考察を用いて次のようなことを示そうと試みたというかどで私を非難できるであろうか。それはすなわち、現在の至福の希望と現世の災厄への恐怖が、この考察において、将来の至福の希望と、また永遠の災厄を恐れる幸いなる恐怖と密接に結びつけられている分だけ、いっそう強力な動機となっている、ということである。

幼君の治世になりかけている王国の利益関係

王国は、意志の強い毅然とした性格と絶対的権威とを持った君主の統治下においては内戦から遠ざかっているが、これと同じように、権威が摂政と顧問会議との間で分かち合われているような摂政制の下では、危機に瀕してしまう。

人々が分かち合うべき何かあるものを有するとき、ある者が彼に認めなければならないと他人の思う分よりも多くを要求しないほどの正当さで、全員が自分の主張を公正と正義の限度内に留める、などということはありえないことである。したがって、そういう人々が分裂を来たすことは必定であって、彼らは自分たちの紛争を解決するための上位の権威を認めない場合には、力ずくという方途によって紛争の決着をつけようと努める準備を互いに整えており、また各派が反対派に先を越されることを恐れているうえに、最初に武器を手にした方がほとんど決定的な優勢を得るので、人々はどちらの側からも、それだけいっそう性急に力ずくの決着へと赴いてしまうのである。

それゆえ私の思うに、善き市民すなわち内戦を恐れる市民は、次の二つのうちのどちらかを願望しなければならない。すなわち、摂政制の下では、権威を分かち合うことが市民同士の戦争に火をつけるといけないので、並みの程度の人物で受ける助言の良さも並み程度、という者でもよいから、ただ一人の頭目に全権威が存するようにするか、それとも、遺言によってこの権威が分かち合われてしまっている場合には、遺言を執行させる意欲を持つような何かある上位の権力がヨーロッパに存在するようにするかである。それゆえ、摂政制の権威が分かち合われているという仮定の下では、善き市民にとって、ヨ、ー、ロ、ッ、パ、諸国の社会的結合の設立ほど願望する必要のあるものは何もないのであって、それは権威の分かち合いに関するいさかいが生じた場合に、主張をし合う者たちが元老院による調停と裁きを受けるためである。けれども、王国にとっていっそう重要なことは、いかなる党派も力ずくという方途をとることを考えないということである。こうすれば、このいさかいは通常の訴訟事にすぎず、臣民はその傍観者であろうし、この訴訟事は商取引を妨げることもなければ、親族を親族に対して、家族を同じ都市の家族に対して、都市を同じ州の都市に対して、首都を宮廷に対して、また諸州をお互い同士に対して、武装させることもないであろう。

一国の教会の下に、配分すべき司教区や大修道院が多く存在すればするほど、また政府の下に、宮廷のためのものにせよ、司法・財政・軍事・通商・技術・学問のいずれに関するものにせよ、果すべき仕事や授けるべき顕職や、勤め口や与えるべき年金が多く存在すればするほど、権威に与っている人々の各々が、そのもっと大きな分け前を得たいという執着を、より多く持つようになる。さらに、君主の権限に属するこのおびただしい数の官への任命は、王の権威にこれから与ろうとする者全員の羨望の対象をなすであろう。他方、これらの官への任命に際して権威に与っている人々の意見に従わなければならないということがないとすれば、彼らの権威はもはや無に帰し、彼らの発言権は重要なことを何一つ決定しないであろう。なぜなら、国家のうちに存在する重要事であり、なおかつ臣民にとっての関心事であることとは、恩典と年金と大小の公職との配分だからである。それゆえこの点に、諸々の党派争いと私党の陰謀と暴動の源がある。

さらに不幸なことに、ヨーロッパの大多数の国家には内戦へのもう一つの別の傾向がある。それは一部の市民たちの懐具合の悪さであって、この市民たちとは、巨額の献納金のせいで貧しくされてしまったというよりは、自分の贅沢のせいで身を滅ぼした度合いのほうがずっと高いような人々である。子供たちにとって模範となるべき人々が名誉とし、栄《は》えあることとしてきたのは、貧しい寄食者たちを抱えることよりもむしろ高級な身の回り品を所有することであり、貧しい共同体を支えることよりもむしろ宮殿を建てることであり、貧乏な労働者たちを援助することよりもむしろ美々しい家具や衣服を購入することであり、賭けで大損する金の一部でも施療院の資金難の軽減のために与えることよりも、むしろこの大損をすることであり、乞食に施すのに必要な金を司祭たちに与えたり、人々が乞食をしないで済むようにさせるのに必要な金を役人たちに与えたりするよりも、むしろ食卓においしい御馳走を並べ続けることであった。この人々は私たちに、自分の好むことを栄《は》えあることと取り違える仕方を教え示したのであり、私たちは彼らの例にならって、自分の出費ばかりか心までもこういう方面に向けてきた。めいめいが、貧しい人々の悲惨をなくすか、あるいは少なくともそれを減らすかするのに適した新たな創意工夫から栄誉を引き出したいと思うのではなしに、贅沢の面で何かある斬新なことを招き入れることで自己の面目を施したがってきた。

これほど大きな堕落、これほど大きな貧困が贅沢のせいで引き起こされたうえに、さらに不幸なことに内戦の火の手が上がるというのでは、私たちは踏んだり蹴ったりである。そして、次のような場合にもまして人々の心が内戦へと傾くときは決してない。それはすなわち、各人が自分の現況に不満を持っていて、「他のどんな状況でもこれより悪くはなりえまい。利口な人間はみな、わけても金持ち連中は、ヨーロッパ人が他のヨーロッパ人をひっきりなしに討ち滅ぼし、危機の断崖へと転落してゆくさまを見て、震え上がるがいい」という狂気じみた思い込みをするときである。各人がその能力と影響力とに応じて、自分の側から真摯に次のことに努めないかぎりは、そういうことになってしまう。すなわち、国内外のあらゆる戦争から私たちを守ってくれることができ、私たちに恒久平和を確保することによって国内交易と対外通商の継続を確保してくれるただ一つの制度組織を、列強国に愛好させることに努めないかぎりは。

宗教についての紛争に際しての諸党派を危惧しているかもしれない国々の利益関係

ヨーロッパには、神学者たちのもめごとに際しての内戦を危惧する国々がいくつも存在していることは確かである。ところで、仮にヨーロッパ連合が形成されたとしても、実のところ同連合は神学者たちの論争を終らせはしないであろうし、新たにそういう論争が起こるのを防ぎもしないであろうということは、明らかである。神学者たちの論争はこの世の終りの時まで続く。しかしヨーロッパ連合が形成されたなら、これらの論争、これらの党派が武器をとらせることは、誰に対しても決してないであろうということ、また時として論争から明白になってくることがあって、それが論争を終らせることもありうるであろうし、しかも市民たちの平安が決していかなる危険を冒すこともなしに、そうなりうるであろうということは、確実である。けれども、ヨーロッパ連合が速やかに形成されなければ、多くの国々が分裂の病弊を大いに危惧しなければならない(12)。

同連合に加盟することをよしとするようなヨーロッパ各国の個別の利益関係を概観したいと思うときに

は、非常に強力な利益関係を見出すことになるであろうと私は思う。それは、平和というものがあらゆる利益の土台だからである。しかしこれまでのところ私は、各国の君主・首脳と国民にこの強力な利益関係を述べ表わすのに十分なほどには、この問題の詳細について勉強していない。

スイスの人々の利益関係

皆の知るとおり、二、三か月前にスイスの州同士の間で戦争が勃発して今に至っている。私はどちらの言い分が正しいのかは知らないが、しかし確かなことは、スイスの諸州が武力という方途に対する十分な予防策を持っていない、ということである。なぜなら、これらの諸州は互いに対して武装し合ってきたし、既に戦ってしまっているからである。この国には対立する見解と主張を有する二つの党派がある。この両党派は、この種の紛争を終らせるために武力という方途に訴えることが不可能なように、互いの間に仲裁裁判という方途を確立しておかなければならなかったのではないだろうか。それゆえ、スイスの伝来の法には肝腎な条項が欠けている。そして、法が常任の裁判官を十分にしっかりと定めていないからにせよ、十分に力のある裁判官を定めていないからにせよ、裁判官の決定とは別の道をとる者たちを処罰することに裁判官たちの関心を十分に引いていないからにせよ、最後に違反者に対する刑罰が十分に重くなく十分に確実でもないからにせよ、法が悪を予防しない場合には、その法には非常な欠陥があるということを、知らぬ者が誰かいようか。

右の点にスイスの人々にとっての大きな犠牲はあるか。人々の死と負傷、戦火、滅亡したり悲嘆に暮れたりしている諸々の家族がある。彼らの商取引の中断がある。最も弱い人々は他国の人々を助けに呼ばなければならないところまで追い込まれている。スイスの人々の社会的結合は、したがって彼らの自由・静穏・相互安全保障は、ひどく揺らいでいる。個々人にとっても国家にとっても多大な損失があり、しかもそれは現在にとっての損失だけにはとどまらない。将来にとっても、危惧しなければならない似たような惨禍がある。さらに、スイスの人々は分裂しやすい大きな傾向さえ持っている。それは宗教が多様なことである。

さて、右の情勢は次のことのもう一つの明らかな証拠ではないか。すなわち、スイスの人々の最大の利益関係は、他の共和国の国民のそれと同じように、自国民同士の紛争を終結させるのに武力という方途を避けることにあるということ、そしてスイスの人々は、ヨーロッパ諸国の社会的結合の形成による利益ほど大きい利益を獲得することは決してできないであろうということである。

要約

要約を必要とするような著作物がいつか存在したことがあるとすれば、それは本書である。(1) 本書はヨーロッパの平安と至福のために究極の重要性を持つ計画であり、したがってこれを成功させるためには、怠っ

(12) ここの底本原文は beaucoup d'Etats dont beaucoup à craindre de la maladie du schisme. となっているが、dont は ont の誤りと思われるので、そのように訂正して訳した。

てよいようなことは何もない。⑵本書は次のような不利な点がある。すなわち、斬新な、でなくても少なくとも斬新に見える諸々のアイデアから成っていて、読者はこういうアイデアに馴染んでいるはずがない、という点である。したがって、読者が本書の各論考に関して下したかもしれない諸々の判断を、読者に思い出してもらうよう手助けをする必要がある。⑶理詰めの議論をたっぷり含んだ著作物について正しく判断できる状態にあるためには、そういう議論の各々を個別的に検討済みであるということが必要なだけでなく、できることならそれらをもっと綿密に、かつ互いにもっと近づけて見ることによって、そういう議論をいっしょにした全体の効果をいっそうよく感じとるようにする必要がある。⑷純粋な思弁の体系について、あるいは著作者の仕事について正しく判断するために、要約というこのことが必要であるならば、読者を自分の読んだことに従って行動するように決意させることが肝要である場合には、なおさらそれが必要である。ところで、本書が持つことになる読者は次の二種類の人々であろう。すなわち、その一方は少数の非常に重要な読者、つまりヨーロッパ諸国の君主・首脳たちもしくは大臣・閣僚たち、あるいは大臣・閣僚たちの周囲にあって彼らの心の内で最大の信用を博しているような人々であろう。この場合肝要なのは、次の問題を検討するためのある委員会・評議会・部会・会合・特別評議会を組織するよう、君主・首脳たちに決意させることである。それはすなわち、君主または首脳とその臣民にとって有用な何かあることを本論文から引き出すことはできないか、また近隣の何か国かの君主・首脳たちとの交渉にとりかかるのに適した何かあることを、本論文から作り出すことはできないか、という問題である。もう一方は、忠実な翻訳と新しい版をもたらすこと以外には何もできないが、それでも彼ら全員の一致協力した発言をつうじて、大臣または閣僚の地位にある人々に、本書をもっと速やかに、あるいはもっと注意深く検討するように圧力をかけることだけはできるような、そのような一群の読者たちであって、このような圧力をかけるということもやはり、大臣・閣僚たちを行動するように決意させることであるということに変りはない。さて、どちらの場合においても、読者の記憶力の負担を軽くすることが著者のなすべき仕事であるように思われるし、元のままだと読者にいっそう多くの印象を与えることはできたにせよ、八百〜九百ページ以上も読まなければ読者が詳細に見ることはできなかったような読み物を、表裏両面印刷で八〜九枚の紙数に要約して読者の眼前に呈示しなおすことは、著者の義務のうちに入るように思われる。

最も強力な君主たちも、力の最も弱い君主・首脳たちと同様に、ほとんど全員がいつの時代にも、戦争を続けないことの利点を感じとってきたし、とりわけ力の最も弱い君主・首脳たちや、自分の治世が終りに近づいて自国を摂政に委ねる準備をしている君主たちは、自分の後継者に国内外の不変の平和と、臣民たちの陰謀に対する敏活な、全く強力な庇護とを確保することが、非常にやりやすくなるであろう。君主・首脳たちのうちには、通商の中断が自分にもたらした損害や度外れな出費の重さを感じたことのないような者は誰もいない。あらゆる君主・首脳が望んできたものは休戦ではなく、真の平和、永久に続くことのできるような平和であった。そしてそれを望んだ人々のうちには常に、最も強力な君主たちの中で最も賢明な人々、力の最も弱い元首たち、すべての共和国およびすべての共和制的国家が入っていた。

けれども、君主・首脳たちは現在に至るまでに、戦争を避けるためにどのような予防策を見出したのか。

諸条約、すなわち、君主・首脳たちがその中で互いに約束を交わし合う諸々の条約しかない。だがこれは虚しい、まったくもって効果のない予防策であった。経験が私たちに証明するのは、これらの条約のあまりの効果のなさばかりである。

（1）条約を締結する君主・首脳たちのうち、何人もの人々が不承不承に、大きな恐怖に強いられてそれに調印している。それは、自分の意に反して最強国の君主に屈する最弱国の君主であり、こういう君主は条約を破棄して自分の約束を守らずに済ませるための好機を待っているだけである。

（2）いかなる強制もなしに約束がなされたとした場合でも、当事者のうちの一人が侵害を受けたと思って恨みを抱くことはよくあることである。そしてこの当事者は条約を履行しなくても、ごく些細な口実に基づいて罰を受けずに済ますことができるので、条約はもはや履行されない。

（3）君主・首脳たちが自分たちの結ぶ条約によって互いに法を課し合うのは、係争事例が生じた場合に備えてのことであるにもかかわらず、彼らの予見しなかった、また予見できもしなかった他の諸々の係争事例が毎日のように生じてくる。そしてこのことは、自分が最強国の君主だと思い込んでいる君主にとっては、公正さを超えた要求をして再び戦争に突入することのよい口実になる。なぜならこの口実があれば、彼は戦争を再開しても罰を受けずに済むことができるからである。

既に指摘したように、恒常的な社会的結合の中でその成員となって生活している個々の私人は、右のような不都合には陥っていない。彼らの紛争は、協定の中に記された相互の約束によって、もしくは彼らの協定のうちでは予見されていなかった係争事例にけりをつけるために社会が代理人として選んだ裁判官によって、そのけりがつけられ、私人のうちの誰一人として武器をとる者などはいない。彼らが互いの約束を几帳面に履行するのはなぜか。それは、恒常的社会がその保証人となっていて、自分のした約束を守らずに済ましたがるような者がいればこの者を強制するために、社会の力を貸す用意ができているからである。私人たちが社会の代理人の、つまり裁判官の判決を、几帳面に履行するのはなぜか。それは、この点に関して彼らがほんの僅かな抵抗でもしようものなら、罰を受けずにいることはできないからである。最も強く、最も乱暴で、最も逆上した者でも、あえて武器をとったりしないのはなぜか。それは、自分がいかなる暴力も罰を受けずには行使できないこと、自ら手を下すにせよ人を使うにせよ、誰かある人の死を引き起こせば、自分の財産のみならず生命にもかかわるということを、この者が知っていて、ほんの一瞬たりとも疑うわけにはいかないほどだからである。それゆえ、恒常的な社会的結合の成員同士の間には戦争はない。紛争は存在するが、しかしあらゆる紛争は戦争なしに終結させられ、商取引は常に順調に進む。

ヨーロッパ諸国の君主・首脳たちは、お互い同士の恒常的な社会的結合を欠いているので、自分たちがほとんど絶え間のない戦争の災厄に不可避的にさらされているということをひしひしと感じてきた。この状況の下では、最悪の災厄から、すなわち勝者によって王位から追われるということから身を守ること以外は、君主たちの眼中にはなかった。

(1) 休戦期間中も、ヨーロッパ諸国の君主・首脳たちは不意打ちを恐れてお互いに対して用心し合い、城塞都市・城壁・備倉・歩兵を強化してきた。これらはみな非常に大きな出費を食う物事であるが、諸国家の恒常的な社会的結合が設立されるまでは、この出費はどうしても必要である。

(2)最も弱い国々の君主・首脳たちは最も強い国々の君主たちに対抗する連盟を、すなわち攻守同盟条約を結ぶことに努めてきた。しかしこれはあまり長続きのしない、ほとんど役に立たない条約であった。なぜなら、連盟した各国の君主・首脳は連盟から離脱することができ、そうしても罰を受けずに済むからである。したがって、この面ではいかなる十分な安全保障もない。

(3)ドイツに恐るべき力を持った二人の領邦君主が見られたとき、最も弱い領邦君主たちは、この二人のどちらかに圧倒されることを恐れて、両者を分裂させたままにしておこうと努めた。また、フランス王家とオーストリア王家がその他の諸王家よりもはるかに強力になったのを、ヨーロッパ諸国の君主・首脳たちが見たとき、彼らは両家を一種の勢力均衡のうちに保とうと努めた。ドイツの領邦君主たちは二大領邦君主を分裂したままに保つために、ヨーロッパ諸国の君主・首脳たちは二大王家を一種の勢力均衡のうちに保つために、あらゆることを利用した。絶え間ない戦争のうちにいなければならないという必然性のうちにおかれた最も怜悧な政治家たちが、最強国によって最弱国が滅ぼされるのを防ぐために、またすべての国々の君主・首脳を互いにそれぞれの領土と宗教と法のうちに保つために、現在までに思いつくことのできたことのすべては、このようなものであった。

勢力均衡というこの思いつきがいかに堅固さに乏しいか、またヨーロッパ諸国の元首同士の間に恒常的な社会的結合が設立されるなら、この社会的結合は勢力均衡よりもいかに多くの利点を持つことになるかは、既に見たとおりである。また、次の諸点も既に見たとおりである。すなわち、この社会的結合は諸々の約束を、言いかえれば諸国の君主・首脳が自分たちの結んだ条約によって自ら互いに課し合う法律を、几帳面に履行させるであろうということ。いかなる国の君主・首脳も、罰を受けずにこの履行をしないで済ますことはできないであろうということ。生じる可能性のありそうな紛争に関して言えば、あるいは条約の中でうまく言い表わされなかったり、予見されなかったりした係争事例について言えば、これらは諸国の君主・首脳自身により、彼らの代議員たちの機関をつうじてけりをつけられるであろうし、罰を受けずにこの判決を履行しないで済ますことは、いかなる国の君主・首脳もできないであろうということ。この社会的結合に歯向かうために武器をとりながら罰を受けずに済ませることは、いかなる国の君主・首脳もできないであろうということ。それゆえもはや、国内にも国外にも恐れなければならない戦争は存在しないであろうし、通商の中断もないであろうということ。各国の君主・首脳は、休戦期間中に警戒を保つための経費にせよ、戦争の期間中に自国を防衛するための経費にせよ、莫大な必要経費から解放されるであろうということ。またドイツの領邦君主たちは、諸々の悲しい経験をつうじてこの勢力均衡の体制が非常に不十分な予防策であることを認め、お互い同士の間に恒常的な社会的結合を形成するところにまで、彼らの見解を進歩させたということ、これらの点である。

私は未開人たちの不幸な生活についてよく考えるよう仕向けた。なるほど未開人たちはいかなる君主にも、法律にも、社会にも従属していないが、しかし生活の必要のために、時候にひどく従属し、獰猛な野獣にさえ従属し、また彼らの従属の中でもいっそう恐ろしいことだが、彼らの近隣の未開人たちに従属している。この近隣の未開人たちは、それだけの数の獰猛な野獣であって、彼らからその財産や生命そのものまでも毎日のように奪い取ることが、罰せられずにできるのである。未開人たちには技術や商取引の助けもない。なぜなら、彼らには法律がないし、法律に違反する者を処罰することのできる恒常的な社会的結合もないからである。彼らは家族対家族、村対村の協定を結んだり、自分たちの所有物を平和裏に享受するための相互の約束を結び合ったりはするものの、それらが履行されるといういかなる保障も彼らにはない。最も弱い人々は最も強い人々の暴力から身を守るために諸々の連盟を結成し、また最強の人々を分裂したままに保ったり、最強の人々同士の間に一種の勢力均衡を維持したりしようと試みもするが、十分に強力で、しかも違反を処罰することに十分な関心を持った恒常的な社会的結合が未開人同士の間に存在しないかぎり、こういった用心はすべてむだである。私たちの生活と未開人の生活との相違は容易に指摘することができた。なるほど私たちは法律と、この法律の守り手である社会とに従属しているが、しかしもはやお互い同士が従属し合ってはいない。私たちはもはや不具戴天の敵同士ではないし、未開人たちと違って、お互いに対して獰猛な野獣ではもはやない。私たちの取り決めは遵守される。なぜなら、この取り決めに違反することは、罰を受けずにはもはやできないからである。それゆえ、私たちには技術と商取引があり、この技術と商取引の助けがあるおかげで、あらゆる保障と安全、生活のあらゆる利便と楽しみがある。一切の法律からは独立であるがお互い同士の永続的・恒久的従属につながれている未開人の生活を、法律への従属にはつながれながらもお互い同士の完全な独立の下で私たちが送っている生活よりも好んで選びとるほどに、常軌を逸した人が誰かいようか。未開人の悲惨を私たちの幸福よりも好んで選びとるほどに、また未開人のうちの最も豊かな人々を私たちのうちの最も豊かな人々よりも好んで選びとるほどに、正気を失った人が誰かいようか。しかるに私が――自分のつもりでは十分明らかに――示したように、ヨーロッパ諸国の君主・首脳は相互間の法律も、取り決めも、恒常的な社会的結合も欠いているので、相変らず敵同士のままであり、互いにひどい従属関係のうちに留まっている。したがって、読者は次のことを見てとることができたわけである。すなわち、仮にある日この君主・首脳たちが恒常的な社会的結合を形成するに至るとしたら、彼らの幸福は二十年間で大きく増大し、その増大の比率は、未開人の一家がカナダの森林の奥からヨーロッパの豊かで文明のよく進んだある村へ移された場合に、同じく二十年間のうちにこの一家の幸福が増大する比率と同じであろう、ということである。

ヨーロッパにおいて戦争から身を守るために諸条約が役に立たなかったこと、諸国家と通商とを保全するために勢力均衡の体制が役に立たなかったこと、これが本書の第一論考でわかったことであった。しかし何かある別の可能な予防策が存在するのではないか。また、提案されているこのヨーロッパ諸国の社会的結合なるものは、実行不可能な思いつきではないのか。この思いつきは、人間本性の欠陥と諸国の君主・首脳の消しがたい性格とのゆえに、決して実行に移されることができないような、美しい幻想の一つではないのか。これは斬新であるが、それゆえに不可能という疑いのある思いつきである。仮にもしこれが何か実行可能なものであったとしたら、あれほど多くの怜悧な元首や大臣が平和を願っていたのに、なぜ彼らにはそれが思いつかなかったのであろうか。彼らがこの社会的結合を思いついたとしても、なお悪いことになる。なぜなら、彼らはこの思いつきを実行不可能なものとして放棄したにちがいないのだから。本計画に不利な重要な判断材料は以上のようなものである。

人がうわべだけを見て言うような判断をされないために、私は何をしなければならなかったか。判断材料を判断材料に、それも何かもっと強力な判断材料に対置すること、すなわち、諸国家の恒常的な社会的結合を、私の提案するそれに似た恒常的な社会的結合、既にすっかり確立されている社会的結合に対置することである。この既成の社会的結合は、ドイツの領邦君主たち同士の間に、すなわち、そのうちのある人々は非常に弱いが、他のある人々は最も弱い人々に比べて非常に強いような、そういう二百人もの領邦君主たち同士の間に、何世紀も前から存続している。これらの領邦君主たるや全員が、自分の権利に強く執着し、昔からの憎悪に浸り、直接的に対立した利害関係のうちにあり、互いの紛争を決着させるために武力という方途しかその時まで持ったことがなく、休戦条約・平和条約・通商条約・攻守同盟条約を試みたり、勢力均衡という思いつきを試みたりしたことはあるが、自領を拡大したがり、情念を抱いている、といった人々であり、また人によって若かったり老いていたり、節度があったり激しやすかったりし、賢明な者もいるかと思えば、衝動的なうえに受けている助言もよくない者もいる、といった人々であったのだが。

　こういう領邦君主たちに、互いの紛争と主張のぶつけ合いを戦争なしに終らせるための、お互い同士の一種の条約、一種の恒常的な社会的結合を最初に提案した人は、自分が妄想家呼ばわりされるのを防ぐことができたか。彼に不利な判断材料は私に不利なそれよりもずっと強かった。人は彼にこう言ったのではないか。仮にそんなものが可能であったなら、そういうものを構想することにかけては君よりも熟達していて利害関心も大きい人々が、とっくの昔に構想していたであろう、また仮にこの案が何人かの人々の脳裏に浮かんだことがあったとしても、彼らはそれを人間本性とは、わけても君主たちの本性とは両立不可能な妄想として、投げ捨ててしまったのだ、と。この最初の提案者に不利な判断材料は私に不利なそれよりも強かった、と私が言うのは、彼にはこれらの判断材料に対置すべき、君主たち同士の間に存続していたいかなる恒常的な社会的結合もなかったのに、私にはドイツ諸邦の社会的結合があるからである。しかしながら、彼の計画にとっては幸いなことに、彼はあらゆる人々からうわべだけで判断されたわけではなかった。他の領邦君主たちよりも賢明な誰かある領邦君主が、この計画を深く研究したいと思った。この領邦君主はこの計画に堅固なところを見出し、自分の近隣の領邦君主たちのうちの誰か一人にこの計画への同意をさせる手段を見出した。そしてこの計画への検討が徐々に着手され、他の領邦君主たちがこの計画に加わり、彼らはさらに何人かの領邦君主を引き寄せた。そしてついに時とともに障害は消え失せ、右のようなあらゆる強力な判断材料をものともせず、ドイツ諸邦の社会的結合が形成された。

本書の計画に反対する判断材料に私が対置した第一の判断材料は右のようなものである。諸国家の社会的結合の条約を結ぶことは可能である、ということを証明するためには、似たような場合に似たような当事者たちが全く似通った社会的結合の条約を結んだことがあったということと、彼らはこの条約に非常に満足していたので、この条約は諸々の非常に大きな欠陥にもかかわらず七、八百年も前から今もなお存在していて、この条約の下でこれらの欠陥から身を守るのは非常に容易であるということとを示すこと以外に、もっとましなどんなことが私にできたであろうか。

ドイツの領邦君主たちが持つことのできた、諸領邦の恒常的な社会的結合についてのこの条約に合意するための諸々の動機を、私は一通り概観したが、全く似通った条約に調印するための動機として、今日のヨーロッパ諸国の君主・首脳全員が持っていないようないかなる動機も、それらのうちには見出されなかった。

かつてのドイツの領邦君主たちは、各々が次のようなことを欲していた。すなわち、自邦全体を現に領有しているとおりに保つこと、諸領邦の社会的結合をつうじて確実な、また一切の陰謀・反乱・内戦・対外戦争から自分自身と、自分の後裔の幼君とを守るのに十分な庇護を獲得すること、この社会的結合から将来の諸条約の履行の十分な保証を引き出すこと、戦争の出費と災厄から解放されること、そして臣民同士の商取引を維持することである。さて、今日のヨーロッパ諸国の君主・首脳たちもこれらと同じ動機を有してはいないか。また私たちは次のことを見なかったか。すなわち、ヨーロッパ諸国の社会的結合はドイツ諸邦の社会的結合よりもはるかに強力なものとなるであろうから、ドイツではしばしば起こったような、誰かある成員がいつか平和を乱したがるといった事態を、恐れる必要は決してないであろうし、ヨーロッパにもヨーロッパの近隣にも、この反逆的成員を支持し、彼を自分の反逆に対する刑罰から守ってやることのできる状態にあるような、いかなる君主ないし首脳も存在しないであろう、ということを。しかもなお、ヨーロッパ諸国の社会的結合の下では平和の恒久性が、ドイツ諸邦の社会的結合の場合よりも比較にならないほど確実に保障されるであろうし、社会的結合を願うための諸々の動機も、かつてのドイツの場合よりも比較にならないほど強いであろう。そしてそれにもかかわらず、このかつての動機も、ドイツ諸邦の社会的結合を形成するのに十分だったのである。

かつてのドイツの領邦君主たちにとって、外国の強大な勢力に対する恐怖は、現在同盟諸国がフランス王家に対して抱いている恐怖よりも強力な動機ではなかった、ということを私は示した。なぜなら、同盟諸国のこの恐怖は、この国々の安全保障のための諸々の連盟を結成することではおさまらず、征服のために必要な費用の支出を行なうところまでいっているからである。同盟諸国がこの征服を企てているのは安全保障を確立するためでしかないが、その支出は莫大で、かつてのドイツの諸君侯が決して負ったことのないほどのものである。私はその当時のヨーロッパの諸問題の状況をつうじて、ドイツの人々には彼らにとって恐るべき存在となりうるようないかなる近隣の勢力もなかったこと、フランス王の勢力は現在の勢力の四分の一もなかったことを示した。ドイツの諸君侯は勢力均衡という便法を用いて、それに幻滅させられた。その後同盟諸国もこの便法を用いたが、それに幻滅しているのはほかならぬこの国々である。

領邦同士の社会的結合の条約を結ぶことに対して、またこの条約を実行に移すことに対して、ドイツの領邦君主たちがかつて抱えていた諸々の障害を、私はざっと概観したが、現在だけに特有の克服されていない障害は、何一つ見出されなかった。

(1) 諸国家の社会的結合の条約の締結とこの社会的結合の形成とに立ちはだかる障害は、それを克服するのに当事者の同意以外の物事を必要としない分だけ、よりいっそう克服しやすく、しかもこの同意は、条約に調印するための動機が強力であればあるほど、その分だけいっそう得やすい。しかるに、ヨーロッパ諸国の社会的結合は、平和の恒久性の十分な保障という、ドイツ諸邦の社会的結合にはなかった保障を有しており、そしてこの保障はドイツ諸邦の社会的結合を促した動機よりも、限りなく強力度の高い動機である。それゆえ障害は、ヨーロッパ諸国の社会的結合の場合のほうが、よりいっそう克服しやすいであろう。(2) 今後のほうが合意させるべき当事者の数が少ない。かつてのドイツの領邦君主は二百人以上もいたが、今後のヨーロッパ諸国の君主・首脳は二十四人しかいないであろう。(3) ドイツの諸君侯がかつて有していた利害関心は、今日の諸国の君主・首脳の利害関心に比べて、数が少ないわけでも、重大さ・激しさ・和解させることの難しさが劣るわけでもなかった。(4) かつてのドイツの諸君侯同士の間には、その近隣の領邦君主たちのある人々よりも二十倍も三十倍も強力な領邦君主たちがいたが、だからといって今日の諸国の君主・首脳同士の間にあるよりも大きな勢力不均等があったわけではなかった。(5) 当時のドイツで最も強力だったこれらの領邦君主たちが有していた領土拡大の主張や希望は、今日の最も強力な国々の君主のそれに比べて少なくはなかった。したがって、当時のドイツの領邦君主たちは、今日にはないような障害を抱えていたし、現在ある障害で彼らが当時抱えていなかったものはない、というのが本当のところである。しかしながら、これらのあらゆる障害にもかかわらず、ドイツの領邦君主たち同士の間では条約が調印され、社会的結合が形成されたのである。(6) 当時のドイツは今よりもはるかに広大であった。そして私が示したように、森林の開拓・いくつもの町村の設置・橋梁や馬車道の建設等による道路の改良も、旅行者の安全保障・宿駅の設置・駅馬車の案出等もまだなされていなかったので、当時の遠方の領邦君主たちにとって、ドイツ国会の所在都市にいた自邦の代議士からの知らせを、それも僅かな日数で得ることが容易であった度合いは、今後のヨーロッパの遠方の国々の君主・首脳にとって、ヨーロッパ議会の所在都市にいる自国の代議員から頻繁な知らせを僅かな日数で得ることが容易である度合いに比べて、まさっていたわけではなかったのである。

私は、ドイツの領邦君主たちが有していた、互いの条約を結んで右の社会的結合を設立するための動機と障害を概観した後、彼らの有していたこのことのための手段をも概観したが、彼らの有していた手段で今のヨーロッパ人の持たないものは何もないし、彼らの持たなかった手段さえ今のヨーロッパ人は持っている、ということが見出される。すなわち、(1)かつてのドイツの領邦君主たちは、現有領土で満足することに合意し、(2)将来の互いの紛争を終らせるための、仲裁裁判という方途について合意し、(3)互いの約束や仲裁裁判官の判決を履行することを拒否する者がいれば、帝国からの追放に処せられることに合意し、(4)割当兵員・諸州の形成・投票の仕方と票の数え方について合意した。しかして、将来ヨーロッパ連合の投票権を持つ二十四人の君主・首脳の国々は、ヨーロッパ国の二十四の州のようなものになるのではなかろうか。そして、ほとんど似通っている等価値の物事についてかつてのドイツの領邦君主たちと同じ容易さで合意することが、今のヨーロッパ人にはできないなどと、誰が言えるのか。また、(5)かつてのドイツの領邦君主たちは眼前にモデルがなかったのに、今のヨーロッパ人にはあり、(6)かつてのドイツの領邦君主たちは常任の首長を互選するという過ちを犯した。そして彼らはその経験をつうじて、この条項が彼らの自由にとってどのような点で有害であるかを思い知ったのだから、今のヨーロッパ人には彼らの持っていなかった手段がさらにもう一つあるわけだ。それはつまり、首長の条項についてドイツの領邦君主たちがしてきたこの不幸な経験である。なぜなら、ある一つのモデルのうちにあるよい点からだけでなく、そのモデルに見出される欠陥からもまた裨益されることができるということは、よりよい、またより堅固な何かあることを行なう一つの手段だからである。

この問題をいくら検討しても、動機・障害・手段というこの三つの点以外は決して見出されないであろう。すべての面を何度ひっくり返してみても、ドイツ諸邦の社会的結合にとって好都合だったことで、ヨーロッパ諸国の社会的結合にとっても、それもいっそう強い関係において好都合でないようなことは、何一つ見出されないであろうし、後者にとって不都合なことで、前者にとっても、それもいっそう強い関係において不都合でなかったようなことは、何一つ見出されないであろう。それにもかかわらず、ドイツ諸邦の社会的結合は形成された。それならなぜ検討もせずに、ヨーロッパ諸国の社会的結合は実行不可能だ、などと判断するのであろうか。

けれども、この非常に簡単で万人にとって非常に有利だと思われる計画が、いかなる君主・いかなる大臣の脳裏にも浮かばなかったのはなぜか。この判断材料は私に不利な強力な判断材料である。しかし私は、この計画がアンリ大王の脳裏に浮かんだこと、怜悧にして賢明なる大臣シュリー公が同王の崩御の十年後に、この計画が立派で有益でしかも可能なものであったことをほめたたえたことを示した。アンリ大王はほんの行きがかりにこの計画を検討されただけだ、と言う人がいるだろうか。そういう人は、同王が十二年間も続けて、大いなる熱心さをもってこの計画のために努力されたことを知らなかったのか。この計画に自身の利益を見出されたのは同王だけだ、と言う人がいるだろうか。そういう人は、エリザベス女王もまた一六〇一年以降、この計画に自身と自国の利益を見出していたことを知らなかったのか。同女王は非常に聡明な人ではなかったか。またイギリス中で最も偉大な頭脳を持つ人々からなる顧問会議を有していなかったか。したがってこの女王の判断・是認・同意には、大きな重みがあるのではないか。エリザベス女王もアンリ王と同様に、何かある特殊利益をこの計画に探し求めたのだ、と言う人がいるだろうか。そういう人は、行なうことをアンリ王が提案されたすべての征服から、同王もエリザベス女王も、いかなるものも自国の軍備の費用のために横取りしようと主張されなかったことを知らなかったのか。その他の十五、六か国の専権者にこの計画が提案されたとき、彼らは同意はしたが、自分の利益を見出していたわけではない、と言う人がいるだろうか。私たちはまさしく、この計画が非常に有利なものであると、アンリ王・エリザベス女王には思えたにちがいないということを指摘した。なぜなら両王は、この計画に成功し、諸国の勢力を均等化し、他の国々の君主・首脳のためになる征服を行なうことのためにならず、何年間も法外な支出をする覚悟をされていたのだからである。これに対して私の提案する計画は、いかなる支出も軍備も征服も要求しないのであるが。

アンリ王は、諸国家の社会的結合の加盟諸国を勢力において本当にほぼ均等にすることを、この軍備をつうじてなし終えてしまわないかぎり、諸国家の恒常的な社会的結合の下で十分な安全保障を見出すことはできないと思っておられた。しかしこれは非常に壮大な企てであり、またおそらくは不正な企てであった。これに対して私は、票決権と各国の国民による兵士の数とを等しくすることによって列強国を均等化し、そのことによって勢力の不均等を是正する。安全保障は十分なものとなり、最強国からその領土・富・臣民・収入の一部を不正に奪い取らなくてよくなる。一言で言えば、最強国からはその勢力のいかなる部分も奪われることがない。こうして人々は、この最強国の勢力がその近隣諸国にとって将来決して有害なものとならない、という保障を得ることで満足し、万人が平和なままに、そして完全な安全のうちに留まる。

仮に私が、本計画に有利な判断材料として、本書の第二論考で対置した判断材料ほど強力なものを持っていないとした場合でも、大臣の地位に達して各々その君主のもとで私の論を推奨し、ついにはそれぞれの君主をして、本計画を検討したりさせたりせざるをえないように仕向けるような何人かの頭のよい人々が、長い間には見出されるであろう、という期待を公衆について抱く権利は、(もし私が正しければ)私には常にあるであろう。けれどもそのような判断材料の助力が私にはあるのだから、ヨーロッパ諸国の宮廷ではこの検討を命じるのにそれほど長い時間はかからないであろう、という希望を私が抱くのは当然である。また私はこの希望を根拠づけるために、第三論考において、仮に平和を恒久化する手段を見出すことができたならば平和のその恒久性のうちに万国の君主・首脳が見出すことになるであろう諸々の主要な利点を、明瞭に説明することに努めた。

平和の体制の諸々の利点から戦争の体制の諸々の利点を差し引き、そしていわば、平和の体制のよいところがどれほど残るかを見てみる必要があった。第一の利点は、各国の君主・首脳が自家と自国の転覆のさまざまな原因に対して獲得する安全保障に由来する。この原因は二種類あり、その一つは対外戦争による外来の原因であって、これは近隣の征服者であることもあれば遠方の征服者であることもあり、またそういう征服者はそれ以前の成功によって単独で増長した場合もあれば、幼君期・摂政期もしくは何かあるその他の国家弱体化の時期を捉えることによって、連盟した元首たちの頭目になっている場合もある。もう一つの原因は、陰謀や反乱による国内の原因である。私が指摘したのは次の諸点であった。すなわち、フランス王のようなヨーロッパで最も強力な元首もヨーロッパ全体の六分の一以上を有してはいないこと。それゆえフランス王が他の五つの部分を侵略しようとしたり、他の諸国の専権者の誰か一人がフランス王家を転覆させようとしたりすることは、一対五の勝負であること。したがって、最も強力な君主にとっては、転覆の体制すなわち戦争の体制の下に留まることで得になることは何もないこと。その理由は、この君主もしくはその代々の後継者が領土を獲得できても、彼らはこの領土を失う可能性があり、二倍の領土を獲得できても、すべての領土を失う可能性があり、またこの君主の王家が将来他の国々の王家をすべて転覆させることよりも、どこか他のある国の王家が将来彼の王家を転覆させることのほうが五倍もありそうだから、ということであること。したがって、不変の体制は革命と転覆の体制よりもはるかに好ましいこと、これらの点である。

諸国家が自国を強力だと思えば思うほど、その国内ではますます多くの陰謀が生じるであろうということを、私は指摘した。なぜなら、国を簒奪した者は、近隣諸国の君主・首脳によって処罰で脅やかされる可能性があったのに、奪った国が大いに強力であればその大いなる強力さのおかげで、この処罰の恐れから守られるからであり、なぜ守られるかといえば、この強力さが増大して大いなるものとなりえたのは、これら近隣諸国の弱体化もしくは全面的滅亡によってのみであると考えられるからである。また私は次のことも指摘した。すなわち、ローマ帝国の代々の帝室は次々に交替を繰り返して、どれも二十四年以上は続かなかったこと、それゆえ一人の君主が近隣諸国を犠牲にして自分の国々を増やせば増やすほど、彼は陰謀家どもにますます多くの門戸を開放して自家の土台を掘り崩していたのだということである。なぜかと言えば要するに、陰謀家どもの犯罪が処罰されないようにすることによって彼らを安心させてやることは、彼らに門戸を開くことではないか。この考察に際して読者は、私が強力な国の次のような君主について語った際に右の点について行なった議論を思い起こされるであろう。それはすなわち、自領を拡大する望みを放棄しないために、革命の体制よりも不変性の体制を選びとる決断をすることがどうしてもできないでいる君主である。

この君主は自分の望みを非常に遠くまで、すなわち全ヨーロッパの征服ということにまで進めるか、もしくはもうあといくつかの州に限定するかのどちらかである。

　この君主がヨーロッパ帝国をめざすなら、彼が自分ではめざしていると考えずにめざしているものは、五十年後には自家が、相次いで絶え間なく起こるであろう多数の陰謀のせいで確実に転覆させられてしまうような、そのような状況である。

　この君主が自分の望みをもうあといくつかの州に限定するなら、彼もしくは彼の代々の後継者の将来領有する州がもうあといくつか少なくなるという見込みがその分だけあることになるが、そればかりでなくこのことは、平和の体制下なら戦争の支出の節約と通商の継続だけでも実際上、彼が自分の望みをそれだけに限定しているこれらの州よりも二倍多い収入に当たる値打ちが、彼にとってあるだろう、ということである。

　私はフランス王家のためには、同家の男子に二つの君主国を永久に相続指定する条項という並外れた利益を示した。またヨーロッパの安全保障のためには、この二つの君主国が同一の当主の支配を受けることは今後決してないことになる、ということを示した。

　私は、紛争を終結させるための仲裁裁判という方途が、武力という方途よりもどれほど望ましいかを示した。(1)戦争のたびに君主ないし首脳はすべてを危険にさらすのに対して、仲裁裁判の場合には係争中のものしか危険にさらすことはない。(2)戦争は君主ないし首脳にとって、近隣諸国がそれに突入するや否や、自分も不可避的に突入せざるをえないものであるのに対して、仲裁裁判という方途の場合、君主・首脳は自分が仲裁裁判者となるためにしか、他国同士の争いに参加することはない。(3)戦争と革命の体制下では、各国の君主・首脳はその近隣諸国を恐れなければならないが、人は何か恐れなければならない点のある者全員に現実に従属しているということを知らぬ者が誰かいようか。しかるに、仲裁裁判の体制下では、諸国の君主・首脳がこの種の従属関係を持つことはないであろう。(4) 人がその裁き手に従属するのは、裁き手の判決に付託されている物事の重要性に応じてでしかない。しかるに、仲裁裁判の体制下では、係争点をなすものは大いに重要性をもつようないかなるものでも決してないであろう、ということを私は示した。(5) 一国の君主ないし首脳が他の国々の君主・首脳の判決に従うことを義務づけられる場合、彼が従うことを義務づけられているのは自分自身の判決である。彼が他の国々の君主に、自分を彼らが裁くという権利を認めるなら、彼は同時に、自分が彼らを裁く権利を獲得する。(6) 裁き手たちは非常に公正であることに強い利害関係を持つものであって、万一不正であったら、彼らは大きな誤ちを犯すことになろう、なぜなら、彼らの判決は似たようなケースにおいて彼ら自身に対する規準の役目を果すことになるからである。(7) 武力の体制下では、紛争は当事者の一方の全面的滅亡による以外には決して終結することはない。(8) この体制下では、決着の費用は利害関係者全員にとって破産を招くほど莫大である。

私は次の諸点も示した。すなわち、法やすぐれた制度組織が、また技術や学問が、戦争の体制下でなしとげる進歩に比べて、恒久平和の体制下ではどれほど改良されそうであるか。転覆の体制と不変の体制とでは、美麗な記念物の永続性にとって何という違いがあることか。恒久平和の制度組織を創始する君主・首脳たちは彼ら自身の名声のために、戦争の体制下にある場合よりもどれほど有益な働きをすることになるか。したがってまた、平和が恒久的なものとなることに反対する君主・首脳たちは、後世の人々の間ではどれほど忌まわしい者たちであることになるか。これらの点である。

私は、戦争の体制下に存在する耐え忍ばなければならない物事と比較して、平和の体制下では、諸国の君主・首脳にとって心配事・心痛・不安がどれほど減少し、どれほどの静穏が得られるかということを示した。

同様に、通商の継続と軍隊の出費の節約とのおかげで、諸国の君主・首脳がどれほどの利得を引き出すことになるかもわかった。

フランス国王陛下は、条約に調印されたあかつきには、自身の年収を四千八百万リーヴル以上、臣民たちのそれを一億リーヴル以上増やされることになるであろうということ、言いかえれば、そのあかつきには陛下はノルマンディーと同じくらいの大きさと豊かさと人口のある州を四つ相続されたとした場合と、またイタリアをまるごと相続されたとした場合と、同じくらい大きな利得を作り出されることになるであろうということがわかった。

またそのあかつきには、陛下は安全保障を獲得されるであろうということ、陛下の臣民たちの収入は毎年五百万リーヴルずつ以上増加してゆくであろうということ、それゆえこの増加分の十分の一を取りたてれば、陛下の収入は毎年五十万リーヴルずつ増加してゆくであろうということ、したがって各世紀の終末ごとに、フランス国王の収入は五千万リーヴルずつ、臣民たちの収入は五億リーヴルずつ増加してゆくのが見られるであろうということ、その結果、二世紀たてばフランス王国の収入は二倍になるのが見られ、しかもこのことは、今日と同じ規則・同じ制度組織しか前提しなくてもそうなるのが見られるであろうということ、これらのこともわかった。

さらに、長期の平和の間には諸々の規則や制度組織を改善することも容易にできる、ということも知ることができた。しかるにこれらの改善はみな、臣民たちの収入を、したがってまた国王陛下の収入をどれほど増加させるであろうか。しかして陛下は、連合条約に調印されるあかつきには、これらの改善をすべて行なう利便と便宜を獲得されるであろう。それゆえ、今しがた述べたばかりの四つの大州の価値に加えて、陛下はさらに次のことの全き保障をも獲得される。それはすなわち、陛下の王家がいかなる近隣国の君主・首脳にも迷惑をかけずに、二百年もたたないうちに収入の倍増によってもう一つのフランス王国と同じ価値のあるものを所有したうえ、それと同時に臣民たちの収入が倍増するのを目にする楽しみも持つ、ということである。さらに、他の国々の君主たちもまた同様に、各々がその収入を増加させることになり、自国の臣民たちの収入と同じく自家の収入も二百年以内にさらに倍増するという全き保障を獲得することになるであろうということも、これまた見やすいことである。

戦争の体制下よりも平和の体制下のほうが、諸国の王家がどれほどいっそう長く続くことができるかということもまた、知ることができた。さて、私見によれば、以上のすべての比較から次のような結果が出てくると思われる。それはすなわち、真に恒久的な平和の制度組織をよしとする諸々の利点は非常に明らかで、非常に大きく、非常に感知しやすいので、一国の君主または首脳がこの利点を説明されても気づかないためには、彼の頭は鈍くなっているのでなければならないであろうし、気づいていながらこの制度組織の条約に同意を与えないとしたら、彼は気が変になっているにちがいないであろう、ということである。それゆえ私は本書の第三論考で証明したと思うが、ヨーロッパ諸国の社会的結合が全ヨーロッパ諸国の君主・首脳にその国々の内外における恒久平和の十分な保障をもたらすことができるならば、これらの君主・首脳のうちには、この社会的結合の設立のための条約に調印しないことよりもすることのほうに、自身にとってははるかに多くの利益があるのでないような者は、誰もいない。しかるに私は、第三論考においてこの設立のための最も強力な諸々の動機を拾い集めることに努めたので、私の証明すべきこととして残っていたのは、「この制度組織を、平和の恒久性の十分な保障を与えるほど堅固な仕方で形成することは可能である」ということ以外にはなかった。この証明こそ、私が第四論考において行なおうと努めたことであり、このことはまさしく、諸々の手段を集成することである。

私はこれらの手段をさまざまな条項へと帰着させたが、これらの条項のあるものは機構全体のいわば基礎でなければならないと思われたので、私はそれらを基本条項と呼んだ。これらの基本条項が、機構を非常に容易かつ完全に堅固なものにするのに、また平和の恒久性のためにこれほど望ましいこの十分な安全保障をもたらすようなものにするのに、絶対に必要でしかも全く十分なものであることを、私は証明したつもりである。

条約のその他の諸条項——これらは重要条項と言ってよい——に関していえば、これらの条項は、票決権の総数について、また仮決定のためには過半数の、最終決定のためには四分の三の票数で万事を決することについて、合意がなされるとしたあかつきには、合意するのが容易であるような諸条項であると、私には思われた。

本書の第五論考で私が示したのは、いつか本計画を諸国の君主・首脳に提案できる時があれば、彼らは自分の利害についてほんの少しでも認識を有しているなら喜んで本計画を受けいれるであろうし、彼らがより賢明かつ怜悧であるほど、その分だけいっそう多くの喜びをもってこれを受けいれるであろう、ということであった。

諸々の反対論に関して言えば、私は自分の知るに至った反対論のうちのいかなるものも言い落とさなかった。そしてもはやそれらに悩まされないためには、私の与えた注解しか必要としないと、私には思われる。もし私が間違っているなら、どういう点で間違ったのかを指摘し、次の諸点を私に示してくれることが読者のなすべき務めである。すなわち、私の回答にもかかわらず、困難はその全体において存続していること、この困難は、本計画が全面的にも部分的にも、ヨーロッパの最も強力な四、五か国の君主の誰の同意も、幼君・摂政期にせよ国内分裂にせよ対外戦争の不首尾にせよいかなる状況の下でも、得ることが決してできない、ということを立証するのに十分なものであること、この困難は常に、力の比較的弱いいかなる国の元首も、またいかなる共和制国家も、ヨーロッパ諸国の社会的結合の設立に努めないように、妨げをするのに十分な障害となるであろうということ、これらの点である。右の諸点が示されるまでは、本書は王家にとっても、わが祖国にとっても、ヨーロッパにとっても、そしてさらには地上の諸国の国民にとっても無用なものではなかろう、という希望を抱く正当な権利があると、私は信ずるものである。

主要な反対論に答えるにあたって、私はある一つのことを示すことにとりわけ専心した。それは、ヨーロッパ諸国の社会的結合の計画に対していつかなされうる諸々の最も強力な反対論は、ドイツ諸邦の社会的結合の計画やアンリ大王の計画に対しても等しくなされえたということである。これらの反対論を思い起こして考査してみるだけでよい。そういう強力な反対論がありうるにもかかわらず、ドイツ諸邦の社会的結合は形成されずにはいなかったし、アンリ四世の計画は賛同を得ずにはいなかったのであって、このことは、これらの反対論には堅固な点が何もないこと、また言うところの障害なるものは克服しがたいものでは全然ないということの、わかりやすい証明ではないであろうか。

可能なように見えて、実現させようとする段になると現実には実現不可能であることがわかるような望ましい制度組織というものがある。存続しているいかなる雛型もないような制度組織は、往々にしてそのようなものである。可能であって、小さい規模では存続しているが、もっと大きな規模では不可能であるような制度組織、すなわち、持ちうる大きさをそっくり備えていて、現状よりも大きくすることが決してできそうにないような、そのような制度組織もある。しかし今の場合には、このことは当てはまらないと私は思う。その理由は一方では、会合を司会するためであれ軍隊を指揮するためであれ、また下級官吏を選任・任命するためであれ、選挙された常任の首長を置くことなしに、七つの、また十三の主権国家が連合したまま存続することが可能なことは、経験上明らかであり[13]、それゆえドイツ連合もそのような首長なしでやろうと思えばできそうなことは明らかだからである。また他方、仮にドイツ連合がそのような首長なしで存在するとしたならば、オランダとスイスの人々がこの連合に加わることは、彼らの領土も人民に対する主権も何一つ失うことなしに可能であろうということも、その理由である。そしてこの加入は、オランダ・スイス両国民が互いに平和のうちに身を保ち合い、自国の通商を維持し、外国勢力の攻撃に抵抗し、近隣諸国同士の間に万一戦争が発生した場合にはその調停者および仲裁裁判者となる、ということをめざしてなされるのである。それゆえ、ドイツ連合はそれが達しうる広さの全部には達したことがない、ということが証明されたように思われる。なぜなら、この連合はさらにオランダとスイスをも包含することができるからである。また実際に、ドイツ連合はかつてこの両国を包含したことがある。というのは、オランダはフランドルの残りの部分と同様にブルゴーニュ州に属していたからである。ロレーヌとポーランドの一部とデンマークの一部も既にこの連合の一部をなしたことがある。それゆえドイツ連合は、そのありうる大きさの絶頂にはまだないわけである。イタリアの諸国の大部分もまたこの連合の一部をなしたことがある。どうしてこの諸国がこの連合に再加盟できないことがあろうか。経験が私たちに示すところによれば、宗教の多様性は乗り越えがたい対立ではない。さて、もし仮にこれらの国々がすべてドイツ連合に復帰し、しかも常任の首長を戴かずにそうしたとすれば、イギリスがこの連合に加盟することにどのような不可能な点があるのか、私に示してもらいたい。また仮にひとたびイギリスがこの連合に加わったなら、フランスが幼君期の分裂と内戦を予防するために行なうべきことで[14]、この連合のような庇護者を獲得することよりも有利なことが、何かあるだろうか。フランスという、ドイツ連合の辺境地帯にあたる国が、この連合に加わるとしたら、この連合はあまり

---

(13) 七つの主権国家の連合とはオランダを、十三のそれはスイスを、それぞれ念頭に置いて言ったものである。

(14) 第六論考訳註(31)に述べた事情のため、本書執筆時点のフランスでは、既に七十歳代の半ばに達したルイ十四世の世嗣として、生れてまもない曽孫がいるのみで、遠からず幼君の治世になることは必至という状況であった。

に広くなりすぎることになるということを、私に示してもらいたい。いやそれどころか、フランスはその城塞都市のいくつかによって、既にドイツ連合の一部をなし、この連合の分担金に既にいくばくかのものを寄与している。スペイン王も同様に、フランドルのためにこの分担金に寄与し、他ならぬスウェーデンもその諸邦の一部によって既にドイツ連合の一部をなしている。

さてそこでヨーロッパ連合が、仮にひとたび私がその名を挙げたこれらの国々の全部を含んだとした場合、さらにモスクワ大公国を含むことはできそうにないということを、私に示してもらいたい。この包含の不可能なことが示されても、私の進んでいたところはもっと先であって、この第七論考でさまざまな実際的条項を提案することにより、私は自分に可能だった実践に最も近づいたのである。さてそこで、これらの実際的条項もしくはその等価物について合意することは決して可能でないということを、私に示してもらいたい。これらの条項がヨーロッパ連合という制度組織を形成するのに不十分であること、同連合を実行に移すために必要な諸条項は決して見出されえないか、もしくは多数決によっても四分の三の票によっても同意されえないかであるということを、私に示してもらいたい。

右の諸々の不可能性が私に詳細に示され、しかもこれらの不可能性には救治策のないことが示されるまでは、次のことは明らかではないか。すなわち、ヨーロッパ連合は大いに可能で、非常に実現しやすく、万人にとって非常に望ましく思われるということ、そしてその度合いたるや、この連合に最大の利益関係を有する君主・首脳たちにとっては、自国においてこの事柄を検討に付し、次いで近隣のいくつかの国々の君主・首脳との交渉に付すことによって、また既にヨーロッパ諸国の全体による会議が存在している場合には[15]、ほかならぬこの会議の場に全権委員団をつうじてこの計画を提案・検討させることによって、その実現を試みる、ということをしないとしたら、それは非常に重大な落度となるであろうほどだ、ということである。それゆえ、ドイツ連合は本当にそれ自身よりも大きな連合のモデルであるということ、またドイツ連合を少しずつ、より完成度の高いものにしていって、ついにはヨーロッパ連合にまで到り着かせることは、容易に可能であるということ、これらのことは証明済みのままである。

私は、ヨーロッパのさまざまな君主・首脳ならびに諸国――ポーランド・イギリス・イタリア・モスクワ大公国その他――が持つ、ヨーロッパ連合を願望・促進するためのいくつもの動機を言い足した。彼らはもうそろそろ、それらに感づくことができるはずではないか。これらの動機は妄想的なものであろうか。それらは軽微な注意しか払うべきでないような性質のものであろうか。

私のやり残していることはもはや、読者に「私のめざした目的を思い出してください」と求めること以外にない。この目的とは、連合条約に調印しないことよりもすることのほうに自分にとってはるかに多くの利点が存在するのでないようないかなる君主・首脳も、ヨーロッパには存在しないことを証明することである。

私の結論は、ヨーロッパ諸国の君主・首脳のうちには連合条約に調印しないようないかなる者も今後存在することはない、ということではない。そうではなくて、この条約に調印しないことよりもすることのほう

---

(15) 序文訳註（6）に述べたユトレヒトの講和会議のことを念頭において言ったものである。

にはるかに多くの利益を有するのでないようないかなる者も、彼らのうちには存在しない、ということである。私は自著の中で証明を行なうと主張したが、証明というものは未来のことにはかかわらない。なぜなら、思慮のある人物の予言することはしばしば生起するけれども、それは決して、生起しないことはありえない、というほど不可避的な必然性をもって生起するわけではなく、少なくとも自由原因によって生じた結果に関してはそうであるのに対して、証明に関してはというと、証明が真であるためにはその結論は、前提されなければならないことが前提されたら他の結論になることは決してありえない、というほどに必然的なものでなければならないからである。

読者がさらに、右のような計画から将来のために期待できることを知りたがるであろうということは、私のよく知るところである。しかしこの点に関しては、本当らしいことがどういう点にあるかを読者に示すことによって、自分にとっては最も本当らしく思われることを読者に対して述べることしか、私にはできそうにない。

本書は万人にとって非常に重要な問題について論じており、しかもそれを非常に斬新な仕方で論じているので、本書が読まれないであろうということの本当らしさよりも、多くの人々が本書を読むであろうということの本当らしさのほうが上回っている。それゆえ、人々は互いに相手に本書を読ませることに、そのつもりはなくても寄与し合うであろう。

本書がさまざまな国々において、フランス語を知っている多数の人々の読むところとなるならば、本書が翻訳されないであろうということの本当らしさよりも、ラテン語やさまざまな通俗言語に翻訳されるであろうということの本当らしさのほうが上回る。それは単に読者全体につき、本書の諸々の翻訳を得させるのに十分なだけの善行の士が存在する、というだけのことにとどまらず、これらの翻訳を自ら行なうという名誉と快楽を自らのものとする善行の士もまた存在するからである。また出版業者に関していえば、本書の版を重ねるには彼ら自身の利益関心だけで彼らにとっては十分である。この点にはよりいっそう本当らしい点があると私には思われる。

本書がひとたびヨーロッパのあらゆる国々の首都において通俗言語で広まるようになれば、多くの人々が本書について語るようになり、平和が願われ戦争が恐れられるようなあらゆる機会には頻繁に語るようになるであろう、ということは本当らしく思われる。それゆえ、大臣たちや君主・首脳たちが本書を読みもせず検討もしないであろうということの本当らしさよりも、彼らは本書を読んで検討するであろうということの本当らしさのほうが上回っている。

本書がひとたびあらゆる大臣とあらゆる君主・首脳の読み、かつ検討するところとなれば、彼らのうちの誰一人としてこの計画を実行に移そうと、また他の大臣たちや君主・首脳たちに提案しようと試みる決断をしないであろう、ということの本当らしさよりも、この決断をする者が何人かは見出されるであろうということの本当らしさのほうが上回る。それは、諸々の利点が非常に大きくかつ明らかなので、彼らのうちの誰一人としてそれに気づかない、などということは本当らしくないからである。

一国の君主または首脳がその同盟国や近隣諸国の君主・首脳に本計画を、あるときはある国の、またあるときは他の国の君主・首脳に、というふうに提案する決心をするならば、提案者が[16]その忠告にもかかわらず自分の意見のことで孤立したままでいるであろう、ということの本当らしさよりも、提案された君主・首脳のうちの誰かある一人が提案者に与するであろう、ということの本当らしさのほうが上回っており、とりわけ提案者が有利な情勢をとらえて提案する場合にはそうである。というのは、本計画の諸々の利点は、ある国々にとっては他の国々にとってよりも大きく、いっそう差し迫っている、ということはあるにしても、一国だけのものではなくて万国共通のものだからであり、ただ一つの種類の情勢の下でだけ決心をさせるのに適しているわけではなく、ある時期と情勢のほうが他の時期と情勢よりも有利な点が多く存在する、ということはあるにしても、あらゆる時期と情勢について当てはまるものだからである。

二か国の君主・首脳が、他の国々の君主・首脳に連合への加盟を促すことについてひとたび一致合意するならば、そして獲得可能な最多のメンバーを連合に獲得することを、自分の治世の最大にして最重要な懸案事項をみなすならば、この二人がそれだけのメンバーを獲得することはないであろうということの本当らしさよりも、獲得するであろうということの本当らしさのほうが上回る。なぜなら、二人の忠告と促しは、一人だけの忠告と促しよりも常に多くの効果を及ぼすからである。

三、四か国の君主・首脳が、ひとたびしっかりと連合して、自分たちの計画を成功させることに専念するならば、彼らは非常に正しい手段を講じるであろうし、この計画から引き出されそうな諸々の大きな利点を他の国々の君主・首脳にも推奨するために、非常に高い頻度で何度も繰り返し試みるであろうから、大多数の元首が条約に調印することを常に頑なに拒否するであろう、ということの本当らしさよりも、ある元首たちは比較的近い時期に、他の元首たちは比較的遠い時期に、という違いはあっても、大多数の元首をこの

三、四名が味方に引き入れるであろう、ということの本当らしさのほうが上回る。読者がこの見解に納得するためには、読者は自分の心の中で、投票する二十四か国の君主・首脳と十五の利点とを思い起こしさえすればよい。そうすれば、この利点の明らかさがわかって、読者はためらうことなくこう信じるであろうと私は確信する。すなわち、四、五か国の君主・首脳がこの計画に調印してから十年後になっても、なお大多数の君主・首脳は調印していないであろう、ということの本当らしさよりも、その時には大多数の君主・首脳が調印しているであろう、ということの本当らしさのほうが上回っている、と。

大多数の国々の君主・首脳がひとたび調印してしまえば、彼らは自分たちの言うことに耳を傾けさせて説得するための力と手段を、さらにいっそう多く持つことになるだろう。しかもこのことは、彼らが促す君主・首脳を戴く国々において本書がずっと以前から知られているであろう分だけ、また促す側の君主・首脳に有利な情勢が十年の経過の中で生じないなどということが困難である分だけ、ますますそうなりそうである。それゆえ、この君主・首脳たちの連合がその増大の半ば以上に達したときに、それ以上いかなる増大もせず相変らぬままでいるであろう、ということの本当らしさよりも、そこまで達したこの連合はその後も毎年増大していって、ついにはその全き完成にまで到るであろう、ということの本当らしさのほうが上回って

(16)「提案者が」に当たる底本の語は ils と複数形になっていて、このままでは提案された側の同盟国や近隣諸国の君主・首脳たちを指すととらざるをえないが、ils に続く動詞は demeurera と単数形になっていることから、ils は il の誤りとみて、訂正して訳した。

いる。

したがって、六、七段階遡ってこう言うことができる。すなわち、本書という種がひとたび播かれるならば、この種は根づいて、私たちの期待しうるあらゆる実を結ぶであろうということの、言いかえれば、ヨーロッパ諸国の社会的結合がいつかある日設立されるであろうということの本当らしさのほうが、この社会的結合が決して設立されないであろうということの本当らしさよりも上回っている、と。

そのとき、「救いはわれらの敵より、われらを憎むあらゆる者どもの手より来たらん」という預言が立証されるであろう。ヨーロッパ諸国の国民は敵同士であり、互いに憎み合っているが、それにもかかわらず、諸国家の恒常的な社会的結合の条約をいっしょに結ぶことによって、皆が互いの保全と至福とに寄与し合うであろう。

この仕事の進捗はたしかに非常に遅々たるものであるかもしれない。しかし、諸国家の社会的結合の設立が一年半以内になされる、といったようなことも起こりうるのであって、諸々の方策──必要とあれば私はそれを一時間読めばわかるように示すであろう──がとられるとすれば、とりわけそうなのである。

証明可能なことで、それを証明することに極度の重要性があるようなことを、私は証明し終えた。のみならず私は、より本当らしいことが示されうるようなことも示し終えた。そして私の思うに、このようなケースでは、あらゆることをする権力のある人々に対して、彼らが自分たちの最大の利益を認識してそれに従いたいという願望を持ってくれるかぎりにおいてしか何もできないような、そういう単なる一私人から読者が期待できることのすべては、それだけなのである。

われらの足を平和の生へと導くために。

完

第二部の構想

「平和の都」の住民およびその直轄領の住民は、ヨーロッパ共和国の主要な職務を果すという任に充てられるであろうから、できることなら、彼らをすぐれた市民たらしめるような善い規則を見出す必要がある。将来ある職務を果すことが問題となるときに、この住民たちの選抜に当たる人々が、求職者たちのうちでこの職務を最も立派に果すことのできる者、ということはつまり、最も怜悧で最も善意があり、かつ最も勤勉な者をそれと見分けるとともに、最もふさわしい者を地位につけることに常に非常な関心を持ってもいる、というようにするための手段を見出す必要がある。「平和の都」の統治が立派に行なわれるために、各人が競争なり、ほまれ高く有益な報償の希望なりによって、自分の同類の人々よりも行ないをよくするように毎日駆り立てられる必要があり、また住民の各々が、昇進するためには自分のした仕事と、仕事に完全に身を捧げつくすための才能とに基づく推薦以外の推薦を必要としない、と信じることができるということが必要である。さらに、これらの職務は地上のあらゆる国々の国民同士の連合と和合とを維持することに存するから、この世の最重要職務である。したがって、この市民たちは習俗のためにも人間認識のためにも、最もすぐれた先生方によって育てられ、教育され、形成されることが適切であって、この先生方は第一級の精神の持ち主の間から選ばれる必要がある。この都ではできることなら、礼儀・魅力・正義・正直・知識においてすぐれている必要があり、そこには他の人々よりもまさった人々が、すなわち明敏で寛容で、毅然とした、忍耐強い人々が見出される必要がある。これらは人々を真に幸福にするどころか、人々の欲求を増加させることしかしない悪徳である。この都の住民たちの主要な原動力はヨーロッパ共和国に有用な徳・仕事・才能においてすぐれることを願う願望である、ということが必要である。この新しい共和国のカトーやスキピオやアリステイデスやエパミノンダス[1]のような人々は、立派な名声のことだけを気にかけ、そのうえにできることなら、彼ら自身の幸福と他の人々の幸福とにもっと役立つ仕方で働くために、人徳の昔のモデルであるこれらの人物よりももっと聡明な頭脳を持つ、ということが必要である。私が既に数々の熟慮反省を行なって、さまざまな規則やいろいろな制度組織の計画を作成してきたのはこのためであり、私はそれらをいつの日か本書の第二部で提示したいと希望している[2]。

無為・虚栄・不節制・贅沢・怠惰を、この都から永久に遠ざける必要がある。

（1）　カトーはローマの政治家。史上有名な人物が二人いるが、ここでは大カトー（前二三四—前一四九）を指すと思われる。執政官・戸口監察官を歴任し、質朴・謹直・厳格な人間性で知られた。スキピオも同じくローマの政治家・将軍で複数の人物が知られるが、ここでは大アフリカヌスと呼ばれるプーブリウス・コルネリウス・スキピオ（前二三六～前一八四）を指すとみられる。第二次ポエニ戦争（前二一八～前二〇一）で敵国カルタゴの名将ハンニバルがイタリアに侵入してローマ軍をカンネーで破った際、巧妙な軍略と、ハンニバルの本拠地ヒスパニアへの逆襲によりローマの危機を救い、その後アフリカに渡ってザマの戦い（前二〇二年）でハンニバルに大勝、ポエニ戦争でのローマの勝利を決定づけ、ローマ市民の尊崇を集めた。アリステイデスは古代ギリシアのアテナイの将軍（前五二〇？～前四六八？）。ペルシア戦争に活躍し、サラミスの海戦（前四八〇年）では同じアテナイのテミストクレスに助力、プラタイアの戦い（前四七九年）ではスパルタ・アテナイ連合軍のアテナイ軍最高司令官として、連合軍総司令官であるスパルタのパウサニアスに協力し、ともに大勝利してペルシア戦争におけるギリシアの勝利を決定づけた。エパミノンダスは古代ギリシアのテーベの将軍（？～前三六二）。革命的な新戦法である斜線陣を案出し、無敵の精強を誇ったスパルタ軍をレウクトラの戦い（前三七一年）で撃破、スパルタに代ってテーベをギリシアの覇権国家たらしめた。

（2）　実際に刊行された第二部（第三巻、本訳書では下巻）の内容は、この構想とは著しく異なったものになっている。

某氏への著者の手紙――本書を検討するために

貴殿の御覧のとおり、サン－ピエール－エグリーズのしじまの中で私の行なった政治上の省察は、現代の最も交渉にたけた人々やこの国の最も頭のよい人々の意見によって私が何度も裨益されることができてからは、形を著しく変えました。私は今後の人生においても同じ導きにすがり続けて、田舎でこの問題を深く究め、掘り下げ、素描してから、次いで当地で[3]諸々の反論やすぐれた批判という助力を得て、この問題をよりよく整え、推敲するつもりでおります。当地では絶えず気を散らされてしまうので、何かを掘り下げることはあまりにも困難すぎますが、しかし田舎の鉱山から非常な苦労の末に取り出されたダイヤモンドの原石が立派にカットされてよく利用されるのは、田舎よりも都会においてなのです。

私は貴殿に、本計画を読み直してくださるよう、わけても第三論考と第四論考を読み直してくださるようお願い申し上げます。それは、本書のようなじっくりと考えられた著作物に関しては、どのような心やどのような注意がそれに対して払われようと、著者が四～五年間の一貫した頑強な省察によってはじめてわかることができたことの全部を、八～九時間ぶっ通しに読んだだけでわかったと確信することなど、誰もできはしないからです。しかしながら、そのような計画の善さと堅固さについて正しく判断できる状態にあることは、この計画を作り上げた者の観点に到達したという確信がないかぎりは、不可能なのです。

諸国の君主・首脳がみな将来良識ある選択をするということは確実ではないとしても、最大多数の、最も怜悧な君主・首脳たちが気の狂ったような選択をしないであろうということは、少なくとも本当らしいことではないでしょうか。また、ある君主・首脳たちの不熱心と無能力と乱心について何事かを恐れなければならないとしても、他の君主・首脳たちの注意深さと怜悧さと賢明さについて希望を抱くべき点が多々あるということに、貴殿はお気づきではないでしょうか。

仮に今あるとおりのこの計画そのものが、アンリ大王の治世の時から通俗言語で全ヨーロッパに現れていたとしたら、貴殿はこうお思いになりませんか。すなわち、諸国の君主・首脳は結局は相次いでこの計画に同意したであろうし、この時以来彼我の国民は、うまく言い表わせないような富裕さと至福のうちにあったことであろう、と。しかるに、もし本書が翻訳・出版されて今から同じように広く知られることになれば、本計画がアンリ大王の当時からあらゆる国々の元首とその大臣の知るところとなるに至っていた、と仮定した場合に私たち自身が現在享受していたであろう諸利益と同じ諸利益を、私たちの子孫と諸国の将来の君主・首脳が百年以内に享受するようにならないなどということが、どうしてあるでしょうか。なるほど、これはまだ計画であって、おそらくは貴殿も私も、そのいかなる成果も目の黒いうちに見ることは決してないでしょう。しかし私たちは、大勢の祖先たちから受けたものについて感謝することをつうじて、私たちの子孫にさらにいっそう大きなものを得させるよう努めなければならないのではないでしょうか。

（3） パリを指しているとみられる。

第二の手紙

恒久平和の計画はヨーロッパに大きな影響を生じうるものです。しかしそのためには、この計画は善良な人々や、自国の君主・首脳のためを思うことに熱心な臣民たちの支持票によって、守られる必要があります。さもないとこの計画は、それを読んだことがないのにそれについて判断を下す多数の人々によって、押し殺されてしまう危険を冒すことになります。着想の斬新さ、ある何人かの読者の妬み、その他の読者たちの傲慢と不注意、こういったものはこの計画の成功にとって恐るべき障害です。そのため私は、本計画に賛同する人々の証言を、賛同しない人々の証言に単刀直入に対決させることができれば好都合であろうと考えます。それは、少なくとも真摯な検討を、まだ本計画の検討をしたことのない人々の妨害なしにやってもらうという目的のためです。その上で、本計画にそそくさと、急ぎすぎた目の通し方しかしたことのない人々や、本書とは非常に異なっていた第一草稿しか見たことのない人々に、新たな見直しを――ただしこの機会に、賛同の辞に厳密な限界づけをするために――してもらうことができるならば、という条件付きで、私は次の諸点を認める人々を、賛同者とみなすでしょう。

(1)本書の第一論考において次のことを私が証明したと、彼らには思えるということ。それはすなわち、ヨーロッパのあらゆる国々の君主・首脳たち同士の恒常的な社会的結合が存在するようにならないかぎり、君主・首脳たち同士の間には、諸条約の履行についての、またとりわけ平和の永続についての、いかなる十分な保障も存在しないであろう、ということです。

(2)ドイツ諸邦の社会的結合とアンリ大王の計画とは、ヨーロッパ諸国の社会的結合の形成には何の不可能な点もないと信じさせるための、強力な判断材料であるということ。

（3）本書の第三論考において次のことを私が証明したと、彼らには思えるということ。それはすなわち、最も強力な国々の君主たちは、平和を恒久的なものとするためのヨーロッパ諸国の社会的結合の条約ほど有利な他のいかなる条約に調印することも、決して可能でないということ、共和制諸国や、力の最も弱い国々の君主たちは、この条約に調印することにさらにいっそう差し迫った利益関心を持っていて、これらの国々がそのような制度組織を形成し始めることにいかなる不可能な点もないこと、そしてひとたびこの制度組織が開始されたあかつきには、これらの国々にとって、有利な情勢に乗じて僅かな年数のうちに、この同じ社会的結合へ他の国々の君主たちを相次いで引き入れることは、困難ではないであろうということです。

（4）本書の第四論考とそれ以後の部分とにおいて、次のことを私が証明したと、彼らには思えるということ。すなわち、諸国の君主・首脳はその社会的結合を、人間のいかなる社会的結合とも同じくらい永続的なものにする十分な手段を見出すことができ、こうして、自分たちはもっと幸福になるために諸国家の社会的結合を必要としている、と人々が感じているかぎり、それと同じだけ平和が永続するようにさせることができる、ということです。

私は右の諸点への賛同のみに話を限りますが、こういう賛同をしてくれる人々の名を聞き知れば嬉しく思うでしょう。賛同者以外の人々に関しては、私はその名を知りたいとは思いません。ただ私は貴殿にお願い申し上げますが、彼らの持つ賛同しない理由が何に存するのかを、彼らが自分で知るようにしてあげてください。ある人々の賛同は本計画の評判を維持する助けになるでしょうが、他の人々の反対論は私が本計画を限りなく改良してゆく助けになるでしょう。

友人の一人が二日前に私に教えてくれたところによると、高名なグロティウス(4)も、あらゆるキリスト教国同士の間に社会的結合を設立するというこの意図に思い至らずにはいませんでした。不幸にしてこの意図は、グロティウスの脳裏を軽くかすめただけに終りましたが、しかしそれでも、この偉大な政治学者がこの制度組織を可能とみなしたこと、いやそればかりか、ヨーロッパにおける平和を永続的なものにするためには、何らかの仕方で必要なものとさえみなしたことは、依然としてこの制度組織を支持する大いなる判断材料です。それは彼がその論者『戦争と平和の法』の第二巻第二十三章第八節で自ら次のように説明しているとおりです。「すなわち、当の事柄が自分の利害にはかかわらないような人々によって他の人々の争い事が定められる場として、いやむしろ、公正な法に基づいて平和を受け入れるように当事者たちを強制することが検討される場として、キリスト教徒である統治者たちの会議を何度か開催することは、右の理由によってても、さらに他の諸々の理由によっても有益であろう、というよりもむしろ、ある程度は行われる必要があろう。」

第三の手紙　本計画に関するさまざまな判断

本計画の第三草稿に関しては多くのさまざまな判断がありましたが、これらの判断はすべて、三つの部類のどれかに帰することができると、私には思われます。読者諸氏は本書の題名のみに基づいて、みな最初はそのような条約の可能性に対して否定的な先入観を抱きました。第一の部類の読者は、諸々の証拠にもかかわらず同じ先入見のうちに留まったままでした。第二の部類の読者は、もはやさほど先入観に囚われてはいませんが、諸国家の恒常的な社会的結合の計画など実行不可能だと思い込んでおり、今のところこの計画について懐疑的です。第三の部類の読者についていえば、彼らは見解をすっかり変えた人々であって、自分がそれまで不可能とみなしていたことを、今では可能と信じています。

同一の著作物に対する判断のこの多様性よりも自然なものは何もありません。この多様性は、著作物について判断する人々の頭脳とハートの傾向の多様性に由来しています。先入見のうちに留まっている人々についていえば、そのうちのある人々は、仮に実行可能であるとしたら非常に立派なものであろうある計画について、その創案者が自分たちの軽蔑しているばかりか、不幸にして憎んだり妬んだりもしている者である場合には、自分たちがかくも好意的でないそういう何者かが、そんな計画を思い描くのに十分なほど恵まれた者であったなどとは、信じることのできなかった人々です。この創案者は、自分に非常に大きな評判をもたらすであろうような事柄に関して、こういう人々の見解をいつか変えさせるという望みを、どうして抱くこ

(4) オランダの法学者(一五八三~一六四五)。若年にして弁護士、州の検事総長となるが、一六一八年にオランダの主要宗教であるカルヴァン派内の保守・改革両派の争いに巻き込まれて逮捕・投獄され、その後脱獄してフランスに亡命、一六三五~四四年駐仏スウェーデン大使を勤めた。神意を超越した至高の普遍的法としての自然法の存在を主張し、近代自然法思想の確立者として「自然法の父」と呼ばれるとともに、多民族の意志に基づく慣習法としての万民法の理論により「国際法の祖」とも呼ばれる。著書に『自由海洋論』(一六〇九)、『戦争と平和の法』(一六二五)がある。

とができるでしょうか。またこういう場合には、頭脳がハートにだまされることにもましてありふれたことは何もないということを、知らぬ者が誰かいるでしょうか。

何人かの人々は第一草稿を読んだのですが、あの草稿では、証拠が本稿よりも非常に弱かったうえに、私はまだいくつもの新たな反対論に答えていませんでしたし、以前からの反対論にも十分よく答えてはいませんでした。またあの草稿には削除しなければならないことがたくさんあったうえに、題材はよく消化・配列されていませんでしたし、推論は十分によく結びついていませんでした。そういう次第で、第一草稿を読んだ人々が、本計画は不可能だという見方に公然と賛意を表明したということも、また私自身の引き起こしたこの先入見のせいで、第三草稿は第一草稿と比べればいわば全く新しい著作であるにもかかわらず、第三草稿を読みたいとさえ思わない人々が何人もいることになったということも、驚くにはあたりません。

ヨーロッパ諸国の社会的結合の可能性に否定的な最初の先入見に本気で留まり続けている人々もいることはいますが、しかしごく少数です。こういう人々は、仮に私の反論を彼ら自身の証拠と、また私の証拠を彼ら自身の反対論と同列に置き、次いで諸国家の社会的結合の条約に調印することの利害を調印しないことの利害に比較しつつ、右の可能性を否定する文章を書くことに着手する労を払うつもりになったとしたら、おそらく意見を変えることでしょう。彼らはそういう文章を書けばよいのです。そうすれば、多くのページを書き進まないうちに、右の二つの利害を比較してみただけで、自分の手からペンが落ちることになるのがわかるでしょう。私がこういうことを言うのは、そのようなことがある頭のよい人に起こったのを既に経験しているからです。

第二の部類の人々についていえば、こういう人々の疑いの出どころとなっている可能性のある源は四つあります。⑴多くの場合、それは理に基づいて論じられている事柄を議論したり洞察したりするのに十分なだけの慣れを、欠いているせいです。⑵それは、諸国の元首たちの一般的な懸案事項と利害関心について、十分な認識を欠いているせいかもしれません。⑶時としてそれは、記憶力の欠如のせいです。たとえば、齢《よわい》六十を越えた人々には次のようなことが起こるものです。すなわち、読み進むにつれて諸々の判断を下したものの、その抜き書きを作るという手順を踏まなかったために、自分で自分の下した判断を思い起こすことができなくなり、そのせいで、自分の疑いから抜け出させてくれるのに適した判断結果を作り出せるような状態になくなってしまう、といったことです。⑷次のような人々も何人もいました。それはすなわち、理に基づいて論じられる事柄を検討するのに十分なだけの慣れを有し、政治問題についての十分な認識と、自分の読んだことを再び思い起こすのに十分なだけの記憶力とを持ってもいるのに、第三草稿を初めて読むにあたり、各条項・各命題の証拠と各々の反対論への回答とに対して、十分な注意力を持たなかった人々です。それゆえこの人々は、本書のさまざまな部分を読んでゆくにつれて自分の確信のなさと疑いから脱してゆく、ということのために必要な注意力を持たなかったわけですから、本書を読み終えても、ヨーロッパ諸国の社会的結合の可能性についてはただ考えることしかできないとしても驚くにはあたりません。しかしながら、この可能性を証明することこそ、本書の唯一の目的なのです。

右の四つのうち最初の二つの源から由来する疑いを持つ人々に対しては、私は救治策を知りません。その理由は要するに、ある真理は明晰に説明されていようと堅固に証明されていようと、現実に読者の感じるところとなるためには、さらに次のことを必要とするからです。それは読者の精神が、何らかの事前の準備によって、この真理と現実に釣り合いのとれたものになっていることです。本書はその主要な目的に関して言えば、大きな広がりのある精神を持って生れた若者といえども若者の精神とは、そして世界の大多数の人々の精神とも、ほとんどいかなる釣り合いもとれないものであり、ましてや大多数の女性の精神とは釣り合わないものだ、ということを私は認めますが、それは右の理由によってです。(3)・(4)の原因に由来する疑いを持つ人々についていえば、この人々には疑いから抜け出す手段があります。それは、本書をもっと注意深く読み直すこと、そして自分の記憶力の負担を軽くするために、本書の短い抜き書きを次々に作ってゆくことです。私はこの方法のおかげで、主題が重要でしかも深く研究されているような書物の場合、最初よりは二度め、二度めよりは三度めの読み返しによって、はるかに多く裨益されているのに気づいたことがありました。そしてこれこそまさに、題材に関する著者のあらゆる説明を自分のものとし、著者自身が多くの労苦と注意を払い長年かかってはじめて蒐集・整理することができたものを、数か月のうちに採り入れる唯一の仕方なのです。しかるに本書の場合、一方では、主題がさほど重要なものでないなどとは言えませんし、他方では、私に聞こえてくるのは主題があまりにも深く研究されすぎている、と苦情を言う人々の声ばかりです。

最後に言うと、諸国家の恒常的な社会的結合の条約の調印がいつの日かなされることはありうる、と信ずる人々は二種類います。一方の人々は、そのことが非常に困難だと思い込んでいて、今世紀中にこの条約が調印されるかどうか疑っています。他方の人々は、そのことがさほど困難だとは思っておらず、反対に次のことを信じています。それはすなわち、本書が通俗言語で印刷・公刊されてヨーロッパのすべての国々の宮廷と首都に広まるならば、その二年後には二つの共和制国家、たとえばオランダとヴェネチアが、ヨーロッパにおいて平和を恒久化するのに十分なだけの堅固さのある恒常的な社会的結合を、キリスト教諸国に対して徐々に設立してゆくのに適した条約の諸条項のために、共同で働くことを目的とした協定に、最初に調印するということが、ないなどということは非常に起こりにくいことであるということ、またこの二国間の協定が調印されたのに、スイスの諸州やジェノヴァや、ドイツ・イタリアの複数の君侯がそれに同調しないなどということは、なおいっそう起こりにくいことであるということ、そしてひとたびそのようにして何か国かが同調し、ある時にある国の、またある時には別の国の君主や首脳に提案することになれば、ヨーロッパの残りのすべての国々の君主・首脳も十年後には相次いでこの協定に同調している、ということにならないなどということも、同じくいっそう起こりにくいことであるということです。

本書の以前の草稿に対して下されてきたあらゆる種類の判断は以上のようなものです。そしておそらく、ヨーロッパ諸国の社会的結合の土台を築くためにどこかある国の権力者が動き始めるまでは、今回の稿に対してもこういった判断が下されることでしょう。

某男爵の所感　恒久平和の計画に関して

仮にイギリス・オランダもしくはヴェネチアの人々が、あるいはその他のどこかの国々が、ヨーロッパ諸国の社会的結合のプランに基づく講和の交渉をする強い意欲を持ってくれるよう懇願するために、フランスの国王陛下に使節を派遣するとしたならば、陛下はこの提案に進んで耳をお傾けになるであろうと、私は確信する。そして私がそう確信する理由は以下のとおりである。

（1）そのような使節団は国王陛下と枢密院をして、陛下にヨーロッパ諸国の恒常的な社会的結合を社会的結合のない状態よりも、恒久平和を不断の戦争よりも好んで選ばせるにちがいない十五の利点ないし十五の動機を、真摯に検討せざるをえなくさせるであろう。しかるに、陛下がこれらの利点の各々を検討されれば、陛下の祖父であられるアンリ王の計画とプランにお立ち入りにならないわけにも、このプランに関して交渉するという提案を進んでお受け入れにならないわけにもゆくまいと、私には思われる。

（2）非常に強力な国々の元首にとって好都合なものでありうる十五の一般的動機の他に、フランスの国王陛下の御注意を促すのに寄与する可能性のある諸々の個人的な考慮点がさらにある。陛下が不正で度外れな野心をお持ちになっているとか、ヨーロッパを服従させようとめざしておられるとかいったことは本当ではない。そのような情念だけに心を占められた元首が開戦当初に、オランダ駐屯部隊を全軍フランドルに留めておいてオランダの主要城塞都市を奇襲攻撃することを、躊躇されるであろうか。しかるに、他国の元首の財産を侵略したいなどという不正な願望を持たないどんな元首にとっても、右のプランは気に入るはずのものである。

（3）年若く未経験なときなら、陛下がこの種の野心をお持ちになる可能性もあったかもしれないが、陛下はお年を召しておられ、人の世の物事の有為転変を経験してこられた。そして人の知るとおり、老年になるとあらゆる仕事は辛いものとなり、公務は重荷となり、騒擾は不快に感じられるものである。それゆえ、征服という方途による領土拡大という考えから離れ、平和と静穏のうちに行なわれうるような、そして結局のところはるかにいっそう重要かつ現実的で、しかも費用が少なくて済み、誰の害にもならないような、そのような拡大のことしかもはや考えないようにすることも、老年にあっては容易である。

（4）陛下はヨーロッパ帝国に憧れるというこの狂気に冒されたことは決しておありにならないが、ほとんどあらゆる国々の国民が陛下にこの不法行為の嫌疑をかけ、無数の高名な著述家がそのことで陛下を非難したことを、御存じにならずには済まなかった。それゆえ、この忌まわしい非難から御自身を完全に正当化されることは、陛下の評判と名誉にかかわることである。しかるに、陛下は御自身の正当性と節度を証明されるのに、次のことよりももっと効果のある手段を用いることが、万が一にもおできになるであろうか。それはすなわち、常に正当かつ節度ある態度でいるという、あるいは少なくとも、自身のかかわる紛争を終らせるために仲裁裁判の道以外は決してとらないという、幸いなる必要性を陛下と御子孫に課すような諸国家の社会的結合に、同意されることである。

（5）陛下は御体調はよいが、幼い王太子と長い摂政期を内戦と対外戦争とにさらされたまま残してゆかれることを御心配になっておられ、そしてそれは理由のあることである。(5) いやそればかりか陛下は、この王太子が亡くなられるようなことがあったらお孫様たち同士の間で相続放棄をめぐって戦争が起こりはしないか、という御心配さえなさっている。しかるに、万事を秩序と平静のうちに保ち、幼君を反逆者たちから守り、また相続放棄をめぐる王家の内輪の戦争を防ぐために、ヨーロッパ諸国の社会的結合よりも効果的などのような手段が、万が一にも存在しうるであろうか。

(6) 陛下は、御自身にどれほどの負債があり、陛下の臣民たちがどれほど疲弊しており、下層民衆がどれほど悲惨な状態にあるか、御存じであるし、公の信用を回復し王国に豊かさを取りもどすことのできるものは長期の平和しかない、ということも御存じである。しかるに、陛下の王国に長期の対内的および対外的平和を確保するために、陛下が十二か条の基本条項に調印されたいわばその翌日にも形成されるであろう諸国家の社会的結合の制度組織よりも確実な、どのような手段を陛下は用いることがおできになるであろうか。また陛下はその現在および将来の臣民に、そのような平和の保障よりも大きなどのような恩恵を、万が一にももたらすことがおできになるであろうか。陛下の御名を不滅のものとし、あらゆる時代において祝福されるものとするために、これよりも効果的などのような手段を、陛下は用いることがおできになるであろうか。

(7) 賢明な人間として、よきキリスト教徒として、陛下は地獄を避けて天国に入りたいとお思いになり、諸々のよい仕事によって御自身の罪の赦しを得ようと努めておられる。しかるに、ヨーロッパのあらゆる人民を、内戦や対外戦争の必然的結果である際限のない瀆聖・瀆神・窃盗・略奪・放火・暴力・殺人・暗殺その他の途方もない犯罪から、永久に守る諸国家の社会的結合の設立に、比較できるようなどんなよい仕事があるだろうか。何と言えばよいのか、これほど神聖な制度組織には、協力するのを拒むことさえできようか。このおびただしい数の犯罪と恐るべき罪を永久にやめさせるのを故意に拒むことなど、あらゆる犯罪の中で最も重大で最も恐るべき犯罪を故意に犯すことにならずにできるであろうか。この拒絶をずっとし続けることなど、大罪を、呪うべき罪を続けざまに犯す習慣に留まることにならずにできるであろうか。そのような拒絶を公然と頑固に続けることなど、後世のあらゆる時代にわたって人類の前に限りなく忌まわしい者となり、永遠の長きにわたって神の前に憎むべき者となる、ということにならずにできるであろうか。

けれども陛下は、諸国家の社会的結合の計画についての十分な、全面的な認識をお持ちになるまでは、かくも神聖なる制度組織に協力するという喜びを味わわれることは決してないであろうし、フランス宮廷の状況を知る人々が言うには、国王陛下の臣民の一人の著作の中で説明され、かつ陛下の祖父アンリ王をしてこれと似た計画をお作りになるよう決意せしめたのと、明らかに同じものである十五種類の利益に目をお投じになるよう、近隣の何か国かの君主・首脳が陛下に懇願しないかぎり、陛下はこの十分かつ全面的な認識をお持ちになることは決してないであろう。

（5）　第七論考訳註（14）を参照。

ハーグ駐在のB公使からベルン駐在のD公使に宛てた一七一二年十一月十五日付の手紙の写し

当地では五、六か月前からこのかた、ケルンで十二ポイント活字で印刷された一巻の書物が出版されていますが、この書物には『ヨーロッパに恒久平和をもたらすための論文』という題名がついています。私はこの書物を読むことに大した好奇心は持っていませんでした。といいますのは、私が耳にしたかぎり、同書のことを語る人々の大多数は、著者の計画を全くもって実行不可能なこととみなしていたからです。けれどもしまいに、こういう先入見を持って同書を読んでいた私の友人の一人が、「この著作は堅固なものだと自分には思われるし、よく言われるような不可能性など、自分の目には一切見当らない」と私に言いました。それで私は少し前から同書を読みました。そして貴下にもお読み下さるようお願いする次第です。同書はジュネーヴにたくさんありますので、ベルンでも貴下の手に入るにちがいありません。

私はと申せば、次のことを私は貴下に対して告白いたします。それはすなわち、同書は七十年前にデカルト氏の哲学に、あるいはむしろ氏の方法に対して起こったように、最初は最大多数の人々によって退けられるにちがいないものの、それでもこの最初の反対にもかかわらず、いつの日かしっかりと確立されるにちがいないような、そういう著作物の性質を持っているように、私には思われるということです。

そして実際に、この書物は既に二つの党派を形成しました。著者の計画を実行可能と信じる人々は「イレニスト」(Irenistes)(6) と呼ばれ、もう一方の人々は「アンチ - イレニスト」と呼ばれています。そして、最初のうちはあえて自分がイレニストだと言明することのほとんどなかった「イレニスト」たちが、会話に際して昂然と頭を上げて自分の見解を主張し始めているのを、私は目にしています。私の聞き知るところでは、アムステルダムには当地よりもはるかに多くの「イレニスト」がいるそうです。その理由は貴下も容易にお見通しになるように、通商を事とする人々にとっては戦争を事とする人々にとってよりもいっそうイレニズムが気に入るというのは自然なことだからです。

著者はその著作の新版を出したが、これはケルン版よりも二倍も詳細である、という話を私は聞いたところです。私はこの新版を見たいと大いに切望しています。政治に関する著者のプランは非常に斬新かつ広汎なプランで、その斬新さと広汎さは自然学におけるデカルト氏のそれに匹敵するものとみなすことができる、と私には思われます。それは諸国の元首の利益についての、今日までに現れたあらゆるプランに対立するプランで、その対立ぶりは、分裂が社会的結合に、平和が戦争に、不確実が保障に、恐怖が静穏に対立するのと、程度を同じくしています。このプランについて貴下のお考えになるところを私にお知らせいただけるなら、またもしベルンにも既に「イレニスト」たちが存在するなら、私にとっては喜ばしいことでしょう。

（6） ギリシア語で「平和」を意味する εἰρήνη が神名化した平和の女神の名に由来するイレーヌ（Irène）という女性名と、サン-ピエールの本名シャルル・イレネ・カステル（Charles Irénée Castel）のイレネとに基づいて、彼の支持者を呼んだ呼称。したがって、「平和主義者」と「サン-ピエール主義者」の二重の意味が込められている。

訳者略歴

本田　裕志（ほんだ　ひろし）

龍谷大学文学部教授

1956年　東京都に生まれる

1987年　京都大学大学院文学研究科博士課程満期退学

龍谷大学文学部助教授を経て、2007年より現職

主な著訳書

『ベルクソン哲学における空間・延長・物質』（晃洋書房）

『生命倫理の現在』（共著、世界思想社）

『環境と倫理』（共著、有斐閣）

『応用倫理学事典』（共編著、丸善）

ホッブズ『市民論』（京都大学学術出版会）

ホッブズ『人間論』（京都大学学術出版会）

J・レイチェルズ『生命の終わり』（共訳、晃洋書房）

永久平和論《えいきゅうへいわろん》 1　　近代社会思想コレクション10

平成 25（2013）年 10 月 25 日　初版第一刷発行

著　者　サン－ピエール

訳　者　本《ほん》田《だ》裕《ひろ》志《し》

発行者　檜山爲次郎

発行所　京都大学学術出版会

京都市左京区吉田近衛町69

京都大学吉田南構内(606-8315)

電話　075(761)6182

FAX　075(761)6190

http://www.kyoto-up.or.jp/

印刷・製本　亜細亜印刷株式会社

ISBN978-4-87698-296-7

Printed in Japan

定価はカバーに表示してあります

近代社会思想コレクション刊行書目

（既刊書）

01 ホッブズ　『市民論』
02 J・メーザー　『郷土愛の夢』
03 F・ハチスン　『道徳哲学序説』
04 D・ヒューム　『政治論集』
05 J・S・ミル　『功利主義論集』
06 W・トンプソン　『富の分配の諸原理1』
07 W・トンプソン　『富の分配の諸原理2』
08 ホッブズ　『人間論』
09 シモン・ランゲ　『市民法理論』
10 サン-ピエール　『永久平和論1』